ARCHITEKTEN IN DER WELT DER ANTIKE

WERNER MÜLLER

ARCHITEKTEN

IN DER WELT DER ANTIKE

KOEHLER & AMELANG · LEIPZIG

Müller, Werner:
Architekten in der Welt der Antike / Werner Müller. –
Leipzig : Koehler & Amelang, 1989. –
242 S. : 161 Abb., 1 Kt.
ISBN 3-7338-0096-6

ISBN 3-7338-0096-6
1. Auflage · © 1989 by Koehler & Amelang, Leipzig
Lizenznummer 295/275/3120/89 · LSV 8106 · Printed in the German Democratic Republic
Satz und Reproduktion: Druckerei NEUES DEUTSCHLAND · Druck und buchbinderische Verarbeitung:
Druckwerkstätten Stollberg
Mit Zeichnungen von Hans-Ulrich Herold · Gesamtgestaltung Jochen Busch
698 374 3
02880

INHALT

Zahlen neben Textzeilen verweisen auf Abbildungen.

VORWORT

Dieses Buch ist für historisch und archäologisch interessierte Leser bestimmt. Es wurde versucht, die Geschichte der antiken Architekten und Bauingenieure in den jeweiligen Entwicklungsbezügen zusammenfassend darzustellen und dabei auch diejenigen Faktoren zu kennzeichnen, die auf Überlieferung und Forschung bestimmend einwirkten.

Der in sechs Kapitel gegliederte Stoff ist in einen weiten kulturhistorischen Rahmen gestellt. Dieser erstreckt sich vom Beginn des Alten Reiches der Ägypter im 3. Jahrtausend v. Chr. bis in die Zeit des frühen byzantinischen Staates unter Justinian I. im 6. Jahrhundert n. Chr. Er umfaßt zahlreiche Länder der antiken Welt von der Atlantikküste Spaniens bis zum Roten Meer, vom Niederrhein bis nach Nordafrika. Besondere Beachtung fand die organisatorische Struktur des Bauwesens in den verschiedenen Kulturen des Altertums. Hierbei wurden Fragen der Bautechnik einbezogen, wenn diese auch nicht im Mittelpunkt der Betrachtung stehen konnten.

Für die Erarbeitung des Textes sind als wichtigste Quellen neben erhalten gebliebenen Baudenkmalen die Mitteilungen antiker Schriftsteller und die Aussagen von Inschriften herangezogen worden. Ihnen kommt für die Zuschreibung eines Bauwerks an einen namentlich bekannten Architekten wesentliche Bedeutung zu. Allerdings handelt es sich hierbei um ein zum Teil heterogenes und mitunter kontrovers überliefertes Material, dessen beträchtliche Komplexität eine breite wissenschaftliche Aufarbeitung erschwert.

Der Haupttext und das darauf folgende »Kleine Lexikon griechischer und römischer Architekten und Bauingenieure« sind so miteinander verknüpft, daß sie sich gegenseitig ergänzen, aber auch für sich benutzt werden können. Die Anmerkungen sind für diejenigen Leser gedacht, die sich eingehender informieren möchten. Zwei Register erläutern Namen, Sachen und Fachbegriffe und erschließen die topographischen Angaben.

Altgriechische Wörter sind in Lateinschrift wiedergegeben. Dabei wurde bei *e* und *o* die Dehnung durch einen waagerechten Strich über dem betreffenden Vokal gekennzeichnet, auf weitere diakritische Zeichen jedoch verzichtet. Bei der Schreibung griechischer und lateinischer Eigennamen war eine strenge Konsequenz nicht immer möglich. Die im Duden hierfür angegebenen Formen wurden übernommen.

Umfangreiches Sammeln, Sichten und Nachprüfen überlieferter Fakten bei weitestgehender Berücksichtigung des Forschungsstandes waren erforderlich, um einen übersichtlichen und fundierten Text herstellen zu können. Zahlreichen Fachkollegen danke ich für Auskünfte, Überprüfungen und Hinweise. Besonderer Dank gilt Herrn Professor Dr. sc. Hubert Faensen und Herrn Werner Hermann, welche die Idee zu diesem Buch aufgenommen und die Arbeiten am Manuskript mit Umsicht und großer Geduld gefördert haben. Herrn Dr. C. Onasch weiß ich mich für tatkräftige Hilfe bei der Bildbeschaffung verpflichtet.

Leipzig, im Sommer 1988   *Werner Müller*

ZEITTAFEL

Aufgeführt sind diejenigen Perioden, die für die chronologische Einordnung der im Text behandelten Architekten und ihrer Bauten in Betracht kommen.

Ägyptische Architektur

Altes Reich (3. bis 6. Dynastie): 2695/2640 bis 2155 v. Chr.
Mittleres Reich (11. bis 12. Dynastie): 2134 bis 1785
Neues Reich (18. bis 20. Dynastie): 1560/1551 bis 1085/1070
Spätzeit (25. bis 31. Dynastie): 712 bis 332
Alexanderzeit: 332 bis 305
Ptolemäerzeit: 305 bis 30
Ägypten als römische Provinz: seit 30 v. Chr.

Griechische Architektur

Archaische Zeit: um 700 bis um 500 v. Chr.
  Früharchaische Periode: um 700 bis um 620
  Hocharchaische Periode: um 620 bis um 570
  Spätarchaische Periode: um 570 bis um 500

Klassische Zeit: um 500 bis um 330 v. Chr.
  Frühklassische Periode: um 500 bis um 450
  Hochklassische Periode: um 450 bis um 430
  Reifklassische Periode: um 430 bis um 380
  Spätklassische Periode: um 380 bis um 330

Hellenistische Zeit: um 330 bis 1. Jahrh. v. Chr.
  Frühhellenistische Periode: um 330 bis um 230
  Hochhellenistische Periode: um 230 bis um 170
  Späthellenistische Periode: um 170 bis 1. Jahrhundert v. Chr.

Römische Architektur

Spätzeit der Republik: 146 bis 31 v. Chr.

Römische Kaiserzeit: 31 (27) v. Chr. bis 476 n. Chr.
  Augusteische Periode: 31 (27) v. Chr. bis 14 n. Chr., Nachwirkung bis etwa zur Mitte des 1. Jahrhunderts n. Chr.
  Claudisch-Neronische Periode: 41 bis 68
  Flavische Periode: 69 bis 96
  Trajanische Periode: 96 bis 117
  Hadrianische Periode: 117 bis 138
  Antoninische Periode: 138 bis 192
  Severische Periode: 193 bis 235
  Soldatenkaiser: 235 bis 285
  Diokletianisch-Konstantinische Periode: 284 bis 363
  Valentinianisch-Theodosianische Periode: 364 bis 455
  Letzte weströmische Kaiser: 455 bis 476

Frühbyzantinische Architektur
(Weiterleben antiker Bautraditionen)

4. bis Anfang des 7. Jahrhunderts n. Chr. Vorstufen und Anfänge in der Zeit Konstantins I. (306–337). Größte Entfaltung unter Justinian I. (527–565).

1 Saqqāra. Stufenpyramide des Königs Djoser. Altes Reich, 3. Dynastie

2 Flußniederung am Alpheios mit dem Heiligtum von Olympia

3 Syrakus. Griechisches Theater

4 *Halikarnassos (Bodrum). Ausgrabungen auf dem Areal des Maussolleions. In der Mitte die unterirdische Grabkammer*

5 *Athener Akropolis. Propyläen von Südwesten*

Folgende Doppelseite:

6 *Rom. Trajansforum mit Basilica Ulpia und Trajanssäule*

7 *Qasr ibn-Wardan. Frühbyzantinische Kuppelbasilika*

I
WEGE DER FORSCHUNG

Bauwerke sind beherrschende Bestandteile der Kulturlandschaft, Zeugen der Geschichte. In jeder historischen Epoche bildeten sie den Rahmen, in dem das Walten der sie hervorbringenden politischen, wirtschaftlichen, religiösen und künstlerischen Kräfte seinen Ausdruck fand. Wie in der Architektur jeder anderen Kulturperiode lassen sich auch an den erhaltenen Bauten der Antike die allgemeine Stilentwicklung sowie die Herausbildung und der Wandel bautechnischer Strukturen verfolgen. Die traditionelle Kunstgeschichtsschreibung bevorzugte daher für die Darstellung der antiken und mittelalterlichen Baukunst die entwicklungsgeschichtliche Methode. Dabei wurde eine andere, für die Forschung ebenfalls nutzbringende Betrachtungsweise, die geeignet ist, antike Baugeschichte lebendiger und begreiflicher werden zu lassen, an den Rand gedrängt. Gemeint ist die sogenannte Meisterforschung, deren Ziel es ist, das biographische und künstlerische Bild der Architekten mit den Mitteln der archäologischen Bauforschung und Quellenkritik aufzuhellen. Bisher blieb der Forschungsstand auf diesem Gebiet unausgeglichen.

Die Bauten der Antike entstanden innerhalb eines weiten geographischen Bereichs. Dieser erstreckte sich von der Pyrenäenhalbinsel bis zum Vorderen Orient, von Nordafrika bis nach Germanien und dem fernen Britannien. Die Skala der Bauanlagen reichte vom Abwasserkanal bis zu den Kultstätten der Götter, von Befestigungen und profanen Repräsentationsbauten bis zu den Wohnhäusern und Villen der Stadtbevölkerung.

Ihr Gesamtbestand verringerte sich im Laufe vieler Jahrhunderte allerdings erheblich. Ursachen hierfür waren Naturkatastrophen, Kriege und schließlich Zerstörungen, die christlicher Glaubenseifer, aber auch der bis ins Altertum zurückreichende Kunstraub anrichteten. In neuester Zeit kamen noch die durch Luftverschmutzung und Massentourismus entstehenden Schäden hinzu.

Es wäre falsch zu behaupten, daß in der antiken Baukunst die Namen der Architekten weitgehend unbekannt geblieben seien. Wenn auch zahlenmäßig mehr Namen antiker Bildhauer und Maler bekannt sind, so bewahrte doch die schriftliche Überlieferung des klassischen Altertums zu zahlreichen kunstgeschichtlich bedeutenden wie auch zu weniger wichtigen Bauanlagen die Architektennamen. Typisch für alle sich auf Architekten beziehenden griechischen und römischen Literaturquellen (hierzu siehe Kapitel III) ist die fehlende oder mangelhafte Charakterisierung der künstlerischen Eigenart, des individuellen Elements. Dies erklärt sich aus dem besonderen Verhältnis des Architekten zu seinem Werk. Beim Bauen herrschen Maß und Zahl; technische Funktionen haben den Vorrang vor künstlerischen Belangen. Daher ist die Arbeit des Architekten und Bauingenieurs in erster Linie nach handwerklich-technischen Gesichtspunkten orientiert. Die Bindung an das Werk gestaltet sich für ihn somit anders als für einen Bildhauer, Maler oder Kunsthandwerker. Die persönliche Leistung des Architekten erstreckt sich in der Regel auf das Entwerfen; an der praktischen Ausführung ist er nicht unmittelbar beteiligt. Deshalb äußert sich in seinen Werken die Individualität des Schaffens weniger spontan, als dies beim bildenden Künstler der Fall ist.

Dieser Situation entspricht das bis zum 1. Jahrhundert v. Chr. weniger häufige Auftreten und die andere Art der Werksignaturen bei Architekten. Im griechischen Kulturbereich kam der Brauch, ein Werk zu signieren, zuerst bei den Bildhauern auf; bei den Architekten ist er seltener zu beobachten. Seit hellenistischer Zeit war es außerdem möglich, einen Architekten durch die Aufstellung seiner bezeichneten Statue oder eines Ehrendekrets in Form einer Inschriftstele auszuzeichnen. Auch einige der unter römischer Herrschaft tätigen griechischen Architekten wie zum Beispiel Zenon und Aristainetos machten vom Recht der Signatur Gebrauch. Eher als die griechischen neigten die römischen Architekten dazu, sich mit ihrem Werk zu identifizieren. Allerdings gab es für sie auch Einschränkungen, die aber anscheinend nicht durchweg eingehalten worden sind. So geht aus römischen Quellen hervor, daß ein Architekt nur dann eine Bauinschrift mit seinem Namen an einem von ihm entworfenen Gebäude anbringen durfte, wenn er die Kosten für dieses selbst getragen hatte. Aus der Zeit des Kaisers Severus Alexander, also der ersten Hälfte des 3. Jahrhunderts n. Chr., ist sogar ein ausdrückliches Verbot derartiger Signaturen bezeugt.[1]

Die Beschäftigung mit den Architekten und Bauingenieuren der Antike begann in den Teilbereichen verschiedener wissenschaftlicher Disziplinen. Philologen, Archäologen, Kunsthistoriker, Architekten und Ingenieure waren daran beteiligt. Die nach dem Mittelalter einsetzenden Studien zur Künstlergeschichte des klassischen Altertums waren, soweit sie sich auf Architekten bezogen, zunächst eng mit philologisch und theoretisch bedingten Vorstellungen von historischer Baukunst verknüpft. Gleichzeitig waren sie in die Entwicklung der Archäologie als Denkmälerkunde integriert. Seit der Renaissance galten – zuerst in Rom, dann auch im übrigen Italien – die Ruinen antiker Gebäude und ihre Bauglieder im gleichen Sinne als »Antiquaria« wie die Werke bildender Künstler der Antike. Man zeichnete und beschrieb sie. Man brachte sie mit Inschriften in Verbindung und verglich sie mit einschlägigen Textstellen antiker Autoren, um einen Zusammenhang zwischen dem Objekt und der schriftlichen Überlieferung herzustellen.

Aus der Sammlung, kritischen Sichtung und Kommentierung literarischer und epigraphischer Zeugnisse gingen die ersten philologisch-historischen Quellenwerke hervor, die Angaben über griechische, römische und byzantinische Architekten enthielten. Eines dieser älteren Werke ist der »Recueil historique de la vie et des ouvrages des plus célèbres architectes« des französischen Kunstgelehrten Jean François Félibien, Sieur des Avaux et de Javercy (1658? bis 1733). Das Buch erschien zuerst 1687 in Paris und wurde bis ins 19. Jahrhundert in französischen, italienischen und deutschen Ausgaben verlegt. Eine ähnliche Publikation brachte 1768 Francesco Milizia in Rom heraus. Sie hatte den Titel »Le vite de' più celebri architetti d'ogni tempo…«. Weitere Auflagen davon erschienen in Italien, außerdem 1771 eine französische und 1836 eine englische Ausgabe.

Bahnbrechend für die spätere Forschung wurden zwei im 19. Jahrhundert erschienene zusammenfassende Untersuchungen. Als sie entstanden, waren viele der heute zur Verfügung stehenden Quellen noch nicht erschlossen. 1859 gab der Archäologe Heinrich Brunn im zweiten Teil seiner »Geschichte der griechischen Künstler«[2] einen Überblick über die Architekten und Architekturschriftsteller des klassischen Altertums. In diesen nahm er auch römische Architekten mit auf, die er als ebenbürtige Schüler der griechischen betrachtete. Den Nutzen seiner Materialsammlung sah er in der Tatsache, daß »die weitere monumentale

Forschung um so mehr an Zuverlässigkeit gewinnen muß, je vielfältiger ihr Gelegenheit geboten wird, ihre eigenen Ergebnisse an Thatsachen zu prüfen, welche auf einem von dem ihrigen verschiedenen Wege gefunden sind«.[3] Zwar kann Brunns Architektenkatalog, was den Gesamtbestand der Namen angeht, heute nicht mehr als vollständig gelten, und die darin vorgenommene Bewertung muß bei einer Reihe von Architekten als überholt angesehen werden. Doch der von Brunn gewiesene Weg trug mit zur weiteren methodischen Erschließung der antiken Architektengeschichte bei. – Am 23. März 1871 nahm die Königliche Akademie der Wissenschaften in Turin die von dem Architekten und Architekturhistoriker Carlo Promis vorgelegte Arbeit »Gli architetti e l'architettura presso i Romani« zum Druck in ihren Denkschriften an.[4] Diese eingehende Untersuchung zur Geschichte der Architekten in der römischen Welt zeichnete sich durch eine philologisch fundierte Auswertung der schriftlichen Quellen, einschließlich zahlreicher Inschriften, aus. Gegen Ende seines Lebens befaßte sich Promis noch einmal mit antiker Architektur: In einem 1875, drei Jahre nach seinem Tod, in Turin erschienenen Buch[5] behandelte er weniger bekannte lateinische Fachausdrücke der Architektur, die aus der Zeit nach dem Erscheinen des von dem römischen Architekten und Bauingenieur Vitruv verfaßten Werkes »De architectura libri decem« (»Zehn Bücher über Architektur«) stammen.

Seit dem Ende des 19. Jahrhunderts ging das lexikalisch aufbereitete historische Einzelwissen über die Architekten und Bauingenieure der Antike in zwei umfangreiche deutschsprachige Nachschlagewerke ein, die internationale Geltung erlangten: »Paulys Realencyclopädie der classischen Altertumswissenschaft«[6] und das »Allgemeine Lexikon der bildenden Künstler von der Antike bis zur Gegenwart«.[7] Da die Bände dieser beiden Nachschlagewerke in alphabetischer Folge und in

einem durch die beiden Weltkriege bedingten Zeitraum von mehreren Jahrzehnten erschienen sind, geben die darin enthaltenen Artikel einen unterschiedlichen Forschungsstand wieder, und es ist selbst für den Fachmann mühsam, benötigtes Material auf dem Umweg über die einzelnen Stichwörter zusammenzusuchen. Um das biographisch-künstlerische Bild einzelner Architekten der Antike rekonstruieren zu können, werden auch künftig neben den archäologischen Grabungen philologisch-historische Untersuchungen erforderlich sein.[8]

Seit dem Ende des klassischen Altertums galten die inzwischen verödeten Heiligtümer und Städte als geheimisumwobene Orte. Während des Mittelalters, vor allem zur Zeit der Kreuzzüge und Pilgerreisen ins Heilige Land, verbreiteten diejenigen, die auf Kriegszügen oder abenteuerlichen Reisen dorthin gelangt waren, die Kenntnis von den alten Bauwerken, die sie gesehen hatten, weiter.

Das im 15. Jahrhundert einsetzende Studium der antiken Ruinen und die seit dem 18. Jahrhundert ständig an Zahl zunehmenden Ausgrabungen erweiterten und vertieften das Wissen um die Werke der Architekten des Altertums. Als man in der zweiten Hälfte des vorigen Jahrhunderts daranging, überall im Mittelmeerraum und im Vorderen Orient große systematisch angelegte Grabungen durchzuführen, ergab sich sehr bald die Notwendigkeit einer auf die Antike im weitesten Sinne orientierten Bauforschung. Einem 1924 von Armin von Gerkan eingebrachten Vorschlag folgend, erhielt das nunmehr als wissenschaftliche Disziplin legitimierte Fach die Bezeichnung »Archäologische Bauforschung«. Diese kann ebenso als Teilgebiet der Architekturwissenschaften wie auch als besonderer Zweig der Archäologie aufgefaßt werden. Aufgabe der archäologischen Bauforschung ist es, antike Bauwerke, aber auch größere Anlagen wie Heiligtümer, Häfen und Städte aus historischer Verschüttung und Zerstreuung zurückzugewinnen. Durch Grabungen und bis in letzte Einzelheiten vordringende Bauaufnahmen und Untersuchungen klärt sie Planung, bautechnische Vorgänge und baugeschichtliche Zusammenhänge. Die damit gewonnenen und in Ausgrabungspublikationen festgehaltenen Ergebnisse können das kunstgeschichtliche Gesamtbild einer Epoche ergänzen oder korrigieren. Die archäologische Bauforschung trägt schließlich auch dazu bei, die Forderung nach weiterer Erforschung der Architektenpersönlichkeiten zu erfüllen. Diese Aufgabe wird sich nicht nur auf die Hauptmeister, sondern auch auf solche Architekten erstrecken müssen, die, obwohl sie zu ihrer Zeit angesehene Vertreter ihres Berufs waren, heute so gut wie unbekannt sind. Hinzu kommt die Zuschreibung von Bauten an namentlich überlieferte Architekten. Da hierfür allgemein anerkannte Kriterien fast völlig fehlen, sind in allen Fällen eingehende Werkuntersuchungen und Vergleiche erforderlich. Aus dem Werk heraus lassen sich Fragen des architektonischen Entwurfs sowie die Beziehungen eines Architekten zu seinen Vorgängern, Zeitgenossen und Nachfolgern klären. So gewinnt die künstlerische Komponente im Schaffensprozeß des Architekten festere Konturen. Erneut ist ins Blickfeld der Forschung die Tradition der antiken Bauhütten gerückt. Von ihnen hing einst die Ausführung der größeren Bauvorhaben ab. Erst vor diesem Hintergrund kann sich für die historische Forschung die persönliche Leistung des einzelnen Architekten abheben.

Was von den Werken antiker Architekten erhalten blieb, ist gegenwärtig von fortschreitendem Verfall bedroht. Eine der Ursachen hierfür sind die in den Mittelmeerländern auftretenden Erdbeben. Im September 1979 verschlechterte zum Beispiel in Mittelitalien ein Erdbeben den Zustand der antiken Bauten erheblich. An ihnen entstanden neue Risse, Teile brachen ab, Reliefs zerfielen

in Stücke. Im Februar 1981 zog ein Erdbeben in Griechenland unter anderem die Akropolis und weitere antike Stätten Athens in Mitleidenschaft.

Abnutzungen, die beinahe einer Erosion vergleichbar sind, entstehen laufend durch den Massentourismus: Der bröcklige Kalksteinfelsen der Athener Akropolis wird dadurch, daß Jahr um Jahr rund fünf Millionen Touristen auf ihm umhergehen, immer mehr geglättet und stellenweise beschädigt. Seit Jahrzehnten werden von den dortigen Tempeln Marmorstücke durch Touristen abgeschlagen und »zur Erinnerung« mitgenommen. Dies ist leider auf allen archäologischen Stätten zu beobachten. Andere Gefahren drohen den antiken Ruinen durch die vom Flugverkehr ausgelösten Erschütterungen. Das Überfliegen der Athener Akropolis wurde daher verboten.

Abgesehen davon, daß antike Bauten durch ihr ständig zunehmendes Alter ohnehin gefährdet sind, droht jetzt den Werken griechischer und römischer Architekten an vielen Orten — besonders in den Großstädten Athen und Rom — der endgültige Untergang. Zermürbende Umweltschäden, an erster Stelle die Luftverschmutzung, führen zu einer unaufhaltsamen Zerstörung der Bausubstanz. Man spricht vom »Marmorkrebs«, der die antiken Gebäude befällt. Chemisch gesehen handelt es sich um Schadstoffe, vor allem um Schwefeldioxid, die in der Luft über Industriegebieten reichlich vorhanden sind. Sie zerfressen, wenn sie sich mit Regenwasser verbinden, die Oberfläche des Steins, er zerfällt schließlich zu brüchigem Gips. Gegenüber diesem nicht aufzuhaltenden Prozeß bleibt jede Restaurierung nur Flickwerk. Eine weitere große Gefahr kommt aus dem Innern der alten Bauten. Ursache sind die unsachgemäßen früheren Restaurierungen. Das eindringlichste Beispiel hierfür bietet wieder die Akropolis von Athen: Bei der von dem Architekten Nikolaos Balanos 1902 bis 1907 geleiteten Restaurierung wurden in viele Marmorbauteile Träger und Klammern aus Eisen eingesetzt, um größere Stabilität zu erreichen. Dabei verzichtete man jedoch meist darauf, die Eisenteile, wie es in der Antike üblich war, mit Blei zu umgießen. Das durch Spalten und Fugen dringende Regenwasser führte zur Bildung von Rost, der den Marmor zersprengte. Mit Hilfe von Röntgenaufnahmen werden jetzt die Eisenteile in den Akropolisbauten aufgespürt und durch solche aus Titan ersetzt. Die Hohlräume um die erneuerten Metallteile füllt man mit Blei aus. 1977 rief die UNESCO zu einer internationalen Hilfsaktion für die Rettung der Athener Akropolis auf. Seitdem bietet die Götterburg von Athen das Bild einer Baustelle und bleibt eine archäologische Sperrzone. Die Restaurierungsmaßnahmen sollen bis etwa zum Jahr 2000 andauern.

Auch in Rom hat der Verfall der antiken Ruinen bedrohlich zugenommen. 1972 mußten das Forum Romanum und der Palatin für den Besucherverkehr geschlossen werden, ebenso das Kolosseum, das schon die Erdbeben der Jahre 442, 508 und 851 beschädigt hatten. Ein großer Teil der baulichen Reste des antiken Rom, unter ihnen die Trajanssäule, der Triumphbogen des Septimius Severus und der Konstantinsbogen, sind für eine Reihe von Jahren hinter den Baugerüsten und Folienvorhängen der Restauratoren verschwunden.

Die erhaltenen Sakral- und Profanbauten der antiken Welt sind in ihrem heutigen Zustand Ruinen. Oft blieben von ihnen nur noch freigelegte Fundamente oder einzelne Teile des Oberbaues übrig. Man ist deshalb bestrebt, die Trümmer des einstigen Ganzen im Bild zu ergänzen. Dabei muß vieles hypothetisch bleiben. Rekonstruktionszeichnungen und Modelle sollen helfen, den Originalzustand zu veranschaulichen. Auch in diesem Buch sind Rekonstruktionen aus verschiedenen Jahrhunderten abgebildet und einem Foto der noch vorhandenen Baureste gegenübergestellt. Obwohl Wiederherstellungen wegen der durch sie erreichten Erweiterung der Anschauungsmöglich-

keit wertvoll sind, können sie jedoch niemals letzte Gewähr dafür bieten, daß sie bis in die kleinsten Bauformen hinein dem ursprünglichen Zustand entsprechen. Diese Unvollkommenheit muß man im Hinblick auf das angestrebte Ziel, die einstige Gesamtwirkung wiederzugewinnen, hinnehmen.

Rekonstruktionen antiker Bauten zählen mit zu den Aufgaben der archäologischen Bauforschung. Um sie herstellen zu können, müssen die vorhandenen »Indizien«, in erster Linie Ausgrabungsbefunde, miteinander verglichen und metrologisch-rechnerische Überlegungen angestellt werden. Mitunter lassen sich Beschreibungen aus der antiken Literatur[9], Inschriften sowie Darstellungen auf Reliefs, Münzen und Vasenbildern als Hilfsmittel heranziehen. In vielen Fällen muß jedoch eine einfühlsame Interpretation ersetzen, was den Zeugnissen fehlt. Der schwierigen, manchmal jedoch faszinierenden Aufgabe, längst verschwundene Bauwerke durch Rekonstruktion wiederzuentdecken, widmen sich Architekten, die meist auch hervorragende Ausgräber sind. Für den Bereich der antiken Kulturen kann man sich Architekturpublikationen ohne Rekonstruktionszeichnungen nicht mehr vorstellen. In den Museen stehen Modelle antiker Stadtanlagen (Milet[10], Priene, Pergamon, Ephesos, Rom, Ostia) und Heiligtümer (Olympia, Eleusis, Akropolis von Athen).

Seit den Tagen der Renaissance wurde wiederholt versucht, nicht mehr vorhandene Bauten, die als überragende Leistungen namentlich bekannter Architekten zu den Sieben Weltwundern der Antike zählten (hierzu siehe Seite 57ff.), im Bild zu rekonstruieren. Dazu gehören unter anderen der Ältere (archaische) und der Jüngere (spätklassisch-hellenistische) Artemis-Tempel von Ephesos, das Maussolleion von Halikarnassos und der Leuchtturm auf der Halbinsel Pharos bei Alexandria in Ägypten. Schwierige Rekonstruktionen dieser Art übten eine nachhaltige Wirkung aus.

DIANÆ EPHESIÆ TEMPLVM

9 Artemis-Tempel von Ephesos. Kupferstich von Philipp Galle nach Zeichnung von Maarten van Heemskerck, 1572. Dresden, Staatl. Kunstsammlungen, Kupferstichkabinett

In Architekturwerken des 16. Jahrhunderts finden sich Darstellungen des ephesischen Artemis-Tempels, die reine Phantasieprodukte sind. In der Konzeption ebenfalls phantasievoll, aber von großer zeichnerischer Meisterschaft ist eine Kupferstich-Rekonstruktion des Jüngeren Artemis-Tempels, die der Barockarchitekt Johann Bernhard Fischer von Erlach 1721 veröffentlichte.[11] Ansichten beider Artemis-Tempel zeichnete ganz im Sinne exakter Bauforschung der aus Köln stammende Architekt und Archäologe Fritz Krischen (1881 bis 1949).[12]

Vom Grabmal des persischen Satrapen Maussollos in Halikarnassos an der Südwestküste Kleinasiens, gegenüber der Insel Kos, entstanden bisher mehr als 50 untereinander verschiedene Rekonstruktionen. Durch die weitgehende Zerstörung des Monuments blieben sein architektonischer Aufbau und die Verteilung des plastischen Schmucks ein noch heute in seinen Einzelheiten erörtertes Problem, kann man doch in diesem Fall nur auf Einzelteile wie Kapitelle und Friesplatten zurückgreifen. Hinzu kommt, daß die von dem römischen Schriftsteller Gaius Plinius Secundus dem Älteren in seiner »Naturgeschichte« (XXXVI 30) mitgeteilten Angaben, besonders die Baumaße, teilweise unklar und daher vieldeutig sind. Die von Fritz Krischen 1923 vorgelegte und später in einigen Details verfeinerte Rekonstruktion des Maussolleions ist inzwischen durch die Untersuchungen dänischer Archäologen unter der Leitung von Kr. Jeppesen berichtigt worden.[13]

9

10

11, 12

14, 15

14

4, 13

22

Der Tempel Dianæ Zu Ephesus, | woran gantz Asien 220. Jahr gebauet, | hatte in der Länge. 425. Schüh; In der Breite. 220. Sch:; In allen aus und inwendig 127. Säulen von 60. Sch: Höhe und Jonischer Ordnung. Wie das Vestibulum auf angeführter medaille und die rudera auweisen.

Le Temple de Diane d'Ephese. L'ouvrage de toute l'Asie pendant 220 ans, l'avoit 425. pieds de longueur, et 220. pieds de largeur. On y comtoit dedans et dehors en tout 127. Colones de 60. pieds de haut. La medaille ci jvinte, qui represente son vestibule, fait voir qu'il en etoit des ruines, que l'ordre en a ete Jonique.

Zwischen 1836 und 1839 arbeitete der Architekt und Maler Karl Friedrich Schinkel an einer Rekonstruktion des Heiligen Hains von Olympia. Der Hauptbau dieses bedeutenden griechischen Heiligtums war der um 470 v. Chr. begonnene und 456 v. Chr. vollendete Zeus-Tempel. Er war ein Werk des einheimischen Architekten Libon von Elis. Das Kultbild, die zu den Sieben Weltwundern der Antike zählende Sitzstatue des Zeus aus Gold und Elfenbein, schuf der Bildhauer Phidias. Von der Lage und der architektonischen Gestalt des Zeus-Tempels kann Schinkel nur vage Vorstellungen gehabt haben, denn der Oberbau war im 6. Jahrhundert n. Chr. eingestürzt. Erst im 18. Jahrhundert drang Kunde von diesem Bauwerk der griechischen Antike nach Deutschland.

16

10 Artemis-Tempel von Ephesos. Kupferstich nach Zeichnung von Johann Bernhard Fischer von Erlach, 1721

Folgende Doppelseite:

11 Jüngerer Artemis-Tempel von Ephesos. Nordwestecke. Rekonstruktion von Fritz Krischen und Hugo Horn, 1938

12 Älterer Artemis-Tempel von Ephesos. Einblick von der Langseite. Rekonstruktion von Fritz Krischen und Walter Karnapp, 1938

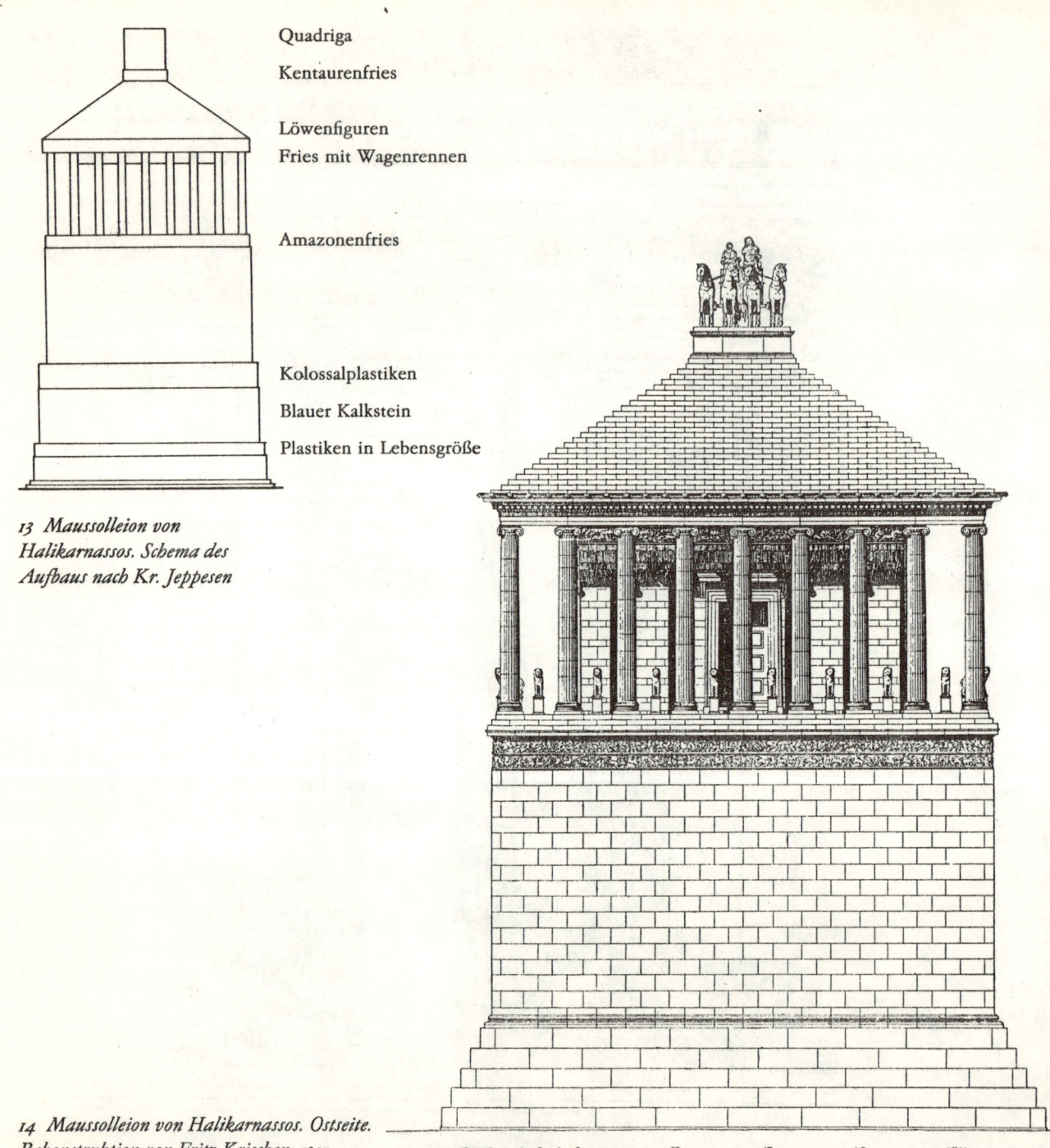

Quadriga
Kentaurenfries

Löwenfiguren
Fries mit Wagenrennen

Amazonenfries

Kolossalplastiken
Blauer Kalkstein
Plastiken in Lebensgröße

*13 Maussolleion von
Halikarnassos. Schema des
Aufbaus nach Kr. Jeppesen*

*14 Maussolleion von Halikarnassos. Ostseite.
Rekonstruktion von Fritz Krischen, 1927*

15 Maussolleion von Halikarnassos. Ansicht von Nordosten. Rekonstruktionsvorschlag von H. W. Law, 1939

Winckelmann forderte seine Ausgrabung. Bei seinem Rekonstruktionsversuch stützte sich Schinkel auf die Beschreibung des griechischen Reiseschriftstellers Pausanias aus dem 2. Jahrhundert n. Chr. Außerdem benutzte er die seit den französischen Ausgrabungen in Olympia (1829) veröffentlichte Literatur. Die von Schinkel erarbeitete Wiederherstellung erschien, von Piotr Iwanowitsch Rasumichin in eine Farblithographie umgesetzt, 1839/40 in einem Reisewerk des russischen Aristokraten Wladimir Davydov, das dem Fürsten Jurij Aleksejewitsch Dolgorouki gewidmet war.[14] Das Bild zeigt in einer ausgewogenen Komposition den Heiligen Hain von Olympia, angedeutet durch eine üppige Vegetation, mit einer Anzahl von Bauten und Weihgeschenken. Von diesen

17

16

fällt die auf einer hohen Säule plazierte Nike des Paionios besonders ins Auge. – Genauere archäologische Kenntnisse über den Zeus-Tempel erbrachten erst die deutschen Olympia-Grabungen (seit 1875). Vor den Frontseiten des Tempels wurden damals die Giebelfiguren gefunden. Diesen Forschungsstand berücksichtigten die Rekonstruktionen, die Friedrich Adler und Wilhelm Dörpfeld anfertigten.[15] Seit den fünfziger Jahren dieses Jahrhunderts erfolgte eine erneute Bauaufnahme des Zeus-Tempels.[16] Einen räumlichen Überblick über das Heiligtum von Olympia im 2. Jahrhundert n. Chr. gibt ein Modell im Museum von Olympia. Es wurde von Alfred Mallwitz, dem ehemaligen Leiter der Olympia-Grabungen des Deutschen Archäologischen Instituts, entworfen.

2

18

19

27

16 *Heiliger Hain von Olympia. Farblithographie von Piotr Iwanowitsch Rasumichin nach Rekonstruktionszeichnung von Karl Friedrich Schinkel, 1840. Berlin/DDR, Staatl. Museen, Kupferstichkabinett*

17 *Die Ebene von Olympia. Kupferstich von A. F. Lemaitre nach Zeichnung von Abel Blouet, 1831*

18 *Heiliger Bezirk von Olympia mit dem Zeus-Tempel. Rekonstruktion von Friedrich Adler, 1894*

19 *Heiliger Bezirk von Olympia. Modell nach Entwurf von Alfred Mallwitz. Olympia, Museum*

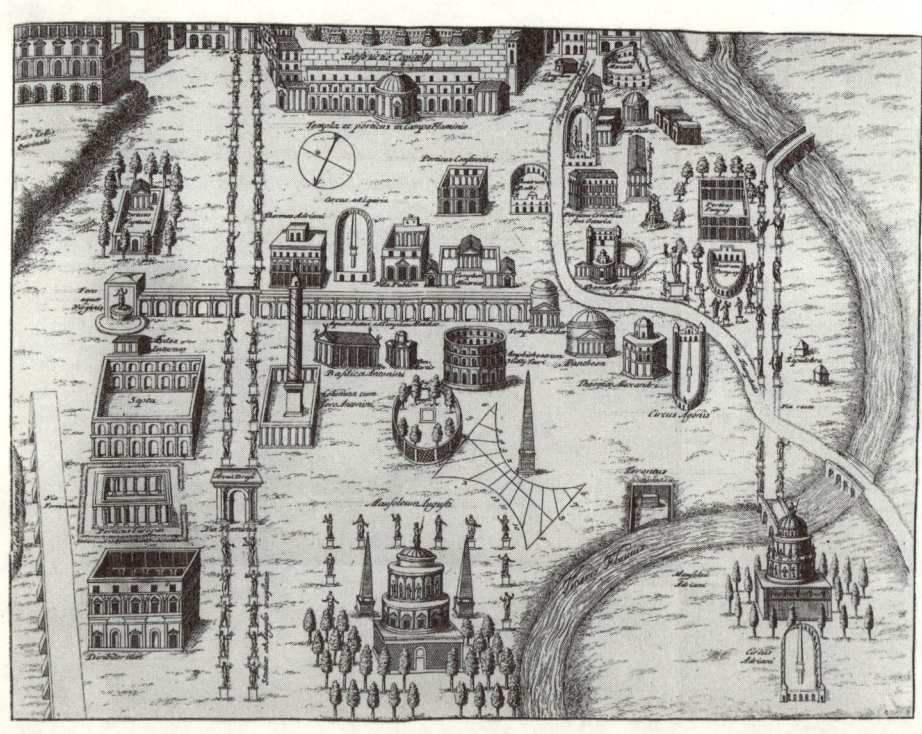

20 *Rom. Gebiet zwischen dem Mausoleum des Hadrian und dem Kolosseum. Ausschnitt aus dem Karl IX. von Frankreich gewidmeten Stadtplan des antiken Rom, 1574. Gezeichnet von Étienne Dupérac, gestochen von Francesco Villamena*

21 *Rom. Bauten des Marsfeldes. Kupferstich, 1695*

22 Rom. Teilansicht des Kolosseums mit Blick in die tonnenüberwölbten Korridore hinter der Fassade. Zeichnung (Domenico Ghirlandaio zugeschrieben). Florenz, Uffizien

23 Rom. Baurest des sog. Septizoniums vor der Südostecke des Palatin. Zeichnung von Giovanni Antonio Dosio, um 1560. Florenz, Uffizien. Das Septizonium (vollendet 203 n. Chr., 1588/89 abgetragen) bildete die gegen die Via Appia gerichtete Schaufassade der unter Septimius Severus auf dem Palatin errichteten Bauten

Folgende Doppelseite:

24 Rom. Titusbogen auf dem Forum Romanum. Ostseite mit Dedikationsinschrift. Kupferstich von Antoine Laféry, 1548

25 Rom. Tempel der Venus und Roma von Südosten. Lithographie nach Rekonstruktionszeichnung von Luigi Canina, 1841. Im Vordergrund links der Konstantinsbogen, rechts das Kolosseum; vor dem Tempel links ein Springbrunnen, rechts der von Kaiser Vespasian in eine Helios-Statue umgewandelte Koloß des Nero

26 Rom. Mausoleum des Hadrian mit dem Pons Aelius von Südosten. Lithographie nach Rekonstruktionszeichnung von Luigi Canina, 1841

SENATVS
POPVLVS·QVE·ROMANVS
DIVO·TITO·DIVI·VESPASIANI·F
VESPASIANO·AVGVSTO

ANT·LAFRERI·
SEQVANVS·EXCVD·ROMAE·
∞ Ɔ·XLVIII

32

33

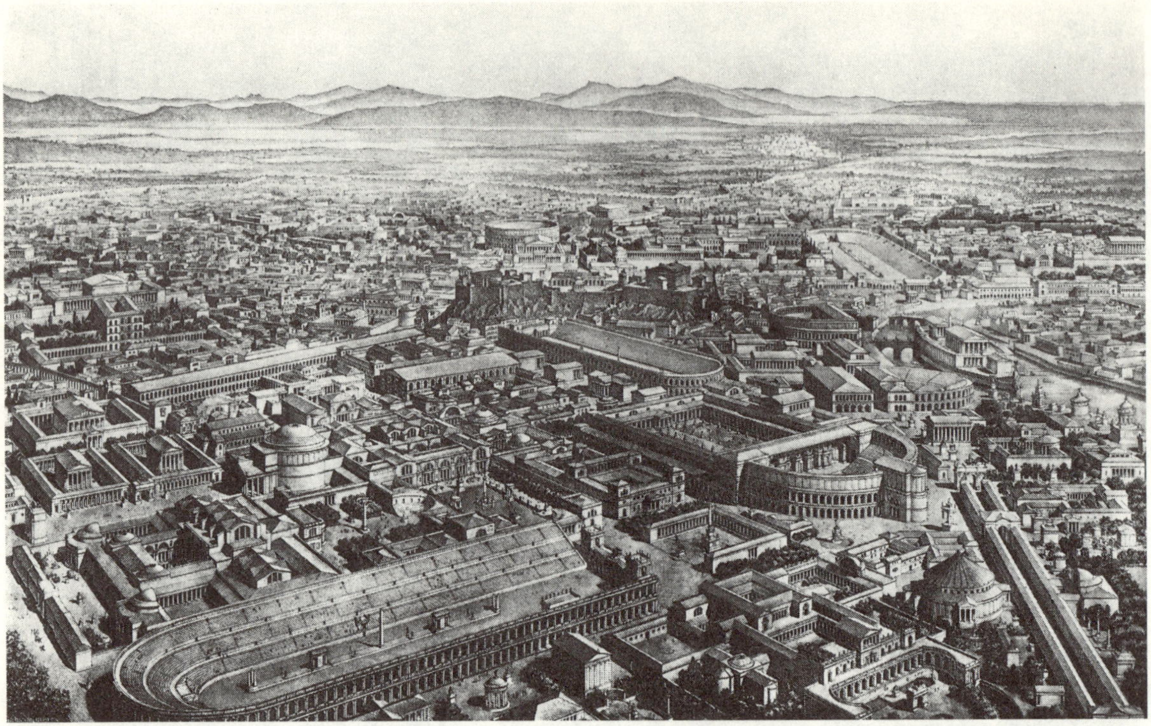

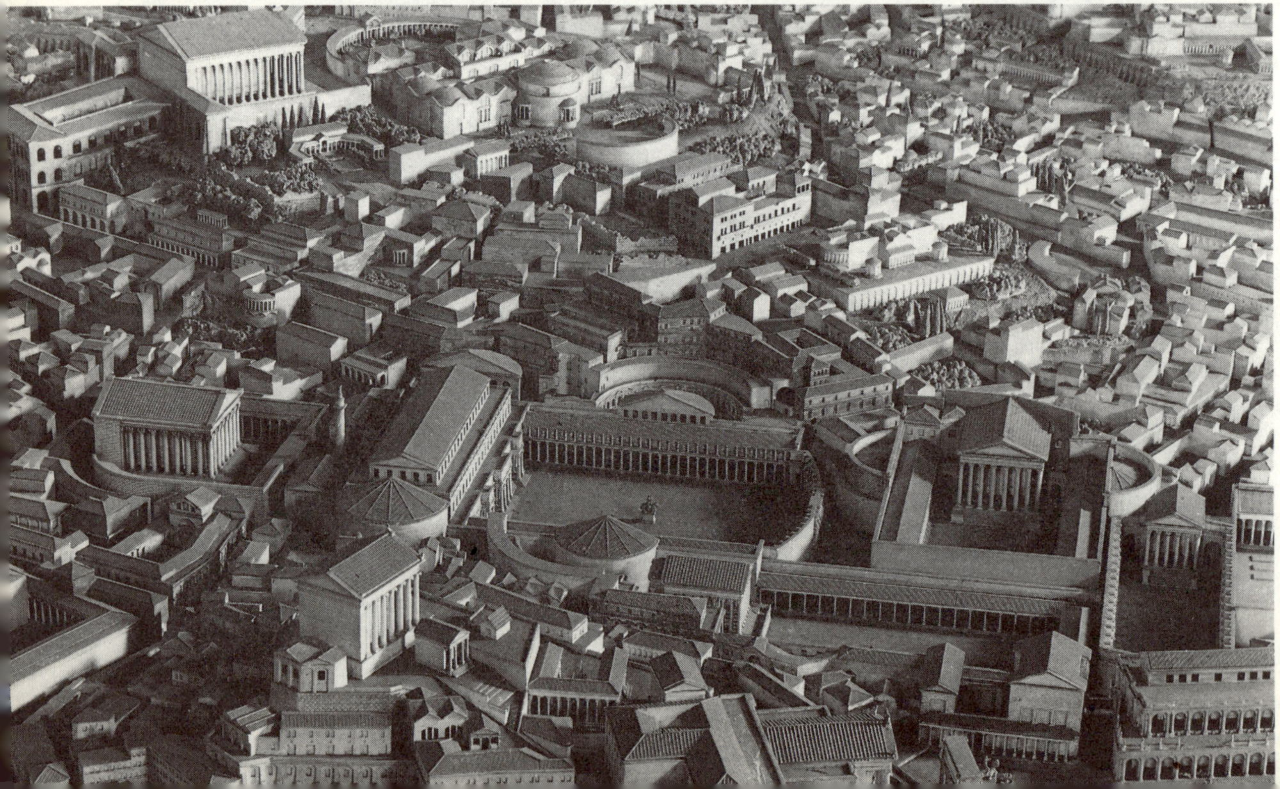

Seit den Tagen der Renaissance entstanden wiederholt bildliche Darstellungen von den Ruinen des antiken Rom. Sie zeugen von einem sich wandelnden Verständnis für die römische Antike. Hierzu gehören unter anderem die Architekturzeichnungen, die zwischen 1788 und 1924 regelmäßig von den »pensionnaires« der 1666 in der Villa Medici eingerichteten Französischen Schule in Rom angefertigt wurden. Diese Architekten erhielten bei der Erlangung des Prix de Rome die Möglichkeit, sich für jeweils drei Jahre kostenlos in der Villa Medici aufzuhalten. Jährlich mußten sie die zeichnerische Rekonstruktion eines Baudenkmals des antiken Rom zusammen mit einem begründeten Text vorlegen: So zeichnete Charles Percier 1788 die Trajanssäule. 1867 schuf Julien Guadet eine umfangreiche Rekonstruktion des Trajansforums. 1924 entstanden Ansichten römischer Bauten aus der Zeit der Königsherrschaft und der Republik.

Aus der ersten Hälfte des 19. Jahrhunderts stammen die phantasiereichen Rekonstruktionsversuche des italienischen Architekten und Altertumsforschers Luigi Canina (1795 bis 1856).[17] Sie decken sich nicht in allen Fällen mit dem Bild, das die Forschung heute zu geben vermag. Aber Größe und Wirkung römischer Baukunst spiegeln sich in beeindruckender Weise darin wider. Überhaupt dienten die im vorigen Jahrhundert entstandenen bildlichen Wiederherstellungen antiker Architektur überwiegend dem Zweck, berühmte Vorbilder zu veranschaulichen. Einige dieser Arbeiten sind ihrer Substanz nach heute nicht mehr wiederholbar. Zu ihnen gehört das 1879 von Josef Bühlmann geschaffene Schaubild der Stadt Rom zur Zeit Kaiser Aurelians (270 bis 275 n. Chr.). Es befindet sich, inzwischen restauriert, im Besitz der Technischen Universität München.[18] Das realistische Gesamtbild einer antiken Großstadt, wie es sich in diesem Werk darbietet, wiederholt in plastischer Form ein nach dem Entwurf von I. Gismondi ausgeführtes und häufig abgebildetes Modell der Stadt Rom zur Zeit Konstantins I. (306 bis 337 n. Chr.). Es steht im Museo della Civiltà Romana in Rom.[19]

Die nach dem Zweiten Weltkrieg entstandenen Wiederherstellungsversuche antiker Bauten geben die differenzierter gewordenen Ergebnisse der archäologischen Bauforschung wieder. Dies bezeugen neben vielen anderen Beispielen die Rekonstruktionen, die John (Ioannes) Travlos auf der Grundlage seiner Ausgrabungen in Athen, Eleusis, Megara, Korinth und Olynthos erarbeitete.

27 Rom zur Zeit Aurelians. Schaubild von Josef Bühlmann, 1879. München, Technische Universität, Architektursammlung

28 Rom zur Zeit Konstantins I. Modell nach Entwurf von Italo Gismondi. Ausschnitt mit den Kaiserfora. Rom, Museo della Civiltà Romana

II
RÜCKBLICK AUF DAS
BAUWESEN IM ALTEN ÄGYPTEN

Die kulturgeschichtliche Stellung der griechischen und römischen Architekten läßt sich erst dann adäquat beurteilen, wenn man auf die Gemeinsamkeiten und Unterschiede blickt, die zwischen dem klassischen Altertum und den vorangegangenen Kulturen des Alten Orients bestanden. Besondere Beachtung verdient in dieser Hinsicht Ägypten. Dort stand wie überall im Alten Orient die Bautätigkeit in engem Zusammenhang mit den Gegebenheiten und Erfordernissen ritueller Handlungen. In den sakralen Bauwerken des alten Ägypten wurden Gottesvorstellungen sichtbare Wirklichkeit, denn die Architektur war hier ebenso wie andere kulturelle Bereiche entscheidend von der Religion geprägt.

Viele Heiligtümer des Nillandes entstanden an der Stelle älterer Anlagen, die den Anforderungen nicht mehr genügten oder baufällig geworden waren. Dies beeinflußte erheblich die Arbeit der Architekten. Hinzu kam, daß gleichzeitig mit der Errichtung eines Tempels das Tempelleben zu organisieren war. Ritual und mythologischer Zyklus des alten Tempels mußten, zumindest teilweise, auf den neuen übertragen werden. Auf diese Weise waren die altägyptischen Architekten Jahrhunderte hindurch gezwungen, sich an früheren Beispielen zu orientieren, und das erklärt ihre konservative Grundhaltung. Einer der zahlreichen Belege hierfür ist der Tempel der Hathor und des Horus in Dendera: Aus der inschriftlichen Überlieferung geht hervor, daß dieser Tempel Oberägyptens mit seiner Gründung wahrscheinlich bis ans Ende der vorgeschichtlichen Zeit zurück-

reichte und im Neuen Reich unter Thutmosis III. (1490 bis 1439/1436 v. Chr.*) eine Reorganisation erfuhr, die dann in der Ptolemäerzeit (305 bis 30 v. Chr.) wiederholt wurde.[20]

Gemessen an der Fülle der altägyptischen Baudenkmale und ihrer Bedeutung für die Weltarchitektur erscheint die Zahl der überlieferten Architektennamen gering.[21] Außerdem ist zu berücksichtigen, daß nur für einen kleinen Teil dieser Namen der Zusammenhang mit einem bestimmten Bauwerk sicher nachgewiesen ist und daß offen bleibt, wer in dem einen oder anderen Fall wirklich der entwerfende Architekt war. Diese Situation ergab sich aus dem besonderen Charakter der ägyptischen Kultur, welche die volle Entwicklung persönlicher Eigenart verhinderte: Die Vorstellung vom Individuum, wie wir sie seit den Zeiten des klassischen Griechenlands kennen, bestand für den Ägypter nicht. Er empfand sich als ein Werkzeug der ihn in Aktion setzenden Macht des Königs. Zwar entfaltete sich in der 18. Dynastie (1560/1551 bis 1320/1306 v. Chr.) vorübergehend ein individuelles Bewußtsein. Dieses wurde jedoch nach der Amarna-Zeit zurückgedrängt. Nur auf einem bestimmten Gebiet trat die individuelle Leistung zu allen Zeiten der altägyptischen Ge-

---

* Die in diesem Kapitel vorkommenden Zeitangaben folgen dem gegenwärtigen Forschungsstand. Bei zwei durch Schrägstrich getrennten Zahlen bezieht sich die erste auf den Maximal-, die zweite auf den Minimalansatz. Regierungszeiten ägyptischer Könige sind nach J. v. Beckerath, Abriß der Geschichte des alten Ägypten, München – Wien 1971, angegeben.

schichte hervor: auf dem der Administration und Organisation. Hier entfalteten sich auf oberer Leitungsebene überragende Persönlichkeiten. Zu ihren Aufgaben gehörte in der Regel auch die organisatorische Gesamtleitung von Bauprojekten. Eine Anzahl dieser höheren Beamten erscheint in den offiziellen Quellen als Urheber bedeutender Bauten. Ihre Namen – Imhotep, Ineni, Hapuseneb, Senenmut, Amenophis, der Sohn des Hapu, Maja und andere – haben noch heute einen Platz in der Kunstgeschichte.

Hochgestellte Persönlichkeiten wie Imhotep und Amenophis sorgten als Berater ihrer Könige für die Ordnung im politischen Bereich wie auch in der Welt des Gegenständlichen, in der Baukunst. Ihre durch die Überlieferung festgeschriebene Funktion als Architekt hat hauptsächlich Symbolwert: Die von ihnen geleiteten Bauten fixierten die reale Ordnung der Welt.[22] Beide hatten außer ihren staatlichen Ämtern noch das eines Hohenpriesters inne. Man erhob sie sogar zu Repräsentanten göttlicher Gegenwart auf Erden.

Imhotep war zu Beginn des Alten Reichs erster 29 Minister des Königs Djoser (2650/2620 bis 2630/2600 v. Chr.). Dieser Herrscher führte den Aufbau eines ägyptischen Zentralstaates der Vollendung entgegen. Bei dem heutigen Dorf Saqqāra (südlich von Kairo) ließ er seinen Grabbezirk mit der bekannte Stufenpyramide errichten. Dabei 1 wurde erstmals die reine Werksteinbauweise umfassend angewandt. Die schriftliche Überlieferung nennt den nicht nur in historischen Fächern, sondern auch in der Heilkunst erfahrenen Imhotep als Architekten dieser Anlage.

29 *Bronzestatuette des Imhotep. Spätzeit. Berlin/DDR, Staatl. Museen, Ägyptisches Museum*

Eine Persönlichkeit von ähnlicher Bedeutung war im Neuen Reich Amenophis, der Sohn des Hapu. Unter König Amenophis III. (1403 bis 1365 v. Chr.) stieg er vom Rekrutenschreiber zu hohen Ämtern und Ehren auf. In späterer Zeit wurde er als ein Weiser verehrt. Auch er erscheint in den Quellen als bedeutender Architekt. Der König übertrug ihm nämlich den Bau seines Totentempels in Theben-West, am Nilufer gegenüber Kar-

nak. Die unvollendet gebliebene Anlage – sie wäre das größte thebanische Grabheiligtum geworden – trug man später ab. Heute sind davon nur noch die beiden kolossalen Sitzstatuen Amenophis' III. vorhanden, die einst den Eingang flankierten und später von Griechen und Römern als »Memnonskolosse« bezeichnet wurden, sowie eine große Stele. Der Minister Amenophis ließ noch andere Kolossalstatuen aufstellen. Als Leiter der Bauarbeiten in Karnak erhielt er zugleich den Rang eines »Festleiters des Amun« und damit das Recht, den König bei den Amun-Festen zu vertreten.

30 Theben-West. Memnonskolosse (Sitzstatuen vom Totentempel Amenophis' III.). Neues Reich, 18. Dynastie

Sicher mögen hohe Staatsbeamte als oberste Leiter des offiziellen Baugeschehens gewisse architektonische Kenntnisse besessen haben und fähig gewesen sein, im gegebenen Fall Änderungen an einer Baukonzeption zu veranlassen. Ihr Hauptanteil lag aber bei der organisatorischen Leitung der ihnen anvertrauen Bauvorhaben. Ob oder in welchem Maße der eine oder andere von ihnen über Entwurfspraxis verfügte, ist unbekannt.

Im alten Ägypten entstanden Kunstwerke als kollektive Leistungen. An der Herstellung von Reliefs waren zum Beispiel außer den Reliefbildhauern selbst noch andere Berufe (Steinmetzen, Umrißzeichner, Maler) beteiligt. Für die künstlerisch Schaffenden gab es in der ägyptischen Sprache keine spezifischen Berufsbezeichnungen. Diese Personen galten ebenso als Handwerker wie etwa Seiler oder Weber, und ihre Erzeugnisse wurden in erster Linie wie Gegenstände des täglichen Gebrauchs eingeschätzt. Auch im altägyptischen Bauwesen lassen sich wie bei Bildhauern und Metallarbeitern die Berufsbezeichnungen auf die handwerkliche Tätigkeit, hier auf die des Maurers, zurückführen. Dies ist deutlich an Bezeichnungen aus dem Alten Reich zu erkennen, die mit dem ägyptischen Wort für »Maurer« zusammengesetzt sind und sowohl den Beruf als auch die Rangstufe wiedergeben: Aufseher der Maurer, Vorsteher der Maurer, Königlicher Meister der Maurer. Die Bezeichnung »Architekt«, die wir heute auch auf altägyptische Verhältnisse übertragen, entstand erst im griechischen Kulturkreis und bezieht sich auf den geistig-künstlerischen Urheber der Gesamtgestaltung eines Bauwerks. Bei den alten Ägyptern gab es sie ebensowenig wie die Bezeichnung »Künstler«. Dennoch war bei ihnen die gesellschaftliche Stellung der Architekten anders als die der Maler, Bildhauer oder Steinmetzen.

Der König als Bauherr

Im alten Ägypten gehörte die Bautätigkeit zur kultischen Wirksamkeit des Königs. Als Mittler zwischen den überirdischen Mächten und den Menschen, als »Herr des Handelns«, hatte er die Pflicht, die Versorgung der Götter mit Opfern zu sichern. Daraus ergab sich seine Aufgabe, durch Stiftungen Baumaßnahmen im sakralen Bereich zu gewährleisten. Belege hierfür finden sich vor allem in den offiziellen Bauinschriften.[23] Seit dem Alten Reich berichten sie, oft in gleichbleibenden Redewendungen, von der Rolle des Königs bei der Gründung neuer Tempel und Pyramiden, der Wiederherstellung zerstörter Heiligtümer, der Erweiterung und Verschönerung älterer Anlagen wie auch beim Errichten von Denksteinen und Statuen. Jeder der altägyptischen Könige war als Bauherr bestrebt, gegenüber der Nachwelt eine hohe Quantität an Bauvorhaben aufzuweisen. In dieser Hinsicht stand Ramses II. (1290 bis 1224 v. Chr.) an der Spitze. Unter den vielen während seiner Regierung ausgeführten Bauten stellt der riesige Komplex seines Totentempels, des Ramesseums in Theben-West, die bedeutsamste Leistung dar. Ramses II. ließ auch eine Reihe von Tempeln wie den von Luxor und den Felsentempel von Abu Simbel erweitern beziehungsweise neu errichten.

Den Ägyptern galt der Tempel als Abbild des Kosmos und seiner Ordnung. Bei der Tempelgründung steckte der König oder als sein Stellvertreter ein Priester oder Beamter die Richtung ab; im alten Ägypten sagte man, »er spannte den Meßstrick«. Dabei dachte man sich Seschat, die Göttin der Schreibkunst, der Wissenschaft und der Bauleute, anwesend. Diese Zeremonie, die in einzelnen Zügen auf vorgeschichtliches Brauchtum zurückgeht, wird in einer Reihe von Texten beschrieben. In einem solchen Text aus dem großen

Horus-Tempel von Edfu berichtet der König: »Ich ergriff ein hölzernes Rädchen und den Griff des Stabes [des Zepters], halte die Schnur mit [dem Bild der Göttin] Seschat; mein Gesicht folgt dem Lauf der Sterne: mein Auge ruht auf dem Zenit [dem Großen Bären]; der Gott, der die Zeit anzeigt, stand neben meiner Sanduhr; ich habe die vier Ecken des Tempels bestimmt.«[24]

31 Der Architekt Hesire. Detail eines Holzreliefs von der Wandverkleidung seines Grabes bei Saqqāra. Altes Reich, 3. Dynastie. Kairo, Ägyptisches Museum

Gliederung des Bauwesens

Die Struktur des altägyptischen Bauwesens wurde durch das bestehende gesellschaftliche System bestimmt. Vom Steinbruch- und Transportarbeiter bis hin zum obersten Leiter der Bauvorhaben bestand eine vielfältige Gliederung. Durch sie erhielten Arbeiter, Handwerker, Beamte und Priester eine ihnen entsprechende Funktion. Mit der Hierarchie des Bauwesens war eine Reihe von Berufsbezeichnungen, Titeln und Rangstufen verbunden. Nicht immer ist klar, welche Funktionen sich dahinter verbargen. Genauere Erkenntnisse

hierzu lassen sich durch vertiefende Untersuchungen zur Wirtschafts- und Verwaltungsgeschichte sowie zur handwerklich-künstlerischen Produktion[25] gewinnen. Das aus den literarischen Zeugnissen sich ergebende Bild kann im großen und ganzen auch auf das Bauschaffen anderer Länder des Alten Orients übertragen werden, wo entsprechende Nachrichten jedoch spärlicher sind.

In Ägypten lag, gewöhnlich zusammen mit anderen Aufgaben, die Gesamtleitung größerer Bauprojekte des Königs in den Händen hoher Beamter. Diese wurden je nach Bedarf innerhalb ihres Amtsbereichs mit der allgemeinen Leitung der handwerklich-künstlerischen Produktion betraut und waren nur dem König beziehungsweise der Verwaltungseinheit, der sie angehörten, zur Rechenschaft verpflichtet. Sie führten den Titel »Leiter aller Arbeiten des Königs« (parallel hierzu gab es auch »Leiter aller Arbeiten« eines Tempels). Die bevorzugte gesellschaftliche Stellung dieser Beamten ist seit Beginn des Alten Reichs nachweisbar. Wahrscheinlich begann sie schon in der davorliegenden Thinitenzeit (1. und 2. Dynastie = 3050/2960 bis 2695/2640 v. Chr.). Bis ins Neue Reich konnten neben rein administrativen Tätigkeiten (zum Beispiel Leitung der Wirtschaftsverwaltung des Königs, Kontrolle aller handwerklichen Arbeiten, Anstellung qualifizierter sowie ungelernter Arbeitskräfte) zugleich richterliche, militärische und auch priesterliche Funktionen den obersten Beamten übertragen werden. Diese stammten meist aus einflußreichen Familien und waren Bodeneigentümer. Die Gunst des Königs ermöglichte ihren Aufstieg. Zur oberen Beamtenklasse gehörten königliche Schatzhaus-, Rinder- oder Scheunenvorsteher, Domänenverwalter, hohe Militärführer und als oberste Würdenträger die Wesire. Hohe Beamte konnten auch in den Priesterstand erhoben werden und wie zum Beispiel Amenophis, der Sohn des Hapu, infolge ihrer engen Verbindung zum König das Privileg eines eigenen Totentempels erhalten. In einer Inschrift aus Medamûd berichtet Minmose, ein hoher Staatsbeamter unter Thutmosis III. (1490 bis 1439/1436 v. Chr.) und Amenophis II. (1439 bis 1413 v. Chr.): »Man gab mir die Ämter als Prophet oder Wab-Priester in den Tempeln, in denen ich Arbeiten geleitet hatte.«[26] Er war zum Hohenpriester einiger unter seiner Leitung erbauter Heiligtümer wie dem Tempel in Letopolis und dem der memphitischen Bastet ernannt worden. Seine Ehrenstatuen standen in den Tempeln von Karnak, Medamûd und Imet. Eine Gedächtnisinschrift für ihn befindet sich in den Kalksteinbrüchen von Masara. Die herausragende soziale Stellung der hohen Beamten, unter ihnen Prinzen und Wesire, kam auch in den ihnen verliehenen Ehrentiteln zum Ausdruck. Eine in der Geschichte des alten Ägypten einmalige Ehrung wurde Imhotep zuteil: Sein Name wurde, zusammen mit allen seinen Titeln, die ihn rangmäßig auf eine Stufe mit Mitgliedern des Königshauses oder mit einem königlichen Statthalter stellten, in die Basis-Inschrift der Königsstatue des Djoser aufgenommen. Diese steht unmittelbar hinter dem Eingang seines Grabbezirks in Saqqâra.

Die nächstniedrigere Rangstufe nach den »Leitern aller Arbeiten des Königs« nahmen mittlere Beamte ein, die den Titel »Leiter der Arbeiten« führten. Sie waren jenen unterstellt und ebenfalls organisatorisch tätig, jedoch als untere Leiter nur für ein Teilgebiet. Im Alten Reich lautete ihr Titel »Königlicher Schreibermeister« oder nur »Königlicher Meister«. Im Neuen Reich waren die als »Bauleiter« bezeichneten Beamten anscheinend mit ihnen identisch. Innerhalb ihres Bereichs lenkten die »Leiter der Arbeiten« den Einsatz von Handwerkern, Transportarbeitern und anderen ungelernten Hilfskräften.

Die unterste Stufe des Beamtenapparats verkörperten die Meister. Aus einer Schicht spezialisierter Handwerker stammend, waren sie deren unmittelbare Vorgesetzte. Sie mußten die allgemeinen Aufträge des »Leiters der Arbeiten« in spezielle Anweisungen für die verschiedenen Gewerke (Steinmetzen, Maurer, Zimmerleute u. a.) aufschlüsseln, waren aber andererseits auch manuell tätig. Die Stellung der Meister war durch den besonderen Charakter der handwerklich-künstlerischen Produktion und durch die Doppelfunktion als Handwerker und Beamter bestimmt. Der Status des Beamten konnte Höhepunkt einer Laufbahn sein, die als Handwerker begann.

Die Basis für alle ausführenden Arbeiten im Bauwesen bildete eine große Schicht von Arbeitern, die keinen handwerklichen Beruf erlernt hatten. Sie wurden als »Soldaten« oder »Heer« bezeichnet.

Die Frage, welcher sozialen Schicht und welcher Gruppe innerhalb des altägyptischen Bauwesens die Entwerfer von Bauplänen, die eigentlichen Architekten also, angehörten, läßt sich nicht eindeutig beantworten. Einige Hinweise ergeben sich, wenn man ihre Ausbildung betrachtet.

Ausbildung und Aufgaben der Architekten

Im alten Ägypten erfolgte die Ausbildung der Architekten wie die der Ärzte vermutlich im »Haus des Lebens«. Dieses gehörte wie die Tempelschule und die Tempelbibliothek zu den Einrichtungen, die den Tempeln angegliedert waren und in denen Priester lehrten. Es diente hauptsächlich der Sammlung und Weiterbearbeitung religiöser und profaner Texte. Im »Haus des Lebens« wurden wahrscheinlich auch die Musterbücher für die handwerklich-künstlerische Arbeit verfaßt. Schriftliche Aufzeichnungen aus verschiedenen Wissensgebieten konnten hier eingesehen werden. Darunter befanden sich auch Baupläne, Bauberichte und ähnliche Dokumente. Sie wiesen nicht selten ein hohes Alter auf, und man glaubte,

in ihnen seien die Anweisungen einer Gottheit zur Errichtung eines Bauwerks festgehalten. Sie waren daher wichtige Informationsquellen für die künftigen Architekten. Diesen wurden – Lesen und Schreiben vorausgesetzt – Kenntnisse aus Theologie, Mathematik, Mechanik, Vermessungskunde und Astrologie vermittelt. Das Studium muß demnach ziemlich lange gedauert haben.

Es lag in der Art der theoretischen Ausbildung begründet, daß priesterliche Funktionen und die Tätigkeit als Architekt sich miteinander verbinden konnten. Ein aufschlußreiches Beispiel hierfür bietet Bekenchons, der unter Ramses II. (1290 bis 1224 v. Chr.) wirkte. Er wurde in der sogenannten Nachamarna-Zeit, vermutlich um 1310 v. Chr., geboren und bekleidete zunächst niedere Priesterämter. Später wurde er Hoherpriester des Amun in Karnak. Er leitete sämtliche Bauarbeiten in Theben. Sein Grab entdeckte man in Dra Abû el-Naga. Es enthielt außer dem Sarkophag zwei Sitzstatuen, die Bekenchons und seine Frau darstellen. Über seine Laufbahn geben ausführliche biographische Inschriften Auskunft. Sie befinden sich auf seinen beiden Statuen in Kairo und München. Die Inschrift auf dem Rückenpfeiler der Würfelstatue in München[27] nennt die Priestertitel des Bekenchons sowie die Werke, die unter seiner Leitung entstanden: »... 4 Jahre habe ich verbracht als Schulknabe. 11 Jahre habe ich verbracht als Jüngling, [indem] ich Oberster des Übungsstalles [Sethos' I.] war. Ich war 4 Jahre lang Wab-Priester des Amun. Ich war 12 Jahre lang Gottesvater des Amun. Ich war 15 Jahre lang dritter Prophet des Amun. Ich war 12 Jahre lang zweiter Prophet des Amun. Er lobte mich, da er mich erkannte, wegen meines Charakters. Er setzte mich zum Hohenpriester des Amun ein während [nunmehr] 27 Jahren. Ich war ein guter Vater meiner Untergebenen[28], indem ich ihre Nachkommen aufzog, indem ich meine Hand [dem] gab, der [in] Not war, indem ich den belebte, der im Elend war, indem ich

32 Würfelstatue des Bekenchons. Kalkstein. Neues Reich, 18./19. Dynastie. München, Staatl. Sammlung Ägyptischer Kunst

Nützliches [tat] in seinem Tempel, [während] ich Oberbaumeister von Theben war... ...Ich habe Nützliches getan im Tempel des Amun, [indem] ich Baumeister meines Herrn war. Ich habe für ihn den Tempel ›Ramses-geliebt-von-Amun, der die Bitten erhört‹,²⁹ gebaut am oberen Tor des Amuntempels. Ich habe zwei Obelisken aus Granit in ihm aufgestellt, deren Spitzen sich dem Himmel nähern... ...Ich habe zwei sehr große Türen aus Elektron hergestellt, deren oberer Rand sich mit dem Himmel vereint. Ich habe zwei große Flaggenmasten gezimmert und sie im herrlichen Vorhof an der Vorderseite des Tempels aufgestellt. Ich habe die großen Prozessionsbarken auf dem Fluß gezimmert für Amun, Mut und Chons...«³⁰

In der Spätzeit, als sich die Aufgaben des Priesteramtes und der Verwaltung trennten, kamen Architekten vorwiegend aus den Reihen der unteren Priesterschaft.

Der Wirkungsbereich aller für das Bauwesen im alten Ägypten Verantwortlichen war vielseitig. Er erstreckte sich auf die Leitung der königlichen Bauwerkstätten, die Überwachung der Arbeiten für das Grab des Königs wie für die Tempel der Götter im ganzen Land. Hinzu kamen weitere architektonische Aufgaben wie der Bau von Palästen und die Aufstellung von Obelisken, aber auch die Planung und Anlage neuer Städte. Beim Bau von Heiligtümern war der künstlerische Spielraum des entwerfenden Architekten weitgehend durch das theologische und liturgische Programm eingeengt, das die Priester für den Tempelplan und den zugehörigen mythologischen Zyklus festlegten. Die Tätigkeit der für den öffentlichen Bereich arbeitenden Architekten blieb im wesentlichen darauf beschränkt, in diesem Rahmen mitzuwirken. Der Bau von Wohnhäusern in Städten und Dörfern gehörte nicht zu ihrem Aufgabengebiet.

Ein altes arabisches Sprichwort lautet: »Alles Leben kommt vom Nil. Wenn der Nil nicht

33 Karnak. Amun-Tempel. 2. Pylon von Nordwesten

kommt, muß man zu ihm gehen.« Der Nil, der im alten Ägypten Hapi hieß und als Gott verehrt wurde, war die zentrale Wasser- und Verkehrsader des Landes. Die Landwirtschaft war von seinen jährlichen regelmäßigen Hochwassern abhängig. Sie führten zur Bildung einer fruchtbaren Schlammschicht. Bau und Instandhaltung von Kanälen, Stauseen, Dämmen und Bewässerungsanla-

gen waren daher schon bei den alten Ägyptern von großer Bedeutung. Aus dem Inschriftenmaterial geht hervor, daß diese Aufgabe ebenso wie der Straßenbau und andere ingenieurtechnische Projekte von Architekten geleitet wurden. Hierbei dürften der Bautätigkeit Geländestudien und Aufnahmen vorausgegangen sein. Es ist anzunehmen, daß diese von Feldmessern erledigt wurden, die man nach dem von ihnen benutzten Meßseil »Seilspanner« nannte.

Die schriftlichen Quellen unterrichten auch

über die praktische Seite des Architektenberufs. Am Ausgang des Alten Reichs, in der 6. Dynastie (ca. 2390/2290 bis 2155 v. Chr.), umreißt Nechebu seinen beruflichen Werdegang mit folgenden Worten: »Ich war meinem Bruder, dem Arbeitsvorsteher, unterstellt... Ich führte die Schreibarbeiten aus, ich trug sein Schreibgerät. Als er zum Aufseher der Maurer ernannt wurde, trug ich seinen Meßstab. Als er zum Vorsteher der Maurer ernannt wurde, war ich sein Gehilfe. Als er zum königlichen Meister der Maurer ernannt wurde, führte ich alles, was er sagte, zu seiner Zufriedenheit aus.«[31] Nechebu war verantwortlich für den Bau der Pyramide Phiops' I., des dritten Königs der 6. Dynastie, bei Saqqāra.

Selbstzeugnisse von Architekten aus der 18. Dynastie

In dieser von 1560/1551 bis 1320/1306 v. Chr. währenden Herrschaftsperiode des Neuen Reichs wurde Ägypten durch außenpolitische Erfolge zu einem Großreich, das sich vom Euphrat bis nach Napata im oberen Nubien erstreckte. Damals führte ein Höchstmaß an staatlicher Macht zu einem reichen architektonischen Schaffen. So erklärt es sich, daß die meisten der zur ägyptischen Architekturgeschichte überlieferten Namen jener Zeit angehören. Die Inschriften in den Architektengräbern der 18. Dynastie wirken in ihrer Sprache auf den ersten Blick unbefangener und selbstbewußter als diejenigen der übrigen Epochen. Dabei folgen sie in ihrem Aufbau dem stets wiederkehrenden Schema einer Idealbiographie: Zunächst wird die eigene Herkunft erwähnt. Dann werden die persönlichen Fähigkeiten hervorgehoben und festgestellt, daß der Berichterstatter in seinem Wirkungsbereich die Summe des Wissens beherrschte, das sich von Anfang an bis zu seiner Zeit angesammelt hat. Schließlich wird sehr viel

von dem erzählt, was man über diese Norm hinaus selbst vollbrachte. Dabei werden die eigenen Verdienste nach Möglichkeit vergrößert, häufig mit dem Hinweis, daß Gleiches in diesem Land »seit Beginn der Urzeit« noch nie vollbracht worden sei. Insgesamt erwecken diese Inschriften den Eindruck, daß die Menschen, die aus ihnen sprechen, stolz auf ihre Familie, ihr Wissen und ihre Leistungen waren.

Die Reihe bedeutender Architekten der 18. Dynastie eröffnete Ineni. Sein Grab in der Nekropole von Theben enthält Inschriften, die seine Autobiographie darstellen.[32] Darin gibt er über sich und sein Wirken folgende Einschätzung: Der König habe ihn zu seinem obersten Architekten erwählt als einen Menschen »richtiger Geradheit, zufriedenen Herzens, erfindungsreicher Lippe [und] verschwiegenen Mundes über die Angelegenheiten des Königshauses«. In den Inschriften seines Grabes zählt Ineni seine Werke auf:[33] Unter Amenophis I. (1529/1526 bis 1508/1505 v. Chr.) sei er der Leiter aller Gewerke gewesen. Unter Thutmosis I. (1508/1505 bis 1493 v. Chr.) seien ihm sämtliche Bauarbeiten in Karnak unterstellt worden. Es sei gute Arbeit gewesen, die er verrichten ließ. Vor allem habe er einen von Papyrussäulen gestützten Saal und die großen Pylontürme[34] daneben mit den herrlichen, an ihrer Spitze vergoldeten Flaggenmasten aus bestem Zedernholz erbaut, dann ein Tor mit einem Türflügel aus asiatischem Erz mit dem in Gold tauschierten Bild Amuns. Ineni war Bürgermeister von Theben und Vorsteher der Getreidespeicher des Amun. Außer den Arbeiten in Karnak überwachte er die Anlage des Grabes Thutmosis' I. im »Tal der Könige« (arabisch: Biban el-Moluk), das zur Nekropole von Theben gehörte und auf dem westlichen Nilufer, gegenüber von Luxor, lag. Er sagt darüber: »Ich habe allein das Aushöhlen des Grabes Seiner Majestät überwacht, ohne zu sehen und zu hören... Ich habe einen Lehmputz erfunden, um ihre Gräber in der

Nekropole auszuschmücken; es war eine Arbeit, wie sie niemand seit dem Anbeginn der Welt getan hat... Ich habe für meine Nachfolger gesucht; dies war [das Ergebnis] der Erfindungskraft meines Herzens, das Zeugnis meines Wissens. Keine Regel war mir von den Vorfahren gegeben, und ich werde noch nach vielen Jahren von denen gelobt werden, die nachahmen, was ich geschaffen habe.«[35]

34 Deir el-Bahari. Totentempel der Hatschepsut. Neues Reich, 18. Dynastie

Hapuseneb, vielleicht ein jüngerer Zeitgenosse des Ineni, ließ auf seiner Statue eine Inschrift anbringen. Daraus erfahren wir[36], daß er den Auftrag für das Felsgrab der Königin Hatschepsut (1490 bis 1470/1468 v. Chr.) in Theben-West wegen seines hervorragenden Plans bekommen habe. Später wurde Hapuseneb Hoherpriester des Amun und leitete für den Tempel in Karnak mehrere heute im einzelnen nicht mehr nachweisbare Arbeiten (Tore, Allerheiligstes, Geräte), wofür kostbare Hölzer benötigt wurden. Seine Amtszeit fiel in die zweite Hälfte der Regierung Hatschepsuts.

Hapusenebs Nachfolger im Dienste der Hatschepsut war Senenmut. In den Inschriften eines der beiden für ihn angelegten Gräber teilt er mit[37], daß er hohe Ämter eingenommen habe und bei seiner Herrin beliebt gewesen sei. Auch er gebraucht die stereotype Formulierung, er habe zu allen Schriften der Propheten Zugang gehabt, und es habe nichts gegeben, was er nicht wußte von dem, was sich »seit der Urzeit« ereignet hat. Senenmut hatte seine Laufbahn als Militärschreiber begonnen. Er wurde dann Aufseher der Besitzungen des Amun und Erzieher der Tochter der Königin. Unter seiner Leitung entstand in Deir el-Bahari der Totentempel der Hatschepsut, eine der großartigsten Werke der Weltarchitektur. Unter dem Vorhof des Tempels konnte Senenmut ein Grab für sich selbst anlegen. Darin zeigt sich seine Sonderstellung am Hofe.

Weit über das übliche Maß beabsichtigten Selbstlobs geht der bereits öfter erwähnte Amenophis, Sohn des Hapu, hinaus. In der Inschrift auf dem Unterteil einer seiner Statuen verkündet er: »Ich bin ein wahrhaft Herrlicher unter allen Menschen, einer mit hörendem Herzen, wenn er einen Plan sucht beim Fremdartigen wie einer, dessen Herz dabei war; der einen Spruch findet, selbst wenn er zerstört gefunden wurde; Herr der Klugheit, der Freund des Souveräns; der Nützliches für seinen Horus [das heißt: den König] tut; der seine Denkmäler prächtig ausführt, um zu veranlassen, daß man sich seiner erinnert bis in Ewigkeit am verbotenen Platz; der das Herz erfreut am Tage des Unheils; Siegler des unterägyptischen Königs, der sich den Gottesgliedern nähern darf; der gelobt aus dem Palast herauskommt; den die Königsedlen preisen wegen der Größe seiner Nützlichkeit für den König; der am Tage eintritt gemäß seiner Pflicht bei jeder Arbeit; der den Nichtwissenden durch die Geschehnisse seit der Urzeit hindurchführt und der dem, der [sie] vergessen hat, ihren [richtigen] Platz [kenntlich]

macht.«[38] Über sein Schaffen sagt er unter anderem: »Es machte mich mein Herr zum Vorsteher aller Bauarbeiten. Ich machte den Namen des Königs in Ewigkeit dauernd. Nicht ahmte ich nach, was früher getan worden war, sondern ich schuf ihm einen Sandsteinberg, ist er doch der Erbe Atums. Ich tat nach dem Wunsch meines Herzens, als ich sein Ebenbild in diesen seinen großen Totentempel brachte aus allerlei Gestein, fest wie der Himmel. Nicht aber gibt es einen, der das tun konnte seit der Gründung der beiden Länder. Ich leitete die Arbeiten an seiner Statue, groß an Weite, höher als sein Pfeiler, deren Schönheit die des Pylons in den Schatten stellte und deren Länge 40 Ellen [mehr als 20 Meter] betrug, aus dem heiligen Steinbruch von Sandstein neben Re-Atum. Ich baute Achterschiffe und fuhr sie stromauf, um sie in seinem großen Totentempel beständig sein zu lassen, bleibend wie der Himmel.«[39]

Unter Griechen und Römern

Während des 5. Jahrhunderts v. Chr. weilte der griechische Historiker Herodot in dem Land am Nil. Er stand ganz unter dem Eindruck der Größe ägyptischer Architektur und Kunst.[40] In seinem Geschichtswerk berichtet er unter anderem, daß der ägyptische König Psammetich I. (664 bis 610 v. Chr.) den Ioniern und Karern in Anerkennung der Hilfe, die sie ihm bei der Eroberung Ägyptens geleistet hatten, Ländereien an beiden Ufern des Nils zuwies.[41] Etwa zur gleichen Zeit gründeten im Nildelta Griechen aus Milet die Kolonie Naukratis. Man kann sich vorstellen, welchen nachhaltigen Eindruck bei den griechischen Einwanderern das für sie uralte Kulturland Ägypten hervorrief. Die Begegnung der frühen griechischen Kunst mit der Architektur und Plastik des Nillandes dürfte vielleicht dazu beigetragen haben, daß

die Griechen nunmehr begannen, mit Säulen umgebene Tempel zu bauen und eine monumentale
Plastik zu schaffen. Es ist nicht auszuschließen,
daß die Kenntnis ägyptischer Säulenkapitelle bei
der Entstehung der griechischen mitgewirkt hat.

Mit der Eingliederung Ägyptens in die hellenistische Welt trat dann ein Wechsel in den Beziehungen zwischen ägyptischer und griechischer
Kultur ein. Das Eigengewicht des griechischen
Elements nahm zu.

Seit der Alexanderzeit verlagerten sich die Zentren architektonischen Schaffens vom griechischen Mutterland in den Osten. 332/31 v. Chr. gründete Alexander der Große im westlichen Nildelta
Alexandria. Die Stadt, als Pendant zu dem im
Osten des Deltas gelegenen Pelusion unter Leitung des griechischen Architekten Deinokrates
entworfen und angelegt, wurde mit einem Kriegs-
hafen und als wichtiger Umschlagplatz auch mit
einem Handelshafen ausgestattet. Bis zum späten
1. Jahrhundert v. Chr. wuchs sie zu einer Großstadt mit etwa 500 000 Einwohnern heran. In der
literarischen Überlieferung zur Gründung der
Stadt[42] ist davon die Rede, daß unter Ptolemaios I.
Soter (305 bis 285 v. Chr. König von Ägypten) der
griechische Architekt Parmenion im Westteil
Alexandrias, im Ägypterviertel Rhakotis, einen
großen Sarapis-Tempel erbaute und für diesen
auch das Kultbild (siehe Seite 183) schuf. Andere
antike Autoren behaupteten, der König habe, um
einen für Griechen wie Ägypter akzeptablen Kult
einzurichten, die Statue des Sarapis von Sinope
am Schwarzen Meer nach Alexandria bringen lassen. Sarapis wurde als Herrscher der Welt, als
Himmels-, Unterwelts-, Fruchtbarkeits- und Heilgott verehrt. Außerdem war er ein beliebter Ora-
kelgott. Von Ägypten aus verbreitete sich sein
Kult über die gesamte hellenistische Welt. Die
Christen waren seine stärksten Gegner. 391 n. Chr.
ließ der Patriarch Theophilos den Sarapis-Tempel
in Alexandria zerstören.

Wie in der Gründungsgeschichte Alexandrias,
so begegnen auch in der übrigen literarischen
Überlieferung zur Baukunst der griechisch-römischen Zeit Ägyptens vorwiegend griechische Architektennamen. Die aus dieser Periode stammenden Bauten lassen hingegen erkennen, daß bis in
die späte Römische Kaiserzeit trotz des griechischen und später des römischen Einflusses ägyptische Stilprinzipien weiterlebten. Häufig berichten
die Quellen von der Arbeit in den Steinbrüchen,
deren Ausbeutung dem Staat unterlag. Hervorgehoben wird ferner der Transport großer Bauteile.

Unter Ptolemaios II. Philadelphos (285 bis
247/246 v. Chr.) leitete der Architekt Phoinix den
schwierigen Transport eines Obelisken vom Steinbruch zum Nil und dann auf dem Wasserweg
nach Alexandria. Darüber schreibt der römische
Schriftsteller Plinius der Ältere[43]: »Ptolemaios Philadelphos errichtete in Alexandria einen Obelisken
von 80 cubiti [etwa 35 Meter], den der König Nec-
thebis[44] hatte rein aushauen lassen, und dessen
Transport und Aufrichtung mehr Mühe verursachte als die Bearbeitung. Einige geben an, er sei
von dem Architekten Satyros zu Schiff fortgeführt
worden. Nach Kallixeinos[45] brachte ihn aber Phoinix auf einem Kanal herbei, der vom Nil nach
dem Platz, wo er lag, gezogen war. Der Transport
geschah auf folgende Weise: Zwei offene Schiffe
wurden nebeneinandergelegt, mit fußlangen Stük-
ken von derselben Steinart soweit beladen, daß
deren Gewicht der doppelten Last des Obelisken
gleichkam, und dann unter den mit seinen äußer-
sten Enden auf beiden Ufern liegenden Obelisken
geschoben. Danach wurden die Steine wieder aus-
geladen und die Schiffe dadurch soweit gehoben,
daß sie die ihnen bestimmte Last aufnehmen
konnten. Dieser Obelisk soll auf sechs Würfeln
aus demselben Berg errichtet worden sein und der
Baumeister eine Vergütung von 50 Talenten erhalten haben. Der oben genannte König ließ den
Obelisken als ein Liebesgeschenk für Arsinoe,

seine Gemahlin, die seine Schwester war, vor das Arsinoeion[46] setzen. Später wurde derselbe, da er den Schiffswerften im Wege stand, von Maximus, dem Statthalter in Ägypten, auf das Forum Romanum gebracht und die Spitze abgenommen, um eine andere, vergoldete daraufzusetzen, was jedoch unterblieb.« Der Schilderung ist zu entnehmen, daß der Transport des Obelisken auch einem Architekten namens Satyros zugeschrieben wurde. Doch für diesen gibt es keine sicheren Belege.

Papyrusfragmente aus dem Fayum, welche die Korrespondenz einiger Architekten der Ptolemäerzeit enthalten[47], überliefern Einzelheiten zur Organisation des staatlichen Bauwesens in Ägypten nach der Mitte des 3. Jahrhunderts v. Chr. Danach leiteten Oberbauinspektoren die Arbeiten in den Steinbrüchen und den Transport. Außerdem unterstanden ihnen der Bau von Brücken, die Anlage von Wegen und Kanälen sowie städtebauliche Unternehmungen verschiedenster Art. Diese staatlichen Bauaufsichtsbeamten hatten ein zentrales Büro in Krokodilopolis, einer Stadt im Fayum, die später Arsinoe hieß (heute Medinet el-Fayum). Einige der Papyri[48] gehen näher auf die Bautätigkeit im Distrikt von Arsinoe ein: Zur Zeit Ptolemaios' II. war dort der Grieche Kleon leitender Architekt. Als der König 253/52 v. Chr. Arsinoe besuchte, scheint Kleon in Ungnade gefallen und durch seinen bisherigen Gehilfen Theodoros ab-

gelöst worden zu sein. Dieser ist 246 v. Chr. als Oberaufseher aller öffentlichen Arbeiten des Distrikts nachgewiesen. In diesem Gebiet blieb eine Reihe von Bauten der Ptolemäerzeit erhalten, aber ihre genauere zeitliche Einordnung ist nicht in allen Fällen gesichert.

Auch das aus Ägypten stammende Inschriftenmaterial der Römischen Kaiserzeit enthält griechische Architektennamen, darunter den eines Apollonios, des Sohnes des Ammonios aus Alexandria. Er bekam von den römischen Behörden den Auftrag, beim Mons Claudianus[49], wo dunkler Granit gebrochen wurde, zum Heil des Kaisers Trajan einen Sarapis-Altar zu errichten.[50] Scheinbar gehörte es zu seinen Aufgaben, in den dortigen Steinbrüchen die Herrichtung der Blöcke zu überwachen, die für verschiedene größere Bauten bestimmt waren. Ebenfalls vom Mons Claudianus stammt die Inschrift mit dem Namen des Architekten Ammonis an einem Brunnen aus der Zeit Trajans.[51]

Seit dem Jahre 30 v. Chr. war Ägypten kaiserliche Provinz des Römischen Reiches. Damit hörte die politische Eigenständigkeit des Landes auf, denn es wurde nunmehr von Rom aus regiert. Doch seine Götter und seine jahrtausendealte Zivilisation übten ihre Anziehungskraft auch auf die neuen Herren aus. Von den Werken altägyptischer Architekten weckten besonders die Pyramiden und die Obelisken das Interesse der Römer.

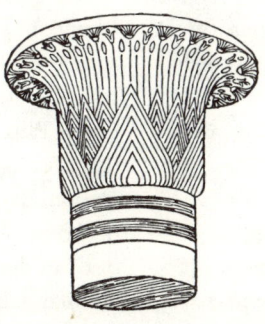

III
DIE ÜBERLIEFERUNG
DER GRIECHISCH-RÖMISCHEN
ARCHITEKTENGESCHICHTE

Die zeitgenössischen Nachrichten über Architekten und Bauingenieure der Antike sind in Quellen von recht unterschiedlichem Wert überliefert. Die ältesten Angaben finden sich in den Sagen des klassischen Altertums. Die meisten authentischen Zeugnisse jedoch bietet das epigraphische Material, die Inschriften. Hier stehen die Bauurkunden (siehe Seite 73ff.) an erster Stelle. Weniger ergiebig sind Inschriften, die nur Namen und Berufsbezeichnungen, aber kein Werk nennen. Die dritte Quellengruppe bildet die antike Literatur. Sie enthält, wenn auch nicht so zahlreich wie bei Bildhauern oder Malern, Mitteilungen über einzelne Architekten, ihre Werke und ihr nicht selten als bewunderungswürdig gepriesenes konstruktionstechnisches Können. Derartige Textstellen kommen in verschiedenen Zusammenhängen vor, zum Beispiel bei der Schilderung bestimmter geschichtlicher Ereignisse, in Verbindung mit griechischen Tyrannen wie Peisistratos und Polykrates oder verknüpft mit den Sieben Weltwundern (siehe Seite 57ff.). Literarische Selbstzeugnisse von Architekten sind aus der griechisch-römischen Antike – von Vitruvs Werk über Architektur abgesehen – nicht mehr erhalten. Dafür wurde die biographische Überlieferung, wie bei den bildenden Künstlern, durch eine Art verbürgter mündlicher Tradition bereichert: die Künstleranekdote, deren schriftliche Fixierung meist erst in späterer Zeit erfolgte.

Über die griechischen Architekten des 6. bis 4. Jahrhunderts v. Chr. schweigt die zeitgenössische Literatur so gut wie ganz. Wir begegnen ihnen erst in jüngeren, vorwiegend von Schriftstellern der Römischen Kaiserzeit verfaßten Werken, für die häufig hellenistische Quellen benutzt worden sind. Die Namen griechischer Architekten der klassischen Zeit wurden in den meisten Fällen anscheinend nur dann weitergegeben, wenn es sich um Personen handelte, die Schriften über ihre eigenen Bauten oder über allgemeine Probleme der Baukunst, etwa die Proportionslehre, verfaßt hatten und dadurch für traditionswürdig galten. Wo ein Architekt ohne eigene Schriften erwähnt wird, ist anzunehmen, daß die Information einer lokalhistorischen Quelle entstammt.

Zur Zeit von Caesar und Augustus nahm der römische Architekt und Bauingenieur Vitruv das seiner Zeit bekannte Wissen über Architekten in sein Werk »De architectura libri decem« (siehe Seite 60ff.) auf. Auch antike Autoren, die keine Architekturschriftsteller waren, teilten einschlägige Fakten und Nachrichten mit. Die Handbücher zur griechischen, römischen und byzantinischen Literatur geben darüber Auskunft.

Neben Vitruv sind als wichtigste literarische Quellen zwei umfangreiche Werke der Römischen Kaiserzeit zu nennen: die »Naturalis historia« (»Naturgeschichte«, 37 Bücher) des Römers Gaius Plinius Secundus des Älteren (23 bis 79) und die »Periēgēsis tēs Hellados« (»Beschreibung Griechenlands«, 10 Bücher) des aus Kleinasien stammenden Griechen Pausanias (110/115 bis nach 175), der um die Mitte des 2. Jahrhunderts n. Chr. Griechenland bereiste. Man hat ermittelt, daß der ältere Plinius für seine »Naturgeschichte« die

Werke von etwa 400 antiken Autoren (das dürfte ungefähr einem Bestand von 2000 Bücherrollen entsprochen haben) exzerpierte.

Die späteste Phase der Literaturquellen zur antiken Architektengeschichte dokumentiert die Schrift »Peri ktismatōn« (lateinisch: »De aedificiis« = »Über die Bauwerke«) des frühbyzantinischen Historikers Prokopios (um 500 bis nach 562 n. Chr.). Sie war ein Auftragswerk des oströmischen Kaisers Justinian I. und sollte dessen Bautätigkeit lobend herausstellen.

Für die Auswertung der Schriftquellen zu Architekten gilt, was allgemein für den Umgang mit antiken Texten und Inschriften gefordert wird: Die im Laufe der Jahrhunderte eingetretene fehlerhafte oder divergierende Weitergabe einzelner Stellen – hier sei nur an die Quellenkompilationen des Mittelalters erinnert – ist zu berücksichtigen. Darüber hinaus ist die Möglichkeit von Quellenverlusten in Betracht zu ziehen. In geeigneten Fällen können Befunde aus dem heute noch vorhandenen Bestand antiker Bauten die epigraphischen und literarischen Zeugnisse ergänzen oder berichtigen.

Bei der näheren Betrachtung derjenigen Quellengruppen, die für eine Interpretation zur Verfügung stehen, wird sich zeigen, daß aus der spröden, mitunter komplizierten Materie auch Einblicke in historisches Geschehen zu gewinnen sind.

Mythische Architekten

Die ersten Erwähnungen von Architekten im griechischen Kulturbereich führen zurück in die Welt der Sage. Inmitten einer umfangreichen, häufig verworrenen mythologischen Überlieferung begegnen uns legendäre Gestalten, die als Meister der Baukunst geschildert werden. Ihre Namen sind mit den frühen Perioden griechischer Kultur und Kunst von ihren Anfängen bis ins 6. Jahrhundert v. Chr. verbunden, ohne daß sich einzelne dieser Architekten aus dem allgemeinen mythologischen Rahmen herausheben oder zeitlich genauer einordnen lassen. Manche von ihnen erscheinen, wie dies auch später teilweise üblich war, zugleich als Bildhauer. Die Mehrzahl aber blieb namenlos; nur der Bauherr wurde, zum Beispiel bei Tempelgründungen, genannt.

Mitunter erhielten im Mythos Personen, die keine Architekten waren, eine Funktion als »Erbauer«. So betätigt sich der Held Herakles gleichsam als »Baumeister der Natur«. Außer den bekannten zwölf Arbeiten soll er nach der Sage die Felsen Abyla (heute Ceuta) und Kalpe (heute Gibraltar) beiderseits der Meerenge zwischen Spanien und Nordafrika aufgetürmt haben. Im Altertum wurden sie daher »Säulen des Herakles« genannt. Als ein »Erbauer« erscheint auch der Sänger Amphion, ein Sohn des Zeus und der Antiope. Der Götterbote Hermes schenkt ihm eine Leier. Als Amphion darauf spielt, fügen sich die Mauern des »siebentorigen« Theben, der Hauptstadt Böotiens, von selbst zusammen.

Der historische Gehalt antiker Sagen ist oft vielschichtig und unklar. Es kann davon ausgegangen werden, daß in die mythische Tradition der Griechen auch Tatsachen aus ihrer Bauwelt, Erzählungen über einzelne Werke und Erfindungen, eingingen. Dabei wurden noch nicht ästhetische oder entwicklungsgeschichtliche Aspekte der Baukunst berührt, sondern nur Nachrichten über erwähnenswerte konstruktive Erscheinungen weitergegeben; denn »dem Eindringen des Historischen stand die Macht des Mythos im Wege« (Jacob Burckhardt).

Die Bedeutung der frühesten griechischen Architekten wurde dadurch gesteigert, daß man ihnen uralte Bauwerke, meist von ungewöhnlicher Konstruktion, zuschrieb. Die phantasievollen Schilderungen solcher Werke verschließen sich jedoch für gewöhnlich einer realen Deutung.

Der legendäre erste Künstler und Ingenieur Europas, eine zentrale Gestalt in der Kunst der griechischen Frühzeit, hieß Daidalos. Sein Name bedeutet »kunstreicher Arbeiter«. Von Daidalos berichten mehrere antike Sagen. Auch Homer[52] erwähnt ihn. Auf Daidalos führten die griechischen Dichter die erste Entwicklung von Plastik und Architektur, vor allem in Attika und auf Kreta, zurück. Er galt ihnen als der Begründer aller Kunstübung schlechthin. In der Überlieferung erscheint er besonders als Bildhauer, weniger profiliert als Architekt, dann auch als Goldschmied und als großer technischer Erfinder. In Athen war er Ahnherr und Schutzpatron der Handwerker. Die ältesten der namentlich bekannten griechischen Künstler führte man durch Abstammung oder Lehre auf Daidalos zurück.[53] Seine Söhne Dipoinos und Skyllis sollen von Kreta aus in die Peloponnes eingewandert sein und in Sikyon eine Schule für Bildhauer und Erzgießer gegründet haben. Die im Falle des Daidalos umfangreiche literarische Überlieferung[54] sah – vielleicht schon seit dem 6. Jahrhundert v. Chr. – in ihm vor allem den Erfinder der archaischen Statuenplastik aus Metall und Holz. Diese Großplastik löste die menschliche Figur aus der strengen, blockmäßigen Haltung, die für die Statuen des alten Ägypten charakteristisch ist. Die Arme wurden nunmehr abgewinkelt, die Beine auseinandergestellt und die Augen geöffnet. Diesen Stil der früharchaischen griechischen Plastik des 7. Jahrhunderts v. Chr. bezeichnete man daher als »dädalidisch«. Daidalos wurden ferner eine Reihe technischer Erfindungen zugeschrieben, zum Beispiel auf dem Gebiet der Zimmermannskunst. Ein Klappstuhl[55], der sich unter den alten Weihgeschenken im Erechtheion auf der Athener Akropolis befand, soll von ihm konstruiert worden sein.

Der Schwerpunkt der Tätigkeit des Daidalos muß in Kreta gelegen haben. Außer dem Labyrinth des Minotauros wies die Überlieferung ihm noch weitere Bauanlagen zu. Darüber berichtet der aus Sizilien stammende Schriftsteller Diodoros[56], dessen Ausführungen auf unteritalische und sizilische Sagen zurückgehen: In dem ägyptischen Kultzentrum Memphis baute Daidalos angeblich das »schönste Propylon des Hephaistos-Tempels«. Gemeint ist hiermit eine der vier Toranlagen des Ptah-Tempels. Diesen bezeichneten die Griechen, da sie den ägyptischen Gott Ptah mit Hephaistos gleichsetzen, als Hephaistos-Tempel. Auf Sizilien soll Daidalos als Architekt für griechische Kolonialstädte gewirkt haben: Bei Selinunt baute er angeblich ein Thermalbad und bei Agrigent die Bergfeste Kamikos. Außerdem ist von einem Wasserreservoir die Rede. Sogar die als Nuragen bekannten Turmbauten Sardiniens wurden Daidalos zugeschrieben.

An der Südwestecke der Akropolis von Athen sind die Reste der ältesten Burgmauer zu sehen. Sie wurde etwa in der zweiten Hälfte des 13. Jahrhunderts v. Chr. aus riesigen polygonalen, größtenteils unbearbeiteten Steinblöcken aufgeschichtet. Die Griechen hielten diese Befestigungsmauer irrtümlich für ein Werk der Pelasger, einer sagenhaften vorgriechischen (ägäischen) Bevölkerungsschicht. Pausanias berichtet, einen Teil der Mauer hätten Agrolas, Hyperbios und dessen Bruder Euryalos erbaut.[57] Der römische Schriftsteller Plinius der Ältere bemerkt außerdem, Hyperbios habe zusammen mit Euryalos die Technik der Ziegelherstellung und den Hausbau nach Athen gebracht.[58] Die Hypothese, Agrolas und Hyperbios seien aus Sizilien nach Athen gekommen, läßt sich nicht beweisen. Aber die Einbindung der drei Architekten in den Bereich des Mythischen ist gegeben: Als Urheber jener gewaltigen Polygonalmauern, die für den Wehrbau der mykenischen Zeit typisch sind, galten allgemein die einäugigen Riesen der griechischen Sage, die Kyklopen, und die ihnen verwandten Giganten, unter denen ebenfalls die Namen Agrolas und Euryalos vorkommen.

Zur Familie der Kyklopen zählte man im klassischen Altertum auch die Cheirogastores, eine Gruppe mythischer Architekten und Bildhauer. Sie sollen die Mauern von Mykene erbaut haben[59] und werden mit Proitos, dem König von Tiryns, in Verbindung gebracht[60]. Der griechische Geograph und Historiker Strabon behauptet, die Cheirogastores seien sieben aus Lykien in Kleinasien gebürtige Architekten gewesen.[61] Auch die griechischen Schriftsteller Hekataios von Milet[62] und Hellanikos[63] erwähnen sie.

Das Wirken griechischer Architekten war von Anfang an eng verknüpft mit Tempelgründungen. Anschauliche Beispiele hierfür bietet unter anderem die Baugeschichte verschiedener Heiligtümer auf der Athener Akropolis. Seit dem 8. Jahrhundert v. Chr. war der griechische Tempel das Gebäude, das um ein Kultbild herum errichtet wurde. Auf altem, heiligem Boden erhob sich das Haus des Gottes mit seiner darin verborgenen Statue und verband durch den darin ausgeübten Kult die Menschen mit der Welt der Götter. Die Existenz eines Kultbildes war ausschlaggebend für eine Tempelgründung. Menschengestaltige Kultbilder traten seit dem Anfang des 7. Jahrhunderts v. Chr. auf, zunächst in kleinerem Format, dann, etwa seit der Mitte des Jahrhunderts, lebens- oder überlebensgroß. Diesem Übergang zum Monumentalen entsprach auch die Entwicklung der Sakralarchitektur.

Delphi, am Fuß des Parnaß in der mittelgriechischen Landschaft Phokis gelegen, beherbergte das Heiligtum des Apollon mit dem berühmtesten Orakel Griechenlands. Hier baute man an gleicher Stelle nacheinander sechs Apollon-Tempel. Die Nachrichten über die ersten drei verlieren sich im Reich der Sage. Nur die nachfolgenden drei Tempel konnten archäologisch festgestellt werden. Der erste der delphischen Apollon-Tempel soll aus Lorbeerzweigen gefügt worden sein. Den zweiten soll ein Architekt mit dem Namen Pteras aus Wachs und Vogelfedern oder aus Farnkraut erbaut haben.[64] Der Name des mythischen Erbauers ist durch Pausanias überliefert: »Es wird aber auch erzählt, daß ein Delpher den Tempel verfertigt habe, der Pteras hieß; ebenso soll daher der Tempel benannt worden sein nach seinem Baumeister. Nach diesem Pteras soll auch eine kretische Stadt unter Hinzufügung eines Buchstabens Aptera benannt worden sein. Die Geschichte nämlich, die sich auf das in den Bergen wachsende Farnkraut bezieht, daß sie den Tempel aus diesem noch grünen Kraut geflochten hätten, diese Geschichte erkenne ich überhaupt nicht an«.[65] Ebenso gut kann der Name Pteras von der griechischen Bezeichnung *pterinos naos* (»aus Vogelfedern gemachtes Haus«) stammen (*pteron* = griechisch: Feder).

Als weitere Architekten der griechischen Frühzeit nennt eine umfangreiche, zum Teil aber verworrene antike Überlieferung Agamedes und Trophonios (dieser in böotischen Inschriften auch Trephonios genannt).[66] Als ihre Heimat ist teils Böotien, teils Arkadien angegeben. Sie erscheinen als Söhne des Königs Erginos von Orchomenos, in späteren mythologischen Schriften auch als Söhne Apollons oder des Zeus oder des Dionysos. Agamedes wird auch als Sohn des Königs Stymphalos von Arkadien, Trophonios als Stiefsohn des Agamedes bezeichnet. Um die Berühmtheit beider Architekten hervorzuheben, stellte sie eine spätere Tradition als die Schöpfer uralter Bauwerke Griechenlands hin. Die dabei erwähnten, angeblich von ihnen errichteten »Schatzhäuser« sind dem Anschein nach mit bautechnisch hervorragenden Kuppelgräbern der mykenischen Zeit identisch. In Böotien nannte die mythische Überlieferung Agamedes und Trophonios stets zusammen. Trophonios galt dort als Erd- beziehungsweise Fruchtbarkeitsgott und als Stifter der großen Orakelstätte am Unterweltseingang bei Lebadeia. Dort bestand ein Trophonios-Kult bis in die

Römische Kaiserzeit hinein. Agamedes hingegen ist auch auf der Peloponnes mythologisch faßbar. Für die kunstgeschichtliche Einordnung beider Architekten ist die frühe literarische Überlieferung, die sich auf den ältesten Steintempel des pythischen Apollon in Delphi bezieht[67], am wichtigsten. Dieser der Sage nach vierte Apollon-Tempel von Delphi muß kurz vor 600 v. Chr. erbaut worden sein. Baureste von ihm sind nachgewiesen.[68] In der literarischen Überlieferung heißt es, Apollon selbst habe das Fundament gelegt, und Agamedes und Trophonios hätten eine »steinerne Schwelle« daraufgesetzt:

»›Alle, die in der Peloponnes, der üppigen, hausen,
Die Europa bewohnen und ringsumflossene
                                                Inseln,
Holen sich hier Orakel, und den untrüglichen
                                                Ratschluß
Werde ich allen hier in dem üppigen Tempel
                                                verkünden.‹
Also sprach der Schütze Apollon und legte den
                                                Grundbau
Breit und ungeheuer gestreckt; dann aber darüber
Fügten die steinerne Schwelle Trophonios und
                                                Agamedes,
Söhne des Erginos und lieb den unsterblichen
                                                Göttern.
Rings erbauten den Tempel unzählige Scharen
                                                von Menschen
Aus geglätteten Steinen zu ewig gesungenem
                                                Ruhme.«[69]

Es bleibt offen, ob mit der »steinernen Schwelle« ein Orthostatensockel, ein Plattenpflaster oder gar der gesamte Tempel zu verstehen ist. Der Oberbau des Tempels bestand entweder aus geglätteten Steinblöcken oder aus Holz und Lehmziegeln oder aus Holz mit einer Bronzeverkleidung. Pausanias[70] setzte den Bau des Agamedes und Trophonios mit einem 548/47 v. Chr. abgebrannten, heute

56

in Resten archäologisch nachgewiesenen Tempel gleich. Diese Identifizierung scheint allerdings nicht restlos gesichert.

Antike Autoren wiesen Agamedes und Trophonios noch eine Reihe anderer Bauten zu: den ältesten Tempel des Poseidon Hippios bei Mantineia in Arkadien[71], den Apollon-Tempel zu Pagasai in Thessalien, das unterirdische Heiligtum in der Herkyna-Schlucht bei Lebadeia in Böotien[72], das sogenannte Schatzhaus des Königs Hyrieus von Hyria bei Aulis in Böotien[73], das sogenannte Schatzhaus des Königs Augeias in Elis[74] und den Thalamos der Alkmene im Palast des Königs Amphitryon im böotischen Theben[75]. An den beiden Schatzhäusern sollen die Architekten einen beweglichen Stein angebracht haben. Damit wird im Rahmen der sagenhaften Darstellung ein architektonisches Detail genauer faßbar. Die Fortsetzung der mythologischen Erzählung gleicht dem Märchen vom Schatzhaus des ägyptischen Königs Rhampsenit: Agamedes und Trophonios entfernen nachts den herausnehmbaren Stein, dringen durch die Öffnung ins Innere des Schatzhauses ein und rauben es aus. Doch zur Strafe für den Frevel bleibt Agamedes in einer Falle hängen und verliert den Kopf, während Trophonios von einem Erdspalt verschlungen wird.

Wie R. Heidenreich[76] dargelegt hat, scheint es möglich, daß Agamedes aus Argos stammte und wie andere griechische Architekten ebenfalls zugleich Bildhauer war. Ihm könnten die Statuen des Brüderpaares Kleobis und Biton (Delphi, Museum) zugewiesen werden, wenn man das in der Werksignatur überlieferte Fragment des Künstlernamens […] medes zu Agamedes statt, wie bisher üblich, zu Polymedes ergänzt.

In einer seiner vorwiegend aus mythologischen Episoden bestehenden Kurzerzählungen erwähnt der römische Gelehrte Gaius Iulius Hyginus, ein Freigelassener des Kaisers Augustus und später Präfekt der palatinischen Bibliothek in Rom, den griechischen Architekten Memnon.[77] Dieser muß im 6. Jahrhundert v. Chr. gelebt haben. Durch ihn ließ sich, so berichtet Hyginus, der Perserkönig Kyros der Ältere (Kyros II., 559 bis 529 v. Chr.) in Ekbatana, dem heutigen Hamadan im Nordwesten Irans, einen Palast errichten; andere Quellen nennen Persepolis und Pergamon als Standort dieses Bauwerks. Die moderne Überbauung von Ekbatana verhinderte leider, von einer Sondierung im Jahre 1956 abgesehen, umfassende archäologische Untersuchungen. Daher sind wir für den Palast des älteren Kyros nur auf die nicht sehr zuverlässige, beinahe märchenhafte Schilderung des Hyginus angewiesen. Er erwähnt ihn als das fünfte unter den Sieben Weltwundern. Nach seiner Beschreibung handelte es sich um einen der Prachtbauten des Alten Orients. Er soll aus verschiedenfarbigen, mit Gold verbundenen Steinen errichtet worden sein. Daß Memnon auch der Architekt des Palastes war, den Dareios I. (522 bis 486 v. Chr.) in Susa bauen ließ, kann angenommen werden, zumal der König in einer altpersisch-babylonisch-elamitischen Inschrift berichtet, daß bei der Errichtung des Palastes auch Fremde, darunter Griechen, beschäftigt waren.

Die Sieben Weltwunder

Einige Architektennamen des Altertums sind mit der Überlieferung von den Sieben Weltwundern[78] verknüpft. Der Ursprung dieser Tradition ist umstritten. Als »Weltwunder« bezeichnete man in der Antike sieben Werke der Baukunst und Plastik, die als unübertreffbare architektonische, ingenieurtechnische und künstlerische Leistungen angesehen wurden und die durch ihre Monumentalität, ihre mitunter bis zu märchenhafter Pracht gesteigerte Ausstattung, kurzum durch ihre Einzigartigkeit aus allem herausragten, was menschliche Erfindungskraft und Arbeit bis dahin hervorgebracht hatte. Diese Werke wurden seit der hellenistischen Zeit in zahlreichen voneinander abweichenden Listen zusammengestellt, wobei mitunter die Reihenfolge der Denkmäler wechselte.

Die früheste Bezeichnung für diese Gruppe von »wunderbaren« Werken ist griechisch und lautet »Hepta theamata tēs oikumenēs« (»Sieben Schauwerke der bewohnten Welt«).[79] Die an Stelle der griechischen Benennung später verwendete lateinische Übersetzung »Septem miracula mundi« (»Sieben Weltwunder«)[80] gibt die ursprüngliche Benennung in etwas veränderter Form wieder.

Die älteste und bekannteste Liste der Wunderwerke der Alten Welt stammt vermutlich aus dem 3. Jahrhundert v. Chr. Sie wurde dem hellenistischen Dichter und Gelehrten Kallimachos (um 300 bis um 240 v. Chr.) zugeschrieben und erschien erneut um 130 v. Chr. in einem Epigramm des Antipatros von Sidon. Im einzelnen werden aufgezählt: die Pyramiden am Nil, die Stadtmauern und die »Hängenden Gärten« von Babylon, die von dem griechischen Bildhauer Phidias geschaffene Goldelfenbeinstatue des Zeus in Olympia, das Grabmal des Maussollos in Halikarnassos, der Artemis-Tempel in Ephesos und schließlich noch der von dem Erzgießer Chares von Lindos, einem Schüler des griechischen Erzbildners Lysippos, für den Hafen von Rhodos als nautische Landmarke geschaffene »Koloß von Rhodos«, eine riesige Bronzestatue des Sonnengottes Helios. Diese Werke – fünf von ihnen waren Bauten – entstanden im östlichen Mittelmeerraum und sind, von den Pyramiden abgesehen, alle zerstört worden. Die »Hängenden Gärten« in Babylon schrieben die antiken Autoren Strabon, Diodoros Sikeliotes und Plinius der Ältere irrtümlich der Semiramis, der aus Babylonien stammenden Gattin eines assyrischen Königs, zu. Ausgrabungen, die der deutsche Archäologe und Bauforscher Robert Koldewey um die Jahrhundertwende in Babylon vornahm, bewiesen jedoch, daß die »Hängenden

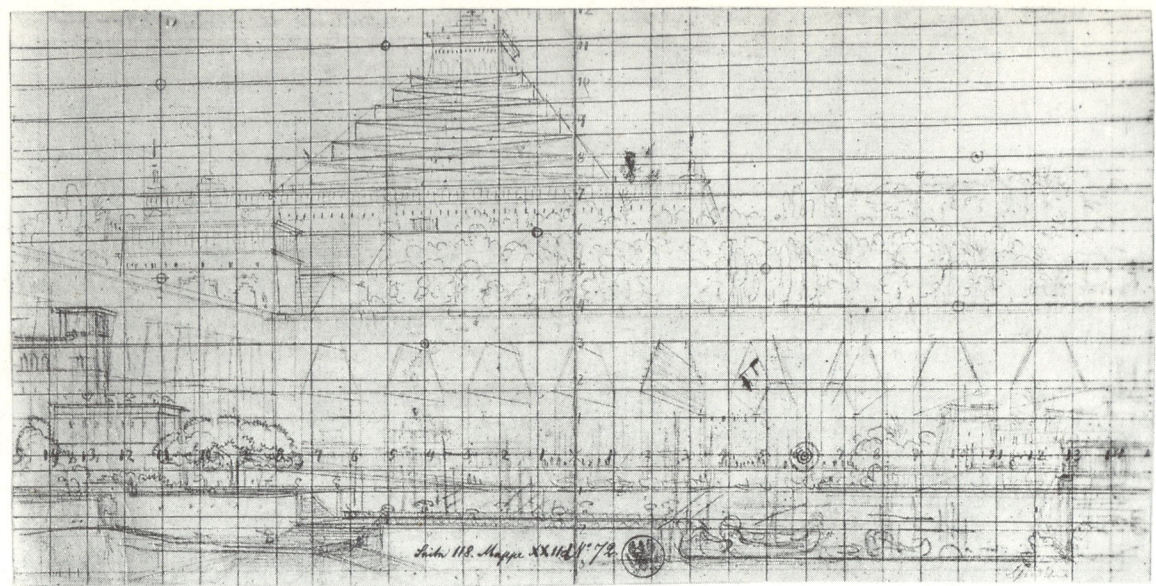

37 *Die »Hängenden Gärten der Semiramis« in Babylon. Entwurf von Karl Friedrich Schinkel. Berlin/DDR, Staatl. Museen, Sammlung der Zeichnungen in der Nationalgalerie*

Gärten« künstlich bewässerte Terrassengärten eines Palastes in der Südburg von Babylon waren. Sie wurden vermutlich unter dem babylonischen König Nebukadnezar II. (605 bis 562 v. Chr.) für dessen medische Gemahlin Amythis angelegt. Gegenwärtig ist man dabei, durch Rekonstruktionen an Ort und Stelle eine annähernde Vorstellung von den »Hängenden Gärten« zu geben.

Die vorstehende Zusammenstellung der Weltwunder wurde später teilweise verändert. Dabei traten häufig zeitgenössische Werke an die Stelle der ursprünglich genannten. Letzte Erweiterungen erfuhr die Liste im 2. Jahrhundert n. Chr. Dabei traten, wie H. Schott[81] feststellte, Modifizierungen ein, die bei den Bauten folgende Veränderungen ergaben: Die »Hängenden Gärten« ersetzte

man durch den Palast des Perserkönigs Kyros des Älteren (siehe Seite 57) oder durch den Hörneraltar auf Delos und schließlich durch das ägyptische Theben. An die Stelle des Artemis-Tempels von Ephesos trat der Zeus-Tempel, den der römische Kaiser Hadrian in Kyzikos an der Südwestküste des Marmarameeres von dem griechischen Architekten Aristainetos hatte erbauen lassen. Die ägyptischen Pyramiden wurden gegen den Leuchtturm auf der Halbinsel Pharos bei Alexandria in Ägypten ausgewechselt, den der hellenistische Architekt Sostratos von Knidos erbaut hatte.

Im Laufe der Zeit führten Schriftsteller des Altertums noch weitere Bauten in das Verzeichnis der Weltwunder ein, so die »kyklopischen« Mauern von Tiryns, den Babylonischen Turm, die Euphratbrücke in Babylon, den als »Labyrinth« bezeichneten Totentempel Amenemhets III. in der Oase Fayum südwestlich des heutigen Kairo, das Labyrinth des Minos auf Kreta, die Akropolis von Athen und den Großen Zeus-Altar von Pergamon. Aus speziellem Interesse kamen später auch biblische Bauwerke (Arche Noahs, Tempel Salomos in Jerusalem), Bauten des antiken Rom (Kolosseum, Kapitol, Grabmal Hadrians) und schließlich sogar die in frühbyzantinischer Zeit entstandene Hagia Sophia in Konstantinopel (siehe Seite 121 ff.) hinzu. Sie wurden vergleichend neben oder über die bereits genannten Bauwerke gestellt.

Die Sieben Weltwunder regten zu allen Zeiten der Antike die Autoren an, über sie zu schreiben. Philon von Byzanz, der vermutlich während der späten Römischen Kaiserzeit lebte, verfaßte eine kleine Schrift mit dem Titel »Peri tōn hepta theamatōn« (»Über die Sieben Schauwerke«).[82] Aber er sah, wie er selbst bemerkt, kein einziges dieser Werke mit eigenen Augen. Lucius Ampelius, ein nicht besonders begabter römischer Schriftsteller des 2. (weniger wahrscheinlich des 4.) Jahrhunderts n. Chr. nahm in sein »Liber memorialis«

(»Merkbuch«)[83], einem Kompendium aus listenartigen Zusammenstellungen verschiedener Wissensgebiete, ein Kapitel über die Weltwunder auf, in dem 49 Werke, darunter der Große Zeus-Altar von Pergamon, genannt werden.

In den Jahrhunderten zwischen Antike und frühem Mittelalter führten vor allem zwei Mönche die literarische Überlieferung von den Sieben Weltwundern fort: Flavius Magnus Cassiodorus (um 490 bis um 583), der im Ostgotenreich Theoderichs hohe Staatsämter bekleidete (siehe Seite 120 f.), sowie der angelsächsische Kirchengelehrte und Historiker Beda (um 673 bis 735), Abt des Klosters Jarrow in Nordengland.

38 Der Pharos von Alexandria. Kupferstich nach Zeichnung von Johann Bernhard Fischer von Erlach, 1721

Die Reihe der Autoren der Neuzeit, die den antiken Weltwundern ihre Aufmerksamkeit schenkten, eröffnete der französische Benediktiner und Altertumsforscher Bernard de Montfaucon (1655 bis 1741). In seinem »Diarium italicum« (Paris 1702) stellte er ein an Hand antiker Schriftquellen überprüftes Verzeichnis der Weltwunder zusammen. Es unterscheidet sich gegenüber der bei Philon von Byzanz gegebenen Zusammenstellung dadurch, daß die »Hängenden Gärten«, die Goldelfenbeinstatue des Zeus in Olympia und der Artemis-Tempel von Ephesos weggelassen sind. Statt dessen wurden das ägyptische Theben und zwei Baudenkmale der Stadt Rom, das Kapitol und das Grabmal Hadrians (die spätere Engelsburg), aufgenommen.

Neben Schriftstellern beschäftigten sich bis in die Gegenwart hinein auch Architekten und bildende Künstler mit den Wunderbauten der Antike.[84] Zahlreiche Beispiele bezeugen das antiquarische wie künstlerische Interesse, das ihnen Jahrhunderte hindurch entgegengebracht wurde. Sie reichen von Darstellungen des »Turmbaus zu Babel« aus dem 11. Jahrhundert bis zu wissenschaftlich begründeten Rekonstruktionen des 19. und 20. Jahrhunderts, die auf den Ergebnissen der archäologischen Bauforschung beruhen. Großdioramen zu den Sieben Weltwundern fertigte 1812 Karl Friedrich Schinkel für das Diorama-Theater an, das sein Schüler, der Maler Karl Wilhelm Gropius, in Berlin eröffnet hatte.[85]

Antike Bauwissenschaft

Das Gebiet der Architektur umfaßte im Altertum auch den gesamten Apparatebau und die Poliorketik, worunter der Festungsbau, der Bau von Belagerungsmaschinen und die Belagerungstechnik zu verstehen sind. Architektur, Mechanik und Militärtechnik standen in engem Zusammenhang. Im Alten Orient waren Belagerungskunst und Festungskrieg bereits im 3. Jahrtausend v. Chr. voll entwickelt, während Griechenland im 5. Jahrhundert v. Chr. in dieser Hinsicht noch in den Anfängen steckte.

Der Begriff »Antike Bauwissenschaft«[86] drückt die Summe des von Fachleuten des Bauschaffens im Altertum zusammengetragenen, leider nur zu einem Teil auf uns gekommenen Wissens aus. Dazu gehören auch Abhandlungen antiker Architekten und Bauingenieure über Bautechnik, Mechanik und Poliorketik sowie über Proportionsfragen und ästhetische Begriffe der Architektur.

Gegen Ende des 1. Jahrhunderts v. Chr., wahrscheinlich schon vor dem Jahr 33 beginnend, verfaßte der römische Architekt und Bauingenieur Vitruv seine »De architectura libri decem« (»Zehn Bücher über Architektur«).[87] Er widmete das Werk zwischen 22 und 14 dem Kaiser Augustus. Eine genauere Festlegung der Entstehungszeit ist nicht möglich, da hierfür nur vereinzelte Hinweise im Text Vitruvs sowie stilistische Kriterien zur Verfügung stehen.

Vitruvs Werk über die Architektur ist die einzige aus der Antike erhalten gebliebene Gesamtdarstellung zu theoretischen und praktischen Fragen der Baukunst und Technik, ein Sachbuch zur Architektur im weitesten Sinne und daher als Quelle von außerordentlichem Wert. Jedes der zehn Bücher bildet eine Einheit und ist mit einer rhetorisch gehaltenen Einleitung versehen. Der Inhalt des Gesamtwerks ist folgender: I. Ausbildung des Architekten, ästhetische Grundbegriffe und Teilgebiete der Baukunst, Vorschriften über die Anlage von Städten. II. Baumaterialien. III./IV. Vorschriften über den Bau von Tempeln, Beschreibung der antiken Säulenordnungen, Proportionenlehre. V. Anlage öffentlicher Gebäude: Märkte, Basiliken, Schatzhäuser, Kerker, Rathäuser, Theater, Thermen, Palästren und Wasserbauten. VI. Typen und Einzelräume der Privathäuser.

VII. Innenausstattung der Privathäuser: Estrich, Wandbewurf, gewölbte Decken, Entwicklung der dekorativen Wandmalerei, Marmor, Farben. Die Bücher VIII bis X gehören nicht mehr zur Architektur im heutigen Sinne: VIII. Anleitungen zur Auffindung von Wasser, Bau von Wasserleitungen. IX. Astronomische Betrachtungen, Zeitmessung, Bau von Wasser- und Sonnenuhren. X. Bau verschiedener Maschinen.

Der kompilatorische Charakter des Vitruvschen Werkes beeinflußte seinen Stil. Dieser ist in den technischen Beschreibungen mehr von rationalistischen Erwägungen bestimmt. Manche Textstellen wirken vieldeutig. Die trockene Sprache ent-

hält Vulgarismen, mitunter ist sie schwer verständlich. Obwohl Zeichnungen Vitruvs zu seinem Architekturhandbuch nicht erhalten blieben, ist dennoch anzunehmen, daß es sie gegeben hat.[88] Für rein technische Details verwertete Vitruv eigene Erfahrungen und verknüpfte diese mit Informationen aus älteren theoretischen Traktaten, die wie die Proportionenlehre vorwiegend von griechischen Fachschriftstellern des späten Hellenismus (zum Beispiel von dem Architekten Hermogenes) stammen, aber später verlorengingen. Von römischen Autoren benutzte Vitruv hingegen nur drei, nämlich Varro, den er besonders hervorhebt, sowie Fufidius und Publius Septimius. Die Frage,

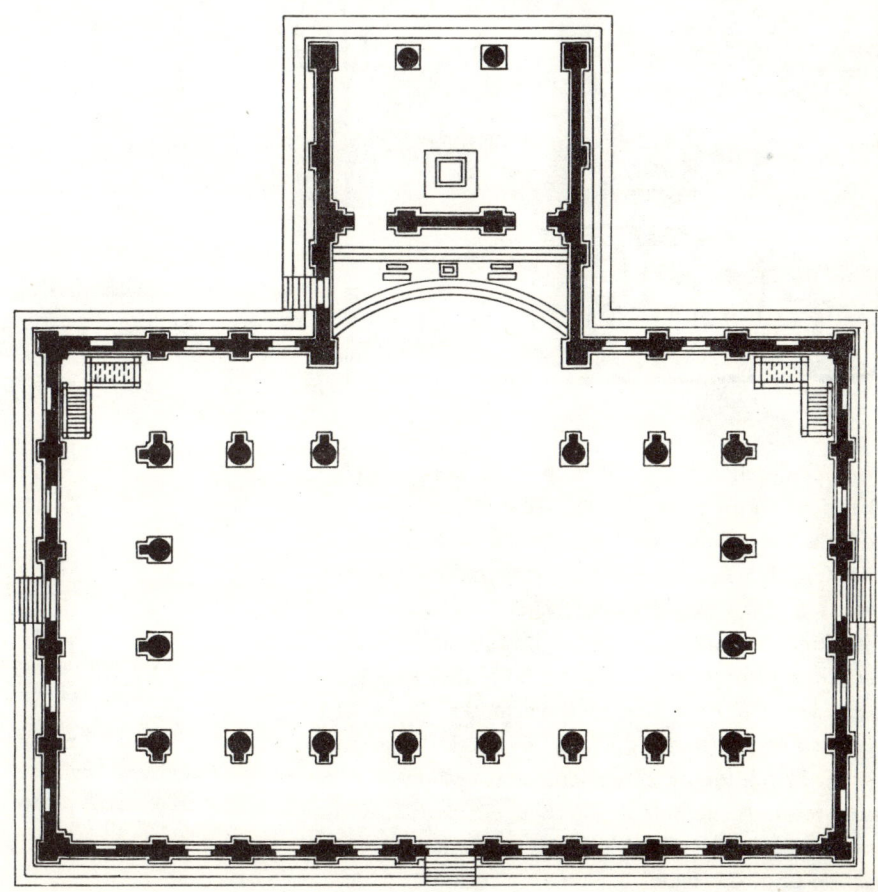

39 Basilika des Vitruv in Fanum Fortunae. Grundriß. Rekonstruktionsversuch von Jakob Prestel, 1900

61

Ma el glie una altra generatiõe . Expedito che ha Vitruuio le ratione de le Machine tractorie quale sono compeste e fabricã
te con tri ligni erecti : in questo loco descriue una altra specie de Machina facta con uno solo ligno · La quale se maneggia per
trei ordini de homini trahendo tre fune senza alchuno ministerio del argano · E dice che questa machina e piu expedita nel ope
rare e de maggiore ingenio : ma che non dobe essere adoperata se non da quelli li quali sono experti nel arte : per che li rudi e
che non hano la longa experientia de queste cosse facilmente poteriano cadere in qualche grande periculo per non essere se-

DE VNA ALTRA GENERATIONE DE TRA‑
CTORIA MACHINA. CAPO. V.

M   A EL GLI E VNA ALTRA GENERATIONE
de Machina assay artificiosa:& al uso de la celeritate x
pedita . Ma in epsa dar opera non pono se non li periti.
Perche e glie uno trabe: quale se errige & se afferma
cum li retinaculi da quatro bande . Sotto ali retinaculi dui chelonii

cura quanto le altre superiore. Vnde e da
notare che luso de questa Machina fu in‑
troducta per fare una cossa cõ celeritate p
mia del adiuto de molti operarii e cosi leg‑
ra de maggiore spesa che non sono le altre
ma li Principi li quali sopraueniente la re‑
pentina necessitate non estimano il dinare
debeno hauere in prompto·simile genera‑
tione de Machina per la loro conseruatio‑
ne . Per che e glie uno trabe &c. Qui
Lauthore Comenza ad narrare il modo de
epsa Machina dicendo che se leua uno tra
be in pede che se afferma da quatro bande
con li retinaculi Zoe quatro Chorde liga
ligare alipali resupinati · Sotto che nela Zima predicta de epsa trabe : se debeno ingiodare dui Chee‑
lonii Zoe dui sustentaculi a mõ de Cieluni quali altramente sono appellati Gatelli per sustenere la Trochlea con le fune.
Sobto ala Trochlea &c. Sobto questa Trochlea a qiele e religata he la similitude del Trabe uole che se metta una regola lõga e

te ne la Zima alata : e religato in terra qualche Co Ta'chestiano forte e bene ferme : & quando altro nõ gli fusse se delueno

Main text

welche Quellen Vitruv für sein Werk auswertete[89], kann nur durch eingehende Textprüfungen und durch Vergleiche mit heute noch vorhandenen Bauten der Antike einer Lösung nähergebracht werden. Es verwundert, daß Vitruv nicht die vielstöckigen Mietshäuser der Großstädte des hellenistischen Ostens erwähnt und wenig über die Bauten der Augusteischen Zeit vermerkt. Dennoch läßt seine Darstellung einen Zustand der römischen Architektur erkennen, der ungefähr der Entstehungszeit seines Werkes entspricht. Obwohl er vielfach auf die Traditionen der griechischen und römischen Baukunst zurückgreift, fehlt

40 *Zirkel, Richtscheit und andere Instrumente. Holzschnitt aus der deutschen Vitruv-Übersetzung von Gualtherus Rivius (Walther Ryff), Nürnberg 1548*

41 *Hebezeug. Holzschnitt aus der italienischen Vitruv-Übersetzung von Cesare Cesariano, Como 1521*

42 *Titelblatt der italienischen Vitruv-Übersetzung von Giovan Battista Caporali, Perugia 1536*

MATHEMATICA

MVSICA

ARCHITETTVRA

M. D.

XXXVI

GIAN BA TISTA

CAPORA LI.

CON
IL SVO
COMENTO ET FIGVRE
VETRVVIO
IN VOLGAR LINGVA
RAPORTATO PER
M.GIANBATISTA
CAPORALI DI
PERVGIA

BENEFACIENTIBVS ABSTINE.

LITTERA TVRA.

PITTVRA

63

bei ihm eine differenzierte Architekturtheorie. Vitruvs architekturästhetische Ansichten stellen eine Kombination verschiedener Theorien, die seit der Zeit der klassischen griechischen Kunst bekanntgeworden waren, dar. Man hat darin die einzige aus dem Altertum überlieferte Schönheitslehre für die Baukunst erkennen wollen.[90]

Das wenige, was wir von Vitruvs Leben wissen, erwähnte er selbst in seinem Werk über die Architektur. Er wurde um 84 v. Chr. geboren und scheint eine umfassende Ausbildung erhalten zu haben. Unter Caesar und Augustus diente er als Heeresingenieur. Zusammen mit Marcus Aurelius, Publius Minidius und Gaius Cornelius konstruierte oder erneuerte er Ballisten (Wurfgeschütze) und andere Kriegsmaschinen. Als 33 v. Chr. Marcus Vipsanius Agrippa, der damals Ädil war, damit begann, in Rom eine öffentliche Wasserleitung für die Versorgung der Privathäuser bauen zu lassen, war Vitruv vermutlich schon aus dem Heeresdienst entlassen und als *architectus* in Agrippas Stab tätig. Damals erfand er unter anderem die Laschen für die Wasserrohre. Vitruv muß enge Beziehungen zum Kaiserhaus gehabt haben; denn durch die Fürsprache der Octavia, der Schwester des Augustus, erhielt er von diesem Geldzuwendungen, die ihn materiell sicherten. Seine äußere Erscheinung beschrieb Vitruv am Ende seines Lebens mit folgenden Worten: »Mir aber, Imperator, versagte die Natur körperliche Größe, das Alter hat mein Gesicht entstellt, Krankheit hat mir meine Kräfte genommen.«[91]

Einziger von Vitruv entworfener und unter seiner Leitung ausgeführter Bau war die heute archäologisch nicht mehr nachweisbare Basilika von Fanum Fortunae, einem von Augustus zur Veteranenkolonie erhobenen Ort an der Via Flaminia zwischen Rimini und Ancona, nahe dem Adriatischen Meer gelegen. In seinem Werk über Architektur hat Vitruv eine genaue Beschreibung dieser Basilika gegeben.[92] Daraus ist zu schließen, daß ihr

39

Typus ungefähr den Basiliken von Pompeji und Ardea bei Rom entsprochen haben muß. Nach Vitruvs Angaben handelte es sich in Fanum um einen Bau von querrechteckigem Grundriß und erhöhtem Mittelraum, der sein Licht durch Luken erhielt. An den Innenseiten der Basilika zog sich ein Umgang aus Kolossäulen hin. Je vier Säulen standen an den Schmalseiten und acht an der einen Langseite, in deren Mitte der Eingang lag. An der gegenüberliegenden Langseite fehlten die beiden mittleren Säulen, um den Blick auf einen dahinter angebauten Raum freizugeben. Dieser bestand aus einer rechteckigen Nische. In ihr befand sich eine Exedra mit den Sitzen des Tribunals. Im Innern der Basilika reichten die Säulen vermutlich bis unter das Dachgebälk, der Dachstuhl war sichtbar. Der Raum innerhalb der Säulen hatte eine Länge von 120 Fuß (= 35,52 Meter) und eine Breite von 60 Fuß (= 17,76 Meter), die Säulenhöhe einschließlich des Kapitells betrug 50 Fuß (= 14,8 Meter). In den illustrierten Vitruv-Ausgaben, die seit Anfang des 16. Jahrhunderts erschienen, versuchte man, die Basilika von Fanum nach Vitruvs Angaben darzustellen. Ihre Rekonstruktion ist aber bis heute nicht restlos geklärt.

Von der seit dem Anfang des 15. Jahrhunderts nachweisbaren Namensform Marcus Vitruvius Pollio ist nur der Gentilname Vitruvius durch die antike Überlieferung gesichert. P. Thielscher[93] hat versucht, den Verfasser des Architekturlehrbuches mit dem römischen Ritter Lucius Vitruvius Mamurra aus Formiae in Latium zu identifizieren. Dieser diente unter Pompeius und Caesar als Pionieroffizier in der römischen Armee. In Gallien war er Caesars Zeugmeister. Auch baute er für ihn wahrscheinlich zwei Rheinbrücken.

Für die Römische Kaiserzeit blieb Vitruv von ziemlich geringer Wirkung. Im 1. Jahrhundert n. Chr. erwähnten ihn Schriftsteller wie Plinius der Ältere und Frontinus. Was Plinius in seiner »Naturgeschichte« über römische Konstruktionsme-

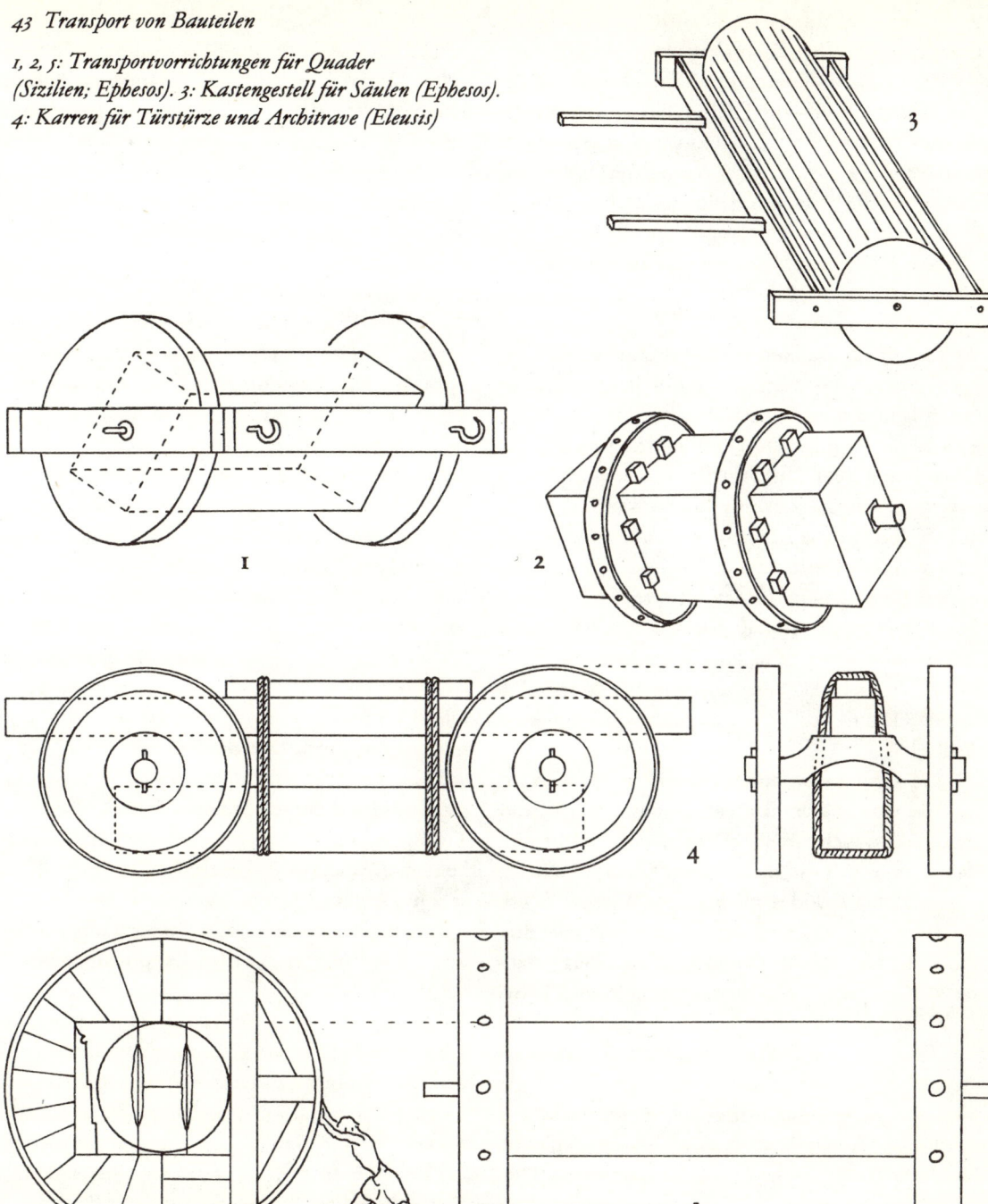

43 Transport von Bauteilen

1, 2, 5: Transportvorrichtungen für Quader
(Sizilien; Ephesos). 3: Kastengestell für Säulen (Ephesos).
4: Karren für Türstürze und Architrave (Eleusis)

thoden und Wandmalerei ausführt, hat er größtenteils aus Vitruv übernommen. Das VI. Buch des Vitruvschen Werkes erschien im 3. Jahrhundert n. Chr. unter dem Titel »Liber artis architectonicae« (»Buch von der Baukunst«) als eine stark reduzierte, exzerptartige Umarbeitung, die auf Marcus Cetius Faventinus zurückgeht.[94] Durch diese Separatfassung gelangte am Ausgang der Antike die Kenntnis des Vitruv zu einigen lateinischen Autoren wie Palladius, Apollinaris Sidonius und Isidor von Sevilla.

42
Wie keinem anderen Buch der Antike war Vitruvs Werk über Architektur ein langdauerndes und folgenreiches Weiterleben beschieden.[95] Im Mittelalter wurde seine Überlieferung durch das Abschreiben alter Handschriften in den Klöstern gefördert. Es ist – zumindest von Architekten und Architekturtheoretikern – zu allen Zeiten gelesen worden. Die Erfindung des Buchdrucks mit beweglichen Lettern förderte seine Verbreitung. 40, 41 Das Fehlen von Abbildungen im überlieferten Text regte zu Rekonstruktionsversuchen an, und dadurch erhielt die Beschäftigung mit Vitruv bis in die Gegenwart hinein immer wieder neuen Auftrieb.

Daß Architekten über ein von ihnen ausgeführtes Bauwerk, über bautechnische Details und schließlich auch über bautheoretische Fragen schrieben, war bis in die Zeit der Spätantike nicht ungewöhnlich. Leider blieb – von Vitruvs Werk abgesehen – so gut wie nichts von dieser Fachliteratur erhalten. Von ihrer einstigen Existenz erfahren wir das meiste auf dem Umweg über Vitruv. Er erwähnt nämlich diejenigen Architekten, deren Schriften er zur Ausarbeitung seines Werkes heranzog.[96]

Diese Architektenschriften hatten entweder ein bestimmtes Bauwerk, als dessen Urheber fast stets der Verfasser anzusehen ist, oder allgemeine Themen der Baukunst zum Gegenstand. Sie dürften im wesentlichen als Baubeschreibungen mit Angaben zu Maßen und Proportionen definiert werden. Soweit es sich um Abhandlungen über Einzelbauten des jeweiligen Verfassers handelte, scheinen sie bereits vor Baubeginn als Planungsunterlage entstanden zu sein. Erst durch die spätere Verbreitung in Fachkreisen wurden sie zu Quellen der Architekturtheorie und Architekturgeschichte. Hinzu kamen seit dem 4. Jahrhundert v. Chr. schriftliche Musterentwürfe. Bei diesen überwog vermutlich der theoretische Charakter, sie waren für einen breiteren Kreis bestimmt.

Die frühesten »schreibenden Architekten« der Griechen sind aus dem 6. Jahrhundert v. Chr. bekannt. In jener Zeit mögen technische Themen den Vorrang vor stilistischen Betrachtungen gehabt haben. Um die Mitte des Jahrhunderts verfaßte Theodoros von Samos eine Schrift über den großen Hera-Tempel, den er zusammen mit dem Architekten Rhoikos in seiner Heimat erbaut hatte. Nach Mitteilungen von Plinius dem Älteren, Vitruv und Strabon waren Chersiphron von Knossos und sein Sohn Metagenes Autoren einer Abhandlung über den letzten der archaischen Artemis-Tempel von Ephesos (das sogenannte Ältere Artemision), mit dessen Errichtung sie um 560 v. Chr. begonnen hatten. Dabei beschrieben sie eine von ihnen ersonnene Vorrichtung für den Transport von Säulentrommeln und Architravstücken: man spannte die betreffenden Bauteile zwischen eisenbeschlagene Holzräder. 43

Einen Sonderfall bildete in der ersten Hälfte des 5. Jahrhunderts v. Chr. Hippodamos von Milet, den erst das 19. Jahrhundert zu einem berühmten Stadtplaner gemacht hat. In den antiken Quellen erscheint er in erster Linie als Philosoph, dann erst als Architekt. Einer Schrift des Aristoteles ist zu entnehmen, daß Hippodamos ein staatstheoretisches Werk verfaßte.[97]

Ebenfalls im 5. Jahrhundert v. Chr. sollen, wie Vitruv berichtet, Iktinos, einer der führenden Architekten der attischen Klassik, und ein Autor namens Karpion über den Parthenon geschrieben haben, den nach Aussage späterer Quellen Iktinos zusammen mit Kallikrates auf der Athener Akropolis errichtet hatte. Ob beide Autoren das Buch gemeinsam verfaßten oder ob es sich um zwei selbständige Werke handelte, geht aus Vitruvs Bemerkung nicht hervor. Für Karpion ist eine Tätigkeit als Architekt am perikleischen Parthenon oder dessen Vorgängerbau nicht nachgewiesen. Vielleicht ist seine Erwähnung durch Vitruv auf eine entstellende Wiedergabe des Namens Kallikrates in den Handschriften zurückzuführen?

Vitruv nennt noch weitere literarische Werke griechischer Architekten: Theodoros von Phokaia, der im späten 5. und frühen 4. Jahrhundert v. Chr. tätig war, soll über die Tholos, einen Rundbau im Heiligtum der Athena Pronaia in Delphi, geschrieben haben und muß demnach als ihr Erbauer gelten. Über das im zweiten Viertel des 4. Jahrhunderts v. Chr. entstandene Maussolleion von Halikarnassos verfaßten seine Architekten Pytheos und Satyros von Paros eine Abhandlung. Pytheos schrieb außerdem über den im dritten Viertel desselben Jahrhunderts von ihm erbauten Tempel der Athena Polias in Priene. Diese Schriften benutzte Vitruv als Hauptquellen.[98] Philon von Eleusis, der bekannteste attische Architekt der zweiten Hälfte des 4. Jahrhunderts v. Chr., schrieb über sein Hauptwerk, die im Piräus errichtete Skeuothek (eine Takelagenhalle). Er verfaßte auch einen Traktat über Proportionsfragen beim Tempelbau. Hierbei verwertete er sicher seine beim Bau der Vorhalle des Telesterions in Eleusis gesammelten Erfahrungen. Auch Hermogenes, einer der herausragenden Architekten des Hellenismus, äußerte sich literarisch über eigene Werke wie den Umbau des Dionysos-Tempels von Teos in ostionischem Stil und die Errichtung des Tempels der Artemis Leukophryene in Magnesia am Mäander.

Das Zeitalter des Hellenismus brachte als Ergebnis der bis dahin erreichten Entwicklung von Mathematik und Physik neue naturwissenschaftliche Erkenntnisse und technische Erfindungen hervor. Sie wurden jedoch selten wirtschaftlich genutzt. Hingegen entwickelte sich die Poliorketik (Lehre von der Belagerungskunst und dem Festungskrieg) zu einem wichtigen Spezialgebiet der antiken Technik. Sie brachte bei den Griechen eine selbständige militärwissenschaftliche Literatur hervor. Zu ihren Autoren, den Poliorketikern[99], gehörten auch Architekten. Vitruv widmete mehrere Kapitel seines Werkes dem Belagerungswesen.[100] Ausführungen daraus kehren in der Schrift »Peri mēchanēmatōn« (»Über Kriegsmaschinen«) wieder, die der griechische Mechaniker Athenaios (vermutlich 2. Jahrhundert n. Chr.) verfaßte. Es ist denkbar, daß beide Autoren die gleichen Quellen benutzten.

Apollodoros von Damaskos, Staatsarchitekt der Kaiser Trajan und Hadrian, verfaßte allem Anschein nach einen Traktat[101] über die große hölzerne Donaubrücke, die er 104/05 n. Chr. in der südlichen Dobrudscha, beim heutigen Turnu Severin am Eisernen Tor, für Trajans Feldzug gegen die Daker errichtete. In seinen »Poliorkētika«, einer Schrift über Belagerungskunst, die er Trajan (oder Hadrian?) widmete, befaßte auch er sich, von eigenen Erfahrungen ausgehend, mit der Konstruktion von Kriegsmaschinen. Von dem griechisch geschriebenen Werk blieben nur Auszüge aus dem Originaltext erhalten.[102] Den Kern bildeten Zeichnungen, die im Mynas-Codex, einer in Paris aufbewahrten byzantinischen Handschrift des 10. Jahrhunderts vom Athos-Berg, überliefert sind. Sie zeigen neben anderen Darstellungen eine Maschine zum Anbringen einer Sturmleiter, einen Beobachtungsstand mit Schutzschild, eine fahrbare Verkleidung in Schildkrötenform, einen Blasebalg mit einem langen röhrenartigen Fortsatz zum Anfachen eines an einer Mauer gelegten Brandes und einen Apparat, mit dem eine brennende Flüssigkeit auf Bollwerke gegossen werden

44

konnte. Nach den in dieser Schrift des Apollodoros enthaltenen Anweisungen belagerten und zerstörten die Römer während des Bar-Kochba-Aufstandes in Judaea (132 bis 134) die Felsenkastelle der Juden. Die spätere kriegstechnische Literatur, vor allem die »Poliorkētika« des Heron von Byzanz (10. Jahrhundert), ist von der Schrift des Apollodoros beeinflußt. In antiker Zeit existierten vermutlich noch weitere technische Traktate des Apollodoros.[103]

Beispiele für die Tätigkeit von Architekten als Fachschriftsteller liegen auch aus frühbyzantinischer Zeit vor: Anthemios von Tralleis und Isido-

ros der Ältere von Milet, die 532 bis 537 gemeinsam den Neubau der Hagia Sophia in Konstantinopel leiteten (siehe Seite 124 f.), traten auf ihren Spezialgebieten (Mathematik, Geometrie sowie experimentelle Mechanik und Physik) mit wissenschaftlichen Abhandlungen hervor. Anthemios verfaßte Arbeiten über Kegelschnitte. Zugeschrieben wird ihm außerdem die Schrift »Peri paradoxōn mēchanēmatōn« (»Über die Paradoxa der Mechanik«), die von Brennspiegeln handelt.[104] Von Isidoros dem Älteren stammte eine revidierte Archimedes-Ausgabe. Außerdem schrieb er einen ebenfalls verlorengegangenen Kommentar zu den

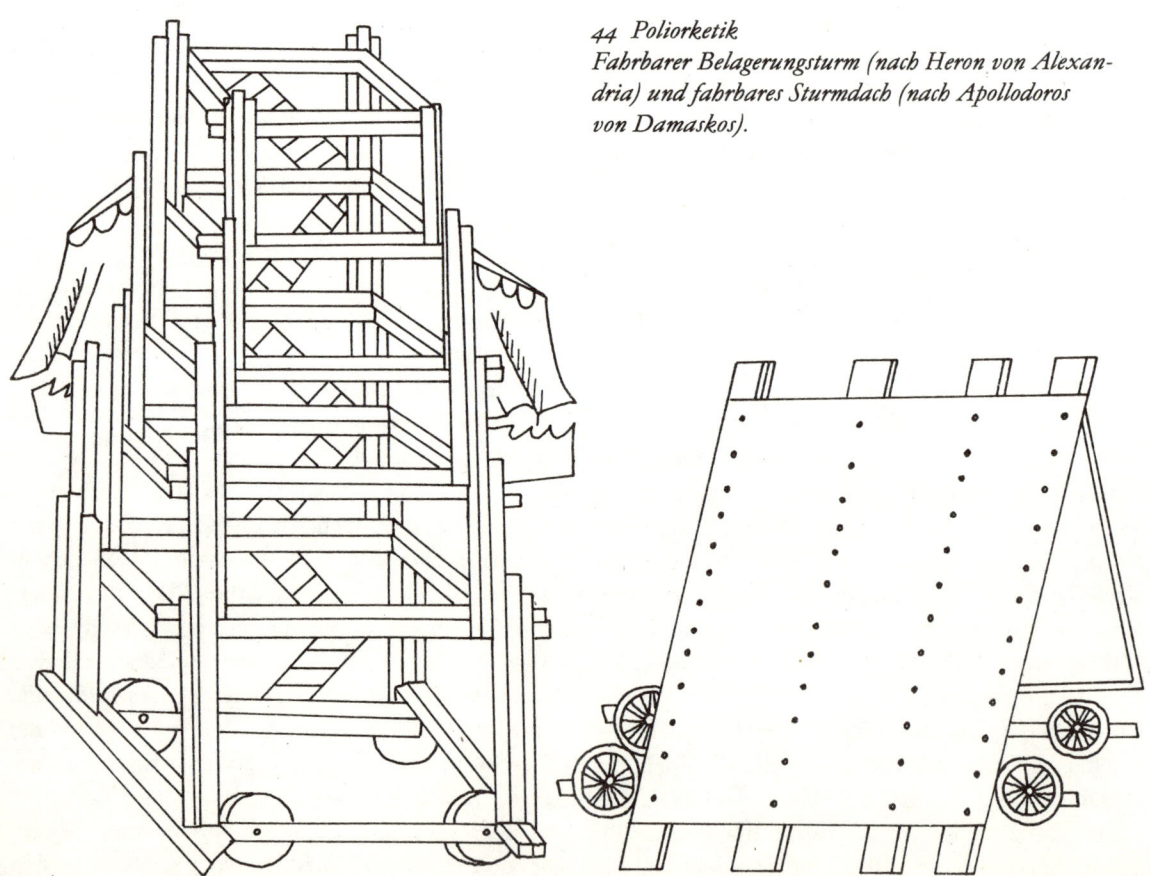

44 *Poliorketik*
Fahrbarer Belagerungsturm (nach Heron von Alexandria) und fahrbares Sturmdach (nach Apollodoros von Damaskos).

»Kamarika« (einem Traktat über Gewölbekonstruktionen) des Mathematikers und Ingenieurs Heron von Alexandria, in dem er unter anderem einen von ihm erfundenen Zirkel für das Konstruieren von Parabeln bekanntmachte.

Vitruv bemerkt[105], viele weniger bedeutende Künstler hätten *praecepta symmetriarum* (Regeln über »Symmetrien«) verfaßt. Als Beispiele hierfür nennt er die Griechen Nexaris, Theokydes, Demophilos, Pollis, Leonidas, Silanion, Melampos, Sarnakos, Euphranor sowie Seleinos als Autor eines Buches über »dorische Symmetrien« und Arkesios als Autor einer Schrift über »korinthische Symmetrien«. Diese Werke bezogen sich offenbar auf bestimmte Säulenordnungen oder auf den Tempelbau schlechthin und waren anscheinend als Bauanleitungen gedacht. Aus ihnen, so schreibt Vitruv, habe er das, was ihm für sein Werk nützlich schien, in zusammengefaßter Form übernommen.

Das griechische Wort *symmetria* bezeichnet das richtige Verhältnis, die Harmonie der Teile innerhalb eines Ganzen oder ein System von Proportionen. Nach Vitruv (I 2,4) ist *symmetria* »der sich aus den Gliedern des Bauwerks selbst ergebende Einklang und die auf einem berechneten Teil *(modulus)* beruhende Wechselbeziehung der einzelnen Teile für sich gesondert zur Gestalt des Bauwerks als Ganzem«.

Seit der klassischen Periode der griechischen Kunst schrieben Bildhauer wie Architekten über Proportionen. Hinter den von Vitruv erwähnten »Symmetrie-Schriftstellern« dürften sich in erster Linie wohl bildende Künstler verbergen, vielleicht auch einige Architekten – aber dies läßt sich nicht sicher beweisen. Außer Leonidas und Euphranor kommen die von Vitruv aufgezählten Namen sonst nicht vor. Bei Leonidas bleibt unklar, ob es sich um Leonidas von Naxos handelt, der in der zweiten Hälfte des 4. Jahrhunderts v. Chr. in Olympia ein Gästehaus (?), das Leonidaion, stif-

tete und wahrscheinlich auch entwarf, oder um einen gleichnamigen Maler. Wenn der von Vitruv genannte Euphranor mit dem bekannten Erzbildner, Bildhauer und Maler des 4. Jahrhunderts v. Chr. identisch ist, verwundert es, daß ihn Vitruv unter die weniger berühmten Künstler einreihte.

Nach Vitruvs Aussage traten vor ihm außer einer Reihe griechischer Autoren auch drei Römer als Architekturschriftsteller hervor. Der erste war Marcus Terentius Varro (116 bis 27 v. Chr.) aus Reate im Sabinergebirge, der größte Enzyklopädist der römischen Antike. 39 v. Chr. verfaßte er die aus 15 Büchern bestehenden »Imagines« (»Bilder«). Dieses leider nicht mehr erhaltene Werk war eine Sammlung von insgesamt 700 literarischen Porträts, getrennt nach Griechen und Römern. Je sieben waren auf einem Blatt zu einer Einheit zusammengeschlossen. Daher wurde der Titel des Werkes auch mit dem griechischen Fremdwort »Hebdomades« (»Siebengeschichten«) wiedergegeben. Das 10. Buch enthielt unter anderem die Hebdomas der berühmtesten Architekten des Altertums.[106] Dazu zählten nach Varros Meinung Daidalos, Archimedes, Menekrates (= Mnesikles oder Metagenes?), Philon, Chersiphron, Iktinos und Deinochares. 33 v. Chr. entstanden Varros »Disciplinae« (»Studienfächer«), eine ebenfalls nicht mehr erhaltene Gesamtdarstellung der *artes liberales* (»freien Künste«) in neun Büchern. Unter diesen sind die auch für das Mittelalter verbindlichen Studienfächer der Antike zu verstehen. Ihre Zahl erweiterte Varro, indem er Medizin und Architektur hinzufügte, von sieben auf neun.

Die beiden anderen römischen Autoren, die nach Vitruvs Meinung als Architekturschriftsteller von Bedeutung gewesen sein sollen, waren Fuficius[107] und Publius Septimus[108]. Von beiden ist außer der Erwähnung bei Vitruv nichts weiter bekannt.

Zur Bauwissenschaft im antiken Sinne gehörte auch das Wasserversorgungswesen. Griechische und später vor allem römische Bauingenieure waren führend in der Errichtung von Aquädukten und anderen Wasserversorgungsanlagen. 97 n. Chr. ernannte Kaiser Nerva einen seiner Regierungsbeamten, Sextus Iulius Frontinus (um 40 bis um 103), zum *Curator aquarum*, zum obersten Aufsichtsbeamten über die Wasserversorgung der Stadt Rom. Als solcher verfügte Frontinus, der zugleich Jurist und Ingenieur war, über einen verwaltungsmäßigen und rechtlichen Kompetenzbereich. Er führte eine wasserwirtschaftliche Bestandsaufnahme durch. Dabei stützte er sich auf das Archiv der von ihm geleiteten Behörde. Die darin enthaltenen Angaben prüfte er nach und ergänzte sie durch eigene Beobachtungen. Auf dieser Grundlage entstand das zwei Bücher umfassende Werk »De aquaeductu urbis Romae« (»Über die Wasserversorgung der Stadt Rom«).[109] Vom Verfasser für den dienstlichen Gebrauch in einfacher, klarer Sprache geschrieben, enthält es zuverlässige statistische und topographische Angaben über die verschiedenen stadtrömischen Wasserversorgungssysteme, deren Stollen, Behälter, Rohrleitungen und Aquädukte eine Gesamtlänge von 425 Kilometer ergaben. Frontinus schreibt über die neun Wasserleitungen Roms, die er voll Stolz als gewaltige Leistungen römischer Technik betrachtet. Er informiert über ihre Erbauungszeit und Konstruktion, ihren Verlauf und ihr Fassungsvermögen, über die Verteilung des Wassers und schließlich über juristische Fragen der Wasserwirtschaft. Er stellt fest, daß in Rom täglich fast eine Million Kubikmeter Wasser verbraucht werden und nicht, wie die Archivunterlagen ausweisen, nur 560 000 Kubikmeter. Um Ordnung in den Wasserhaushalt der Millionenstadt zu bringen, fordert er eine bessere Kontrolle der Wassermengen, die für die öffentlichen Anlagen, die allgemeine Trinkwasserversorgung durch Brunnen, den kaiserlichen Palast und die Häuser reicher Privatleute zu liefern sind. Frontinus war dreimal

Konsul. Von etwa 74 bis 78 war er Prokonsul von Britannien und in diesem Amt der Vorgänger des Gnaeus Iulius Agricola, des Schwiegervaters des Historikers Tacitus. Während der Regierung Domitians lebte er zurückgezogen auf seinem Landgut an der kampanischen Küste und widmete sich literarischer Tätigkeit. Außer dem Werk über die Wasserleitungen Roms schrieb er eine militärwissenschaftliche Abhandlung für den Dienstgebrauch römischer Offiziere. Seine theoretischen Schriften über griechisches und römisches Kriegswesen sowie über Landvermessung gingen verloren. Das Amt des *Curator aquarum* versah Frontinus bis zu seinem Tode.

Vorfeld des Baugeschehens war in der gesamten Antike wie noch heute die Landvermessung. Im alten Ägypten war sie wegen der jährlichen Überflutung der Flurgrenzen besonders notwendig und wurde wie in anderen Kulturen des Alten Orients von Priestern wahrgenommen, später durch eigens hierfür eingesetzte Geometer. Griechische Wissenschaftler wie zum Beispiel Euklid (365 bis etwa 300 v. Chr.) und Archimedes (287 bis 212 v. Chr.) entwickelten die mathematischen Grundlagen der Vermessungstechnik. Seit hellenistischer Zeit standen brauchbare Vermessungsinstrumente zur Verfügung. Heron »der Mechaniker«, ein Ingenieur, Mathematiker und Vermessungstechniker aus Alexandria, verfaßte im 1. Jahrhundert v. Chr. ein drei Bücher umfassendes Werk mit dem Titel »Metrika« (»Meßkunde«) sowie eine Schrift über die Dioptra, ein unserem Theodoliten ähnliches Winkelmeßgerät.

Bei den Etruskern und Römern übte zunächst eine bestimmte Gruppe von Priestern, die Auguren, die Landvermessung *(limitatio)* aus. Sie nahmen bei der Anlage von Siedlungen und Militärlagern wie auch bei der Verteilung *(assignatio)* der Ländereien, die den römischen Veteranen nach Beendigung ihrer Dienstzeit zugewiesen wurden, die Einmessung der Nord-Süd- und Ost-West-

Achse sowie die Vermessung einzelner Parzellen vor. Dabei wurden sie von den *agrimensores*[110] (Feldmessern) unterstützt. Diese Vermessungstechniker, die man in besonderen Schulen im Gebrauch der Meßinstrumente unterwies, wurden auch *libratores* (nach der *libra*, einer von ihnen benutzten Wasserwaage) oder *gromatici* (nach der *groma*, einem Instrument zum Abstecken rechter Winkel) genannt. Außer den erwähnten Geräten benutzten sie ein Visierinstrument mit eingebauter Wasserwaage zur Festlegung der Nivellierung und des Gefälles (*chorobates*), ferner ein dem heutigen Theodoliten ähnliches Winkelmeßgerät (*dioptra*).

Die vom Staat besoldeten Militärfeldmesser gehörten zum Troß der römischen Heere. Sie vermaßen die eroberten Gebiete und waren dort hauptsächlich bei der Errichtung von Lagern und der Anlage von Heeresstraßen beschäftigt. Später bildeten sie einen eigenen Berufszweig und wurden auch im zivilen Bereich für Vermessungsarbeiten eingesetzt.

Von den über die Feldmeßkunst (Gromatik) erschienenen Schriften blieb einiges erhalten.[111] Der Inhalt dieser Werke bezog sich vorwiegend auf mathematische und juristische Aspekte der Landvermessung. In den Text waren wie bei den Abhandlungen über Mathematik, Mechanik und Poliorketik einfache geometrische Figuren eingestreut. Im 1. Jahrhundert v. Chr. verfaßte Varro (siehe Seite 69) seine Schrift »De mensuris« (»Über die Messungen«). Nach der Mitte des 5. Jahrhunderts n. Chr. entstand als eine Sammlung von Teilen oder Exzerpten aus Schriften römischer Feldmesser das »Corpus agrimensorum«. Es wurde im 6. Jahrhundert n. Chr. in erweiterter Form und mit Zeichnungen versehen neu herausgegeben. Seine Tradition setzte sich in mittelalterlichen Handschriften wie zum Beispiel der Fuldaer und der Pariser Agrimensorenhandschrift

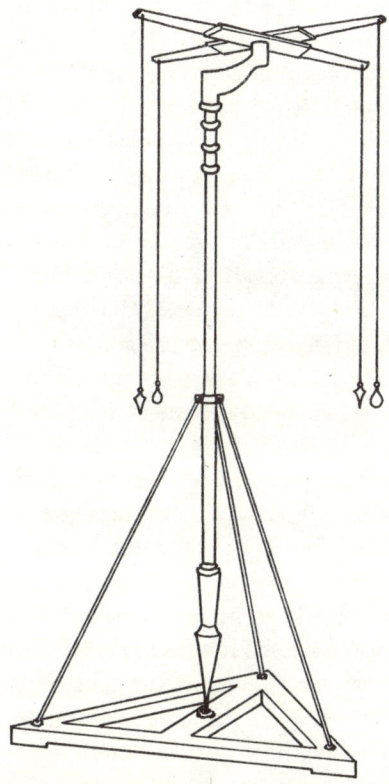

45 *Groma aus Pompeji*

46 *Chorobates. 1: Senklote, 2: Eingebaute Wasserwaage, 3: Visiere, 4: Meßlatte*

fort. Die Werke über römische Feldmeßkunst ergänzen trotz des schlechten Zustands mancher Handschriften das Bild der antiken Bauwissenschaft. Darüber hinaus sind aus ihnen wertvolle Einblicke in wirtschaftliche und soziale Verhältnisse ihrer Zeit zu gewinnen.

Bauinschriften und Bauurkunden

Wie für viele Bereiche antiken Lebens ist auch für das Bauwesen das epigraphische Material – in Form von Bauinschriften, Bauurkunden, Ehren-, Weih- und Grabinschriften – am aufschlußreichsten. Handelt es sich hierbei doch um originale Zeugnisse, die nicht auf literarische Wirkung abzielten.

Bauinschriften wurden an gut sichtbarer Stelle der Gebäude, zum Beispiel auf dem Architrav, der Attika oder auf Säulen, angebracht. Sie enthalten gewöhnlich den Namen des Stifters (Bauherrn) sowie Angaben zur Weihung und Bestimmung des Bauwerks, seltener die Signatur des Architekten und das Datum der Errichtung. Reine Bauinschriften treten weniger häufig auf; im griechischen Mutterland sind sie seit dem 4. Jahrhundert v. Chr. nachgewiesen.

Zwischen 570 und 560 v. Chr. errichteten auf der Halbinsel Ortygia bei Syrakus zwei griechische Architekten dem Apollon einen wuchtigen Tempel. Er ist der älteste Peripteraltempel Siziliens. Seine Architekten waren offensichtlich stolz darauf, daß es ihnen gelungen war, die aus dem Mutterland mitgebrachten korinthischen Holzbauformen hier, im westgriechischen Kolonisationsgebiet, in den sizilischen Kalkstein zu übertragen. Dies spricht aus der Bauinschrift. Sie ist an der Ostseite des Tempels in die Monolithblöcke des Stylobats eingemeißelt und nennt – für diese frühe Zeit ungewöhnlich – die Namen zweier Personen, die mit der Erbauung des Tempels zu tun hatten. Die In-

schrift lautet: »Kleo[…]es (= Kleomenes, Kleosimenes oder Kleosthenes?) hat (den Tempel) dem Apollon gemacht, (der Sohn) des Knidie[i]das, und Epik[l]es die Säulen, schöne Werke.« Allerdings ist nicht ganz sicher, ob der zuerst Genannte Architekt oder Bauherr des Tempels war.

Über den Stifter und den Zweck eines Gebäudes berichten auch die Bauinschriften an antiken Profanbauten wie zum Beispiel an der Bibliothek des Pantainos (1. Jahrhundert n. Chr.) in der Südostecke des Marktplatzes von Athen.

Römische Bauinschriften der republikanischen Zeit, vor allem die aus Italien stammenden, nennen als Urheber (*auctor*) den Kommunalbeamten, der über die Durchführung von öffentlichen Bauarbeiten zu wachen hatte, und darüber hinaus denjenigen, der die Baukosten bezahlte. Da in republikanischer Zeit die verantwortlichen Beamten der Nobilität, dem regierenden Adel, angehörten, trug die Nennung ihres Namens in den Bauinschriften dazu bei, den Ruhm dieser Gesellschaftsschicht im allgemeinen Bewußtsein lebendig zu erhalten. Seit der Zeit des Augustus war es üblich, als Urheber den Namen des Kaisers anzugeben. Die gesetzliche Regelung hierfür erfolgte aber erst unter Kaiser Severus Alexander (222 bis 235). Er verbot den höheren Beamten ausdrücklich die Nennung ihres Namens: »Es ist nicht erlaubt, auf ein öffentliches Bauwerk einen anderen Namen zu schreiben als den des Kaisers oder desjenigen, der das Geld gegeben hat.«[112] Die römischen Bauinschriften des militärischen Bereichs geben außer dem vollständigen Namen und der Titulatur des Kaisers noch den Truppenteil an, der den betreffenden Bau ausgeführt hatte, sowie Namen und Titel des zuständigen Provinzstatthalters. In den Bauinschriften der Legionen sind außerdem Name und Titel des Legionslegaten genannt. Dieses Schema konnte variiert werden. Die Bauinschriften an den Lagertoren waren wie die der Stadttore stets an der Feldseite der Torbauten angebracht. An keinem öffentlichen Gebäude der Stadt Rom war der Name des Architekten vermerkt. Im übrigen Italien, vor allem in Süditalien und in den Provinzen, war dies jedoch öfter der Fall.[113]

Zahlreicher als die Bauinschriften sind die in Stein gemeißelten Bauurkunden.[114] In Griechenland wurden sie, häufig in Form von Stelen, entweder am Gebäude selbst oder an einer anderen, meist zentral gelegenen Stelle aufgestellt. Dieser Brauch liegt im Wesen der Demokratie der griechischen Stadtstaaten begründet: Man wollte die öffentlichen Bauvorhaben – und nur auf solche beziehen sich die Bauurkunden – für die Bürger in monumentaler Form transparent machen. Die griechischen Bauurkunden, zu denen auch Bauverordnungen und -anweisungen sowie Dekrete mit Baubeschlüssen gehören, liefern der Altertumswissenschaft eine Fülle von Fakten verschiedenster Art. So geben sie Aufschluß über Verwaltungspraxis, Finanzierung und Rechtsverhältnisse. Vor allem aber bieten sie einen Einblick in folgende den Ablauf des Baugeschehens bestimmende Vorgänge: die Ausschreibung durch eine gewählte Baukommission, das Bauprogramm, den zwischen Auftraggeber und Bauausführenden geschlossenen Vertrag, die genauen Konstruktionsvorschriften, die Bauberichte und die Abrechnungen der Baukommissionen mit Angaben über die Bezahlung der am und für den Bau Beschäftigten. Die Bauurkunden sind ein zuverlässiges Hilfsmittel für die Rekonstruktion antiker Bauwerke und ermöglichen deren Datierung.

Die aus Griechenland bekannten Bauurkunden setzen im 5. Jahrhundert v. Chr. ein, werden im 4. Jahrhundert zahlreicher und kommen noch in hellenistischer Zeit vor. Ihre Zahl beläuft sich auf mehrere Hundert verstreute Einzeltexte, deren Gesamterfassung noch aussteht. Hauptfundorte sind Athen und der Piräus, Eleusis, Lebadeia, Epidauros, Hermione, Troizen, Tegea sowie die Inseln Delos, Lesbos und Korkyra (Korfu). Am vollständigsten blieben die Bauurkunden des Erechtheions, des letzten Tempels klassischer Zeit auf der Athener Akropolis, erhalten. Gleiches gilt für die Bauurkunden der großen Takelagenhalle im Piräus (erbaut im dritten Viertel des 4. Jahrhunderts v. Chr.) und der im späten 4. Jahrhundert v. Chr. entstandenen Vorhalle an der Südostseite des Telesterions im Mysterienheiligtum von Eleusis, beides Werke des Architekten Philon von Eleusis.

Von allen bekannten griechischen Bauurkunden sind die des Erechtheions am detailliertesten abgefaßt.[115] Sie bestehen aus weißen Marmorplatten. Auf diesen ist der Text in zwei beziehungsweise drei Spalten angeordnet. Insgesamt sind 30 Teile vorhanden. Sie werden im Athener Nationalmuseum und im Britischen Museum in London aufbewahrt. Die Hauptmasse davon bezieht sich auf die Periode zwischen 409/08 und 405/04 v. Chr. Während dieser Zeit waren am Bau des Tempels beschäftigt: 2 Architekten (Philokles von Acharnai und Archilochos aus dem Demos Agryle), 1 Untersekretär, 9 Bildhauer (darunter Diokles, Antiphanes von Kerameis, Praxias, Laossos, Iasos von Kallytos, Mynnion von Agryle und Agathanor von Alopeke), 7 Holzbildhauer, 2 Wachsmodellierer, 3 Maler, 1 Vergolder, 44 Maurer (darunter Ariston, Mikon und Straton), 19 Zimmerleute, 2 Säger, 1 Tischler, 1 Drechsler, 9 Handlanger, 1 Wächter und 7 Personen ohne Berufsangabe. Bei allen sind Name, Heimat, Art der Arbeit und der dafür gezahlte Lohn angegeben. Die Gesamtzahl der Beschäftigten setzte sich ungefähr je zur Hälfte aus Athenern (Bürgern und Sklaven) und aus Metöken (von außerhalb nach Athen zugezogenen freien Griechen, die dort zwar Wohn- und Gewerberecht, jedoch kein Bürgerrecht besaßen) zusammen. Aus den in den Bauabrechnungen des Erechtheions enthaltenen Einzelheiten werden bestimmte Arbeitsvorgänge sichtbar. Die Angaben über die Anfertigung und Bemalung der

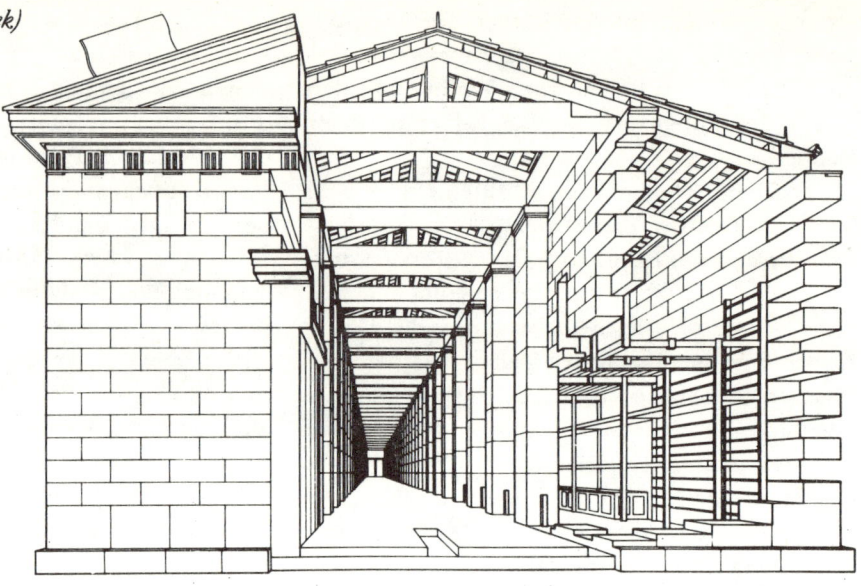

47 *Takelagenhalle (Skeuothek) des Philon im Piräus. Rekonstruktion nach dem antiken Bauanschlag. V. Marstrand, 1922*

hölzernen Kassettendecken im Ost- und West-raum sind so genau, daß sie eine Rekonstruktion ermöglichen. Aus den für die Herstellung der sechs Säulen der Osthalle ausgewiesenen Beträgen geht hervor, daß diese Arbeiten äußerst zeitaufwendig gewesen sein müssen. Sechs Gruppen von je fünf bis sieben Steinmetzen waren gleichzeitig daran beteiligt. Jede Gruppe kannelierte, unabhängig von den anderen, eine der sechs Säulen nach genau den gleichen Vorgaben.[116] Auf eine Säule entfielen 350 Tagelöhne. Dieses Pensum konnte eine Gruppe in etwa zwei Monaten bewältigen. Es war in vier aufeinanderfolgende Arbeitsgänge aufgeteilt: 50 Tagelöhne für die Rundung der rohen Säule, 90 Tagelöhne für die Facettierung, 100 Tagelöhne für das Aushöhlen der Kanneluren, 110 Tagelöhne für das feine Ausarbeiten der endgültigen Form und das abschließende Schleifen der Oberfläche.

Im dritten Viertel des 4. Jahrhunderts v. Chr. wurde im Piräus, dem Haupthafen Athens, nach den Plänen des Architekten Philon von Eleusis eine große Takelagenhalle für die athenische Marine errichtet. Die Bauurkunde[117] hierzu blieb als einziges Zeugnis des bei der Eroberung Athens durch Sulla (86 v. Chr.) niedergebrannten und bis heute nicht ergrabenen Bauwerks erhalten. Die in ihr aufgezeichneten Anweisungen mit einer Reihe von Maßangaben überlieferten viele bautechnische Begriffe der griechischen Antike und ermöglichten mehrere Rekonstruktionen.[118] Die nachstehenden Abschnitte aus der Bauurkunde lassen die bis ins einzelne gehenden Konstruktionsbestimmungen erkennen:

47, 48

»Bestimmungen für das steinerne Arsenal für den Schiffsbau von Euthydomos, dem Sohn des Demetrios aus Milet, und Philon, dem Sohn des Exekestides aus Eleusis… …Der Bau hat am Eingangstor zur Agora zu beginnen. Von der Rückseite der mit einem gemeinsamen Dach versehenen Hellingen aus zum Tor soll die Länge vier Plethren*, die Breite einschließlich der Mauer-

* 1 Plethron = 100 Fuß = 30 Meter.

*48 Takelagenhalle
des Philon im Piräus.
Rekonstruktion
einer Giebelseite.
W. Meyer-Christian, 1983*

dicke 55 Fuß* betragen. Die Baugrube (für die Fundamente) soll am höchsten Punkt drei Fuß tief sein, nachdem das Übrige einplaniert wurde; auf dem gewachsenen Boden soll das massive Fundament in einheitlicher Höhe errichtet werden, und zwar in Höhe der Baugrube… …Die Mauern des Arsenals sowie die Säulen sollen aus Steinen aus dem Vorgebirge errichtet werden, die Mauern einen Sockel erhalten… …Für den Bau der Mauern sind vier Fuß lange und fünfeinhalb Fuß breite Steinblöcke zu verwenden. An den Ecken jedoch hat sich die Länge der Blöcke nach der Länge der Triglyphen zu richten. Oberhalb des Sockels soll die Mauer einschließlich der Triglyphen unter dem Kranzgesims 27 Fuß hoch sein… …Ringsum sind in sämtlichen Mauern Fenster anzubringen, je eines in jedem Säulenzwischenraum, auf jeder Schmalseite drei; Höhe drei Fuß, Breite zwei Fuß. – Den Säulen ist ein Stylobat zu unterlegen, der gleich hoch sein soll wie der Mauersockel…

…Dicke der Säulen unten zwei Fuß und drei Spannen*; Höhe einschließlich des Kapitells 30 Fuß; jede Säule hat aus sieben je 4 Fuß hohen Trommeln zu bestehen, die unterste ausgenommen, die 5 Fuß hoch zu sein hat. Die Säulen werden von Kapitellen aus pentelischem Marmor gekrönt… …Auszuführen haben die Bauunternehmer die Arbeiten entsprechend diesen Bestimmungen und gemäß den Maßangaben und dem vom Architekten erklärten Modell; sie werden jede der Arbeiten zu den Terminen fertigstellen, zu denen sie sich verpflichtet haben.«[119]

Aus dem Text der Bauurkunde lassen sich folgende ungefähre Baumaße (in Meter umgerechnet) und Hinweise ableiten: Länge = 129 Meter; Gesamtbreite = 17 Meter; Breite des Mittelschiffs = 6 Meter; je eine Reihe mit 35 Pfeilern (Höhe: 9 Meter) trennte das Mittelschiff von den beiden Seitenschiffen; Zahl der Fenster an jeder Längswand = 34, an jeder Querwand = 3; eingebaute

---

* 1 attischer Fuß = 0,3 Meter.

* 1 Spanne = 0,074 Meter.

Ablagen für das Schiffsmaterial: nur in den Seitenschiffen; zweiflügelige Tore: an beiden Giebelseiten; umlaufender Triglyphenfries: nach den Modellen.

Im Nordosten der Peloponnes, südwestlich der kleinen Stadt Epidauros, lag in einer Talmulde der Landschaft Argolis das weithin berühmte Heiligtum des Asklepios. Die Hauptgebäude des heiligen Bezirks entstanden im Rahmen eines großzügigen Ausbaus im 4. und 3. Jahrhundert v. Chr. Für den dorischen Asklepios-Tempel (begonnen um 390 v. Chr.) und den hinter ihm liegenden Rundbau (360 bis 320 v. Chr.) blieben die Bauabrechnungen erhalten.[120] Sie überliefern neben anderen Angaben die Namen der Architekten und Bildhauer: Als Erbauer des Asklepios-Tempels wird ein Theodotos genannt. Das kolossale Goldelfenbein-Kultbild in der Cella, das den thronenden Heilgott Asklepios mit Stab, Schlange und Hund darstellte, schuf der Bildhauer Thrasymedes von Paros, der Sohn des Arignotos. Er war anscheinend auch Architekt und Goldschmied und hatte offensichtlich die künstlerische Gesamtleitung bei der Ausführung des Baues. Von ihm stammen ferner die Decke im Innern des Tempels, die Eingangstür aus Holz und Elfenbein, die mit goldenen Nägeln verziert war, und das Säulengitter der Cella. Der Bildhauer Timotheos von Epidauros arbeitete die Modelle für die Giebelfiguren und für die figürlichen Akroterien. Wie aus den Bauabrechnungen des Heiligtums hervorgeht, kosteten beim Asklepios-Tempel der Transport der Steine für das Pflaster und die Rampe 4320 Drachmen, die Lieferung der Türschwellen 700 Drachmen, die Kannelierung der äußeren und inneren Säulen 1336 Drachmen, der enkaustische Anstrich der Peristase 1050 Drachmen und die Herstellung der Figuren eines Giebels 3010 Drachmen.

Hinter dem Asklepios-Tempel stand ein Rundbau. In seiner in dorischem Dialekt abgefaßten Bauurkunde, die man 1887 im Heiligtum fand, kommt das Wort *thymela* (= *thymelè*) vor, was Altar, Herd oder Opferstätte bedeutet. Der Bau war allem Anschein nach ein Heroon für Asklepios. Mit seiner reichen Bauornamentik war er ein größerer und prunkvoller Nachfolger der bekannten Tholos in Delphi. Die Bauurkunde des Rundbaues von Epidauros ist eigentlich ein Rechenschaftsbericht über die Verwendung von Buß- und Spendengeldern. Wir erfahren daraus, daß die Gesamtkosten für diesen Rundbau doppelt so hoch waren wie die des Asklepios-Tempels. Ein gewisser Komodion erhielt für das Modell der Astragale und Kymatien 50 Drachmen und für das Einmeißeln (wohl derselben Ornamente) 615 Drachmen und 1½ Obolen.

Ebenfalls zu den bedeutenderen Bauurkunden aus griechischen Heiligtümern zählen die Bauberichte des Jüngeren Tempels des Apollon Philesios in Didyma südlich von Milet.[121] Sie vertiefen die Interpretation der gewaltigen Anlage, deren Gesamtbauzeit von den Jahren vor 313 v. Chr. bis in die Römische Kaiserzeit reicht. Aus ihnen konnten Ergänzungen zu der Baubeschreibung von Hubert Knackfuß (1941) sowie wertvolle Hinweise zur Topographie und Baugeschichte des Heiligtums und seiner Umgebung gewonnen werden. So erfahren wir zum Beispiel, daß die den Tempelbau leitenden Architekten, wie beim Erechtheion in Athen, jährlich wechselten. Der Grund hierfür ist unbekannt.

Die ausführlichste Bauurkunde aus dem Boden des römischen Italien stammt aus Puteoli, dem heutigen Pozzuoli westlich von Neapel. Dieser kampanische Ort, hervorgegangen aus einer griechischen Gründung und seit 194 v. Chr. römische Bürgerkolonie, entwickelte sich in der spätrepublikanischen und frühkaiserzeitlichen Periode zu einem der wichtigsten Häfen des Mittelmeeres. Hier besaß Cicero eine Villa. Kaiser Hadrian starb hier. Um 1537 fand man an der Treppe der jetzt nicht mehr vorhandenen Kirche S. Stefanino de

Pontone eine Marmorplatte. Sie gelangte zunächst in neapolitanischen Privatbesitz, dann in den Palazzo Farnese nach Rom und von dort Ende des 18. Jahrhunderts mit der gesamten Sammlung Farnese in die königliche Altertümersammlung nach Neapel. Die Tafel ist zwar entzweigebrochen, der dreispaltige Text jedoch vollständig erhalten.[122] Er ist eine sehr genaue und gute Abschrift einer Bauurkunde, der Lex Puteolana, aus dem Jahre 105 v. Chr. Diese bezieht sich auf die amtliche Bauausschreibung und das Bauprogramm für eine gedeckte Pforte mit Holzkonstruktion, kleinere Änderungen an den Mauern eines zugehörigen Hofes und dessen Einrichtung als Heiligtum. Die Pforte wurde in der Mauer an der Straße gegen-

über dem römischen Kaufmarkt *(macellum)*, dessen Anlage man früher als »Sarapis-Tempel« gedeutet hatte, errichtet. Die Ausführung übernahm Gaius Blossius für 1500 Sesterzen. Es handelt sich hier um ein bescheidenes Bauprojekt ohne nennenswerte künstlerische Qualität. Die Bauurkunde ermöglichte es, die Pforte in allen Einzelheiten zu rekonstruieren und somit ein genau datiertes Werk der weitgehend untergegangenen antiken Holzbaukunst wiederzugewinnen.

49 Epidauros. Zentraler Teil des Asklepios-Heiligtums von Südosten. In der rechten Bildhälfte die Fundamente des Gästehauses (Katagogeion). Ältere Aufnahme

Eine Sondergruppe epigraphischer Quellen zur antiken Architektur bilden die Mauerbauinschriften. Sie enthalten wichtige Belege für die noch ungenügend erforschte Geschichte der antiken Festungsbaukunst. Außer Mitteilungen über Leitung, Organisation und Finanzierung bei Mauerbauten bieten sie auch Material zu Politik, Wirtschaft und Verfassung griechischer Stadtstaaten. Die griechischen Mauerbauinschriften[123] beginnen im 5. Jahrhundert v. Chr. und hören in der Endphase des Hellenismus, im 1. Jahrhundert v. Chr., auf. Man findet sie innerhalb eines weiten Kulturbereiches: in Attika, Mittel- und Nordgriechenland, auf der Peloponnes, den griechischen Inseln, in Kleinasien und an der Schwarzmeerküste. Sie setzten sich mit den byzantinischen Festungsbauinschriften bis ins 14. Jahrhundert fort.

Anders geartet sind die römischen Mauerbauinschriften. In denjenigen, die aus dem 2. und 3. Jahrhundert n. Chr. stammen, spiegelt sich die Verteidigung der Ostgrenze des Römischen Reiches wider. Damals wurden in den Städten der Donau-Provinzen die vorhandenen Befestigungsanlagen umgebaut oder neue errichtet. Der lateinisch-griechischen Mauerbauinschrift von Philippopolis (heute Plovdiv/Bulgarien)[124] ist zu entnehmen, daß diese Stadt unter Kaiser Mark Aurel um die Jahre 167/68 oder 172 n. Chr. erneut befestigt wurde. Ebenfalls unter diesem Herrscher baute man neue Mauern um die Stadt Kallatis (heute Mangalia im südlichen Teil der rumänischen Schwarzmeerküste). Dies geht aus einer wiederum in lateinischer und griechischer Sprache überlieferten Inschrift[125] hervor. 267 n. Chr. beauftragte Kaiser Gallienus die Militärarchitekten Kleodamos und Athenaios, beide aus Byzanz, mit der Anlage von Stadtbefestigungen im Gebiet der Donaumündung.[126] Alle diese Mauerbauten sollten der Verteidigung der Provinzen an der Donau und am Schwarzen Meer gegen die Überfälle der Barbarenvölker der Skythen, Heruler, Goten und Kostoboken dienen.

IV
DIE GRIECHISCHEN ARCHITEKTEN

Während des 7. Jahrhunderts v. Chr. trat in Griechenland neben die Lehmziegel-Holz-Bauweise die Hausteintechnik. Sie wurde zunächst an repräsentativen Bauten, vorwiegend im Bereich der Sakralarchitektur, angewandt. Ausgehend von der allmählichen Umsetzung der Holzbauformen in Stein, bildeten sich in den abgeschlossenen Räumen griechischer Landschaften ordnende Systeme der Baukunst mit jeweils besonderen Formen der Säulen und des Gebälks. Gegen Ende des Jahrhunderts hatte die dorische Ordnung ihre endgültige Form gefunden und breitete sich seitdem in einem plötzlichen Vordringen zur Monumentalität fast über das gesamte griechische Festland aus. Gleichzeitig brachte die Plastik als Weiterführung und Höhepunkt der bisherigen Entwicklung kolossale Bildwerke wie die überlebensgroßen Statuen von Sunion, Naxos, Paros, Samos und Delphi hervor. Dies alles geschah vor dem Hintergrund der politischen und wirtschaftlichen Festigung der Poleis, der autonomen griechischen Stadtstaaten.

Die Zeit um 600 v. Chr. war darüber hinaus eine Übergangsperiode, in der die beginnende Geschichtsschreibung die Welt des Mythos durchbrach. So erklärt es sich auch, warum bei den Griechen die Überlieferung historisch faßbarer Architektenpersönlichkeiten in jener Zeit beginnt.

In der Baukunst des ostgriechischen Raumes, vor allem in den Stadtstaaten an der Westküste Kleinasiens, entfaltete sich die ionische Ordnung, deren Hauptwerke in der Mitte des 6. Jahrhunderts v. Chr. entstanden. Sie wurde im folgenden Jahrhundert vom Festland übernommen, wo sie an kleineren, zierlichen Bauten eine letzte Verfeinerung erfuhr.

Die korinthische Ordnung mit ihrem dekorativen Akanthusblätter-Kapitell ist nicht vor dem Ende des 5. Jahrhunderts v. Chr. nachzuweisen. Breitere Anwendung fand sie erst in hellenistischer Zeit bei dem um 175 v. Chr. begonnenen Neubau des Olympieions in Athen. Übergeordnete Gestaltungsprinzipien führten bald zu einer Kombination der griechischen Säulenordnungen, die dann in den dekorativ gesteigerten Fassaden der Römischen Kaiserzeit ihren Höhepunkt erreichte.

Griechisches Bauwesen

Über die Organisation des Bauwesens in der Frühzeit der griechischen Kunst (11. bis 8. Jahrhundert v. Chr.) ist nichts bekannt. Seit dem 7. Jahrhundert v. Chr. erhielten die in verschiedenen griechischen Landschaften bestehenden lokalen Bauwerkstätten ihre bedeutendsten Aufträge durch die Tyrannen. Diesen diente die Baukunst zur Repräsentation ihrer Macht wie als Nachweis historischer Legitimität. Die Sitze mächtiger Tyrannengeschlechter – Samos, Naxos, Athen, Korinth, Sikyon – wurden zu Zentren der archaischen Architektur Griechenlands. Die in jener Zeit einsetzende Überlieferung bezeugt die Teilung des griechischen Bauwesens in einen öffentlichen Sektor und einen privaten, in dessen Mittelpunkt der Wohnungsbau[127] stand. Zu ersterem gehörte die

79

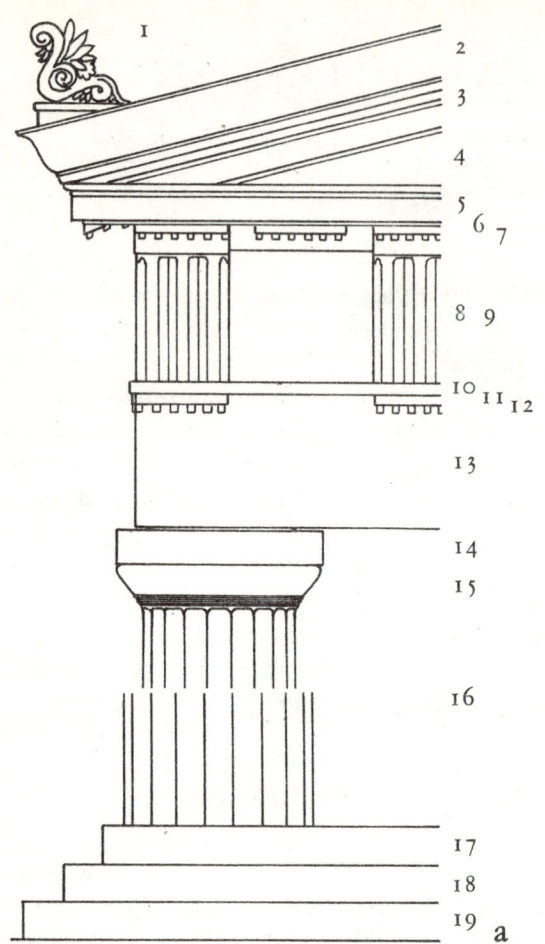

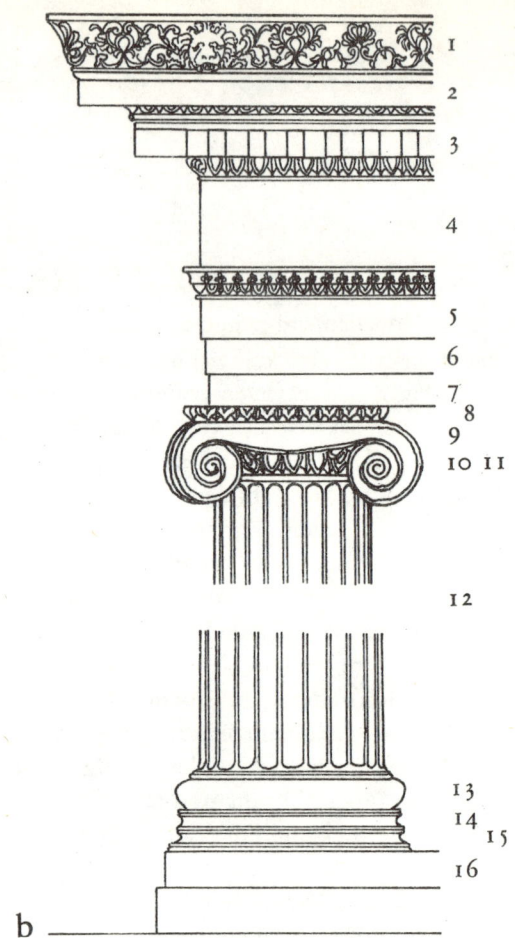

50 Die Säulenordnungen der antiken Baukunst

a Dorische Ordnung: *1 Akroter (figürliche oder ornamentale Bekrönung über den Ecken und dem Scheitel des Giebels), 2 Sima (Traufleiste mit Wasserspeier), 3 Schräggeison, 4 Tympanon (Giebelfeld), 5 Geison (Kranzgesims), 6 Mutulus (flache Steinplatte), 7 Guttae (zylindrische, stiftähnliche Gebilde), 8–9 Metopen-Triglyphen-Fries: 8 Triglyphe (Dreischlitz), 9 Metope (rechteckige bzw. annähernd quadratische Platte, meist mit Reliefdekoration), 10 Taenia (vorspringender Streifen über dem Epistyl), 11 Regula (Plättchen unter der Taenia), 12 Guttae, 13 Epistyl (Architrav), glatter und unverzierter Steinbalken, 14–15 Dorisches Kapitell: 14 Abakus (Deck-*

platte), 15 Echinus (Wulst), 16 Säulenschaft mit leicht konvexer Kontur (Entasis) und 16 bis 20 durch Stege voneinander getrennten konkaven Furchen (Kanneluren), 17–19: Krepidoma (dreistufiger Unterbau): 17 Stylobat (Standfläche für die Säulen), 19 Euthynterie (oberste Ausgleichsschicht des Tempelfundaments).

b Ionische Ordnung: *1 Sima, 2 Geison, 3 Geisipodes (Zahnschnitt), 4 Zophoros (Fries, meist mit Reliefdekoration), 5–7 Epistyl (Architrav), besteht aus 3 treppenartig vorspringenden Streifen (Faszien), 8–11 Ionisches Kapitell: 8 Abakus, 9 Canalis (Hohlkehle), 10 Voluten, 11 Ioni-*

sches Kymation (gewölbtes Profil, Blattstab oder Eierstab), *12 Säulenschaft mit 20 bis 24 in scharfen Graten aufeinanderstoßenden Kanneluren, 13–15 Kleinasiatisch-ionische Basis: 13 Torus (gewölbtes Rundglied), 14–15 Trochilus (konkaves Rundglied), 16 Plinthe (rechteckige Standplatte).*

c Korinthische Ordnung: *1 Sima, 2 Zahnschnitt, 3 Fries, 4–6 Epistyl (Architrav), besteht aus 3 Faszien, 7–9 Korinthisches Kapitell: 7 profilierter Abakus mit Abakusblume, 8 diagonal gestellte Voluten, 9 Akanthusblattkränze, 10 kannelierter Säulenschaft, 11 Basis.*

d Römische Kompositordnung: *1 Sima mit Wasserspeier, 2 Zahnschnitt, 3 Fries, 4–6 Architrav, besteht aus 3 Faszien, 7 Römisches Kompositkapitell (Kombination aus ionischen und korinthischen Formelementen mit stärkerer Betonung der ionischen Teile), 8 kannelierter Säulenschaft*

Errichtung und Instandhaltung sämtlicher Sakral- und Profanbauten, für die staatliche Mittel zur Verfügung gestellt wurden: Tempel, Theater, Rathäuser, Basiliken, Gymnasien, Palästren, Stadien, Säulenhallen. Außerdem gab es ein Ingenieurbauwesen. Dieses erstreckte sich auf Zweckbauten wie Befestigungen, Straßen, Brücken, Kanäle, öffentliche Wasserversorgungsanlagen, Tunnel, Hafenanlagen und Leuchttürme, aber auch auf den Schiffsbau und die Herstellung mechanischer Geräte bis hin zu Kriegsmaschinen.

Seine vollkommenste Ausgestaltung erfuhr das griechische Bauwesen in den Stadtstaaten der klassischen Zeit (5. und 4. Jahrhundert v. Chr.). Hierüber geben am ausführlichsten die Bauurkunden Aufschluß (siehe Seite 73 ff.). Sie lassen die Einschränkungen erkennen, die der Arbeit des Architekten durch strenge Bauvorschriften, Kontrollen und die verhältnismäßig geringe Zahl der beschäftigten Werkleute gesetzt waren. Die wichtigsten Auftraggeber neben den Städten waren die Verwaltungskörperschaften der großen Heiligtümer. Sie ließen die für die Ausübung der Kulte benötigten Gebäude (Tempel, Säulenhallen, Gästehäuser) errichten oder erneuern. Dabei wurden sie von den Städten unterstützt. Diese wetteiferten nämlich, um ihren Einfluß zu demonstrieren, darin, die Ausschmückung der Heiligtümer, vor allem der von Olympia, Delphi und Delos, zu finanzieren. Als nach dem 4. Jahrhundert v. Chr. die Macht der Gemeinwesen schwand, traten als Bauherren kunstfreudige hellenistische Herrscher an ihre Stelle. Wie einst die Tyrannen der archaischen Zeit holten sie anerkannte auswärtige Architekten an ihre Höfe, um von ihnen kühne, raumgreifende, mit optischen Bezügen auf den Betrachter wirkende Baukomplexe und Platzanlagen erbauen zu lassen. Mit der Errichtung großer Städte und Häfen erweiterte sich gleichzeitig der Kreis privater Auftraggeber. Bürger, die durch den Handel wohlhabend geworden waren, ließen

sich in zunehmendem Maße prunkvolle Paläste und Landhäuser bauen. Mitunter stellten sie für städtische Bauvorhaben Geldmittel zur Verfügung, jedoch geschah dies, wie Weihinschriften aussagen, stets im Namen der Stadt. Für die vorhellenistischen Perioden ist dieser Brauch seltener und dann hauptsächlich in den griechischen Kolonialgebieten nachgewiesen.

Die Beziehungen im Spannungsfeld zwischen Bauherrn, Architekten und Publikum waren in allen Perioden der griechischen Geschichte vielfältig und kompliziert.[128] Nur selten konnte der Architekt neue gestalterische Möglichkeiten voll verwirklichen, denn er hing stark von den Vorstellungen seines Auftraggebers ab. Dieser wiederum unterlag nicht selten dem Zwang, mit seinem Bauwerk Wirkungen auf bestimmte gesellschaftliche Gruppen (im Athen des Perikles zum Beispiel auf den Demos des Stadtstaates und die Mitglieder des Attischen Seebundes) zu erzielen. Bei Sakralbauten kam oft hinzu, daß auf ältere am Bauplatz bestehende kultische Traditionen Rücksicht zu nehmen war.

In den griechischen Stadtstaaten regelten genaue Gesetze, die unter anderem dem freien Landverkauf entgegenstanden, das Baugeschehen. Von den Behörden, die in klassischer Zeit für die Kulte und die Staatsverwaltung zuständig waren, nahmen einige die Aufgaben einer Baupolizei[129] und einer allgemeinen Bauverwaltung[130] wahr. Die *astynomoi*, Beamten der Straßen- und Baupolizei, sorgten für die Sauberkeit der Straßen. Sie wachten darüber, daß der Verkehr in den Straßen nicht durch Vorbauten, defekte Dachrinnen oder sich nach außen öffnende Türen oder Fenster beeinträchtigt wurde, und sorgten für die Beseitigung von Schäden an öffentlichen Gebäuden. Sie konnten, was allerdings selten geschah, auch für das private Bauwesen Anordnungen treffen, etwa wenn ein Bürger die Grenzen seines Grundbesitzes nicht eingehalten und zum Beispiel einen Balkon über öffentlichem Grund errichtet hatte.[131] Instandhaltung und Ausbau von Straßen und öffentlichen Wegen oblag den *hodopoioi* (»Wegebauern«). Für die Sakralbauten waren die *neopoioi* oder *naopoioi* (»Tempelbauer«) zuständig. In einigen griechischen Staaten erstreckte sich ihr Aufgabenbereich auch auf die Verwaltung der Tempel, besonders der »heiligen Gelder«. In Delphi können wir ihre Tätigkeit an Hand der Quellen gut verfolgen.

Beim Neubau von Tempeln vollzogen die Griechen wie die Ägypter ein Bauzeremoniell. Es erstreckte sich auf die Weihe des Baugrundes und das Bauopfer. Jedoch ist hierzu nur wenig überliefert.

Alle Baumaßnahmen, die der Stadtbefestigung galten, einschließlich der Verwaltung der hierfür bereitgestellten Gelder, fielen in den Bereich der *teichopoioi* (»Mauerbauer«). Das Recht, Verteidigungsanlagen zu errichten, erhielt, wenn ein Stadtstaat die volle Autonomie verloren hatte, der politisch stärkere Partner (innerhalb des Attischen Seebundes zum Beispiel Athen). Für die jährlich vom Volk beschlossenen Schiffsbauten wählten die Athener eine eigene Verwaltungskommission, die *triēropoioi*. Die technische Leitung wurde einem Schiffsarchitekten übertragen. Eine Reihe griechischer Städte verfügte über ein Baubüro mit zwei bis drei vom Volk gewählten Architekten. Zu ihren Aufgaben gehörten die allgemeine Bauplanung, der Befestigungsbau und die Bauaufsicht.

Die demokratische Verfassung der griechischen Stadtstaaten des 5. und 4. Jahrhunderts v. Chr. ermöglichte den Bürgern, bei öffentlichen Bauprojekten auf entscheidende Fragen Einfluß zu nehmen. Jedes umfangreichere neue Bauvorhaben und alle baulichen Reparaturen, die das normale Maß überschritten, mußten der Volksversammlung, dem *dēmos*, vorgeschlagen und von ihr beschlossen werden. Sie legte dann den Bauplatz fest und entschied über die Bereitstellung der Finanzmittel. Schließlich wählte sie eine für den je-

weiligen Bau verantwortliche Kommission von Bauinspektoren, welche die richtige Verwendung der bewilligten Gelder zu kontrollieren hatten, und einen Architekten als deren offiziellen Leiter. In Athen hießen die Bauinspektoren – ausgenommen diejenigen, die für den außerordentlichen Mauerbau verantwortlich waren – *epistatai* (»Vorsteher«, »Leiter«). In Delos nannten sie sich *epimeletai*, in Epidauros *egdotēres*, in Tegea *esdotēres*. In Epidauros kommt außerdem noch der Titel *thymelopoiai* vor. Er ist von einem Rundbau hergeleitet, der dort im heiligen Bezirk des Asklepios während der zweiten Hälfte des 4. Jahrhunderts v. Chr. entstand und in dessen dorischer Bauinschrift die Bezeichnung *thymela* (= *thymelē*), d. h. Altar, Herd, Opferstätte, vorkommt. Baukommissare konnten auch zur Beaufsichtigung verschiedener öffentlicher Arbeiten (Mauerbau, Werften, Häfen) eingesetzt werden. Sie hatten dann einen außerordentlichen Status, wobei sich ihre Tätigkeit mit derjenigen anderer Baubeamten berührte. Die Baukommissionen besaßen wahrscheinlich wie andere Behörden die Strafgewalt.[132] Als leitenden Architekten wählte man meist einen bewährten Baufachmann. Er konnte auch von der Kommission beigezogen werden und erhielt als einziges ihrer Mitglieder eine feste Besoldung. In den Bauurkunden wird er stets nach den Epistaten genannt. Zu seiner Unterstützung konnte ihm ein *hyparchitektōn* (Unterarchitekt) beigegeben werden.

Auf der Grundlage des Volksbeschlusses erarbeitete nun der leitende Architekt unter Mitwirkung der übrigen Kommissionsmitglieder eine Reihe von Unterlagen, die sich nicht zu einem einheitlichen Begriff zusammenfassen lassen. Dazu gehörten eine Beschreibung des geplanten Baues und der erforderlichen Arbeiten einschließlich detaillierter Anweisungen. Hinzu kam noch eine Zusammenfassung der Submissionsbedingungen, welche die Grundlage für die Ausschreibung der Arbeiten bildete.[133] Für den Bau des Tem-

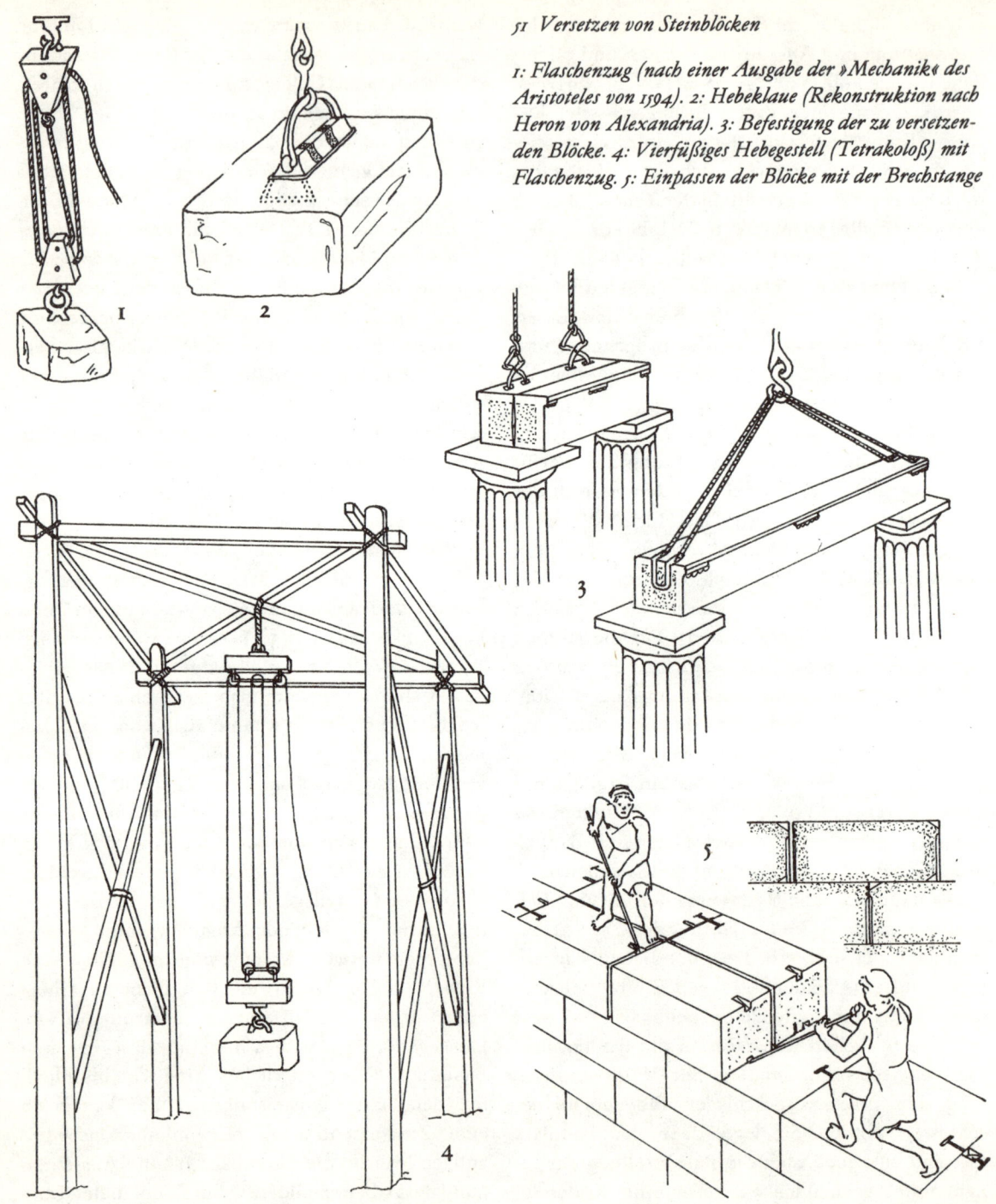

1: Flaschenzug (nach einer Ausgabe der »Mechanik« des Aristoteles von 1594). 2: Hebeklaue (Rekonstruktion nach Heron von Alexandria). 3: Befestigung der zu versetzenden Blöcke. 4: Vierfüßiges Hebegestell (Tetrakoloß) mit Flaschenzug. 5: Einpassen der Blöcke mit der Brechstange

pels der Athena Nike auf der Athener Akropolis besorgte diese Planungsarbeiten in der Mitte des 5. Jahrhunderts v. Chr. eine Gruppe von drei Personen zusammen mit dem Architekten Kallikrates.[134] Ein Neubau galt erst dann als genehmigt, wenn die *bulē* (Ratsversammlung der Bürger) die Unterlagen geprüft und gebilligt hatte. In Athen erledigte dies zur Zeit des Aristoteles ein besonderes Gericht.

War ein Bau genehmigt, konnte er, wie es beim Erechtheion in Athen der Fall war, in staatlicher Regie ausgeführt werden. Dabei kam es mitunter vor, daß diese durch besondere Werk- und Lieferungsverträge und durch Akkordlöhne durchbrochen wurde. In der Regel machte die Baukommission oder eine andere zuständige Behörde die für einen Bau erforderlichen Arbeiten durch eine öffentliche Ausschreibung bekannt. Der Rat entschied dann über die von Unternehmern und Handwerksmeistern eingegangenen Bewerbungen. Kleinere Arbeiten konnte der Architekt allein vergeben. Als Perikles Mitte des 5. Jahrhunderts v. Chr. riet, die »Langen Mauern«, ein zwischen Athen und der Hafenstadt Piräus bestehendes Befestigungssystem, durch eine Mittelmauer zu verstärken, betraute man den Architekten Kallikrates mit der Funktion des Generalunternehmers. Er teilte die zu errichtende Mauer in 10 Lose auf und vergab diese an Einzelunternehmer. Die Verträge mit den Unternehmern und Handwerksmeistern schloß in Athen der Rat selbst ab; denn den Baukommissionen fielen dort nur Verwaltungsaufgaben zu, wie die Baubeschlüsse über das Heiligtum der Athena Nike auf der Akropolis erkennen lassen. In Delos war die Baukommission zusammen mit anderen Stellen bei der Vergabe der Aufträge beteiligt. Ähnlich dürfte es nach dem Zeugnis der Bauurkunden in Tegea gewesen sein. Jeder Unternehmer war verpflichtet, die sich aus seinem Vertrag ergebenden Anweisungen und Termine einzuhalten. Bei Fristüberschreitungen drohten ihm

empfindliche Strafen. Um etwaiger Zahlungsunfähigkeit des Unternehmers vorzubeugen, mußte er bei Vertragsabschluß einen Bürgen stellen. Wenn ein Unternehmer oder Handwerksmeister aufwendiger arbeiten ließ als vertraglich vereinbart, ging dies zu seinen Lasten. Eine Bauverordnung aus Tegea sah für Meinungsverschiedenheiten zwischen Auftraggebern und Bauunternehmern eine Reihe von Maßnahmen vor wie die Einrichtung eines speziellen Gerichts für alle Fragen des Bauwesens, Regelungen von Schwierigkeiten bei der Vergabe der Arbeiten und bei einer Bauunterbrechung im Kriegsfall. Weiterhin wurde den Unternehmern verboten, ohne besondere Erlaubnis mehr als zwei Aufträge gleichzeitig zu übernehmen und sich im Falle einer Beschwerde an ein anderes Gericht zu wenden.

In Athen regelte die Baukommission gemeinsam mit der Finanzbehörde die Zahlungen an die Auftragnehmer. Sie erfolgten in drei Raten: 50 % der Gesamtsumme wurden fällig, wenn die Hälfte der Arbeit geleistet war; die übrigen 50 % (abzüglich etwa eines Zehntels des Gesamtbetrags) bei Vollendung des Baues; der Rest auf Anweisung der Baubehörde nach der endgültigen Abnahme durch den Architekten. In Delos war die Baukommission nur berechtigt, Zahlungsanweisungen zu erteilen.

Die technische wie die künstlerische Gesamtleitung eines Projekts lag beim Architekten. Um die Einhaltung der vertraglichen Festlegungen zu gewährleisten, hatten Architekt und Baukommission während der gesamten Bauzeit den Stand der Arbeiten zu kontrollieren. Ungewiß bleibt, wie weit der Einfluß des Architekten auf die Bauleitung reichte.

Die Baubeschlüsse verlangten die Herstellung technisch anwendbarer architektonischer Entwürfe. Wie diese im einzelnen aussahen, ist unbekannt.[135] Daß die griechischen Architekten der klassischen Zeit schon Bauzeichnungen im modernen Sinne herstellten, kann nur vermutet werden. Die meisten der an griechischen Bauwerken beobachteten Ritzlinien dürften wohl nur von einfachen Einmessungen stammen. Fast scheint es, als hätten die Griechen nur vom System her, also ohne Werkpläne, die der Umsetzung dienten, gebaut. Wir wissen lediglich, daß für einzelne Elemente der Baudekoration (Kapitelle, Triglyphen, Ecksteine, Traufleisten, Rosetten, Akanthusornamente) *paradeigmata* (Musterstücke) angefertigt wurden, und zwar frühestens bei Beginn der Arbeiten. Am Erechtheion in Athen stellten Bildhauer und Holzschnitzer, nicht der Architekt, diese her.[136] Details, die sich nicht im voraus festlegen ließen, wurden erst während des Baues ausgearbeitet. Als *paradeigmata* bezeichnen die Baurkunden auch einfache Objekte wie Dübel für Säulentrommeln, Dachziegel, ein Stück Mauerwerk oder ein Holzgitter. Für die klassische Zeit sind keine maßstabsgerechten Modelle des Gesamtbaues, sondern nur Musterstücke für Details überliefert.

Offen bleibt die Frage, auf welchem Wege das griechische Bauwesen Planänderungen durchsetzte. Die Baurkunden sagen darüber nichts aus. Daß man sie ausführte, bewiesen Untersuchungen am Tempel des Apollon Epikurios in Bassai, an den Propyläen der Athener Akropolis und anderen griechischen Bauwerken. Vielfach handelte es sich hierbei um Umgestaltungen, die während der Bauarbeiten erfolgten, und zwar meist an Stellen, wo dem Architekten eigener Spielraum gelassen war: bei der Anpassung eines feststehenden Bautyps an besondere rituelle Gegebenheiten; bei der Einfügung des Baues in die umgebende Landschaft (hierbei erwiesen sich griechische Architekten oft als unübertroffene Meister); bei der Wahl der Säulenordnung, der Ausarbeitung ihrer Einzelformen und der Festlegung der Maßverhältnisse; unter Umständen auch bei der Ausführung des Skulpturenschmucks.

86

Kleinere Änderungen konnten dadurch entstehen, daß mangelhafte Arbeit nachgebessert werden mußte.

Die an vielen griechischen Bauten festzustellende sorgfältige Oberflächenbehandlung und Zusammenfügung der einzelnen Teile ist das Verdienst der Werkleute. Sie hatten damit einen beachtenswerten Anteil am Gesamtbild eines Bauwerks. Dagegen läßt sich der Einfluß, den die im öffentlichen Bauwesen tätigen Personen über ihre Verwaltungsfunktion hinaus bei der Entstehung architektonischer Anlagen ausübten, nicht konkret bestimmen. Er war ohne Zweifel vorhanden. Von dem Redner Demosthenes wissen wir, daß er sich in seiner Eigenschaft als Mauerbau-Kommissar mit eigenem Geld an den Baukosten beteiligte.[137] Aber der institutionelle Rahmen des Bauwesens war in Griechenland ein anderer als in Ägypten, wo man die organisatorischen Fähigkeiten der Baubeamten wesentlich höher einschätzte.

Der Wiederaufbau der Athener Akropolis nach den Perserkriegen

In der attischen Baukunst des 5. Jahrhunderts v. Chr. nahmen die von Perikles besonders geförderten Bauprojekte eine zentrale Stellung ein. Plutarch (Perikles 13) nannte sie zusammenfassend »Perikleische Werke«. Im einzelnen zählten dazu: der Wiederaufbau der Athener Akropolis, die Errichtung eines Odeions an ihrem Südostabhang, der Ausbau des Befestigungssystems der Langen Mauern zwischen Athen und dem Piräus sowie die Neugestaltung des Telesterions in Eleusis.[138]

Das bedeutendste dieser Bauvorhaben war der 456 v. Chr. auf Antrag des Perikles von der Volksversammlung Athens beschlossene Wiederaufbau der 480 v. Chr. durch die Perser zerstörten Heiligtümer auf der Athener Akropolis. Zu dem Anteil, den Perikles' Freund, der Bildhauer Phidias, im

Zusammenwirken mit den Architekten Iktinos, Kallikrates und Mnesikles daran hatte, bemerkt Plutarch (a. a. O.): »Das Ganze aber ordnete an und beaufsichtigte ihm Phidias, so bedeutende Architekten und Künstler die Werke auch hatten. Durch die Gunst des Perikles stand er allen Künsten vor.« Die Funktion, die Phidias hierbei einnahm, gibt Plutarch mit den Worten *episkopos pantōn* (oberster Leiter) wieder. Dabei bleibt offen, ob dies Plutarchs eigene Formulierung oder eine aus Perikleischer Zeit stammende Bezeichnung ist. Phidias war kein Architekt. Bei der Entscheidung wichtiger baukünstlerischer Fragen wird er sich daher auf das Urteil der für die Akropolis-Bauten berufenen Architekten gestützt haben. Das kulturell wie ökonomisch großangelegte Programm stand von Anfang an im Brennpunkt politischer Auseinandersetzungen. Perikles beabsichtigte da-

52 Athener Akropolis von Westen. Über dem Südflügel der Propyläen steht der im 13. Jahrhundert errichtete »Frankenturm«. Kupferstich von A. F. Lemaitre nach Zeichnung von Abel Blouet, 1838

mit, Athen zu einem Kulturzentrum der griechischen Welt zu machen. Er wollte, wie der Historiker Thukydides in seiner »Geschichte des Peloponnesischen Krieges« (II 41) schrieb, mit gewaltigen Denkmalen lebenden und kommenden Geschlechtern die Macht und Größe Athens vor Augen führen.

Die nach den Perserkriegen entstandenen Baukomplexe der Athener Akropolis sind bewußt aufeinander bezogen. Dies zwingt zu der Annahme, daß eine Gesamtkonzeption bestanden haben muß. Es scheint nicht ausgeschlossen, daß die

53, 54

87

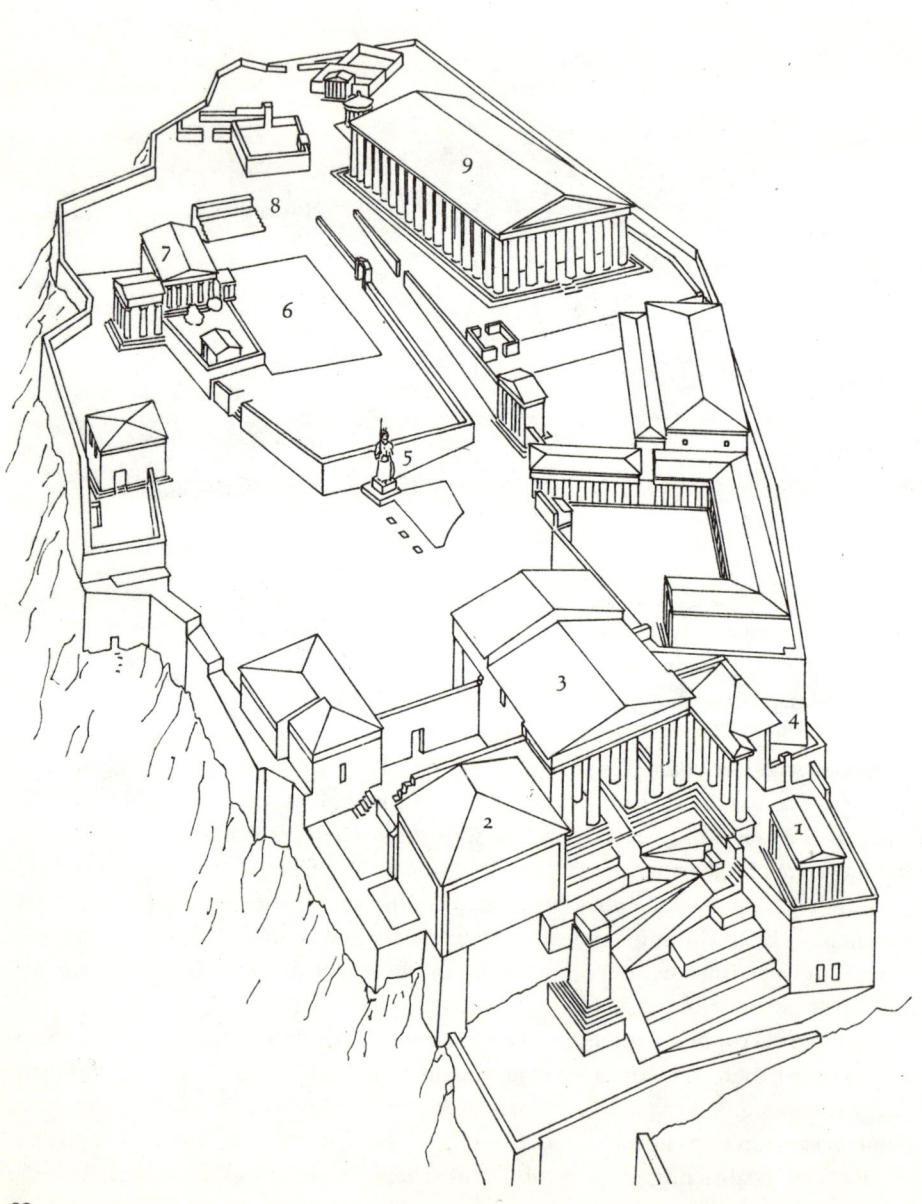

53 *Athener Akropolis. Baulicher Zustand am Ende des 1. Jahrhunderts v. Chr. Axonometrische Rekonstruktion von G. P. Stevens, 1946*

1 Tempel der Athena Nike, 2 Pinakothek, 3 Propyläen, 4 Sog. Pelasgische Mauer, 5 Bronzestandbild der Athena Promachos von Phidias, 6 Areal des Alten Athena-Tempels, 7 Erechtheion, 8 Altar der Athena, 9 Parthenon

Ausarbeitung eines solchen Plans vermutlich 435/34 v. Chr. dem damals fähigsten unter den Akropolis-Architekten, nämlich Mnesikles (siehe Seite 179, 181), übertragen wurde.[139] Allerdings lassen sich konkrete Einzelheiten einer Gesamtkonzeption nicht nachweisen. Der Ausbruch des Peloponnesischen Krieges verhinderte ohnehin die volle Verwirklichung des Bauprogramms.

Der Architektenberuf bei den Griechen

Die griechische Berufsbezeichnung *architektōn* setzt sich aus der von dem Verbum *archein* (= anfangen, vorangehen, befehlen) abgeleiteten Vorsilbe *archi-* (= Haupt-) und dem Substantivum *tektōn* (= Zimmermann, Handwerker, Arbeiter) zusammen. Sie weist auf die Hauptaufgabe des Architekten als Leiter der ihm unterstellten Bauhandwerker (*tektōnes*) und als Koordinator der verschiedenen Gewerke hin. Im weiteren Sinne kann der *architektōn* als ein leitender Künstler (»Urschöpfer«) angesehen werden. Die Bezeichnung *architektōn* kommt erstmalig im 5. Jahrhundert v. Chr., bei dem Geschichtsschreiber Herodot, vor und bleibt auch während der gesamten klassischen und hellenistischen Zeit in Gebrauch. Von ihr wurde schließlich das lateinische Wort *architectus* abgeleitet, das sich zuerst bei dem Komödiendichter Plautus (3./2. Jahrhundert v. Chr.) nachweisen läßt.

Für Homer war der Architekt ein »Meister-Zimmermann«, er nannte ihn einfach *tektōn*. Mit diesem Wort bezeichnete man in den vorklassischen Perioden jeden, der einen harten Werkstoff wie Holz, Horn, Elfenbein und Stein verarbeitete (deshalb wurde später auch der Metallarbeiter so genannt).

Der Bedeutungsumfang des Wortes *architektōn* erstreckt sich sowohl auf die entwerfende wie auch auf die bauausführende Funktion. In der Sprache der Bauurkunden ist der *architektōn* der fest angestellte Bauführer. Dieser war in der Regel nicht identisch mit dem Urheber des Entwurfs, wenn es auch manchmal vorkam, daß der entwerfende Architekt zugleich als Bauführer – meist nur vorübergehend – tätig wurde. Bauführer blieben nicht immer die ganze Bauzeit hindurch im Amt, sondern wurden mitunter ausgewechselt.

Einen Unterschied zwischen Architekten und Bauingenieuren gab es bei den Griechen, wenigstens bis zum Ende der klassischen Zeit, nicht. Die Tätigkeit der letzteren gehörte wie die der *mēchanikoi* oder *mēchanopoioi* (Konstrukteure von Geräten, besonders von Kriegsmaschinen) mit zum beruflichen Bereich des Architekten.[140]

Schließlich ist noch auf die griechische Bezeichnung *technitēs* (= Künstler, geschulter Mann; lateinisch: *artifex*) hinzuweisen.

Sie charakterisiert ganz allgemein denjenigen, der durch die meisterliche Beherrschung seines Faches hervortrat.

Über die Ausbildung der griechischen Architekten besitzen wir keine sicheren Nachrichten. Die Anforderungen waren vermutlich nicht gering. Es ist anzunehmen, daß eine genügend lange Tätigkeit als Geselle und Mitarbeiter notwendig war, um größere Aufträge bewältigen zu können. Der Architekt hatte die Techniken des Holz- wie des Steinbaus zu erlernen. Dem entspricht, daß die Architekten der Heiligtümer nicht selten aus dem Beruf des Zimmermanns kamen. Platon erwähnt die Notwendigkeit praktischer Arbeit unter einem erfahrenen Meister. Der Architekt mußte außerdem Spezialkenntnisse erwerben, die ihm einen Sinn für Proportionen und Farben vermittelten. Es galt Erfahrungen zu sammeln hinsichtlich der Qualität und Dauerhaftigkeit von Materialien. Um die für einen Bau benötigten plastischen Schmuckelemente, Türverkleidungen, Metallgitter und ähnliches entwerfen oder begutachten zu können, waren Kenntnisse der Plastik und Toreutik erforderlich. Die Entwurfspraxis setzte mathematisches Fachwissen voraus. Dieses wurde ergänzt durch das Studium der Mechanik und der mathematischen Kategorien der zeitgenössischen Philosophie. Um 320 n. Chr. schrieb Pappos, ein griechischer Mathematiker, Geometer, Astronom und Geograph aus Alexandria, die besten Architekten seien diejenigen, die eine vollständige Ausbildung in theoretischer wie in praktischer Mechanik besäßen. Schließlich mußte ein Architekt genügend ökonomische Kenntnisse besitzen, um Kostenvoranschläge erstellen und die Materialbeschaffung organisieren zu können. Die vielfältigen Aufgaben der Gewerke, die er zu koordinieren hatte, und die Notwendigkeit, sich bei Auftraggebern und Kontrollorganen durchzusetzen, verlangten langjährige praktische Erfahrung und diplomatisches Geschick. Die weite technisch-wissenschaftliche und künstlerische Bildung des griechischen Architekten schildert Vitruv, wobei er allerdings das hohe Niveau berühmter hellenistischer Architekten vor Augen hatte: »Daher muß er begabt sein und fähig und bereit zu wissenschaftlich-theoretischer Schulung. Denn weder kann Begabung ohne Schulung noch Schulung ohne Begabung einen vollendeten Meister hervorbringen. Und er muß im schriftlichen Ausdruck gewandt sein, des Zeichenstiftes kundig, in der Geometrie ausgebildet sein, mancherlei geschichtliche Ereignisse kennen, fleißig Philosophen gehört haben, etwas von Musik verstehen, nicht unbewandert in der Heilkunde sein, juristische Entscheidungen kennen, Kenntnisse in der Sternkunde und vom gesetzmäßigen Ablauf der Himmelserscheinungen besitzen.«[141] An anderer Stelle schreibt er: »Deshalb sagt einer von den alten Architekten, Pytheos, der in Priene den Bau des Minerva-Tempels vortrefflich als Architekt geleitet hat, in seinen Schriften, ein Architekt müsse in allen Zweigen der Kunst und Wissenschaft mehr leisten können als die, die einzelne Gebiete durch ihren Fleiß und ihre Tätigkeit zu höchstem Glanz geführt haben.«[142]

Der Wirkungskreis eines griechischen Architekten konnte sich auf mehrere, oft weit von der Heimat entfernte Orte erstrecken: Im 6. Jahrhundert v. Chr. arbeiteten Chersiphron und sein Sohn Metagenes, die aus Knossos stammten, in Ephesos. Im 5. Jahrhundert v. Chr. war Iktinos nicht nur am Parthenon in Athen, sondern vermutlich auch in Bassai auf der Peloponnes tätig. Im 4. Jahrhundert v. Chr. erhielt Satyros von Paros Aufträge für Halikarnassos und als Erzbildner auch für Delphi. Im gleichen Jahrhundert arbeiteten korinthische Architekten, Steinmetzen und Zimmerleute auch außerhalb ihrer Heimat, am Apollon-Tempel in Delphi und im Asklepios-Heiligtum von Epidauros.

Die Arbeitsbedingungen des griechischen Architekten unterschieden sich erheblich von denen seiner Kollegen im alten Ägypten. Er war nicht mehr ausschließlich einer Zentralgewalt unterstellt. Er konnte seinen Beruf frei wählen, sich vom Staat anstellen lassen oder selbständig tätig sein.[143] Er konnte für einen Tempel arbeiten, bekleidete aber keine priesterlichen Ämter. Er war der anerkannte Leiter eines spezialisierten Teams. Dieses setzte sich aus Bürgern der betreffenden Stadt, Fremden und Sklaven zusammen. Die Bauunternehmer waren gewöhnlich Bürger. Die nichtqualifizierten Bauarbeiter, Freie wie Sklaven, wurden zu Bautrupps zusammengeschlossen, die jeweils einem Vorarbeiter unterstanden. Dieser erhielt die Löhne zur Verteilung. In den Abrechnungen erscheinen sie nur unter dem Namen des Vorarbeiters. Zu den Werkleuten gehörten die geschulten Bau- und Steinbrucharbeiter (zum Beispiel Steinbrecher, Marmorschneider, Steinmetzen, Maurer), die Handwerker (Zimmerleute, Metallarbeiter, Elfenbeinarbeiter und andere) sowie die für die Herstellung des Skulpturenschmucks eingesetzten Bildhauer. Die Arbeitsgruppen der

Werkleute leitete jeweils ein Werkmeister. Er war dem Architekten für die einwandfreie Arbeit seiner Gruppe verantwortlich. Häufig kamen die Steinmetzen und Maurer aus der gleichen Region wie das Material, das sie zu bearbeiten hatten. Auf diese Weise fanden fremde Bauverfahren Eingang ins einheimische Bauhandwerk. In Epidauros lieferten und bearbeiteten Unternehmer und Werkleute aus Argos und Korinth peloponnesische Tuff- und Kalksteine. In Delphi errichteten Werkleute aus der Peloponnes mit dem von dort stammenden Tuffstein den Apollon-Tempel, die Tholos hingegen erbauten attische Werkleute aus pentelischem Marmor. Zur Zeit des Perikles arbeiteten Werkleute von den Marmorinseln der Kykladen in Attika, wo sie unter anderem den ionisch-kykladischen Fuß als Maßeinheit und die Verwendung des Marmors für Deckenkonstruktionen einführten.

Von Anfang an war für den griechischen Architekten der enge Kontakt mit Steinmetzen und Bildhauern von wesentlicher Bedeutung. Der griechische Tempel bildete einen Organismus aus plastisch geformten Baugliedern. An ihm wird die auf den gleichen stilbildenden Kräften beruhende innere Verwandtschaft zwischen Architektur und Plastik sichtbar. Bildhauer und Architekten entstammten häufig der gleichen Familie. In einigen Fällen wurden beide Berufe sogar von einer Person ausgeübt. Für die Weitergabe von Kenntnissen und Erfahrungen scheint dabei die Familientradition ausschlaggebend gewesen zu sein. Bekannte Beispiele griechischer »Bildhauer-Architekten« sind Bupalos von Chios, Pytheos und die aus Paros stammenden Künstler Satyros, Skopas und Thrasymedes. Nicht selten war der griechische Tempelarchitekt dem für die Bauplastik und die Kultstatue des Tempels zuständigen Bildhauer untergeordnet. So erhielt Iktinos beim Bau des Parthenon seine Anweisungen von Phidias. In Epidauros unterstand der Architekt Theodotos,

wie es scheint, dem Bildhauer Thrasymedes von Paros. Satyros von Paros und der Ostionier Pytheos, die im 4. Jahrhundert v. Chr. in Halikarnassos den Bau des Maussolleions leiteten, beteiligten sich, auch wenn dies nicht ausdrücklich bezeugt ist, zusammen mit den Bildhauern Skopas von Paros, Timotheos, Bryaxis und Leochares am Skulpturenschmuck des Grabmals. Die Werkstatt des Skopas, der in seinen jüngeren Jahren Architekt des Neubaus des Athena-Alea-Tempels in Tegea gewesen war, schuf schließlich die Bauplastik dieses Tempels. Bildende Künstler als leitende Architekten gab es auch später bis ins 18. Jahrhundert (Michelangelo, Schlüter).

Entlohnung der Architekten

Für seine Leistungen erhielt der griechische Architekt ein festes Gehalt. Über dessen Höhe und die Zahlungstermine konnte die Baukommission entscheiden.[144] Gewöhnlich wurde es für ein ganzes oder ein halbes Jahr gezahlt. Es entsprach nicht dem modernen Beamtengehalt, denn in der archaischen und klassischen Zeit wurde ein Architekt nur für die voraussichtliche Bauzeit angestellt. Bei den zur Abrechnung gebrachten Zeiträumen waren auch die religiösen Feiertage, von denen es in Athen und Delphi eine beträchtliche Anzahl gab, mit enthalten. Von Ausnahmen abgesehen, lag das Gehalt eines Architekten nicht wesentlich höher als der Lohn eines qualifizierten Handwerkers. Aber die Zahlungsweise sicherte ihn im Unterschied zu den Werkleuten, die für ihre geleisteten Arbeitstage Tagelöhne erhielten, materiell über einen Zeitraum von mehreren Monaten hinweg. Hinzu kam noch, daß er gleichzeitig mehrere Aufträge übernehmen konnte. War er Mitglied einer Baukommission, ohne besondere Aufgaben erfüllen zu müssen, und nicht für das ganze Jahr angestellt, erhielt er für die gesamte

Bauzeit ein fortlaufendes Tagegeld. Dieses wurde ihm wie den übrigen Kommissionsmitgliedern prytanienweise, das heißt aller 35 oder 36 Tage, gezahlt. Die Bauurkunden aus Athen, Delphi, Delos und Epidauros weisen unterschiedliche Summen und Abrechnungszeiträume aus.[145] Da die aufgewandte Arbeitszeit und der jeweilige Kaufwert des Geldes unbekannt sind, ist es schwierig, die überlieferten Beträge zueinander in Beziehung zu bringen. Die Berechnungsgrundlage scheint zu allen Zeiten der Tagessatz gewesen zu sein.

In Bauurkunden der Perikleischen Zeit sind Angaben über die Entlohnung der bei Bauvorhaben Beschäftigten eher summarisch und nicht so zahlreich wie im 4. Jahrhundert v. Chr. So verzeichnet 434/33 v. Chr. in Athen die Bauabrechnung für den Parthenon nur die Gesamtsummen von 1800 Drachmen* für Monatsgehälter und von 16 392 Drachmen für Bezahlung der Bildhauer, die an den Giebelskulpturen arbeiteten.

Am Ende des 5. Jahrhunderts v. Chr. lassen die Bauabrechnungen des Erechtheions in Athen eine undifferenzierte Vergütung erkennen: Für die Architekten als Kommissionsmitglieder mit Jahresvertrag sind einmal 352 und dann 306 Drachmen eingetragen, jeweils offenbar als ein Jahresgehalt. Das bedeutet, daß die Architekten, die hier anscheinend als Bauführer tätig waren, an einem Tag dasselbe verdienten wie die Zimmerleute, Vergolder, Säger und Steinmetzen, nämlich 1 Drachme. Bei der Entlohnung wurde nicht unterschieden,

---

* Der absolute Wert der bei Bauvorhaben gezahlten Beträge läßt sich kaum ermitteln. Das Gold hatte etwa den zehn- bis dreizehnfachen Wert des Silbers. Beim Gewicht der Münzen gab es lokale Unterschiede. Gewichte der im folgenden vorkommenden griechischen Münzeinheiten, bezogen auf Attika/Euböa, sind: 1 Obolos (Silber) = 0,73 Gramm; 1 Drachme (Silber) = 6 Obolen = 4,36 Gramm; 1 Statēr (Silber) = 17,4 Gramm; 1 Statēr (Gold) = 8,6 Gramm; 1 Mine (Silber) = 100 Drachmen = 436,6 Gramm; 1 Talent (Silber) = 60 Minen = 26,19 Kilogramm.

wer von den am Bau des Erechtheions Beschäftigten athenischer Bürger, Metöke oder Sklave war.[146]

Ähnlich wie beim Erechtheion war die Bezahlung in Epidauros. Dort erhielt nach den Bauabrechnungen des frühen 4. Jahrhunderts v. Chr. Theodotos, der Architekt des Asklepios-Tempels, 353 (einmal 352, seit dem dritten Arbeitsjahr 350) Drachmen als Jahresgehalt. Das entspricht einem Tagessatz von 1 1/2 Drachmen.

In Delphi waren in späterer Zeit die Architektengehälter recht unterschiedlich: Aus den Bauabrechnungen für den Apollon-Tempel geht hervor, daß dem leitenden Architekten Xenodoros folgende Beträge ausgezahlt wurden: 356 v. Chr. die Summe von 58 Stateren und 3 Obolen (dazu ist in der Urkunde vermerkt »gemäß dem Lohn«, was darauf schließen läßt, daß es sich hier um einen Betrag handelt, der nicht Bestandteil des Gehaltes war), später für ein halbes Jahr 5 Minen und 5 Statere, dann für die Hälfte eines Schaltjahres 210 Drachmen, schließlich die nicht erklärbare Summe von 3 Minen, 21 Stateren und 1 Drachme. Während Xenodoros anfänglich einen Tagessatz von 3 Obolen hatte, der sich dann bis auf 7 erhöhte, waren es zwischen 353 und 343/42 v. Chr. 1 1/2 bis 2 Drachmen. Sein Nachfolger Agathon, der 342 bis 330 v. Chr. leitender Tempelarchitekt war, bekam 360 Drachmen für jedes Halbjahr. Kallinos, der *hyparchitektōn* (Unterarchitekt, Bauführer) unter Xenodoros und Agathon war, erhielt nach den Bauabrechnungen der Jahre 343 bis 340 v. Chr. einen Tagessatz von 4 Obolen, der ihm in vollen Monatsraten gezahlt wurde. Das nachweislich höchste Architektengehalt im 4. Jahrhundert v. Chr. bezog Euphorbos. Für den Bau oder die Instandhaltung des Synedrions, eines Sitzungsgebäudes im Demeter-Tempel von Delphi für die Versammlungen der Amphiktyonen, sowie der *chytroi* (warmen Bäder) in Thermopylai zahlte man ihm, wie die Bauabrechnung von 341/40 v. Chr. ausweist, für drei Jahre auf einmal 1 Talent und 60 Statere.

Ein Entlohnungssystem mit starker Staffelung zeigt die Bauabrechnung aus Eleusis von 329/28 v. Chr.[147]: Dort betrug der Tagessatz für Ziegelträger wie für Kalk- und Mörtelmacher, für ungelernte Arbeitskräfte also, 1 1/2 Drachmen, für geschulte Handwerker (tektones und andere) 2 bis 2 1/2 Drachmen, für Architekten lediglich 2 Drachmen. In diesen Lohnsätzen zeigen sich die Auswirkungen erheblicher Preissteigerungen, deren Ursache die große Hungersnot war, die Griechenland 331 bis 324 v. Chr. heimgesucht hatte.

Auf Delos bekamen die Architekten zusätzlich zu ihrem Gehalt ein Wohngeld. Eine delische Bauabrechnung vom Ende des 4. Jahrhunderts v. Chr. erwähnt ein außerordentlich hohes Jahresgehalt von 1260 Drachmen zuzüglich eines Wohngeldes von 120 Drachmen für einen offenbar hochqualifizierten Architekten. Auf Delos gab es neben den für die Bauausführung zuständigen Architekten auch andere, die im Dienst der Priesterschaft ausschließlich Bauaufsicht und Bauabnahme besorgten. Sie wurden wie Unternehmer bezahlt.

Reisespesen wurden einem Architekten erstattet, wenn er, wie zum Beispiel in Epidauros, nicht in der Nähe der Baustelle wohnen konnte, diese aber regelmäßig aufsuchte. Daß griechische Architekten in besonderen Fällen ohne Honorar gearbeitet haben, ist nicht nachzuweisen. Bewährten Unternehmern konnten Titel und feste Besoldung eines Architekten zuerkannt werden.

Das staatliche Bauwesen der Griechen kannte in der materiellen Bewertung der Arbeiten keine nennenswerten Unterschiede zwischen handwerklicher und künstlerischer Tätigkeit. Über die Honorierung der im architektonischen Entwurf steckenden geistigen Leistung schweigen die offiziellen Abrechnungen. Es muß daher offenbleiben, ob die Entwurfsarbeit mit dem Gehalt (bei eigenen Entwürfen für Modelle mit dem für diese bezahlten Gesamtpreis) abgedeckt war oder ob sie, was wahrscheinlicher ist, anders als die Bauausführung berechnet und gesondert bezahlt wurde.

Der Staat war, vor allem in klassischer Zeit, nicht der alleinige Auftraggeber.[148] Der Anteil privater Aufträge (Wohnhausbau!) dürfte umfangreicher gewesen sein als bisher vermutet. Und in diesem Sektor wird wohl, auch wenn keine Quellenbelege dazu etwas aussagen, die schöpferische Leistung des Architekten durch Zahlung von Ermessenspreisen anerkannt worden sein.

Um die Entlohnung des griechischen Architekten richtig einschätzen zu können, muß man sie mit der aller übrigen am Bau Beschäftigten vergleichen. Diese erhielten Tagelöhne für die Anzahl der geleisteten Arbeitstage (hierbei wurden die Feiertage nicht wie bei den Architekten mitberechnet). Für bestimmte Arbeiten wie etwa das Kannelieren einer Säule erfolgte die Bezahlung pro Stück oder Abschnitt. An die Stelle der Einzelabrechnung trat im 4. Jahrhundert v. Chr. mehr und mehr eine Unternehmerpauschale. Auf vielen Baustellen erhielten die Werkleute zu ihrem Arbeitslohn noch eine Aufwandsentschädigung für Verpflegung und Bekleidung. Beispiele hierfür sind in den Bauabrechnungen aus Delos überliefert, die bereits dem 3. Jahrhundert v. Chr. angehören.[149] Darin erscheint für jeden Bauarbeiter ein Monatsbetrag von 10 Drachmen für Verköstigung in einer Kantine. Weiterhin erfahren wir, daß eine Bäckerei von dem aus der Tempelkasse bezahlten Getreide Brot für die Werkleute buk. In den Bauabrechnungen des Apollon-Tempels von Didyma sind die Kosten für Unterhalt und Verpflegung der Werkleute mit täglich 3 Obolen (= etwa 15 Drachmen monatlich) eingetragen. Eine Ausnahme bildeten diejenigen Werkleute, die nur für ihre Verpflegung arbeiteten, also keine andere Entschädigung bekamen.[150] Die Bezahlung der Bildhauer hielt sich nach dem, was für Athen und Epidauros belegt ist, im Rahmen dessen, was für Handwerker die Norm war. Bauskulpturen konnten an Unternehmer verdingt werden, die dann einen Pauschalpreis für die Ausführung festlegten. Hingegen ist nicht bekannt, wie diejenigen Handwerker entlohnt wurden, die Spezialarbeiten für ein Gebäude (Anfertigen von Schmuckelementen, Vergolden von Dekorationsteilen usw.) besorgten. Es fällt auf, daß die Tagessätze für Epistaten und Architekten auf derselben Berechnungsgrundlage beruht haben müssen wie der Tageslohn der Handwerker und der Sold der Hopliten.

Soziale Stellung der Architekten

Im alten Griechenland zählte der Architekt trotz seiner vielseitigen beruflichen Bildung zur Gruppe der *banausoi* (das Wort bedeutet soviel wie »die am Ofen Arbeitenden«). Unter diesem Begriff faßte die antike Gesellschaftstheorie alle diejenigen Personen zusammen, die sich den Lebensunterhalt mit ihrer Hände Arbeit verdienen mußten und dabei von den Aufträgen anderer abhängig waren. Zu den *banausoi* gehörten auch alle Berufe, die heute im Bereich der bildenden Kunst anzutreffen sind. Bildhauer und Erzgießer wurden wie die Steinmetzen zu den Handwerkern gerechnet, weil sie schwere körperliche Arbeit gegen Bezahlung verrichten mußten. Die enge Verknüpfung von Handwerk und Kunst, die bis in die spätklassische Zeit hinein bestand, traf auch auf die Tätigkeit des Architekten zu. Seine Gleichstellung mit dem Handwerker fand in der Religion ihren Ausdruck: Hephaistos, der Gott des Feuers und der Schmiedekunst, war ihr gemeinsamer Schutzherr.

Das Besondere in der Stellung des griechischen Architekten lag darin, daß ihn gewisse Fähigkeiten vom Handwerker unterschieden. Vor allem hob ihn seine mathematische Bildung aus der Gruppe der *banausoi* heraus. Zur Aufwertung seiner gesellschaftlichen Situation trug ferner bei, daß er in der Lage war, Schriften über seine Bauten oder über architekturtheoretische Fragen zu verfassen und somit an den wissenschaftlich-technischen Bestrebungen seiner Zeit teilzunehmen. Zwischen griechischen Städten entstand nicht selten eine Konkurrenz wegen eines renommierten Baufachmannes. Eine Quelle des 4. Jahrhunderts v. Chr. berichtet, wie viel schwieriger und kostspieliger es war, einen Architekten zu gewinnen als einen Handwerker.

Platon und Aristoteles weisen auf den Unterschied zwischen dem Architekten und dem einfachen Handwerker hin. Sokrates fragte einmal einen eingebildeten Studenten, ob er nicht Architekt werden wolle, »da ein Mann von Kenntnis auch in dieser Kunst notwendig sei«.[151] Unter günstigen Umständen gelang es überragenden Persönlichkeiten wie Iktinos, Mnesikles, Philon von Eleusis und Deinokrates, eine gehobenere Stellung einzunehmen, die sie zu Gesprächspartnern der geistig und gesellschaftlich führenden Schicht machte. Solche Zeugnisse widerlegen jedoch nicht die Tatsache, daß bei den Griechen selbst berühmte Künstler wie Phidias als *banausoi* galten. Gelegentlich übten auch Unfreie den Architektenberuf aus. Vitruv erwähnt den Tempelsklaven Demetrios als Mitarchitekten beim Bau des Jüngeren Artemisions in Ephesos (zweite Hälfte des 4. Jahrhunderts v. Chr.).[152]

Am Ende der spätklassischen Zeit ging in Griechenland als Folge zahlreicher Kriege die Bautätigkeit zurück. Neue Maßstäbe setzte dann in den Hauptstädten des Ostens das aufstrebende Bauwesen des Hellenismus. Großzügige architektonische Ensembles und durchgestaltete Stadträume brachten mit ihren axialen Bezügen eine völlig neue Baugesinnung zum Ausdruck. Diese ging weit über das in einer klassischen Polis Übliche hinaus und erforderte neben architektonischem außerdem ein beträchtliches ingenieurtechnisches Können.

Unter den hellenistischen Architekten nahmen diejenigen eine Sonderstellung ein, die im Dienst eines Herrschers standen und mit ihren Leistungen zu dessen Verherrlichung beitrugen. Allseitig gebildet, zählten sie nicht selten zu den Vertrauten ihres Souveräns und leisteten ihm auch diplomatische Dienste. Derartige Umstände veränderten jedoch nicht grundlegend die soziale Stellung der Architekten. Aufschlußreich ist in dieser Hinsicht eine wohl der volkstümlichen Überlieferung zuzuweisende Episode, die antike Schriftsteller über Sostratos von Knidos berichten: Dieser ließ an der Südseite seines als eines der Sieben Weltwunder berühmten Werkes, des Leuchtturms auf der Insel Pharos vor der Hafeneinfahrt von Alexandria, folgende Weihinschrift[153] anbringen:

»Sostratos von Knidos, Sohn des Dexiphanes,
weiht den Turm
den Rettenden Göttern zum Wohl derer, die zur See fahren.«

Durch eine Putzschicht verdeckte er jedoch diese Inschrift und brachte darüber eine andere mit dem Namen des Königs Ptolemaios II. Philadelphos an, unter dessen Regierung er das Bauwerk vollendet hatte (279 v. Chr.). Als später der Putz abbröckelte, kam der Name des eigentlichen Urhebers wieder zum Vorschein...

Kühnheit des Entwurfs, kolossale Dimensionen und bautechnische Konstruktionen wie Bogen, Tonnengewölbe und Kuppel kennzeichneten die Werke hellenistischer Architekten. Wahre Wunderbauten entstanden und riefen – nicht zuletzt durch eine mit technischen Raffinessen versehene Innenausstattung – Erstaunen und Bewunderung hervor. Die meisten dieser faszinierenden Bauwerke wurden später zerstört. Aber Beschreibungen antiker Autoren geben in einigen Fällen ein anschauliches Bild. So schildert der Schriftsteller Kallixeinos von Rhodos das Aussehen eines

prunkvollen Symposionzeltes, das der König von Ägypten, Ptolemaios II. Philadelphos, um 275 v. Chr. für die Großen Dionysien in Alexandria errichten ließ: Es besaß eine Grundfläche von 32,55 mal 43,05 Meter und war von Holzsäulen umstellt, deren Höhe jeweils 26 Meter betrug. Die Decke bestand aus einem scharlachroten Tuch, das in einen Gebälkrahmen eingespannt war. Jede Dachecke krönte ein goldener Adler, der Vogel des Zeus. Für die Bedienung der Gäste war ein Umgang angebaut.

Um die Mitte des 3. Jahrhunderts v. Chr. ließ Ptolemaios II. Philadelphos in Alexandria das Arsinoeion, ein Mausoleum für die Königin Arsinoe, erbauen (siehe Anm. 46). Eine Attraktion dieses Grabtempels war ein »schwebendes Bild« der Königin. Plinius schreibt darüber: »Mit Magneteisenstein hatte der Architekt Timochares in Alexandria den Tempel der Arsinoe zu wölben begonnen, damit in ihm ein Bild aus Eisen in der Luft zu hängen scheine. Doch kam sein Tod dazwischen und der des Königs Ptolemaios, der befohlen hatte, jenen Bau zu Ehren seiner Schwester zu errichten.«[154]

In der zweiten Hälfte des gleichen Jahrhunderts entstand als eine Meisterleistung des griechischen Schiffsbaus das Riesenschiff »Syrakosia«. Hieron II., der kunstfreudige Tyrann von Syrakus, hatte es durch Archias von Korinth und unter Aufsicht des Archimedes erbauen lassen, um damit Getreide zu exportieren. Es konnte jedoch wegen seiner Größe in keinem griechischen Hafen anlegen. Daher schenkte es Hieron, nachdem es durch Archias von Korinth (siehe Seite 144 f.) zu einem schwimmenden Palast mit dem Namen »Alexandris« umgebaut worden war, dem König von Ägypten. Aus einer Beschreibung des Moschion teilte Athenaios[155] Einzelheiten der Ausstattung mit. Danach verfügte das Luxusschiff über 30 Vierbettkabinen und 3 Salons. Die Innendekoration enthielt viele Kunstwerke. Den Rauminhalt

TAB. XVIII

des riesigen Schiffes hat man auf über 3000 Brutto-
registertonnen berechnet.

Vitruv[156] berichtet von einem überdimensiona-
len, phantastischen Projekt, um dessen Förderung
der Architekt Deinokrates bei Alexander dem
Großen warb: Als Alexander zur Eroberung des
Orients aufgebrochen war, verschaffte sich Deinokrates durch einen Empfehlungsbrief Zugang zum
Hauptquartier. Die Beamten des Königs wiesen
ihn ab. Da griff er zu einer List: Mit Löwenfell
und Keule als Herakles verkleidet, erschien er bei
einer öffentlichen Audienz vor Alexander und
zog so dessen Aufmerksamkeit auf sich. Er er-
klärte ihm seinen Plan, aus dem Berg Athos auf
der Südostspitze der Halbinsel Chalkidike eine
55 riesige männliche Statue – wohl die des Königs –
heraushauen zu lassen. Sie sollte in der Linken die
Mauern einer großen Stadt und in der Rechten
eine Schale halten, in die sich alle Wasser des Ber-

*55 Der Berg Athos als Denkmal Alexanders des Großen.
Kupferstich nach Zeichnung von Johann Bernhard
Fischer von Erlach, 1721*

ges ergießen würden, um über einen Abgrund
hinweg in das Thrakische Meer zu stürzen. Alexander stimmte dem bizarren Projekt nicht zu. Er
behielt aber Deinokrates bei sich und beauftragte
ihn mit der Planung einer der berühmtesten
Städte der Alten Welt, des ägyptischen Alexandria. Ein weiteres monumentales Werk dieses vielseitigen Architekten erwähnt Plutarch[157]: Als im
Herbst 324 v. Chr. Alexanders Stellvertreter und
engster Freund Hephaistion gestorben war, erhielt
Deinokrates den Auftrag, in Babylon einen reich
geschmückten und vergoldeten sechsstöckigen
Steinbau als Grabmal (in den Quellen »Scheiterhaufen« genannt) zu errichten (siehe Seite 154).

97

In hellenistischer Zeit wurde es in einigen griechischen Staaten üblich, für die öffentlichen Arbeiten einen Architekten als Aufsichtsbeamten über das gesamte Bauwesen anzustellen.[158] Die Bedeutung dieser staatlichen Architekten spiegelt sich in den verschiedenen Ehrungen wider, die ihnen, bis hin zur Aufstellung einer inschriftlich bezeichneten Statue, für ihre Verdienste verliehen werden konnten. Bei der Beurteilung ihrer Leistungen ist zu berücksichtigen, daß sie neben rein architektonischen Aufgaben auch militärtechnische Projekte zu betreuen hatten. Besonders mußte dem wachsenden Bedarf an neuen, leistungsfähigeren Belagerungsmaschinen und Geschützen Rechnung getragen werden.

Gegen Ende des 4. Jahrhunderts v. Chr. stellte die Stadt Rhodos den Architekten Diognetos (nach anderer Überlieferung soll es Epikrates von Herakleia gewesen sein) für die Leitung der öffentlichen Arbeiten an. Über ihn erzählt Vitruv folgende Geschichte: »Diognetos war nämlich in Rhodos Baumeister und, um ihn zu ehren, wurde ihm aus der Staatskasse jährlich für seine hervorragenden künstlerischen Leistungen ein Ehrensold gezahlt. Als zu dieser Zeit aus Arados ein Baumeister namens Kallias nach Rhodos gekommen war, hielt dieser einen öffentlichen Vortrag und zeigte ein Modell einer Stadtmauer. Auf ihr stellte er eine an einem drehbaren Kran angebrachte Vorrichtung auf, die eine Stadteroberungsmaschine, die sich der Mauer näherte, packte und in den Mauerring hinübertrug. Als die Rhodier dieses Modell gesehen hatten, gerieten sie in Verwunderung, entzogen dem Diognetos den jährlichen Ehrensold und übertrugen ihn auf Kallias.«[159] 305 v. Chr. begann Demetrios Poliorketes die Stadt zu belagern. Er nahm die fähigsten Konstrukteure und Techniker der frühhellenistischen Zeit in seine Dienste: den Geschützbaumeister Apollonios und Epimachos von Athen, der ihm die Helepolis (»Stadtnehmerin«), einen riesigen Belagerungsturm, konstruierte.[160] Dieser war 125 Fuß (etwa 37,5 Meter) hoch und 60 Fuß (etwa 18 Meter) breit.

Wohl die längste Reihe von Ehrungen weist Philoxenos, der Sohn eines Philoxenos aus Athen, auf. Er war in der ersten Häfte des 2. Jahrhunderts v. Chr. offizieller Architekt der Stadt Peparethos (heute Skopelos) auf der gleichnamigen Insel der Nördlichen Sporaden. In der Vorhalle des dort von ihm erneuerten Athena-Tempels ließ die Stadt eine Stele aufstellen. Auf ihr ist ein Dekret[161] eingemeißelt, das die vielen Ehrungen nennt, die Philoxenos durch einen Volksbeschluß verliehen wurden: Er genoß besonderen Schutz in Friedens- wie in Kriegszeiten. Sein Haus- und Grundbesitz waren steuerfrei. Er wurde zum Ehrenbürger von Peparethos ernannt. Als solcher erhielt er den Titel »Wohltäter der Stadt« und konnte wie auswärtige Gesandte zu der Speisung im Prytaneion (Gemeindehaus) aufgefordert werden. Ihm wurde das Recht verliehen, sich mit dem Efeukranz zu schmücken. Außerdem erhielt Philoxenos die Proxenie, ein mit Ehrenrechten verbundenes Amt, das etwa dem eines Konsuls entsprach. Er durfte an Volks- und Ratsversammlungen teilnehmen. Bei Wettkämpfen wurde ihm ein Platz in der vordersten Reihe reserviert. Jedes Jahr sollten die höchsten Staatsbeamten während des zu Ehren des Gottes Dionysos veranstalteten Festes das Dekret erneut verkünden.

In der klassischen Periode des alten Griechenlands hatte der Beruf des Architekten seine noch heute gültige Prägung erhalten. Während der darauffolgenden hellenistischen Zeit, in den drei Jahrhunderten von Alexander dem Großen bis Augustus, entstand eine antike Weltkunst. An ihrer Ausbildung waren die griechischen Architekten entscheidend beteiligt. Nach dem Zweiten Punischen Krieg (218 bis 201 v. Chr.), durch den Rom zur neuen Großmacht des Mittelmeergebiets aufstieg, erreichte die Durchdringung und teilweise

Verschmelzung griechischer Formen und Inhalte mit Elementen der um das östliche Mittelmeer beheimateten alten Kulturen ihren Höhepunkt.

In Griechenland entstanden seit dem 1. Jahrhundert v. Chr. zwar keine bedeutenden Bauwerke mehr, jedoch lebte dort die hellenistische Baukunst in vielfältigen Verzweigungen neben der römischen weiter. Gegen Ende des 1. und zu Beginn des 2. Jahrhunderts n. Chr. kam es in Kleinasien und Syrien noch einmal zu einer beachtenswerten Entfaltung eigenständiger Bautechniken, wobei gleichzeitig Errungenschaften der römischen Architektur einbezogen wurden.

Nachdem Rom das politische Erbe der griechischen Welt angetreten hatte, wurde es zum wichtigsten Auftraggeber griechischer Architekten. Der Sinn ihres Wirkens hatte sich damit verwandelt.

V

DIE BAUWELT DER RÖMER

Die Architektur wird in der Literatur der Römerzeit unterschiedlich beurteilt. Obwohl als Kunst betrachtet, zählt sie nicht zu den *artes liberales,* jenen Bildungsfächern also, die nur dem freien Mann vorbehalten sind. Cicero nennt die Architektur wegen ihres allgemeinen Nutzens eine *ars honesta,* eine Kunst, die dem, der sie ausübt, nichts als Ehre einbringe.[162] In ähnlicher Richtung bewegt sich die Aussage des griechischen Geographen und Historikers Strabon, die Römer hätten vorwiegend Bauwerke von öffentlichem Nutzen geschaffen.[163] Allerdings erfaßt er damit nur eine Seite vom Wesen der römischen Architektur. Für den Redner Quintilian schließlich ist sie lediglich eine *ars minor,* eine Kunst von geringerer Bedeutung.[164] Andere römische Autoren bewerten sie überhaupt nicht.

In Vergils Epos »Aeneis« stehen die berühmten Verse, mit denen Roms Streben, als Friedens- und Ordnungsmacht über andere Völker zu herrschen, der Vorrang gegenüber künstlerischem und wissenschaftlichem Wirken eingeräumt wird:

»Andere mögen aus Bronze gefälliger gleichsam beseelte
Wesen gestalten, glaube ich, Leben dem Marmor entlocken,
werden vortrefflich öffentlich reden, die Bahnen des Himmels
besser berechnen, genauer den Aufgang der Sterne bestimmen:
Zeige dich, Römer, bewußt der Pflicht, die Völker zu lenken –

hierin beweise dein Können! –, das Friedensgesetz zu diktieren,
die Unterworfenen zu schonen, doch Trotzige niederzuringen!«[165]

Dieses Zitat wie die bereits erwähnten Bemerkungen anderer Schriftsteller der Antike könnten dazu verleiten, das Verhältnis der Römer zur Baukunst gering einzuschätzen. Die erhaltenen Reste römischen Bauschaffens beweisen jedoch das Gegenteil: In der Architektur fand die römische Gesellschaft wie in der Reliefplastik und dem Porträt eine hervorragende Gelegenheit zu repräsentativer Darstellung ihrer Wesensart.

Bis etwa zur Mitte des 2. Jahrhunderts v. Chr. hatten in Italien neue architektonische Gestaltungskräfte, ausgehend von italisch-etruskischen Ursprüngen und in fruchtbarer Wechselbeziehung mit der hellenistischen Kultur, die Grundlagen der römischen Baukunst geschaffen. Dabei waren Elemente der griechischen Baukunst – Säulenordnungen, Schmuckformen, aber auch Gesamtvorstellungen bestimmter Bautypen – mit der massiven einheimischen Bauweise verbunden worden. Vor allem jedoch hatten sich bedeutende architektonische Eigenschöpfungen herausgebildet: Aus der in Kampanien beheimateten Tradition der Gladiatorenschaustellungen ging das Amphitheater hervor. In der gleichen Landschaft entstanden, ausgelöst durch den Reichtum an warmen Quellen, die Thermen mit ihren Riesensälen. Ihre bauliche Gestaltung wurde wesentlich beeinflußt durch ein gegen Ende des 2. Jahrhunderts v. Chr.

56 Porträtbüste des Architekten Apollodoros von Damaskos. München, Glyptothek

sche Siege. Die an ihnen angebrachten ausführlichen Inschriften weisen auf den Anlaß ihrer Errichtung, den Auftraggeber und die Entstehungszeit hin. Zum Repertoire der römischen Baukunst gehörten schließlich noch die für reiche Römer als Landsitze, vor allem an der Küste des Tyrrhenischen Meeres und am Rande der römischen Campagna, angelegten Villen. Einen die römische Baukunst in besonderem Maße auszeichnenden Bereich mit neuen architektonischen Aufgaben bildeten die Ingenieurbauten (Häfen, Leuchttürme, Wasserversorgungsanlagen, Brücken u. a.). An ihnen trat eine rationelle Zweckhaftigkeit hervor, deren architektonische Bewältigung eine Ästhetik eigener Art hervorbrachte.

Der Zwang zu einheitlicher Verwaltung des Imperiums wirkte sich auch auf die Architektur aus. Die offiziellen Bauten der Römischen Kaiserzeit verkörperten zwar keinen nationalen Stil, aber sie beruhten auf einem Repertoire gleichartiger, allgemein-römischer Typen und Formen, die von Rom aus in alle Gebiete des Reiches – von Spanien bis nach Syrien, von Britannien bis in die Wüsten Afrikas – ausstrahlten. Die römischen Monumentalbauten, Zeugen raumordnender Kraft und imperialer Macht, wirkten durch ihre großzügige Baugesinnung auf spätere Kunstepochen ein.[166] Die römische Baukunst ist mit Recht als »gebaute Staatsideologie« (F. Rakob) bezeichnet worden.

Unter den Nachfolgern des Augustus konzentrierte sich die Bautätigkeit auf die kaiserlichen Paläste und Villen sowie auf Vergnügungsbauten für das Volk. Die Dimensionen der Bauwerke wurden jetzt immer größer. Man erfand neue Raumlösungen. Die Kaiser Nero, Titus, Trajan, Caracalla und Diokletian ließen in Rom Thermen von gewaltigen Ausmaßen bauen. Ihre Errichtung und Unterhaltung – sie waren ständig mit Wasser zu versorgen und zu beheizen – verschlang ungeheure Summen.

Von Nero bis Hadrian erlebte die Baukunst der

entwickeltes zentrales Heizungssystem für Fußböden und Wände bei gleichzeitiger Warmwasserversorgung. Als eine Neufassung des wohl bereits im 3. Jahrhundert v. Chr. aus der griechischen Architektur Unteritaliens und Siziliens entlehnten Baugedankens des Langhauses ist die römische Basilika anzusehen. Neben diesen Bautyp trat der Zentralbau als selbständiger, von einer Kuppel überwölbter Baukörper. Er wurde als entwicklungsträchtiger Bestandteil in die Thermenarchitektur übernommen. Den Repräsentationscharakter römischer Baukunst vertraten die Triumphbögen als Ehrenbögen zur Erinnerung an militärische

Römischen Kaiserzeit ihre größte Entfaltung. Aus diesen beiden Jahrhunderten sind die Namen führender Architekten überliefert: unter Nero wirkten Severus und Celer, Rabirius unter Domitian, und der alle überragende Apollodoros von Damaskos war unter Trajan und Hadrian tätig.

In den Provinzen war das architektonische Schaffen mitunter von landschaftlichen Sonderprägungen bestimmt. Bauformen wurden innerhalb des Imperiums von Gebiet zu Gebiet ausgetauscht und durchdrangen auf diese Weise den Einheitsstil der römischen Baukunst. Zum Beispiel beeinflußten zur Zeit des Augustus römische Bauhütten die einheimische Architektur Galliens. Ein in Syrien entstandener Stil für Tür- und Fensterbogen wurde nach Kleinasien, Italien und Nordafrika verpflanzt. Umgekehrt bestimmte im 2. Jahrhundert n. Chr. der altitalische Typ des Podiumstempels den Grundriß des Tempels des Iuppiter Heliopolitanus in Baalbek. Kaiserzeitliche Bauten in Lepcis (Leptis) Magna und anderen Städten Nordafrikas zeugen vom Einfluß kleinasiatischer Bauhütten. Etwa zwischen 295 und 305 n. Chr. errichteten sie an der Adriaküste des römischen Dalmatien bei Salona (heute Solin, eine Vorstadt von Split) den Palast Kaiser Diokletians. Auf seinem 30 000 Quadratmeter umfassenden Areal bildete sich später die Altstadt von Split.

Rom – das monumentale Zentrum

Ein Schwerpunkt kaiserlicher Baupolitik war Rom. Als Metropole des Imperiums bildete es den Ausgangspunkt für die römische »Staatsarchitektur«. Augustus brachte den bereits unter Caesar begonnenen Ausbau der Stadt zu einem vorläufigen Abschluß. Er rühmte sich, Rom von einer Stadt aus Ziegelmauerwerk in eine Marmorstadt verwandelt zu haben. Er stellte die Baukunst ebenso wie die Religion und Literatur in den Dienst der Politik. Seine Bautätigkeit verkörperte sowohl Restauration wie Neubeginn. Sie erstreckte sich besonders auf die Sakralarchitektur. In Rom ließ Augustus 82 während der Bürgerkriege beschädigte oder zerstörte Tempel, darunter den des kapitolinischen Iuppiter, wiederherstellen oder völlig neu erbauen.[67] Statt Tuff und Peperin wurden jetzt Travertin und Marmor als Baumaterial bevorzugt.

Der Feldherr Marcus Vipsanius Agrippa, später Schwiegersohn des Augustus und der zweite Mann im Staat, bestritt aus seinem riesigen Privatvermögen die Kosten für neue öffentliche Bauten in Rom, darunter eine Wasserleitung für die Versorgung der Privathäuser, Thermen und das »allen Göttern« geweihte Pantheon auf dem Marsfeld. Er veranlaßte auch eine Vermessung des Römischen Reiches. Sie bildete die Grundlage für eine Weltkarte, die Augustus nach Agrippas Tod (12 v. Chr.) in einer Säulenhalle auf dem Marsfeld aufstellen ließ.

Mit der Fülle ihrer im Laufe mehrerer Jahrhunderte entstandenen Bauwerke bot die Stadt Rom während der Kaiserzeit einen überwältigenden Anblick. Als Kaiser Constantius II. im Jahre 357 n. Chr. von Konstantinopel nach Rom kam, um dort einen Triumph über die Perser zu feiern, soll er beim Anblick des Trajansforums »wie vom Donner gerührt« stehengeblieben sein. Damals gab es innerhalb der Mauern der Stadt über 300 Tempel und Heiligtümer, das Forum Romanum und die Kaiserforen, mehrere Hundert größere und kleinere Bäder, zahlreiche Basiliken und Säulenhallen, viele Nymphäen in Parks und auf freien Plätzen sowie Tausende von Bronze- und Marmorstatuen. Über ein Dutzend Aquädukte führten täglich etwa 700 000 Kubikmeter Wasser aus dem Gebirge heran. Welche enormen Leistungen mußten von allen im öffentlichen Baugewerbe Beschäftigten erbracht werden, um ein solches monumentales Zentrum zu verwirklichen!

57 Schwenkbarer Einbaumkran mit Tretrad und Flaschenzug auf einem Marmorrelief vom Grabmal der Haterier in Rom, 1./2. Jahrhundert n. Chr. Vatikan, Museo Profano Gregoriano ex-Lateranense

58 Rekonstruktion des Krans Abb. 57

Bautechnische Leistungen

Die Produktion von Baumaterialien gelangte schon früh in die Hände des römischen Staates, nachdem dieser zum bedeutendsten Bauherrn geworden war. Alle größeren Marmorbrüche in Italien und den Provinzen gelangten nach und nach in kaiserlichen Besitz. Ähnlich geschah es mit den Ziegeleien der Großgrundbesitzer. Dem Kaiser gehörten außerdem Bleigießereien, die Bleirohre für Wasserleitungen produzierten. Die Herstellung überwachten besondere Beamte. Die römi-

schen Wasserversorgungsanlagen waren weitgehend standardisiert. Abflußmessungen waren üblich. Funde aus Emona (dem heutigen Ljubljana) zeigen, daß dort die Wasserleitungsrohre der Häuser in drei verschiedenen Abmessungen angefertigt wurden. Nach dem Rohrdurchmesser wurde der Wasserverbrauch und nach diesem die Wassertaxe berechnet.

Um die über das ganze Land verteilten Baustellen mit den erforderlichen Materialmengen zu versorgen, waren ungewöhnliche Transportleistungen zu vollbringen. Davon zeugen zum Beispiel noch heute die zum Teil sehr umfangreichen

59 Arbeiten an einem mehrstöckigen Ziegelbau. Wandgemälde in der Katakombe des Trebius Iustus in Rom, um 300 n. Chr. Im Bild rechts unten ein Mörtelmischer, auf der Leiter Mörtelträger, links davor Ziegelträger, auf dem Baugerüst zwei Maurer

Ladungen aus Marmorblöcken, Säulen und anderen Bauteilen, die in untergegangenen Schiffen gefunden wurden.

Die mechanischen Probleme, die sich vor allem bei den großen Ingenieurbauten ergaben, mußten mit neuen Technologien bewältigt werden. Man stellte Baukrane verschiedener Form und Leistungsfähigkeit her, konstruierte Baugerüste *(machinae aedificationis)* und Verschalungen. Nach einem Modulsystem vorgefertigte Bau- und Dekorationselemente (Tür- und Fensterrahmen, Schwellen, Balken, Stützsäulchen, Gesimse, Gitter) erleichterten und beschleunigten den Arbeitsablauf im Städtebau. Die Metallkonstruktionen römischer Bauten bestanden aus Blei oder Eisen. Die Fensteröffnungen hatten zum Schutz gegen Sonneneinstrahlung meist geringe Abmessungen. Sie wurden zunächst mit Holzläden oder Vorhängen verschlossen. Doch schon in der frühen Kaiserzeit stellte man Fenster aus Selenit- oder Glimmerscheiben, dann auch aus Glas in Bleifassungen her.

Die technische Voraussetzung für die ins Monumentale gesteigerten, große Raumweiten überspannenden Bogen- und Gewölbekonstruktionen römischer Repräsentationsbauten war das Gußgemenge-Mauerwerk. Diese römische Mauerwerkstechnik, welche die europäische Architektur entscheidend beeinflußte, verbreitete sich seit republikanischer Zeit. Sie entstammte vermutlich ebenfalls dem für die Aufnahme und Vermittlung von Einflüssen offenen Raum Kampaniens. Die Römer nannten sie *opus caementitium (caementicium)*, auch *caementicium saxum* oder *opus concretum*. Sie wandten diese vor allem bei der Herstellung des Baukerns an.[168] Das Gußgemenge bestand aus etwa 10 bis 15 Zentimeter starken Kalkmörtelschichten, die mit ungefähr gleichstarken Lagen von Steinbrocken *(caementa)*, Steinsplittern oder kleinen Kieselsteinen abwechselten. Die einzelnen Schichten wurden zwischen Holzverschalungen eingeschüttet und festgestampft. Statt der Holzverschalungen benutzte man häufig Futtermauern aus Quader- oder Backsteinmauerwerk. Ecken,

Kanten und freistehende Pfeiler wurden aus Ziegelsteinen oder Quadern aufgeführt. Für das Gußgemenge der Fundamente nahm man schwere, feste Steine (zum Beispiel Basalt), für das der Gewölbe hingegen leichtere (beim Pantheon in Rom wurde für den Scheitel der Kuppel Bimsstein verwendet). Von den *caementa* ist das Wort *caementarius*[169] als Berufsbezeichnung für den römischen Maurer hergeleitet. Es bezeichnete diejenigen Maurer, die lediglich Fundamente, Mauern und Gewölbe, nicht jedoch Verkleidungen herstellten. Die allgemeinere Berufsbezeichnung *structor* galt hingegen für alle römischen Maurer. Für die Verkleidungen fanden in der Kaiserzeit fast alle Arten von Naturstein (Marmor, Travertin, Tuff, Granit und Porphyr) Verwendung, wobei der aus Oberägypten eingeführte Porphyr zeitweilig den höchsten Luxus darstellte. Verkleidungen aus polychromem Marmor bestimmten maßgeblich Entwurf und Erscheinungsbild der Räume.[170]

Die Römer verfügten außerdem über einen hydraulischen Mörtel. Zu seiner Herstellung wurde die sogenannte Puteolanerde (Puzzolanerde)[171] benutzt, ein vulkanisches, ton- und kieselhaltiges Gesteinsmaterial, das hauptsächlich in der Gegend um Puteoli (Pozzuoli) und an anderen Küstenstellen des Golfes von Neapel vorkommt. Wenn man der Puteolanerde gelöschten Kalk zusetzte, wurde das Gemisch wasserfest und ergab einen hervorragenden Baustoff für Hafenbauten, Wasserleitungen und Kanalisationsanlagen.

Als Holz knapper wurde, benutzte man für den Bau von Gewölben statt der Verschalungen Konstruktionen aus Tonröhren: Auf der Töpferscheibe hergestellte Tonflaschen ohne Boden wurden zu einem Bogen zusammengefügt. Mehrere solcher Bögen ergaben dann die Schalungsfläche. Die Röhren und Bögen wurden durch Gips fest miteinander verbunden, ohne daß man Stützen benötigte. Diese neue Technologie mit keramischen Standardbauteilen entwickelte sich zuerst in den Provinzen, in welchen Bauholz selten oder gar nicht vorhanden war (zum Beispiel in Nordafrika). Im Laufe mehrerer Jahrhunderte führte die Anwendung der Verschalung mit Tonröhren zur Entstehung neuer Gewölbeformen und Raumstrukturen, wie sie vor allem in der frühchristlichen Sakralarchitektur Nordafrikas und Italiens anzutreffen sind.

Ausstattungsluxus

Bei der Ausschmückung der Gebäude gab man schon früh die sparsame altrömische Auffassung zugunsten eines immer stärker werdenden Ausstattungsluxus auf.[172] Die große Zahl der bei militärischen Operationen geraubten und nach Rom verschleppten Kunstwerke und der nunmehr einsetzende Zustrom griechischer Architekten[173] und Künstler nach Rom verstärkten den Kontakt mit der Kultur des klassischen und hellenistischen Griechenlands. Die Architekten der Augusteischen Zeit bevorzugten ein nach griechischen Vorbildern ausgerichtetes Dekorationssystem. Doch bald steigerte sich, angeregt durch Werke des hellenistischen Ostens, der Einsatz kostbarer Materialien. In zunehmendem Maße benutzte man für die Innenarchitektur Mamorinkrustationen, Fußbodenmosaiken sowie Zierat aus Metall, Elfenbein und Edelsteinen, aber auch seltene Hölzer und wertvolle Draperien. Eine reiche Ornamentik beherrschte die Dekorationen. Von diesen prunkvollen Ausstattungen blieb wenig erhalten, das meiste ist nur durch schriftliche Überlieferung bekannt.

Die Innenausstattung des für Kaiser Nero 64 bis 68 n. Chr. erbauten neuen Palastes war so luxuriös, daß er mit Recht *Domus Aurea* (Goldenes Haus) genannt wurde. In seiner Nero-Biographie schreibt Sueton darüber: »Die Innenräume des Palastes waren sämtlich vergoldet und mit Edelsteinen und Perlmutt ausgelegt. Die Speisesäle hatten mit Elfenbeinschnitzerei verzierte Kassettendecken, deren Täfelung verschiebbar war, damit man Blüten auf die Gäste herabregnen lassen konnte. Auch besaßen sie ein Röhrenwerk, durch das man duftende Essenzen herabsprühte. Der Bankettsaal hatte die Form einer Rotunde, deren Kuppel sich wie das Weltall Tag und Nacht ständig drehte.[74] In den Bädern gab es Wasser aus dem Meer und aus der Albula-Quelle.[75] Als er (d. h. Nero) nun dieses Prachtgebäude nach der Fertigstellung einweihte, fand er keine anderen Worte der Zufriedenheit als: ›Jetzt fange ich endlich an, menschenwürdig zu wohnen.‹«[76] Beim Wiederaufbau des Iuppiter-Tempels auf dem Kapitol in Rom unter Domitian (81 bis 96) wurde das Dach mit vergoldeten Ziegeln gedeckt, was über 12 000 (!) Talente gekostet haben soll.[77] Ebenso aufwendig dürfte der Palast desselben Kaisers auf dem Palatin vergoldet gewesen sein.

Römisches Bauwesen[78]

In der Zeit der Republik (510 bis 31 v. Chr.) lag das öffentliche Bauwesen der Römer in den Händen von Kommunalbeamten. Der Senat bewilligte den Zensoren am Beginn ihrer Amtszeit Gelder für die geplanten öffentlichen Bauten und für Instandsetzungsarbeiten an den bereits bestehenden. Die Zensoren legten dem Senat ein Bauprogramm zur Zustimmung vor. Die Neubauten von Tempeln beschloß dieser allein. Er regelte auch die Vergabe und Abnahme der dafür notwendigen Bauarbeiten. Außerdem war es in Rom seit republikanischer Zeit üblich, daß Triumphatoren aus dem Erlös des ihnen zufallenden Hauptteils der Kriegsbeute *(de manubiis)* die Stadt mit neuen Bauten schmücken oder ältere wiederherstellen ließen. Ein wesentlicher Teil der staatlichen Bautätigkeit entfaltete sich also im Gefolge siegreich ge-

führter und mit einem Triumph gekrönter Feldzüge. Einen Tempel konnten auch Ädilen mit den von ihnen eingezogenen Strafgebühren errichten lassen. Den Bau von Straßen durften statt der Zensoren auch Konsuln oder Prätoren veranlassen. In republikanischer Zeit entstand als Rückgrat römischer Herrschaft ein Fernstraßennetz. Die Aufsicht über den Straßenbau führte ein Viermänner-Kollegium *(quattuorviri viarum curandarum)*. In den Munizipien, den italischen Landstädten mit Selbstverwaltung und beschränktem römischen Bürgerrecht, ging während des 2. Jahrhunderts v. Chr. die Verantwortung für das öffentliche Bauwesen an die dortigen obersten Beamten *(duoviri quinquennales)* über. In der Blütezeit der Republik betrugen die Ausgaben für die öffentliche Bautätigkeit in Rom sowie in den Städten Latiums und der Kolonien schätzungsweise 10–20 Prozent des Staatshaushalts.

Die Verdingung öffentlicher Bauvorhaben *(locatio operum)* an Unternehmer *(redemptores, conductores)* war seit republikanischer Zeit üblich. Sie löste die vordem angewandten Leistungsauflagen ab. Allmählich bildeten sich durch den Zusammenschluß kapitalkräftiger Unternehmer größere industriell organisierte Baubetriebe. Ihnen übertrug man die umfangreichen und kostenaufwendigen Staatsbauten. Private Bauaufträge wie etwa der Bau eines Wohnhauses oder die Errichtung einzelner Mauern wurden an Kleinunternehmer vergeben, die kein eigenes Betriebskapital besaßen. Die Art der Bezahlung entsprach hier dem Stücklohn. Die Verdingsumme wurde nachträglich erhoben.

Auf größeren Baustellen waren die Bauhandwerker in Abteilungen zu je 10 Mann *(decuriae)* eingeteilt.[79] Die Leitung hatte ein Bauunternehmer. Um die Arbeiten voranzutreiben, wurden bei öffentlichen wie privaten Bauten Aufseher *(exactores operum)* eingesetzt. Sie prüften die Verwendung des Materials und die Baukonstruktionen.

Ihnen übertrug man später die Verwaltung der fertiggestellten Gebäude. Die im Baugewerbe arbeitenden Handwerker waren in eigenen Berufsvereinigungen *(collegia)* organisiert, mit deren Hilfe das für das antike Bauwesen charakteristische System der Zwangsdienste bis ins 5. Jahrhundert n. Chr. aufrechterhalten werden konnte.

Seit Augusteischer Zeit war der Kaiser oberster Bauherr. In den Bauinschriften ersetzte nunmehr sein Name den des bisher veranwortlichen Kommunalbeamten. Bei der kaiserlichen Kanzlei in Rom bestand offenbar eine Verwaltungsstelle für Bauplanung. Dieser zentralen Einrichtung mußten die größeren Bauprojekte, vermutlich auch die militärischen[180], vorgelegt werden. Nach Beurteilung durch eine Fachkommission genehmigte der Kaiser die Bauvorhaben oder lehnte sie ab. Außer der kaiserlichen Zentrale in Rom bestanden auch im übrigen Italien Ämter für verschiedene Zweige des öffentlichen Bauwesens, die von Kuratoren als Beauftragten des Kaisers geleitet wurden: für Kultgebäude waren die *curatores aedium sacrarum* zuständig, für die Instandhaltung öffentlicher Bauten die *curatores operum publicorum*, für den Straßen- und Brückenbau die *curatores viarum* (»Straßenkuratoren«)[181] und für die Wasserversorgung der Stadt Rom die *curatores aquarum* (»Wasserkuratoren«). Die letztere Behörde hatte einen administrativen und einen jurisdiktionellen Kompetenzbereich. Sie verfügte über Unterbeamten *(apparitores)*, zu denen Architekten und technische Sachverständige *(periti)* gehörten, und beschäftigte eigene Bauhandwerker.[182] Die Kuratoren brauchten keine technische oder künstlerische Ausbildung zu besitzen. Aber unter denjenigen, die der Kaiser mit der Leitung spezieller Bauvorhaben betraute, waren mitunter Architekten wie zum Beispiel Vitruv, in dem wir den Kurator für den Bau der Basilika von Fanum Fortunae sehen dürfen.[183]

Während der Kaiserzeit nahmen der Kaiser oder die *duumviri* die öffentliche Ausschreibung für die geplanten Bauten sowie die Vergabe der Arbeiten vor. Die *duumviri* und vermutlich auch die Zensoren konnten sich hierbei durch einen Beirat *(consilium)* unterstützen lassen. Die Unternehmer mußten Bürgen und Kaution stellen und hatten die Einhaltung der Bautermine und der Kalkulation zu gewährleisten. Mit dem Unternehmer wurde ein schriftlicher Vertrag abgeschlossen. Die Zensoren mußten die Bauarbeiten kontrollieren, den fertiggestellten Bau abnehmen und die Schlußzahlungen überwachen.

Die römischen Kaiser waren die größten Grund- und Sklavenbesitzer des Imperiums. Sie verfügten über genügend eigene Architekten und Bauhandwerker, die bei Bedarf auch in die Provinzen geschickt werden konnten. Hierbei handelte es sich meist um Sklaven des kaiserlichen Haushalts *(servi Caesaris)*.[184] Die entsprechenden epigraphischen Zeugnisse sind allerdings noch nicht hinreichend ausgewertet. Kaiser Hadrian (117 bis 138) stellte ein halbmilitärisch organisiertes Korps aus technischen Spezialisten *(fabri)*, Vermessungstechnikern *(perpendiculatores)* und Architekten auf. Er nahm es auf seinen beiden großen Reisen, die ihn 121 bis 125 und 128 bis 132 durch fast sämtliche Provinzen des Reiches führten, mit, um die Beseitigung von Kriegsschäden in den Städten zu beschleunigen und die von ihm befohlenen Neubauten in Angriff zu nehmen.[185]

Aus der Funktion als oberster Bauherr des Imperiums und als Städtegründer ergab sich für den Kaiser die Möglichkeit, Bauvorhaben persönlich zu planen und zu leiten.[186] Zudem ist bekannt, daß einzelne Kaiser sich selbst künstlerisch betätigten. Hadrian, ein Freund griechischer Kunst und Kultur, besaß nicht nur eine gründliche literarische, philosophische und mathematische Bildung, sondern versuchte sich auch als bildender Künstler. Viel diskutiert ist seine Rolle als Architekturdilettant. Ob ihm der Plan des großen Tempels der Venus und Roma auf der Velia in Rom, dessen Inne-

60 Rom. Ruine des Tempels der Venus und Roma von Südwesten. Im Hintergrund des Bildes das Kloster S. Maria Nova, rechts davon die Reste der Konstantinsbasilika. Zeichnung von Giovanni Antonio Dosio. Florenz, Uffizien

61 Rom. Tempel der Venus und Roma. Gesamtansicht der Ruine

res aus zwei gegeneinandergestellten Apsidensälen besteht, und die Ideenkonzeption seines im Jahre 130 begonnenen Mausoleums, der späteren Engelsburg, zuzuschreiben sind, bleibt allerdings umstritten.[187] An den Tempel der Venus und Roma, dessen Pläne sicher auf Anregungen Hadrians zurückzuführen sind, knüpft sich die Überlieferung vom Sturz des Apollodoros von Damaskos, des berühmtesten Architekten der Römischen Kaiserzeit (siehe Seite 134 ff.): Cassius Dio[188] berichtet, Hadrian habe dem bei ihm in Ungnade gefallenen Apollodoros die Entwürfe des Tempels gesandt. Apollodoros fiel daran auf, daß die beiden Kultstatuen im Verhältnis zu den für sie vorgesehenen Apsiden zu groß waren. Seine unverblümte Bemerkung »Wenn die Göttin aufstehen will, so wird sie es nicht können« habe den Kaiser so schwer gekränkt, daß er ihn verbannen und schließlich hinrichten ließ. Der historische Kern dieser von Cassius Dio mitgeteilten Legende steckt wahrscheinlich in der Tatsache, daß Hadrian im Zusammenhang mit der von ihm um 123 eingeleiteten Reform des Bauwesens den ihm unbequemen Apollodoros aus dem Amt entfernte.[189] Überliefert ist ferner die Abneigung dieses Kaisers, seinen Namen an Bauten verewigen zu lassen. Er wollte nämlich nicht mit Domitian verglichen werden, der die auf sein Geheiß restaurierten Bauten als eigene Werke ausgegeben hatte.

Ein charakteristisches Merkmal im Bauschaffen der Römer war der Zusammenhang von Zivil- und Militärarchitektur. Zivile und militärische Bauvorhaben lagen vielfach in einer Hand. Während der Kaiserzeit wurden bei Bedarf Militäreinheiten zum Bau öffentlicher Gebäude herangezogen.[190] Die Soldaten setzte man hierbei wie Arbeiter oder Hilfsarbeiter ein. Zahlreiche Zweckbauten wie zum Beispiel die beiden Pfahljochbrücken *(pontes sublicii)*, die Caesar im Jahre 55 v. Chr. über den Rhein schlagen ließ, und eine Reihe technisch beachtenswerter Tunnelbauten in Italien und Nordafrika[191] verdanken ihr Entstehen militärischen Erwägungen.

In den technischen Stäben der Legionen und der Flotte, ebenso bei den Prätorianer-Kohorten und sogar bei der Kavallerie gab es Militärarchitekten.[192] Ihre Namen sind ausschließlich durch Grab- und Weihinschriften überliefert. Leider fehlen darin Hinweise auf irgendein bestimmtes Werk. Diese Leute waren eher Bauingenieure als Architekten. Sie wurden für die Errichtung von Lagern, Arsenalen und Befestigungen gebraucht.[193] In der Regel gehörten sie zu den *immunes*[194], das heißt zu der bevorzugten Gruppe von Soldaten, die von schweren Pflichten wie Wachdienst, Schanzarbeit, Holzfällen usw. befreit waren und im Rang unter den taktischen Chargen standen. Als fähige Baufachleute forderte man sie nicht selten auch für zivile Bauaufgaben an. Eine Inschrift des 2. Jahrhunderts n. Chr. aus Lambaesis in Numidien (heute Lambèse/Algerien) berichtet, daß ein Militärarchitekt der dort stationierten Legio III Augusta den Bau einer Wasserleitung für die Küstenstadt Saldae (heute Bougie/Algerien) leitete.[195] Umgekehrt nutzte die Armee die vielfältigen Erfahrungen der Zivilarchitekten für ihre Zwecke. So waren hervorragende Architekten auch mit militärischen Anlagen beschäftigt. In Rom errichtete Anfang des 1. Jahrhunderts v. Chr. der aus Salamis auf Cypern gebürtige griechische Architekt Hermodoros am Tiber-Ufer nahe dem Marsfeld zwei Schiffshäuser für die Flotte. Kaiser Trajan ließ während seiner Feldzüge gegen die Daker (101 bis 106) durch Apollodoros von Damaskos eine Brücke über die Donau bauen.

Die Ähnlichkeit zwischen zivilen und militärischen Bauten, wie sie zum Beispiel zwischen den Basiliken und den militärischen Hauptquartieren *(principia)* festzustellen ist, wuchs besonders in Zeiten, in denen die Grenzen gesichert waren und die Legionslager ihren provisorischen Charakter immer mehr verloren.

62 *Rom. Tempel der Venus und Roma. Rekonstruierter Längsschnitt*

Ein besonderer Aufgabenbereich der Militärarchitekten lag in der Konstruktion von Kriegsmaschinen. Die Römer erweiterten nämlich deren Anwendung erheblich. Sie ließen unter anderem Spezialwagen herstellen, auf denen man leichte Geschütze montieren konnte. Für die Bedienung solcher komplizierter Maschinen verfügte jeder Truppenteil des römischen Heeres über technische Spezialisten (*fabri*[196]), die ein *praefectus fabrum* (Zeugmeister, Heeresingenieur) befehligte. Sie fanden außerdem als Bauingenieure Verwendung, und zwar bei der Anlage von Straßen, bei Tunnelbohrungen, beim Bau von Brücken und Wasserleitungen[197]. Den Truppenteilen waren noch weitere technische Spezialisten angeschlossen: Feldmesser (*libratores, agrimensores*), Fachleute für die Absteckung der Lager (*metatores castrorum*) sowie Wasserbauexperten (*aquileges* = »Wassersammler«), die für Quellfassungen und Wasserleitungen zuständig waren.

Wie in Rom und dem übrigen Italien, so gab es auch in den Provinzen fähige Architekten. Überwogen im Westen des Römischen Reiches die Griechen als Bildhauer, so waren die in Gallien und im Osten tätigen Architekten meist Italiker. Großen Anteil an der provinzialrömischen Bau-

kunst hatten die Militärarchitekten. Sie unterstanden dem Statthalter oder dem Legionslegaten. Bei schwierigen Bauangelegenheiten wurde der Kaiser gebeten, eine letzte Entscheidung herbeizuführen oder einen besonders erfahrenen Architekten oder Techniker aus Rom in eine abgelegene Provinz zu schicken. Auf welchem Instanzenweg ein Statthalter für ein Bauprojekt die Bestätigung oder Unterstützung des Kaisers erhielt, und wer dann die Ausführung überwachte, ist noch nicht geklärt.

Einen Einblick in die architektonischen Probleme, mit denen sich ein Provinzstatthalter abgeben mußte, vermittelt der Briefwechsel zwischen Gaius Plinius Caecilius Secundus (dem jüngeren Plinius, einem Neffen und Adoptivsohn Plinius' des Älteren) und Kaiser Trajan. Aus diesen Briefen – insgesamt sind es 121, die aus den Jahren zwischen 111 und 113 stammen, als Plinius der Jüngere kaiserlicher Legat in Bithynien war – sind die folgenden ausgewählt.

Brief Plinius' des Jüngeren an Trajan[198]:

»Herr, das Theater in Nicaea [heute Isnik], das zum großen Teil bereits steht, aber noch nicht ganz fertig ist, hat, wie ich höre – die Abrechnung ist nämlich noch nicht geprüft – mehr als 10 Millionen Sesterzen verschlungen; ich fürchte, für nichts und wieder nichts. Denn das Bauwerk hat sich gesenkt und große Risse bekommen, ... Jedenfalls müßte man sich überlegen, ob man es fertigstellen, liegenlassen oder gar abreißen lassen sollte. Denn die Pfeiler und Substruktionen, mit denen man es von Zeit zu Zeit abzustützen sucht, erscheinen mir eher kostspielig als solide ... Ebenso haben die Nicomedenser ein durch Feuer zerstörtes Gymnasium vor meiner Ankunft wiederaufzubauen begonnen, und zwar weit geräumiger und ausgedehnter als es gewesen war, und schon eine bedeutende Summe darauf verwandt; ziemlich zwecklos, fürchte ich. Denn der Bau ist uneinheitlich und zusammenhanglos. Außerdem behauptet ein Architekt, allerdings ein Konkurrent dessen, der ihn begonnen hat, die immerhin 22 Fuß dicken Wände könnten die aufliegenden Lasten nicht tragen, weil sie immer nur mit Bruchsteinen gefüllt und nicht mit Ziegelwerk verkleidet seien. – Auch die Claudiopolitaner [Claudiopolis: heute Bolu] bauen oder – genauer gesagt – graben ein gewaltiges Bad in einer Niederung, die dazu noch von einem Berge überragt wird, und zwar mit dem Gelde, das die von Dir gnädigst ernannten Ratsherren als Eintrittsgeld bereits gezahlt haben oder auf meine Aufforderung hin zahlen werden. – Da ich also fürchte, daß dort öffentliche Gelder, hier – was noch kostbarer ist als alles Geld – Dein Gnadengeschenk übel angelegt wird, sehe ich mich gezwungen, Dich zu bitten, nicht nur wegen des Theaters, sondern auch wegen dieser Bäder einen Architekten zu schicken, der entscheiden wird, ob es praktisch ist, nach den einmal gemachten Aufwendungen die Bauten, so gut es geht, zu Ende zu führen, wie sie begonnen sind, oder auszubessern, was mangelhaft, und zu verwerten, was verwertbar ist, damit wir nicht, während wir zu retten suchen, was einmal aufgewendet ist, schlecht verwenden, was wir drauflegen müssen.«

Antwort Trajans[199]:

»Was Du den Claudiopolitanern raten willst betreffs des Bades, daß sie, wie Du schreibst, an einer wenig geeigneten Stelle begonnen haben, mußt Du selbst wissen. An Architekten kann es Dir nicht fehlen. Es gibt keine Provinz, in der sich nicht tüchtige Ingenieure *(peritos et ingeniosos homines)* fänden; Du mußt Dir nur nicht einbilden, es sei einfacher, sie sich aus Rom schicken zu lassen, denn auch zu uns kommen sie meist aus Griechenland.«

Weiterer Brief Plinius' des Jüngeren an Trajan[200]:

Darin berichtet Plinius von einem geplanten Kanalbau, um den großen See Boane [heute Sabandschagöly] im Gebiet von Nicomedia, der Hauptstadt von Bithynien, über den »Marmorblöcke, Früchte, Bau- und Brennholz ziemlich billig und mühelos zu Schiff an die Landstraße und von dort unter großen Mühen und noch größeren Kosten per Achse ans Meer befördert...« wurden, mit dem Meer oder einem weiter unten gelegenen Fluß zu verbinden. Er bittet Trajan, ihm einen Nivelleur oder Wasserbautechniker zu schicken. Dieser soll feststellen, ob der Spiegel des Sees höher als der des Meeres ist.

Antwort Trajans[201]:

»Dieser See da könnte mich schon zu dem Wunsche reizen, ihn mit dem Meere zu verbinden, aber jedenfalls wäre sorgfältig zu prüfen, wenigstens wieviel Wasser ihm zuströmt und woher, damit er nicht abfließt, wenn er ins Meer abgeleitet wird. Einen Nivelleur kannst Du Dir von Calpurnius Macer[202] erbitten, und ich werde Dir von hier einen in derartigen Arbeiten erfahrenen Fachmann schicken.«

Neben dem öffentlichen bestimmte das private Bauwesen als ein umfangreicher selbständiger Komplex die Architektur der Römer. Hier ließ das römische Recht dem Bauherrn wie dem Architekten weitgehende Freiheit. Der Staat griff nur dann ein, wenn es sich um Belange handelte, die für die Allgemeinheit von grundlegender Bedeutung waren.

Der römische Wohnungsbau

Die meisten Beispiele des italisch-römischen Wohnungsbaues wurden durch die Ausgrabungen in Pompeji, Herculaneum und Ostia bekannt. In Pompeji hat man über 450 Häuser freigelegt. Sie repräsentieren den Typ des komfortablen einstöckigen (später auch zweistöckigen) Einzelhauses *(domus)* mit einem Atrium als Zentrum und symmetrisch darum angelegten anderen Räumen. Das Atrium, ursprünglich der mit einem Herd versehene Hauptraum des römischen Hauses, wandelte sich zu einem Innenhof mit einem Regenwasserbecken *(impluvium)*. Das aus italischen und etruskischen Ursprüngen entstandene Atriumhaus wurde durch das hellenistische Peristyl erweitert. Häufig kauften reich gewordene Bürger mehrere zusammenliegende Einzelhäuser und wurden so Besitzer eines Wohnblocks *(insula)*. Das Atriumhaus bildete schließlich die Keimzelle, aus der sich während der Kaiserzeit die Formen der römischen Villa entwickelten: die städtische Villa *(villa urbana)*, die sich der Landschaft öffnende vorstädtische Villa *(villa suburbana)* und das mit Wirtschaftsräumen versehene Landgut *(villa rustica)*.

Der wachsende Strom von Menschen in die Städte zwang bald zum Bau mehrstöckiger Mietshäuser (ebenfalls *insulae* genannt), wie man sie bereits von den hellenistischen Großstädten Ägyptens und Syriens (Alexandria, Antiochia) kannte.[203] In ihnen lebte der größte Teil der ärmeren Bevölkerung unter ähnlichen unsozialen Bedingungen, wie sie in den großstädtischen Mietskasernen des 19. Jahrhunderts herrschten. Die einzelnen Stockwerke waren meist in kleinere Wohnungen und Einzelzimmer aufgeteilt. Jeder der gewöhnlich von einem Korridor aus zugänglichen Räume wurde mehrfach genutzt, zum Wohnen und Schlafen ebenso wie zum Kochen, Essen und Arbeiten. Die großen und gut eingerichteten Erdgeschoßräume eines Privathauses bewohnte der Hausbesitzer oder eine andere wohlhabende Familie. Darüber lagen kleinere Wohnungen *(cenacula)*, die in Rom häufig zu Wucherpreisen vermietet wurden. Der Dichter und Rhetor Juvenal (um 60 bis nach 127) schrieb, daß man in Kleinstädten wie Sora, Fabrataria oder Frosinone für das gleiche Geld, das man in Rom für ein finsteres Loch jährlich an Miete zahlt, ein hübsches Haus erwerben könne.[204] Wasserleitungen führten nur in die luxuriöseren Erdgeschoßwohnungen. Die übrigen Bewohner mußten sich das Wasser vom Straßenbrunnen holen. Die Aborte waren unter den Treppenaufgängen und -absätzen eingebaut, aber meist nicht ans Netz der Kloaken angeschlossen.

In den römischen Städten gab es auch Häuser mit Läden, Lagern und Werkstätten *(tabernae)* im Erdgeschoß, wozu meist noch ein Zimmer im darüberliegenden Zwischengeschoß gehörte. In diesem Mietbereich gingen Händler oder Handwerker ihrem Gewerbe nach, und hier wohnten sie auch.

Die aus Ziegelsteinen errichteten mehrstöckigen Mietshäuser waren vielfach Spekulationsbauten, schnell und mangelhaft hochgezogen. Darüber täuschten manchmal die sorgfältiger hergerichteten und mit Balkonen und Loggien versehenen Fassaden hinweg. Diese Wohnungsbauten waren durchschnittlich 3 bis 5 Stockwerke hoch. In Rom gab es aber auch solche mit 12 Stockwerken, was einer Gesamthöhe von 35 Metern entspricht. Durch die große Höhe verschlechterten sich die

63 Rom. *Großer sechsgeschossiger Wohnblock (insula) am Abhang des Kapitols. Rekonstruktion der Baureste*

Lichtverhältnisse in den Gassen. Die das normale Maß überschreitende Höhe und unsolide Bauweise führten häufig zum Einsturz von Häusern und bei der großen Bevölkerungsdichte und der Enge der Straßen zu erheblichen Unglücksfällen.[205] Hauptursache hierfür waren die beim Bau der Mietshäuser benutzten Fachwerkmauern *(opus craticium)*. Bei dieser Art von Mauerwerk wurden die waagerechten und senkrechten Holzbalken, um Zeit zu sparen, in das noch feuchte Mauerwerk eingesetzt. Beim Austrocknen zogen sich die Balken wieder zusammen. Dadurch bildeten sich Risse oder größere Zwischenräume. Das Mauerwerk gab der Veränderung der Balken nach und stürzte ein. Diese Situation beschreibt Juvenal: »Wir wohnen in einer Stadt, die überwiegend durch Stützen getragen wird, die so zerbrechlich sind wie Rohre. Wenn aber ein Haus einzustürzen droht, dann ist die einzige Maßnahme des Verwalters die, daß er die Risse, die sich gebildet haben, übertünchen läßt. Dann sagt er: ›Nun kannst du beruhigt schlafen‹.«[206] Die Maximalhöhe der Wohnhäuser mußte schließlich durch kaiserliche Erlasse begrenzt werden. Allgemein heißt es dazu in einem kaiserlichen Edikt: »Denn obschon einer

der natürlichen Freiheit nach berechtigt ist, so hoch zu bauen als er nur selbst will, ja wie die *doctores* reden, bis an den Himmel hinan, so kann ihm diese Freiheit durch eine gewisse Dienstbarkeit entzogen werden.« Zur Zeit des Augustus betrug die maximale Bauhöhe 70 römische Fuß (= 20,60 Meter). Nero setzte sie wieder auf 100 Fuß (= 29,50 Meter) herauf, denn nach dem großen Brand von Rom im Sommer 64 n. Chr. waren viele Obdachlose unterzubringen. Unter Trajan betrug sie nur noch 60 Fuß (= 17,60 Meter).

Erst als sich die Wohnverhältnisse in den römischen Großstädten bedeutend verschlechtert hatten, wurde eine Reihe von Bauvorschriften[207] erlassen. Dadurch sollten Brandgefahren eingeschränkt und den Erfordernissen des Verkehrs (Verbreiterung der Straßen!), der Hygiene und einer geordneten Wasserwirtschaft entsprochen werden. Die offenen Feuerstellen – man benutzte gewöhnlich transportable Holzkohlebecken und kleine Heizöfen – bildeten eine ständige Brandgefahr. Kaiser Nero ordnete an, daß bei Wohnhäusern Fachwerkmauern erst vom dritten Stock an Verwendung finden sollten. Die darunter liegenden Geschosse sollten möglichst aus einem feuerfesten

Stein aufgeführt werden. Weiter verfügte er, daß an den Häuserfronten sämtlicher neu zu errichtender Wohnblocks Vorbauten (Säulen- oder Pfeilergalerien) anzulegen seien, damit man ihre flachen Dächer als Basis für die Brandbekämpfung benutzen konnte. Die Korridore wurden aus dem Hausinnern an die Straßenseite verlegt. Dadurch sollte ein rascher Zugang zu den Wohnungen und den oberen Stockwerken ermöglicht werden. Eine Folge der Bauverordnungen war, daß man begann, die Trinkwasserversorgung und die Ableitung der Abwässer zu regeln. Baufluchtlinien und Hausabstände mußten genau eingehalten werden; daraus wiederum entwickelte sich ein Trauf- und Stützrecht. War ein Hausbesitzer durch den Brand seines Hauses mittellos geworden, kaufte es ihm ein Unternehmer zu niedrigem Preis ab. Dann setzte er einen größeren und besser eingerichteten Neubau auf das Grundstück und vermietete dessen Wohnungen zu hohen Preisen.

Der Architektenberuf bei den Römern

Die in der schriftlichen Überlieferung der Römer allgemein gebräuchliche Berufsbezeichnung für den Architekten ist *architectus* (bei einigen Autoren auch *architecton*). Sie stammt von dem griechischen Wort *architektōn* (siehe Seite 90) und kommt erstmals bei dem Komödiendichter Plautus (um 250 bis 184 v. Chr.) vor. In den Inschriften treten auch die Formen *arcitectus, harcitectus* und *architector* auf. Wie die Römer ihre Architekten vor der Zeit des Plautus nannten, ist nicht bekannt. Der Historiker Tacitus (um 55 bis um 120) bezeichnet Severus und Celer, die Architekten des Kaisers Nero, als *magistri et machinatores*[208], was wörtlich übersetzt »Vorsteher und Techniker« bedeutet. C. Promis (siehe Anm. 4) vermutete, daß diese Bezeichnung alter römischer Tradition entspräche. In den klassischen Zeugnissen der römischen Literatur ist

der *architectus* der für die Konstruktion und Dekoration öffentlicher und privater Bauten Verantwortliche, der außerdem Berechnungen für mechanische Werke ausführt sowie hydraulische Anlagen und Kriegsmaschinen entwirft. Der Architekt von Hafenanlagen heißt wie der Schiffskonstrukteur *architectus navalis*.[209] In der Spätzeit der römischen Baukunst wird der Begriff des *architectus* abgewertet. Man nennt jetzt auch den Bauleiter so und vermengt das Wort im Gebrauch mit den Begriffen *magister, mechanicus* und *geometra*.

Die Fülle der Bauaufgaben, die bei dem römischen Architekten keinesfalls geringer war als bei seinem Berufskollegen im alten Griechenland, setzte eine gründliche Ausbildung voraus. Jedoch ist hierzu erst aus der späten Kaiserzeit, aus dem 3. und 4. Jahrhundert, einiges überliefert: Um 228 gründete Kaiser Severus Alexander eine staatliche Schule *(auditorium)* für Architekten.[210] Sie stand allen Freigeborenen *(ingenui)* offen. Der Unterricht erfolgte nach einem anspruchsvollen theoretischen Programm. Dieses umfaßte das gesamte damalige Wissen über Architektur, Feldmeßkunst, Mechanik und Ingenieurwesen und blieb als Studiendisziplin auch später noch bestehen.

Durch die während der Kaiserzeit immer stärker ausgedehnte Bautätigkeit war ein großer Bedarf an qualifizierten Architekten entstanden. Ihm suchte Konstantin I. durch eine Verordnung vom 27. August 334 zu begegnen.[211] Sie legte die Einrichtung weiterer Architektenschulen in den Provinzen, besonders den nordafrikanischen, fest. An ihnen sollten mathematisch befähigte junge Männer im Alter von etwa 18 bis 22 Jahren, überwiegend aus ärmeren Bevölkerungsschichten, aufgenommen werden, nachdem sie durch ein der höheren Allgemeinbildung dienendes Lehrprogramm (die *artes liberales*) vorbereitet worden waren. Kaiserliche Stipendien sicherten ihnen Studium und Lebensunterhalt. Einige Monate nach Konstantins Tod, am 2. August 337, erschien eine weitere, noch zu seinen Lebzeiten ausgearbeitete Verordnung.[212] Sie enthielt eine Reihe von Privilegien, unter anderem auch Steuererleichterungen, für alle im Bauwesen wie in handwerklich-künstlerischen Berufen Tätigen. Sie wurden veranlaßt, »ihre Kunstfertigkeit zu steigern und ihre Kinder (darin) zu unterweisen«. Durch diese Privilegien, die Konstantins Nachfolger Constantinus II. und Constantius II. bestätigten[213], sollten eine massenweise Ausbildung von Architekten erreicht und der Verfall der Künste aufgehalten werden.

Im Unterschied zum griechischen Bauwesen verlagerte sich in der Römerzeit der Schwerpunkt in der Arbeit der Architekten auf die technisch-konstruktive Seite. Besonderes Interesse galt daher der Baustruktur und der Mechanik. Die Dekoration der Bauwerke übertrug man gern Künstlern mit hellenisierenden Neigungen, wodurch sich ein vielfach auffälliger Unterschied zur Struktur ergab. Zu den Aufgaben des öffentlichen Bauwesens *(opera publica)* zählten Tempel und Heiligtümer, Basiliken, Theater und Amphitheater, Thermen, Sportanlagen und Triumphbögen. Daneben wuchs die Zahl der ausschließlich technisch orientierten Zweckbauten ständig (Stadtbefestigungen, Straßen, Wasserversorgungsanlagen und Kanalisation, Tunnel, Brücken, Hafenanlagen und Leuchttürme). Kaum weniger wichtig waren die Bauten für Heer und Marine. Schließlich bildeten sich in der Römischen Kaiserzeit Ansätze für ein industrielles Bauwesen. Das bezeugt unter anderem eine Ölfabrik in Bir Sgaoun (Nordafrika) aus dem 2. Jahrhundert n. Chr., deren Äußeres wie ein riesiger Tempel anmutet.

Im privaten Bauwesen rissen mitunter Personen, die keine fachlich geschulten Architekten waren, leitende Funktionen an sich. Meist handelte es sich hierbei um Unternehmer. In einem Brief an seinen Bruder Quintus vom Jahre 54 v. Chr. beschwert sich Cicero über die Pfuscharbeit des auf seinen Landgütern beschäftigten »Architekten«

Diphilos.[214] Der Brief enthält die Namen weiterer für Ciceros Bauunternehmungen tätiger Leute, von denen die meisten griechischer Herkunft waren[215]: Casius, der die Werkstätten des Landgutes Manilianum bei Minturnae in Latium leitete; Calvus und Messidius, die für die Wasseranlagen in der Villa bei Bovillae (ebenfalls in Latium) verantwortlich waren; Chilo, der mit vier seiner Mitsklaven und Schüler bei dem wegen seiner Olivenwälder bekannten Ort Venafrum in Kampanien einen Tunnelstollen anlegte. Der Architekt Chiattus (Cluattius?)[216] entwarf das Grabmal für Ciceros Tochter, die der Vater zärtlich Tulliola (die kleine Tullia) nannte.

Ein römischer Architekt konnte Beamter oder Unternehmer[217] oder beides zugleich sein. An Stelle des Unternehmers konnte er die Bauausführung in die Hand nehmen. Dies war besonders bei kleineren Staatsbauten und bei Arbeiten für private Auftraggeber, die mit deren eigenen Sklaven oder angeworbenen Arbeitskräften durchgeführt wurden, der Fall. Für Bauschäden, welche die zuständigen Beamten übersehen hatten, war weder der Bauherr noch der Architekt verantwortlich. Mitunter half der Architekt dem Bauherrn bei der Abfassung des Bauvertrages *(lex locationis)*.[218] Es gab Architekten, die sich auf bestimmte Baugattungen, etwa auf Theater, Thermen oder Aquädukte, spezialisiert hatten. Ein Fachmann für Badeanlagen war zum Beispiel der aus Griechenland stammende Architekt Hippias (2. Jahrhundert n. Chr.). Er legte für den Schriftsteller Lukian ein Bad an. Einzelheiten darüber sind in der Lukian zugeschriebenen kleinen Schrift »Hippias ē balaneion« (»Hippias oder das Bad«) beschrieben.[219]

Um die Arbeitsweise eines leitenden Architekten der Römerzeit zu erläutern, müßte man wissen, wie die Entwürfe aussahen, die als Grundlage für Baubeschluß und Kostenvoranschlag dienten. Cicero und der Schriftsteller Aulus Gellius (2. Jahrhundert n. Chr.) erwähnen Entwurfszeichnungen auf Pergament. Vitruv[220] beschreibt drei Arten graphischer Darstellung eines Gebäudes: 1. *ichnographia* = »der unter Verwendung von Lineal und Zirkel in verkleinertem Maßstab ausgeführte Grundriß, aus dem (später) die Umrisse der Gebäudeteile auf dem Baugelände genommen werden«; 2. *orthographia* = »das aufrechte Bild der Vorderansicht und eine den Maßstäben des zukünftigen Bauwerks entsprechende gezeichnete Darstellung in verkleinertem Maßstab«; 3. *scaenographia* = »die perspektivische (illusionistische) Wiedergabe der Fassade und der zurücktretenden Seiten und die Entsprechung sämtlicher Linien auf einen Kreismittelpunkt«. Leider blieb keine originale Bauzeichnung römischer Architekten erhalten.

Entlohnung der Architekten

Die Entlohnung der römischen Architekten war anscheinend von Fall zu Fall verschieden. Die schriftlichen Quellen geben hierüber weit weniger Auskunft als die griechischen Bauabrechnungen der klassischen Zeit. Es ist nichts darüber bekannt, daß die geleistete Arbeit nach einheitlichen Tagessätzen berechnet wurde. Selbst im Preisedikt des Kaisers Diokletian vom Jahre 301 n. Chr. finden sich keine Bestimmungen über die Bezahlung von Architekten. Es berücksichtigt nur bei den Lehrergehältern die Besoldung der Lehrer für Bauwesen *(architecti magistri)*. Sie sollten monatlich 100 Denare für jeden Schüler erhalten.[221] Dieser Betrag war doppelt so hoch wie das Gehalt eines gewöhnlichen Lehrers. Hingegen bekamen Literaturlehrer *(grammatici)* und Feldmesser *(agrimensores oder gromatici)* etwa doppelt so viel wie ein Lehrer für Bauwesen, ein Rhetoriker sogar noch mehr. Tüchtige Privatarchitekten konnten beachtliche Gewinne erzielen. Vitruv beklagt sich über diejenigen unter ihnen, welche die Bauherren der Aufträge wegen umwerben, und bemerkt mit Bedauern, »daß Leute ohne Ausbildung und Erfahrung

sich mit einer Kunst von so großer Bedeutung befassen, Leute, die nicht nur nichts von Baukunst, sondern überhaupt nicht einmal vom Handwerklichen etwas verstehen...«[222] Er kritisiert die mangelnde Sorgfalt bei Berechnung und Abfassung der Baukostenanschläge, so daß die Auftraggeber »zu niemals endenden Nachzahlungen veranlaßt werden und mancher dabei sein Vermögen verliert«. Vitruv verweist zudem darauf, daß dieser Mißstand nicht nur bei Privathäusern, sondern auch bei den durch die Behörden für Gladiatorenkämpfe und Theaterspiele in Auftrag gegebenen Bauten festzustellen sei. Der römische Epigrammatiker Martial (zweite Hälfte des 1. Jahrhunderts n. Chr.) prangert ebenfalls die unredlichen Praktiken an, mit denen manche Architekten zu Reichtum und Wohlstand gelangten.[223] Eine aufschlußreiche Szene enthält ein von Aulus Gellius um 175 n. Chr. verfaßtes Sammelwerk mit Geschichten aus verschiedenen Wissensgebieten: Als der Autor dem Cornelius Fronto einen Krankenbesuch machen wollte, habe dieser gerade mit Freunden ein Gastmahl abgehalten. Es seien auch einige Architekten dabeigewesen. Sie hätten auf Pergament gezeichnete Entwürfe zu verschiedenen Typen von Bädern mitgebracht. Der Gastgeber habe sich den seiner Meinung nach besten herausgesucht und den Architekten nach den Gesamtbaukosten gefragt. Dieser schätzte sie auf etwa 300 000 Sesterzen. Da habe einer der Gäste dazwischengerufen: »Und so ebenhin noch weitere 50 000!«[224]

Soziale Stellung der Architekten

Die Unentbehrlichkeit seines Berufes hob die Bedeutung des Architekten. Trotzdem nahm er zu allen Zeiten der römischen Geschichte eine untergeordnete Stellung ein. Er war lediglich ausführendes Organ, und seine Tätigkeit blieb meist anonym. Eine Ausnahme bildeten nur Architekten, welche die kaiserlichen Bauprogramme leiteten und durch ihre herausgehobene Position die Spitze einer Hierarchie von Beamten und Handwerkern darstellten. Aus den Äußerungen Vitruvs, der nachdrücklich für eine universelle Ausbildung der Architekten eintrat[225], ist zu schließen, daß sich spätestens seit Augusteischer Zeit ein fest umrissenes Berufsethos der Architekten gebildet hatte. Angehörige verschiedener Gesellschaftsschichten konnten sich ohne Bedenken für diesen Beruf entscheiden. Es spielte keine Rolle, ob sie, wie Vitruv, aus bescheidenen Verhältnissen stammten oder ob sie, wie Frontinus, der unter Nerva die Wasserversorgung der Stadt Rom leitete (siehe Seite 70), dem Senatsadel angehörten.

Aus den sechs Jahrhunderten, die zwischen dem frühesten nachgewiesenen Gebrauch des Wortes *architectus* bei Plautus und dem Codex Iustinianus liegen, haben sich zahlreiche schriftliche Zeugnisse erhalten, die über die soziale Stellung des Architekten bei den Römern Aufschluß geben. Die Schriftsteller erwähnen vor allem die kaiserlichen Architekten. Dabei wird nicht unterschieden, ob es sich bei diesen um Einheimische oder Fremde, um Freigeborene, Freigelassene oder Sklaven handelt. Hierüber gibt jedoch seit der spätrepublikanischen Zeit das epigraphische Material Auskunft.[226] Es bezeugt unter anderem, daß zur Zeit des Augustus zahlreiche Architekten ebenso wie Bildhauer und Maler aus der Schicht der freigelassenen Sklaven[227] stammten. Die in den Inschriften der mittleren Kaiserzeit (2. Jahrhundert n. Chr.) erwähnten Architekten gehörten verschiedenen Gesellschaftsschichten an. Unter ihnen befanden sich römische Bürger *(cives)*, freigeborene Einheimische *(ingenui)*, Freigeborene ohne römisches Bürgerrecht *(peregrini)*, Freigelassene *(libertini)* und Sklaven *(servi)*.

Die soziale Stellung des römerzeitlichen Architekten wandelte sich mit den Veränderungen, denen sein Beruf unterlag. Sie erreichte ihren Höhepunkt mit der weitestgehenden Verantwortung des Architekten als Leiter der technischen und künstlerischen Ausführung. Hinzu kam, besonders am Ausgang der Antike, die Aufgabe, verfallende Monumente wiederherzustellen. Damit wurde der römische Architekt letzten Endes zum Überlieferer antiken Kulturgutes. Sein bauschöpferisches Wirken war allerdings immer der Gefahr ausgesetzt, sich mit der Arbeit des Unternehmers zu verquicken, und am Ende der Kaiserzeit sank sein Beruf in vielen Fällen auf ein weitgehend handwerkliches Niveau herab.

VI
VERFALL – BEWAHRUNG – WANDLUNG

Kurz vor der Mitte des 3. Jahrhunderts n. Chr. war an Rhein und Donau der Limes, das aus Wällen, Palisaden, Wachttürmen und Kastellen bestehende Grenzsicherungssytem des Römerreiches, aus strategischen Gründen vorverlegt worden. Doch schon unmittelbar danach, im Herbst 253, überrannten die Alamannen den obergermanisch-rätischen Limes und fielen in das Hinterland ein. Es war die erste von vier Invasionen, die sie bis zum Jahre 280 gegen das Römische Reich unternahmen. Dieses sah sich seitdem in verstärktem Maße genötigt, fremde Völker von seinen Grenzen abzuwehren.

Mit diesen und anderen militärischen Ereignissen, die im Innern von sozialen Erschütterungen begleitet wurden, kündigte sich der Niedergang des Imperiums an. In der Kunst traten erste Anzeichen einer Umbildung und Auflösung antiken Formengutes hervor. Sie kennzeichnen einen kulturgeschichtlichen Abschnitt, für den man den im wesentlichen für die Westhälfte des Reiches geltenden Begriff »Spätantike« geprägt hat.

Gleichzeitig mit dem Zerfall des Römischen Weltreiches im 4. und 5. Jahrhundert bildeten sich die Grundlagen der Baukunst des Mittelalters. Schon seit der zweiten Hälfte des 3. Jahrhunderts hatten sich die Schwerpunkte architektonischen Schaffens verlagert: In den Provinzen und Städten an der Peripherie des Reiches mußten neue Verteidigungsanlagen errichtet, ältere wiederholt verstärkt werden (siehe Seite 78). Von einschneidender Bedeutung für die Sakralarchitektur wurde die seit dem frühen 4. Jahrhundert im Rahmen der

überkommenen geistigen Grundlagen schrittweise erfolgende Umorientierung auf das Christentum. Die dadurch in der kaiserlichen Baupolitik[228] ausgelösten Veränderungen bewirkten das Ende des antiken Tempelbaues.

Im Jahre 330 verlegte Konstantin I. die Hauptstadt des Römischen Reiches nach Byzanz, das seitdem Konstantinopolis (lateinisch: Constantinopolis) genannt wurde. Dadurch ging in Rom die öffentliche Bautätigkeit zugunsten der neuen Metropole zurück. In dieser jedoch setzte sich die spätantike Architektur bis in die frühbyzantinische Zeit hinein fort. Die viele Jahrhunderte umspannende Geschichte der antiken Architekten und Bauingenieure erreichte während des 6. Jahrhunderts in der Stadt am Bosporus mit der Erbauung der Hagia Sophia (siehe Seite 124 ff.) ihren Endpunkt. Nach der 395 erfolgten Teilung des Imperiums in ein West- und ein Oströmisches (später: Byzantinisches) Reich verschlechterte sich, wie Kaiser Honorius in einem Edikt vom Jahre 400 beklagte, in der Westhälfte der bauliche Zustand der Städte immer mehr. Die Hauptursache hierfür war, daß ein erheblicher Teil der in den verschiedenen Berufsvereinigungen *(collegia)* organisierten Handwerker, die man für die Errichtung und Instandhaltung der öffentlichen Gebäude und Versorgungsanlagen benötigte, aufs Land flüchtete, um auf diese Weise dem Zwangsdienst für das Baugewerbe zu entgehen.

Der Untergang der Tempel

Im Jahre 313 brachte das Toleranzedikt von Mailand den Christen die volle Gleichberechtigung gegenüber den Anhängern anderer Religionen. Damit war der Weg zur Anerkennung als Staatsreligion geebnet. Die heidnischen Kulte konnten allerdings erst allmählich ausgeschaltet werden. Zwar waren sie seit der Zeit Konstantins I. wiederholt durch die Kaiser verboten worden, jedoch nicht immer mit Erfolg – zumal nicht auf dem Land, wo die Bevölkerung weiterhin an den alten Kulten festhielt. Selbst als Constantius II. (337 bis 361), der Sohn und Nachfolger Konstantins I., erneut heidnische Opfer untersagte und zahlreiche Tempel schließen ließ, wurde in Rom – sogar von einem christlichen Stadtpräfekten! – immer noch den Göttern geopfert.

Konstantins Neffe Julian (361 bis 363), der später von den Christen den Beinamen Apostata (»der Abtrünnige«) erhielt, versuchte, die heidnische Religion auf der Grundlage des Neuplatonismus zu reformieren und die alten Kulte offiziell wieder einzuführen. Er begann sogar damit, etliche verfallene Tempel rekonstruieren zu lassen. So übertrug er dem römischen Verwaltungsbeamten Alypios den Wiederaufbau des Tempels in Jerusalem. Die Arbeiten hierfür mußten jedoch eingestellt werden, nachdem, wie es in zeitgenössischen römischen Quellen heißt, »Feuer aus der Erde schlug«. In Athen ließ Julian den beim Herulereinfall des Jahres 267 in Brand gesteckten Parthenon erneuern. Trotz solcher Versuche, das Christentum zurückzudrängen, war der Untergang der alten Tempel und Heiligtümer jedoch nicht mehr aufzuhalten. Aus dem Apollon-Heiligtum in Delphi wurde Julian folgender durch einen byzantinischen Schriftsteller des 11./12. Jahrhunderts überlieferter Orakelspruch zuteil:

»Sagt es dem Herrscher: zerstört ist die kunstgesegnete Stätte,
Phoibos hat kein Heim mehr und keinen mantischen Lorbeer,
nicht mehr dient ihm die Quelle, verstummt ist das murmelnde Wasser.«[229]

Entscheidend veränderte sich die Lage unter Theodosius I. (379 bis 395). Dieser Kaiser verfügte 380 ein für die gesamte Bevölkerung des Römischen Reiches verbindliches christliches Glaubensbekenntnis. 391 und 392 verbot er jede Art heidnischer Götterverehrung, und 394 untersagte er die Olympischen Spiele. Aus den Tempeln mußten die Kultbilder entfernt werden. Aber es wurde noch geduldet, daß die Landbevölkerung die uralten jahreszeitlichen Feste feierte. Etwa um diese Zeit setzte eine für die weitere Verbreitung der christlichen Lehre nutzbringende Entwicklung ein: Götter und Riten der heidnischen Religion wurden, wo dies sinnvoll erschien, für die Zwecke des Christentums umgedeutet.

425 erließ der weströmische Kaiser Valentinian III. ein Edikt, wonach noch bestehende Tempel zerstört und an ihrem Platz Kirchen gebaut werden sollten. Ein ähnliches Edikt erließ 426 Theodosius II. für das Oströmische Reich. Doch diese Verfügungen wurden nicht durchweg befolgt. Mitunter riß man die Tempelanlagen nicht vollständig nieder, sondern baute Kirchen hinein. Da sich bei der von Kaiser und Bischöfen geförderten Errichtung neuer Kirchen ein Anknüpfen an die Tradition des antiken Tempelbaus aus religiösen Gründen verbot, entlehnte man statt dessen Typen der römischen Profanarchitektur: den Saal- oder Hallenbau, die Basilika (mit drei oder fünf Schiffen) und als Vorbild für die architektonische Form der Baptisterien (Taufkirchen) den kuppelgewölbten Zentralbau. So erhielten die neuerbauten Kirchen eine gänzlich andere Form als die Tempel des griechisch-römischen Altertums.

Der Sieg des Christentums über den alten Götterglauben, durch den Untergang der Tempel und Heiligtümer vor Augen geführt, wurde zum Symbol für den fortschreitenden Verfall der antiken Welt. Selbst die Kirche Christi schien von dem allgemeinen Niedergang bedroht. »Die ganze Kirche«, schrieb der Kirchenvater Basileios (um 330 bis 379), »ist in Auflösung«. Mit dem Sturz des Imperiums der römischen Kaiser sei, so äußerten sich christliche Schriftsteller des Weströmischen Reiches, das Ende der Welt gekommen. In einem seiner Briefe klagt der Kirchenvater Augustinus (354 bis 430): »Verdient denn die Welt, noch geliebt zu werden, wo doch die Dinge auf ihr in solchem Zusammensturz begriffen sind, daß sie sogar ihr verführerisches Aussehen verloren haben!«[230] In ähnlich düsteren Tönen beschwört Eucherius, Bischof von Lugdunum (Lyon), den Weltuntergang: »Wir sagen, der Reichtum der Welt sei vernichtet, wo doch die Welt selber schon sich ihrem Ende zuneigt und in den letzten Zeitabschnitten verrinnt.«[231]

Neben dem Verbot der heidnischen Kulte waren es vor allem die kriegerischen Ereignisse der Völkerwanderung, denen die bis dahin noch erhaltenen Tempel zum Opfer fielen. Dies geschah vor dem Hintergrund tiefgreifender politischer Veränderungen: Innerhalb weniger Menschenalter bildeten sich auf den Trümmern des Weströmischen Reiches, inmitten fremder Völker, germanische Nachfolgestaaten. Bedeutende Zentren römischer und provinzialrömischer Stadtkultur fielen dem Untergang und der Neubesiedlung durch Germanen anheim. Als 410 die Westgoten unter Alarich die Stadt Rom eingenommen hatten, schien auch das Ende des östlichen Reichsteils nur noch eine Frage der Zeit zu sein. Nach ihrem Einfall in Gallien (451) zerstörten die Hunnen unter Attila mehrere Städte Oberitaliens, darunter Aquileia, Mailand und Pavia. Sie verzichteten jedoch auf die beabsichtigte Eroberung Roms, das

dann 455 von den Wandalen eingenommen wurde. Ein Teil der im Mittelmeergebiet gegründeten getmanischen Staaten ging allerdings wieder unter, während die Auflösung der antiken Welt sich noch immer fortsetzte.

Ein Schreiben des Ostgotenkönigs Theoderich an seinen Hofarchitekten

Trotz des seit der späten Kaiserzeit eingetretenen Verfalls bestand in Italien die organisatorische Struktur des römischen Bauwesens, auch nach dem Ende des Imperiums, weiter. Der Hauptgrund hierfür war die Tatsache, daß im Ostgotenreich Theoderichs das System der römischen Zivilverwaltung beibehalten wurde. Hinzu kam, daß in den während des 6. Jahrhunderts auf europäischem Boden gegründeten Klöstern wissenschaftliche Studien betrieben wurden, die unter anderem auch die Weitergabe literarischer Überlieferungen zu Werken und Meistern der antiken Baukunst förderten.

Theoderich, der in vieler Beziehung nach dem Vorbild römischer Kaiser handelte, hat versucht, in seinem Reich den Verfall der antiken Kultur aufzuhalten. Während unter seiner Regierung in Ravenna, Verona, Ticinum (Pavia) und anderen Orten Italiens neue Bauten entstanden, wurden auch verfallene Werke der römischen Architektur restauriert. Hierfür wurde ein Teil der Steuergelder verwandt. In Rom ließ Theoderich das Hadriansmausoleum (die spätere Engelsburg), das Kolosseum, das Senatsgebäude, die Aurelianische Mauer und die Wasserleitungen wiederherstellen. Zur Überwachung dieser Arbeiten wurde eine Gruppe von Architekten berufen, die unter der Leitung eines *architectus publicorum*, eines für die öffentlichen Bauten verantwortlichen staatlichen Architekten, stand. Diesen Rang bekleidete Aloisius (Aloiosus), der zwischen 507 und 511 den Auftrag des Königs erhielt, in der Gegend der Heil-quelle Aponi fontes (heute Abano Terme) bei Padua eine verfallene römische Thermenanlage und das in ihrer Nähe liegende Palatium instand zu setzen. Theoderichs Ratgeber bei diesen Baumaß-nahmen war Cassiodor (sein vollständiger Name lautete: Flavius Magnus Aurelius Cassiodorus, Senator). Er hatte unter Theoderich und dessen Nachfolgern hohe Staatsämter im Ostgotenreich inne. Um die Mitte des 6. Jahrhunderts hielt er die Mönche des von ihm auf seinen Besitzungen am Golf von Squillace (im heutigen Kalabrien) ge-gründeten Klosters Vivarium dazu an, wertvolle Handschriften antiker Autoren zu sammeln, abzu-schreiben und von griechischen Werken lateini-sche Übersetzungen anzufertigen. Er beabsich-tigte, eine große Studienbibliothek einzurichten. Daher erhielt er später den Beinamen *libripotens* (»der Büchergewaltige«).

Cassiodor wurde als das Mitglied einer vermut-lich aus Syrien stammenden vornehmen römi-schen Familie um 485 in Scylaceum (heute Squil-lace/Kalabrien) geboren. Nachdem er sich aus dem politischen Leben zurückgezogen hatte, ent-faltete er eine rege schriftstellerische Tätigkeit. Die von ihm zwischen 507 und 511 als Leiter der Hofkanzlei konzipierten amtlichen Schreiben und Erlasse Theoderichs – insgesamt 468 Aktenstücke und Urkunden – vereinigte er 538 unter dem Titel »Variae«. Diese zwölfbändige Sammlung stellt eine der Hauptquellen zur Verwaltungsgeschichte des ostgotischen Königreichs in Italien dar. Aus den darin enthaltenen Mitteilungen an den offi-ziellen Architekten Theoderichs ist zu schließen, daß im 6. Jahrhundert der für den Staat tätige Ar-chitekt eine gefestigte soziale Stellung einnahm und daß sein Beruf noch immer nach jener Tradi-tion bewertet wurde, die auf die Vorstellungen Vitruvs (siehe Seite 91) zurückzuführen ist. In den amtlichen Dokumenten aus der Regierungszeit Theoderichs wird der Architekt als »sorgsamster Nachahmer der Alten« und zugleich als »vor-nehmster Lehrer der Neueren« bezeichnet.[232] Keine Tätigkeit, so heißt es, sei ehrenvoller und ruhmreicher als die des Architekten, weil er den entferntesten Zeiten Denkmale hinterlasse, die ihm die Bewunderung der Nachwelt sichern.[233] In der Absicht, das Ansehen seines Hofarchitekten zu festigen, schreibt Theoderich an ihn: »Wir freuen Uns sehr, wenn Wir die Größe Unseres Königreichs in der Pracht Unseres Palastes ausge-drückt sehen … Sieh zu, daß Dein Werk gut mit dem alten harmoniert! Studiere Euklid, präge Dir seine geometrischen Figuren gut ein! Studiere Archimedes und Metrobius! Wenn Wir daran denken, eine Stadt wiederaufzubauen und eine Festung oder ein Hauptquartier anzulegen, wer-den Wir Uns darauf verlassen, daß Du Unsere Ideen auf Papier ausdrückst. Die Erbauer der Wälle, die Marmorbildhauer, die Erzgießer, die Gewölbemaurer, die Stukkateure, die Mosaikar-beiter – alle kommen wegen Anweisungen zu Dir, und man erwartet von Dir eine kluge Antwort an jeden. Dann aber, wenn Du sie richtig leitest, ha-ben sie Arbeit, Dein aber ist der ganze Ruhm. Vor allem verteile gerecht, was Wir Dir für die Löhne aller Werkleute geben; denn der Arbeiter, der gute Verpflegung hat, schafft umso besser. Als ein Zeichen Deiner hohen Stellung trägst Du einen goldenen Stab. Inmitten einer zahlreichen Diener-schar schreitest Du als erster vor den Stufen des Königsthrons einher, so daß gerade durch Deine Nähe zu Unserer Person sichtbar wird, daß Du der Mann bist, den Wir mit der Sorge um Unsere Paläste betraut haben.«[234]

Im Zeichen der Hagia Sophia

Im Osten des einstigen Römischen Reiches lebten die Traditionen römischer und griechischer Archi-tektur innerhalb der frühbyzantinischen Kunst fort. In der Kultur von Byzanz vereinigten sich das geistige und künstlerische Erbe des griechisch-römischen Altertums, des Orients und des frühen Christentums. Dem entspricht, daß sich Justinian I., der von 527 bis 565 als oströmischer Kaiser regierte, zugleich als ein Fortsetzer gesamtrömischen Kaisertums betrachtete. Sein politischer Leitgedanke war die Wiederherstellung des Imperium Romanum in seinen wesentlichen Teilen. Er eroberte vorübergehend Italien, Sizilien, Sardinien, Korsika sowie Gebiete an der Mittelmeerküste Südspaniens und Nordafrikas von den Germanen zurück. Italien war seit der Mitte des 6. Jahrhunderts ein Exarchat, d. h. ein von einem Statthalter verwaltetes Territorium des Byzantinischen Reiches.

In die Regierungszeit Justinians fielen zwei Ereignisse, die symbolhaft das Ende der Antike und zugleich den Beginn eines neuen Geschichtsabschnittes anzeigten: 529 ließ er die Platonische Akademie in Athen, den letzten Hort griechischer Philosophie, schließen. Im gleichen Jahr wurde in Kampanien, halbwegs zwischen Rom und Neapel, das Benediktinerkloster Monte Cassino gegründet. Es entwickelte sich zu einer der frühen Pflegestätten christlicher Wissenschaft in Europa. Die Regel seines Ordens wurde zu einem Grundpfeiler abendländischen Mönchtums.

Die unter Justinian herbeigeführte politische und wirtschaftliche Stabilität des byzantinischen Staates fand ihren Ausdruck in der Architektur. Justinian war wie lange vor ihm Augustus und Hadrian ein bedeutender Bauherr. Er sicherte die Grenzen seines Reiches durch ausgedehnte Verteidigungsanlagen, die oft weit ins Hinterland hineinreichten. Die unter seiner Herrschaft neu gegründeten oder wieder aufgebauten Städte waren zu befestigen und mit Trinkwasser zu versorgen. Wo einst Tempel, Thermen oder Zirkusanlagen gestanden hatten, errichtete man jetzt in vielen Fällen Kirchen. Quader und Säulen römischer

oder griechischer Bauten wurden häufig wiederverwendet. So entnahm zum Beispiel Victorianus, einer der Bauingenieure Justinians, aus dem Tempel des Poseidon-Heiligtums von Isthmia Baumaterial für eine Sperrbefestigung, die an der Landenge von Korinth angelegt wurde.

Im Osten des Byzantinischen Reiches diente Justinians Baupolitik vorrangig der Grenzsicherung gegen die Sasaniden. Einen Eindruck von den in diesem Raum angelegten Verwaltungs- und Militärzentren geben die Ruinen von Qasr ibn-Wardan nordöstlich von Hama am Rande der Syrischen Wüste. Hier ließ Justinian, vermutlich durch die Architekten Johannes von Byzanz und Isidoros den Jüngeren von Milet, 564 einen Palast und neben diesem einen Sakralbau und eine Kaserne anlegen. Die auf rechteckigem Grundriß errichtete Kirche enthielt als Kern einen kuppelgewölbten Zentralraum mit Apsis. Fremdartig wirkte die Farbigkeit des Baumaterials: Basalt und gebrannte Ziegel, Fensterleibungen aus weißem Kalkstein und Marmorverkleidungen.

Die meisten Namen byzantinischer Architekten sind aus dem 6. Jahrhundert überliefert.[235] Nach beruflicher Funktion und sozialer Stellung lassen sich zwei Kategorien unterscheiden: der *mēchanikos* (oder *mēchanopoios*) und der *architektōn*. Der *mēchanikos* nahm einen höheren gesellschaftlichen Rang ein als der *architektōn*. Er war ein theoretisch und praktisch umfassend geschulter Architekt mit ausgeprägtem mathematischen Fachwissen und ist nicht mit dem rein technisch orientierten Ingenieur zu verwechseln, der als *mēchanikōn ergōn heuretēs* (Erfinder mechanischer Werke) bezeichnet wurde. Dies belegen erklärende Angaben des griechischen Mathematikers Pappos von Alexandria (um 300), die dieser in der Einleitung zum 8. Buch seines mathematische Abhandlungen enthalten-

7

64 Istanbul. Hagia Sophia. Kapitelle der Empore

den Werkes »Synagōgē« (»Sammlung«) mitgeteilt hat und die ihrerseits auf den Mathematiker Heron von Alexandria (Ende des 1. Jahrhunderts) zurückgehen. Der *architektōn* hingegen war – anders als im Griechenland der klassischen und hellenistischen Zeit – ein Architekt niedrigeren Ranges. Er wurde auch einfach *tektōn, technitēs* oder *oikodomos* genannt, was alles soviel wie Baumeister oder Werkmeister bedeutete. Im Byzantinischen Reich ließ man die meisten Bauten von diesen Leuten oder nur von Polieren ausführen. Ihnen unterstanden die Handwerker.

Von 532 bis 537 ließ Justinian im Zentrum Konstantinopels, zwischen dem Kaiserpalast und dem Hippodrom, eine neue Bischofs- und Palastkirche bauen, die nach der personifizierten Weisheit Gottes den griechischen Namen Hagia Sophia (Heilige Weisheit) erhielt.[36] Anders als ihre beiden von Bränden zerstörten Vorgänger, von denen der ältere, noch in die Zeit Konstantins I. zurückreichende als *megalē ekklēsia* (Große Kirche) bezeichnet wurde, ist sie nach einer völlig veränderten Konzeption errichtet. Kolossale Proportionen und eine alles Bisherige in den Schatten stellende prachtvolle Ausstattung kennzeichneten sie als Hauptkirche der östlichen Christenheit. Trotz ihrer einzigartigen Stellung in der byzantinischen Kunst kann sie nicht nur als eine rein byzantinische Schöpfung betrachtet werden. In alten Legenden erscheint sie als der Gipfel antiker Architektur, was natürlich als ein tendenziöses Urteil zu bewerten ist. Doch bestätigen neuere Forschungen immer deutlicher, daß aus der Summe der Errungenschaften antiker Baukunst vieles in dieses Werk der Weltarchitektur einging. Das gilt für Technisches ebenso wie für das Repertoire der Formen und Symbole. Die Säulen der Hagia Sophia sind nicht, wie oft behauptet wurde, Spolien aus den größten Tempeln des Altertums, sondern man stellte sie eigens für den Bau dieser Kirche her. Aber Motive und Einzelheiten der Formen an den Kapitellen weisen auf hellenistische Vorbilder hin, wie überhaupt die gesamte Bauplastik in ihrer Vielfalt von antiker Architekturdekoration bestimmt ist.

Am 23. Februar des Jahres 532 begann man auf Veranlassung Justinians mit dem Bau der neuen Kirche. Als sie der Patriarch Menas am 27. Dezember 537 einweihte, waren genau 5 Jahre, 11 Monate und 10 Tage vergangen. Diese für damalige Verhältnisse kurze Bauzeit war nur möglich gewesen, weil man, wie bei der Errichtung der großen Landmauer von Konstantinopel und ähnlichen öffentlichen Bauvorhaben, ein gewaltiges Heer von Handwerkern, Zulieferern und Arbeitern zu Dienstleistungen verpflichtet hatte. Diese Arbeitskräfte mußten oft von weither geholt werden. Der Kaiser verschaffte durch außergewöhnliche Maßnahmen – zum Beispiel wurden die Gehälter der Lehrer eingezogen – die erforderlichen Finanzmittel und überwachte selbst den Fortgang der Arbeiten. Sogar aus weit entfernten Gegenden ließ er kostbares Material heranbringen.

Als entwerfende und ausführende Architekten hatte Justinian zwei der bedeutendsten Baufachleute seiner Zeit berufen: Anthemios von Tralleis und Isidoros den Älteren von Milet. Beide, aufgewachsen in den hellenistischen Bautraditionen Kleinasiens, waren bekannte Bautheoretiker. Wie später die großen Gelehrten der Renaissance verfügten sie über gründliche Kenntnisse in der Mathematik. Sie waren außerdem in den Naturwissenschaften und in den bildenden Künsten unterrichtet und veröffentlichten wissenschaftliche Traktate. Die Differenzierung ihrer Aufgaben beim Bau der Hagia Sophia wird von frühbyzantinischen Historikern verschieden beurteilt: Justinians Geschichtsschreiber Prokop berichtet in seinem Werk »Peri ktismatōn« (»Über die Bauten«), daß beide Architekten den Bau gemeinsam leiteten und daß Anthemios das Modell herstellte (a. a. O. I 1). Hingegen schreibt Paulos Silentiarios

8, 71, 72

64

in seiner »Ekphrasis tu nau tēs Hagias Sophias« (»Beschreibung der Kirche der Heiligen Weisheit«), Anthemios sei vor allem für das Errichten der Fundamente zuständig gewesen (a. a. O. 267 ff. und 552 ff.). Der Historiker Agathias von Myrina schließlich bemerkt in seinem unvollendet gebliebenen Werk »Peri tēs Iustinianu basileias« (»Über die Herrschaft Justinians«), Anthemios habe die Modelle entworfen und die Ausführung sämtlicher Bauteile überwacht. Die Zufälligkeit der unterschiedlichen Überlieferungen gestattet nicht, die Anteile beider Architekten klar zu trennen.

Im April, Oktober und Dezember des Jahres 557 erschütterten Erdbeben die Hagia Sophia so stark, daß im Mai des folgenden Jahres der östliche Vierungsbogen, die anschließende Halbkuppel und Teile der weitgespannten Hauptkuppel einstürzten. Herabfallende Bauteile zerstörten zudem den Altar. Die nunmehr notwendig gewordenen Rekonstruktionsarbeiten leitete Isidoros der Jüngere von Milet, ein Neffe des älteren Isidoros. Sie begannen 558 oder kurz danach und fanden mit der erneuten Weihe der Kirche am Vorabend des Weihnachtstages 563 ihren Abschluß.

Seit der Eroberung Konstantinopels durch die Türken am 29. Mai des Jahres 1453 diente die Hagia Sophia als Hauptmoschee des Osmanischen Reiches. Ihr einstiger Name wurde in türkischer Form – Aya Sofya – beibehalten. Einige bauliche Veränderungen, die man seitdem vornahm, stellen keine einschneidenden Eingriffe in den Grundbestand des Bauwerks dar. 1847 bis 1849 führte der Tessiner Architekt Gaspare Fossati zusammen mit seinem Bruder Giuseppe eine umfassende Restaurierung der Kirche durch. Dabei legte man unter anderem die ersten übertünchten Mosaiken und Wandgemälde frei. 1934 wurde die Hagia Sophia zum Museum erklärt. Archäologische Untersuchungen begannen. Erst wenn deren Ergebnisse restlos aufgearbeitet sind, wird man ein genaueres

Urteil über den Entwurf und das ihm zugrundeliegende Maßsystem abgeben können.

Die innere Länge der Kirche beträgt 80,9 Meter, die Breite 69,9 Meter. Die Höhe des quadratischen Mittelraums bis zum Kuppelscheitel mißt 55,6 Meter. Die von Isidoros dem Jüngeren in höherer Form wiederaufgebaute Hauptkuppel ist 23,8 Meter hoch und besitzt einen Durchmesser von rund 33 Metern.

Die Innenausstattung der Hagia Sophia wurde bei der Eroberung Konstantinopels durch die Türken größtenteils vernichtet. Für sie hatte man, wie aus alten Beschreibungen hervorgeht, verschiedene Marmorsorten verwendet. Besonders prachtvoll war der aus Marmor von der Insel Prokonnesos im Marmarameer bestehende Fußboden. Die Säulen zwischen den Vierungspfeilern waren aus Verde antico, einem grünlichen Marmor aus Thessalien, die der Diagonalexedren aus rotem bis veilchenblauem oberägyptischen Porphyr hergestellt. Die Wände des Naos und der Räume in den Seitenschiffen waren bis zum Ansatz des Gewölbes mit polierten Marmorplatten verkleidet. Goldmosaiken schmückten die Gewölbe und bestimmte Wandzonen. Soweit sie bildliche Darstellungen enthielten, zerstörte man sie in der Zeit des Bildersturms, so daß nur geringe Reste erhalten blieben. Zum Inventar der Kirche gehörten zahlreiche liturgische Geräte aus Gold, Silber und Edelsteinen.

Die besondere baugeschichtliche Bedeutung der Hagia Sophia liegt in ihrem mit den kultischen Funktionen in Einklang gebrachten Bautyp: Die Raumform der antiken Basilika, das Langhaus, ist hier mit einem kuppelüberwölbten Zentralraum verschmolzen. Den Bau umgibt in den niedrigeren Seitenschiffen eine Flucht von »Manteltäumen«, die teilweise Querräume darstellen. An der Westseite sind zwei quergerichtete parallele Eingangshallen (Narthex und Exonarthex) und ein Atrium vorgelagert. Im mittleren Abschnitt des

65 Istanbul. Hagia Sophia. Blick durch die Kaisertür in den Innenraum

66 Istanbul. Hagia Sophia. Teilansicht des Innenraums gegen Nordosten

Hauptschiffs bildet ein quadratischer Raum von je 30 Meter Seitenlänge das Zentrum der Kirche. Seine vier gewaltigen Eckpfeiler (Höhe jeweils 24,3 Meter), denen am Außenbau Strebepfeiler entsprechen, tragen die sphärische Hauptkuppel. Sie wurden von Prokop (a. a. O. I 1, 37. 38. 50–53) und seinen Zeitgenossen als eine vollkommene Konstruktionsleistung bewundert. Prokop beschreibt die Technik, welche diesen Pfeilern die notwendige Festigkeit verlieh: »Es verband sie aber nicht Kalk, den man unverbrennlich nennt, noch Asphalt, auf den Semiramis von Babylon so stolz war, sondern auf Lehm gegossenes Blei, das allenthalben eingedrungen und den Fugen eingeschmolzen die Steine miteinander verband.«

Auf den Eckpfeilern ruhen vier Bögen, von denen jeder 31,3 Meter breit und 15,65 Meter hoch ist. Vom quadratischen Querschnitt des Zentralraums leiten vier Pendentifs (Hängezwickel) in das Kreisrund der Hauptkuppel über. In deren Zentrum befand sich ursprünglich ein großes Kreuz. Auf dem Basiskreis der Kuppel erhebt sich ein Kranz von 40 Fenstern. Er läßt das Gewölbe schwerelos erscheinen, da durch ihn die feste Basis der Kuppel nicht mehr wahrgenommen wird. Die von Isidoros dem Jüngeren in steiler Form erneuerte Hauptkuppel besteht aus 40 Rippen, von denen jede etwa 1,1 Meter breit ist. Prokop (a. a. O. I 1) hebt den Eindruck des Schwebens, der von dieser Kuppel ausgeht, hervor: »Sie scheint nicht auf dem festen Bau zu ruhen, sondern als goldene Kugel am Himmel zu hängen und so den ganzen Raum zu bedecken.« Östlich und westlich von ihr fängt je eine Halbkuppel den Gewölbeschub der Hauptkuppel ab und leitet ihn auf zwei kleinere, die seitlichen Exedren bedeckende Halbkuppeln über. Um dem Schub der Hauptkuppel entgegenzuwirken, wurden an der Innenseite der Nord- und Südwand Strebemauern aufgeführt.

Das Innere der Hagia Sophia wird in illusionistischer Weise gleichmäßig von indirektem Licht erhellt. »Man könnte nämlich meinen«, schreibt Prokop (a. a. O. I 1), »der Platz werde nicht von außen her durch die Sonne erleuchtet, sondern empfange seine Helligkeit von sich aus, eine solche Lichtfülle ist über das Heiligtum ausgegossen.«

Mit dieser Art der Raumgestaltung wurden die Grenzen aller bisherigen Baukunst überschritten. Das viele Jahrhunderte erfüllende Schaffen antiker Architekten war beendet, ihr Erbe aber wirkte weiter.

KLEINES LEXIKON
DER GRIECHISCHEN UND
RÖMISCHEN ARCHITEKTEN
UND BAUINGENIEURE

Hinweise:

Die nachstehende Dokumentation verzeichnet, von einigen Sonderfällen abgesehen, diejenigen griechischen und römischen Architekten und Bauingenieure, deren Tätigkeit in den Zeitraum vom 6. Jh. v. Chr. bis zum 6. Jh. n. Chr. fällt und deren Namen in den Kapiteln I und III bis VI vorkommen. Nicht aufgenommen wurden Namen, die aus den mythischen Überlieferungen der vorklassischen Perioden Griechenlands stammen wie z. B. Agamedes und Trophonios, Daidalos, Memnon, Pteras u. a. (hierzu s. Seite 51 ff.).

Zu jedem Stichwort sind alle wesentlichen Informationen über Herkunft, Zeitstellung, Schaffen und Bedeutung sowie eine mit Kurzcharakteristiken versehene Werkübersicht angeführt, ergänzt durch Belegstellen aus antiken Schriftquellen. Die von Architekten verfaßten Schriften werden, von wenigen Ausnahmen abgesehen, hier nicht erwähnt, da sie auf Seite 66 ff. zusammenhängend behandelt sind.

Die bei den einzelnen Stichwörtern angegebenen Bauten bzw. größeren Baukomplexe sind durch folgende Symbole klassifiziert:

⊙ = literarisch überlieferte Werke, die ganz oder weitgehend erhalten oder in Resten archäologisch nachgewiesen sind;

⊗ = literarisch überlieferte Werke, die nicht mehr vorhanden bzw. noch nicht archäologisch nachgewiesen sind;

○ = aus bautechnisch-archäologischen Untersuchungen und aus literarischen Quellen abgeleitete Werkzuschreibungen.

Nachstehende Werke der antiken Literatur, die als Quellen häufig heranzuziehen waren, sind nur mit dem Namen des Schriftstellers zitiert: Cassius Dio, Rhōmaikē historia (Römische Geschichte) = Cassius Dio; Herodotos, Historiēs apodeixis (Darlegung der Erkundung) = Herodot; Pausanias, Periēgēsis tēs Hellados (Beschreibung Griechenlands) = Pausanias; Gaius Plinius Secundus (der Ältere), Naturalis historia (Naturgeschichte) = Plinius; Prokopios, Peri ktismatōn (Über die Bauten) = Prokop; Strabon, Geōgraphika (Erdbeschreibung) = Strabon; Vitruvius, De architectura libri decem (Zehn Bücher über Architektur) = Vitruv.

Für inschriftliche Belegstellen wurden folgende in der Fachliteratur allgemein gebräuchliche Abkürzungen verwendet: CIA = Corpus Inscriptionum Atticarum; CIG = Corpus Inscriptionum Graecarum; CIL = Corpus Inscriptionum Latinarum; IG = Inscriptiones Graecae; IGRom = Inscriptiones Graecae ad res Romanas pertinentes; SEG = Supplementum Epigraphicum Graecum; Syll.³ = W. Dittenberger, Sylloge Inscriptionum Graecarum, I–IV, Leipzig ³1915–24 (Reprint: Hildesheim 1960).

Bei der Säulenzahl von Peripteraltempeln ist zuerst die der Frontseiten, dann, nach einem Doppelpunkt, die der Langseiten angegeben, z. B.: 6:13 Säulen. Dabei sind jeweils die Ecksäulen mitgezählt.

Agasikrates; Agathokles; Agathon von Thurioi (?) s. unter Spintharos von Korinth

Aloisius (auch: Aloysius, Aloiosus, Alojosus, Hlovis), Architekt des Ostgotenkönigs Theoderich, vielleicht aus Patavium (Padua). ⊗ Instandsetzung einer verfallenen römischen Thermenanlage bei der Heilquelle Aponi fontes (Abano Terme bei Padua) und eines in ihrer Nähe liegenden *palatium,* Auftrag zwischen 507 und 511 n. Chr. (Cassiodorus, Variae II 39 = Monumenta Germaniae, Auctores antiquissimi XII, ed. Th. Mommsen, 1894, S. 67–69). Ende des 6. Jh. n. Chr. zerstörte der Bajuwaren-Herzog Agilulf die Ansiedlung.

Ameinokles von Korinth s. unter Archias von Korinth

Ammonios s. unter Sostratos von Knidos

Anaxikrates s. unter Xenaios

Andronikos von Kyrrhos/Makedonien, Sohn des Hermias, griechischer Astronom, Techniker und Architekt (?) der hellenistischen Zeit. Seine Hauptschaffensperiode fällt nach neueren Forschungen in das dritte Viertel des 2. Jh. v. Chr. Er konstruierte neben Sonnen- und Wasseruhren auch Himmelsgloben und erfand Verbesserungen für astronomische Instrumente. Durch seine Leistungen schon zu Lebzeiten als Spezialist anerkannt. ☉ Sonnenuhr aus weißem Marmor, gefunden im Heiligtum des Poseidon und der Amphitrite auf der Kykladeninsel Tenos, 2. Jh. v. Chr. Auf dem Rand der halbkugelförmigen Einwölbung steht der Name des Andronikos, auf der Rückseite ein Epigramm (IG XII 5 Nr 891 und Supplement), aus dem seine Herkunft aus Makedonien hervorgeht. / Horologion (sog. Turm der Winde) vor der Ostseite der Römischen Agora in Athen, zwischen 160/50 und 130/20 v. Chr. (IG II²

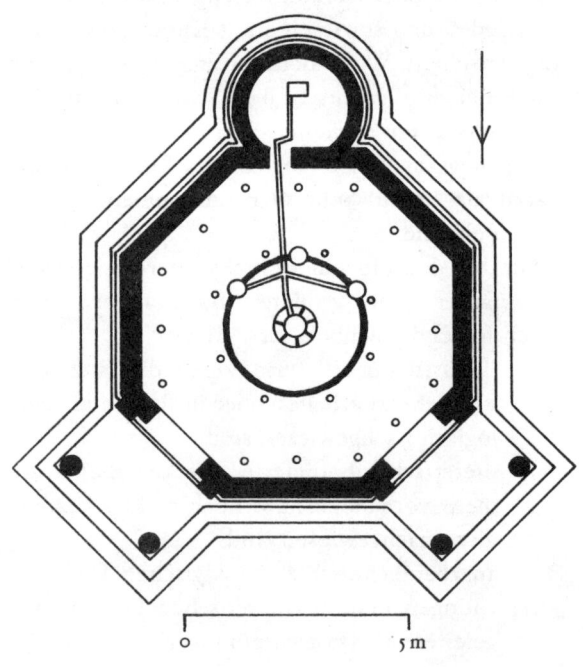

67–70

130

1035, Zeile 54; Varro, De re rustica III 5,17; Vitruv I 6,4): Äußere Bausubstanz des aus pentelischem Marmor errichteten oktogonalen Gebäudes fast vollständig erhalten. Der Außenbau zeigt korinthische, das Innere dorische Bauformen. Auf dem flachen Pyramidendach war einst ein Windrichtungsanzeiger in Form eines beweglichen Tritons aus Bronze angebracht. Er stand in Verbindung mit dem unter der Dachzone umlaufenden Relieffries mit den Personifikationen der acht Hauptwinde. An den Außenseiten des Bauwerks befanden sich Sonnenuhren. Kernstück der Inneneinrichtung war eine große öffentliche Wasseruhr *(klepsydra)*; außerdem müssen sich im Innern noch andere mit Wasserkraft betriebene Vorrichtungen befunden haben. In einem annähernd kreisförmigen Anbau an der Südseite des Turmes war ein Wasserbehälter untergebracht. Er speicherte das aus einer Quelle vom Nordabhang der Akropolis durch eine Leitung herangeführte Wasser. Unklar bleibt, ob Andronikos den Gesamtentwurf für das Horologion geliefert oder nur die für den Betrieb benötigten Apparaturen hergestellt hat.

Anthemios von Tralleis (Tralles)/Lydien, Sohn des Arztes Stephanos, Architekt *(mēchanikos, mēchanopoios, polymēchanos)* und Fachschriftsteller der frühbyzantinischen Zeit, geboren in der zweiten Hälfte des 5. Jh. n. Chr., gestorben um 534 wahrscheinlich in Konstantinopel. Anthemios war bereits durch seine Leistungen auf den Gebieten der Mathematik und Physik (Experimente mit Was-

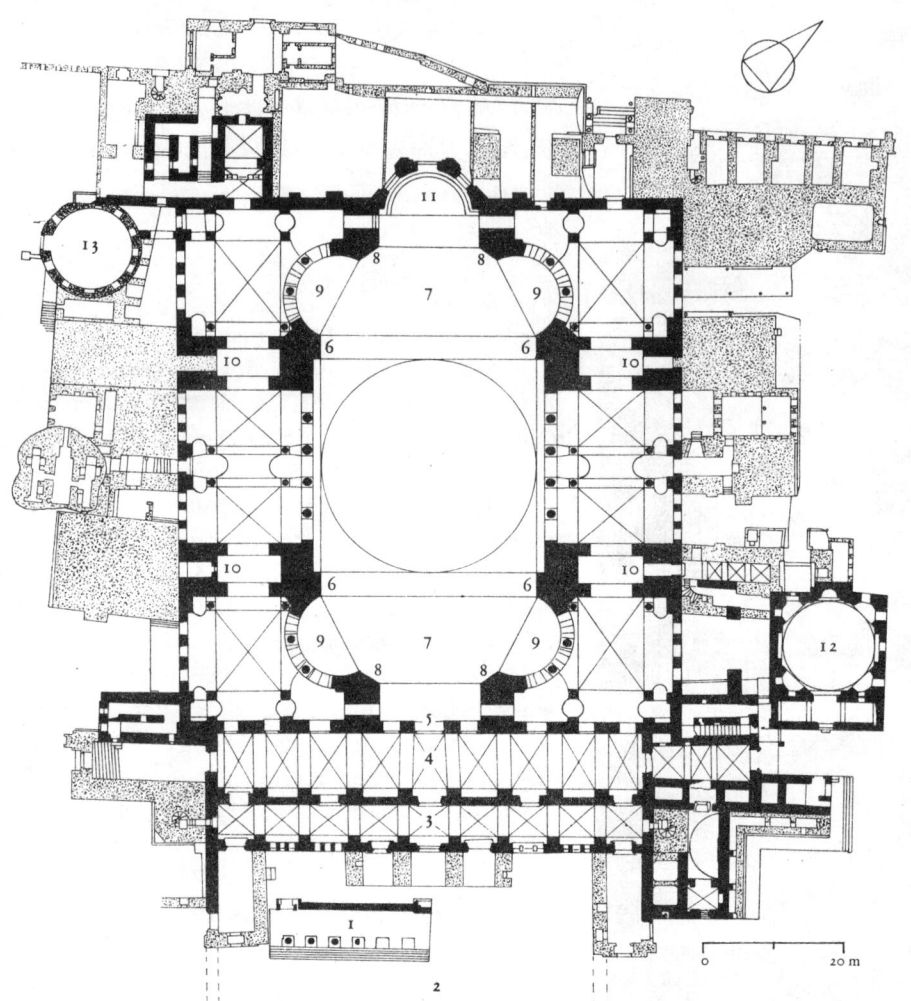

71 Istanbul. Hagia
Sophia. Grundriß

1 Reste der theodosia-
nischen Hagia Sophia,
2 Atrium, 3 Äußere
Vorhalle (Exonarthex),
4 Innere Vorhalle
(Esonarthex),
5 Kaisertür,
6 Hauptpfeiler,
7 Östliche und
westliche Halbkuppel,
8 Längspfeiler,
9 Stütznischen
(Exedren),
10 Strebepfeiler,
11 Apsis, 12 Baptisterium,
13 Skeuophylakion
(Schatzkammer für
liturgische Geräte und
Gewänder)

serdampf und Parabolspiegeln) sowie der Architektur bekannt, als er Anfang des 6. Jh. n. Chr.
nach Konstantinopel berufen wurde. Prokop (I 1,
24) rühmt ihn als den »mit Abstand glänzendsten
Ingenieur nicht nur der Gegenwart, sondern auch
der Vergangenheit«. Agathias von Myrina (Peri tēs
Iustinianu basileias V 5–8) berichtet über ihn:
»Anthemios stammte aus Tralles und war namentlich berühmt als Erfinder von mechanischen Ap-
paraten sowie als Kenner der mathematischen

Wissenschaften. Auch seine Brüder waren als bedeutende Gelehrte wohlbekannt, und zwar Metrodoros als Schriftsteller, Olympos als Jurist, Dios-
koros und Alexandros als Mediziner. Der Ruf des
Anthemios und des Metrodoros drang bis zu den
Ohren des Kaisers, der beide Brüder nach Konstantinopel kommen ließ. Dort blieben sie bis an
ihr Lebensende und schufen höchst bewunderns-
werte Geisteswerke, der eine als Schriftsteller, der
andere als Errichter zahlreicher Bauten in und um

Konstantinopel.« Wie Agathias von Myrina berichtet, experimentierte Anthemios mit einer Dampf- oder Heißluftmaschine. Die von ihr hervorgebrachten Geräusche und Erschütterungen, die denen eines Gewitters oder Erdbebens ähnlich waren, soll er unter anderem dazu benutzt haben, unerwünschte Besucher zu vertreiben. ⊙ Im Auftrag Justinians I. Entwurf und Ausführung der Hagia Sophia in Konstantinopel zusammen mit **Isidoros dem Älteren** von Milet, 532 bis 537 n. Chr. (Prokop I, 1, 24–25.50.70; Paulos Silentiarios, Ekphrasis tu nau tēs Hagias Sophias 267 ff., 552 ff.; Agathias von Myrina, a. a. O. V 9). Die Fertigstellung der Kirche erlebte Anthemios nicht mehr. ○ Aus der oben angeführten Stelle des Agathias von Myrina geht hervor, daß Anthemios noch an weiteren Bauten Justinianischer Zeit in Konstantinopel und anderen Orten des Byzantinischen Reiches beteiligt gewesen sein muß. So war er zusammen mit Isidoros dem Älteren von Milet vermutlich in der Grenzstadt Dara im Norden Mesopotamiens tätig (Prokop II 3, 7–8). Zuschreibungen für Bauten in Konstantinopel (die Kirchen Hagioi

Sergios und Bakchos, Hagia Eirene, der Neubau der Apostel-Kirche und die große unterirdische Philoxenos-Zisterne, die türkisch Binbirdirek, das heißt »Zisterne der 1001 Säulen«, genannt wird) sind nicht eindeutig gesichert.

Antimachides s. unter Antistates

Antiphilos s. unter Pothaios

Antistates; Kallaischros; Antimachides; Porinos (Pormos ?). Griechische Architekten der spätarchaischen Zeit. ⊙ Im Auftrag der Peisistratiden Entwurf des Olympieions (Tempel des Zeus Olympios) in Athen, Ausführung des Unterbaues um 515 bis 510 v. Chr. (Aristoteles, Politika V 11,4; Vitruv VII praef. 15). Der Tempel scheint als ein dorischer Dipteros mit 8:21 Säulen (Durchmesser der Säulentrommeln: 2,5 m!) entworfen worden zu sein. Jedoch stellte man die Arbeiten nach dem Sturz der Tyrannen ein. Erst nach mehr als drei Jahrhunderten wurde das Projekt von **Cossutius** (siehe Seite 150) wieder aufgenommen.

8
65, 66
71, 72

Apollodoros von Athen, Sohn des Heraios, grie-chischer Architekt der hellenistischen Zeit. Im dritten Viertel des 2. Jh. v. Chr. für Delos tätig, dort 130/29 v. Chr. Gymnasiarch (Inscriptions de Délos V, Paris 1937, Nr 2589, 47). ☉ Heiligtum für Sarapis, Isis und Anubis im Bezirk der ägypti-schen Gottheiten auf einer Terrasse am Südab-hang des Kynthos-Massivs auf Delos, 140 bis 137 v. Chr. Teile der Weihinschrift fand man auf den Fragmenten eines Epistyls (Th. Homolle in: Bulle-tin de Correspondance Hellénique 16, 1892, 479–482; Inscriptions de Délos IV, Paris 1937, 210 Nr 2042). Sie nennt Apollodoros als den Archi-tekten der durch das Volk der Athener den drei ge-nannten ägyptischen Göttern geweihten Stätte. Die Anlage besteht aus einem gepflasterten, an drei Seiten durch ionische Säulenhallen begrenz-ten Hof mit den Tempeln der Gottheiten.

Apollodoros von Damaskos, syrisch-griechischer Architekt und Bauingenieur der Römischen Kai-serzeit, auch Fachschriftsteller, um 60 bis um 125 n. Chr. Für eine Ausbildung und frühe Tätigkeit in seiner syrischen Heimat gibt es keine Belege. Unter Trajan, der ihn vielleicht in Syrien kennen-lernte und auf dessen Veranlassung er später, wohl noch zur Zeit Domitians, nach Rom übersie-delte, war Apollodoros zunächst Heeresingenieur und nahm im Gefolge dieses Kaisers an den bei-den Daker-Feldzügen von 101/02 und 105/06 teil. Danach wurde er offizieller Architekt Trajans. Die Tatsache, daß ihn Prokop (De aedificiis IV 6) als *architektōn* bezeichnet und nicht als *mēchanikos* oder *mēchanopoios* wie die in kaiserlichem Dienst ste-henden Beamten, läßt auf eine geachtete, selbstän-dige Stellung schließen. Als Staatsarchitekt leitete Apollodoros alle großen Bauvorhaben Trajans in Rom (Pausanias V 12,6) und übte über eine zen-trale Bauhütte weitreichenden künstlerischen Ein-fluß aus. Diese nahezu unabhängige Stellung be-kleidete er noch in den ersten Regierungsjahren Hadrians, fiel jedoch später bei ihm in Ungnade. Um 123 n. Chr. muß ihn Hadrian – vielleicht im Zusammenhang mit einer damals durch diesen Kaiser eingeleiteten Reform des staatlichen Bau-wesens – entlassen haben. Nach den Mitteilungen bei Cassius Dio LXIX 4 (vgl. auch Tzetzes, Biblos historiōn [Historiarum variarum chiliades] II 82) soll es vor allem die Kritik des Apollodoros an Ha-drians Entwürfen für den Tempel der Venus und Roma gewesen sein, die den Kaiser veranlaßte, ihn aus Rom zu verbannen und zum Tode zu ver-urteilen (s. Seite 109). Ein authentisches Porträt des berühmten Architekten ist mit großer Wahr-scheinlichkeit die aus Rom stammende und zu sei-nen Lebzeiten entstandene Büste mit antiker Na-mensbeischrift in der Münchner Glyptothek.[237] Ein weiteres Bildnis wird auf einem Relief der Trajanssäule in Rom vermutet.²³⁸ – Die architekturge-schichtliche Bedeutung des Apollodoros von Da-maskos beruht auf der glänzenden Verschmel-zung hellenistisch-orientalischer und italisch-rö-mischer Bauformen, dem Anknüpfen an techni-sche Traditionen des römischen Bauschaffens (Ziegel und Mörtelguß als Baumaterialien, Mauer-und Wölbtechnik) und deren Weiterentwicklung sowie auf dem durch die beschleunigte Entwick-lung der Bautechniken hervorgerufenen Vordrin-gen des Ingenieurbaus. Seine Bauten offenbaren »ein überraschend freies Schalten mit großen ein-fachen Grundriß- und Aufrißformen unter einer deutlich an augusteischen Vorbildern angelehnten Dekoration, eine unermüdliche Trennung von Muster und Grund, von Dekor und Konstruktion, von Form und Funktion« (W.-D. Heilmeyer). Es darf zu Recht davon ausgegangen werden, daß Apollodoros in seiner zentralen Stellung auch auf die mit den trajanischen Staatsbauten verbunde-nen Skulpturenprogramme eingewirkt hat. Sicht-bar wird diese Situation in dem von ihm Kaiser Hadrian vorgeschlagenen Projekt, als Gegenstück zu der Helios (ursprünglich: Nero)-Statue vor dem Flavischen Amphitheater eine Statue der Mondgöttin Selene (Luna) aufstellen zu lassen (Scriptores Historiae Augustae, Hadrianus XIX

13). Den Versuchen, in Apollodoros den führen-den Bildhauer der Trajanssäule erkennen und sei-nen Einfluß darüber hinaus in den Reliefs des Frieses vom Trajansforum und im Reliefschmuck des Trajansbogens in Benevent wiederfinden zu wollen, fehlt es allerdings an konkreten Beweisen. – Über Apollodoros als Fachschriftsteller s. Seite 67 f.

⊙ Donaubrücke *(pontes Traiani)* in Dakien, 104/05 74 n. Chr. (Cassius Dio LXVIII 13 mit Angabe der Hauptmaße; Prokop IV 6,13; Tzetzes, Biblos histo-riön II 80 ff.): Eine Stein/Holz-Bogenbrücke, wel-che die Donau unterhalb des Eisernen Tores, zwi-schen den ebenfalls von Apollodoros errichteten Kastellen Drobeta (heute Turnu Severin, Kreis Mehedinţi/Rumänien) auf dem Nordufer und Ad pontes (beim heutigen Kladovo/Jugoslawien) auf dem Südufer, überquerte. Die 1135 m lange Brücke ruhte auf 26 Steinpfeilern, von denen 20 im Do-naubett und je 3 auf beiden Ufern standen. Der je-weils am weitesten landeinwärts gelegene Pfeiler trug einen monumentalen Torbau, durch den die Straße hindurchführte. Die Spannweite der niedri-gen Brückenbögen betrug fast 170 römische Fuß (etwa 50 m). Die auf den Steinpfeilern ruhenden Bögen, der Brückenbelag und die diagonalen Ver-strebungen (Sprengwerke) beiderseits der Brük-

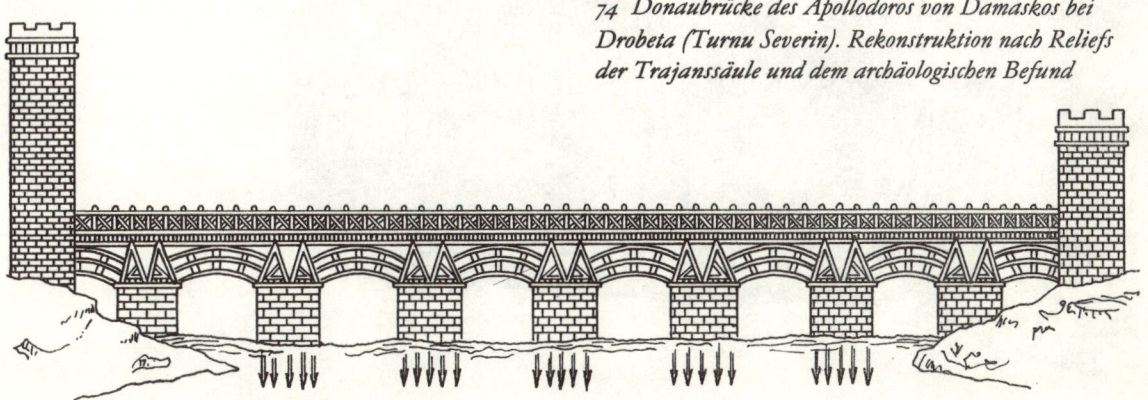

74 Donaubrücke des Apollodoros von Damaskos bei Drobeta (Turnu Severin). Rekonstruktion nach Reliefs der Trajanssäule und dem archäologischen Befund

kenbahn bestanden aus Holz. Später ließ Kaiser Hadrian die Brücke abbrechen, da er einen Überfall der Daker befürchtete. Erhalten blieben nur noch Reste von beiden Brückenenden. Die Brücke ist auf Münzen sowie zweimal auf den Reliefs der Trajanssäule dargestellt. / Trajansthermen auf dem Esquilin in Rom, sehr wahrscheinlich identisch mit einem als Werk des Apollodoros bei Cassius Dio LXIX 4 erwähnten »Gymnasion« (vgl. dazu auch Pausanias V 12,6), nach 104 bis 109 n. Chr.: Diesen Baukomplex mit seinen sechs Hemicyclien (Breite jeweils 30 m) ließ Kaiser Trajan über der 104 n. Chr. ausgebrannten Domus Aurea des Nero errichten. Erhalten blieben Reste von Exedren, Sälen und Bibliotheksbauten im Parco Traianeo und im Garten der Villa Brancaccio. Zu diesen Thermen gehörte auch ein unweit östlich davon ausgegrabenes Wasserreservoir mit neun kommunizierenden Kammern, heute unter dem Namen Sette Sale bekannt. / Trajansforum in Rom (mit zwei großen Hemicyclien, dem eigentlichen Forumsplatz mit einem kolossalen Reiterstandbild Trajans aus vergoldeter Bronze im Zentrum, der Basilica Ulpia, der Trajanssäule mit Inschrift von 113 n. Chr. [CIL VI 960], zwei Archiv- und Bibliotheksbauten sowie einem dem vergöttlichten Trajan und seiner Gemahlin Plotina geweihten Tempel), angelegt 107 bis 112 n. Chr. aus der Beute der

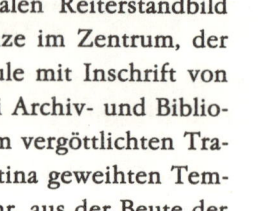

75 Rom. Trajanssäule.
Relief mit dem Stieropfer
Kaiser Trajans.
Im Hintergrund
die Donaubrücke

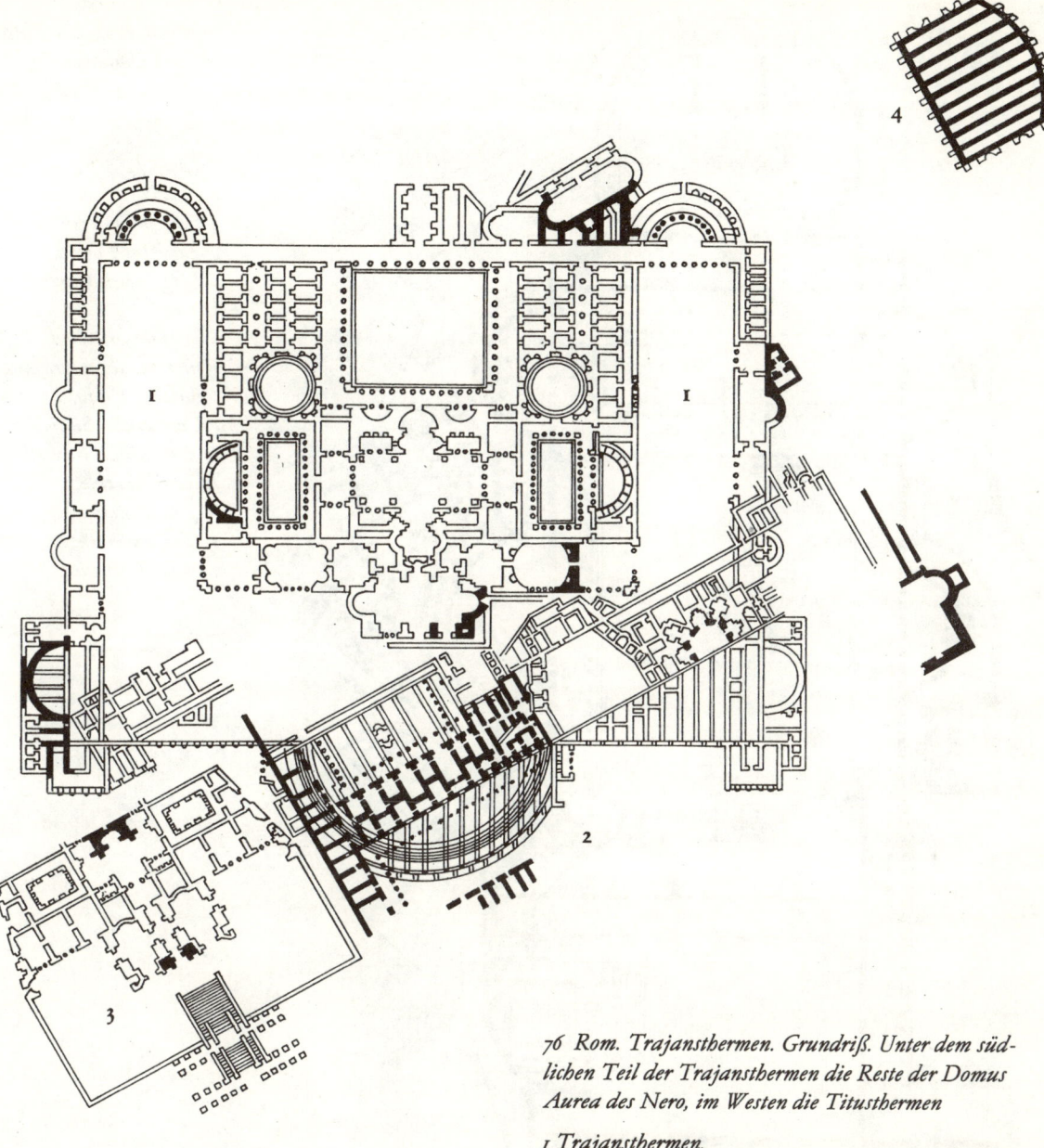

76 *Rom. Trajansthermen. Grundriß. Unter dem süd-*
lichen Teil der Trajansthermen die Reste der Domus
Aurea des Nero, im Westen die Titusthermen

1 Trajansthermen,
2 Fundamente der Domus Aurea des Nero unter den
Trajansthermen,
3 Titusthermen,
4 Sette Sale (Wasserreservoir für die Trajansthermen)

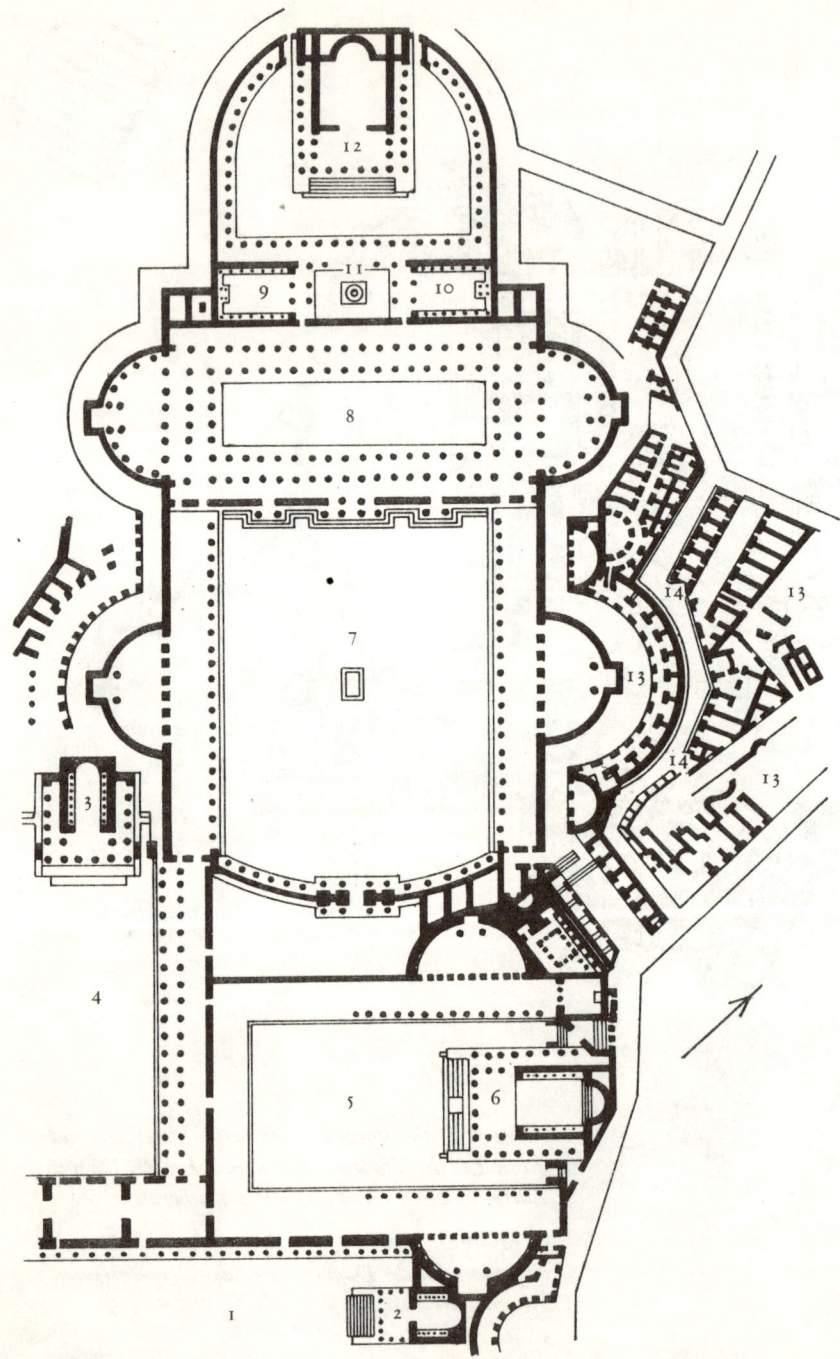

77 Rom. Plan des
Trajansforums mit seiner
näheren Umgebung

1 Nerva-Forum,
2 Tempel der Minerva,
3 Tempel der Venus
Genetrix,
4 Caesar-Forum,
5 Augustus-Forum,
6 Tempel des Mars
Ultor,
7 Trajansforum mit
Reiterstandbild Trajans,
8 Basilica Ulpia,
9 Lateinische Bibliothek,
10 Griechische Bibliothek,
11 Trajanssäule,
12 Trajanstempel,
13 Trajansmarkt,
14 Via Biberatica

78 Rom. Nordöstliche
Exedra des Trajansfo-
rums. Zeichnung von
Giovanni Antonio Do-
sio. Florenz, Uffizien

79 Rom. Blick in die
nordöstliche Exedra des
Trajansforums. Im Hin-
tergrund der Trajans-
markt und die Torre
delle Militie. Aufnahme
von 1931

Dakerkriege (Cassius Dio LXVIII 16,2 und LXIX
4,1; Aurelius Victor, De Caesaribus XIII 5; Ammianus Marcellinus, Rerum gestarum libri XVI 16;
Gellius, Noctes Atticae XIII 25): Hauptwerk des
Apollodoros von Damaskos und einer der Höhe-
punkte antiker Platzarchitektur, letztes und größ-
tes römisches Kaiserforum. ⊗ Odeion in Rom
(Cassius Dio LXIX 4; Ammianus Marcellinus, Rerum gestarum libri XVI 10,14; Pausanias V 12,6):
Zur Zeit Trajans wurde unter der Oberaufsicht
des Apollodoros ein 86 n. Chr., während der Regierung Domitians, auf dem Marsfeld errichtetes
rechteckiges Odeion in ein »großes ringsum run-

des Theater« (Pausanias) umgebaut. Die Reste dieses Baues vermutet man unter dem künstlich angelegten Hügel Monte Giordano. ○ Trajans-

84 markt *(mercatus Traiani)* in Rom, vollendet vor 112 n. Chr.: Die sechsstufige terrassenartige Anlage am Südhang des Quirinal-Hügels umfaßte über 150 verschieden abgeteilte Verkaufsstände *(tabernae)* für Wein, Öl und Gemüse, eine große zweistök-kige Markthalle *(Basilica Traiana)*, Räume mit Was-serbecken für den Verkauf von Fischen und Ge-tränken sowie größere Räume mit Wandnischen (Verwaltungsgebäude?). Die meisten Räume sind samt ihren Gewölben noch in gutem Erhaltungs-

zustand. Seit 1929 Ausgrabungen unter Leitung von Corrado Ricci. Da der Trajansmarkt nach den gleichen architektonischen Prinzipien angelegt ist wie das Trajansforum und, ungeachtet einer Trennmauer, mit diesem eine bauliche Einheit darstellt, ist anzunehmen, daß sein Entwurf von Apollodoros stammt. / Neubau des Pantheons (Entwurf und Ausführung des Rohbaus von Pan- 85, 86 theon III) im Rahmen einer Rekonstruktion des zentralen Teils des Marsfeldes in Rom, um 114 bis 123 n. Chr. (Zuschreibung auf Grund der Untersu-chungen von W.-D. Heilmeyer[239]): Rotunde mit ei-ner aus konzentrischen Ringen gebildeten und in-

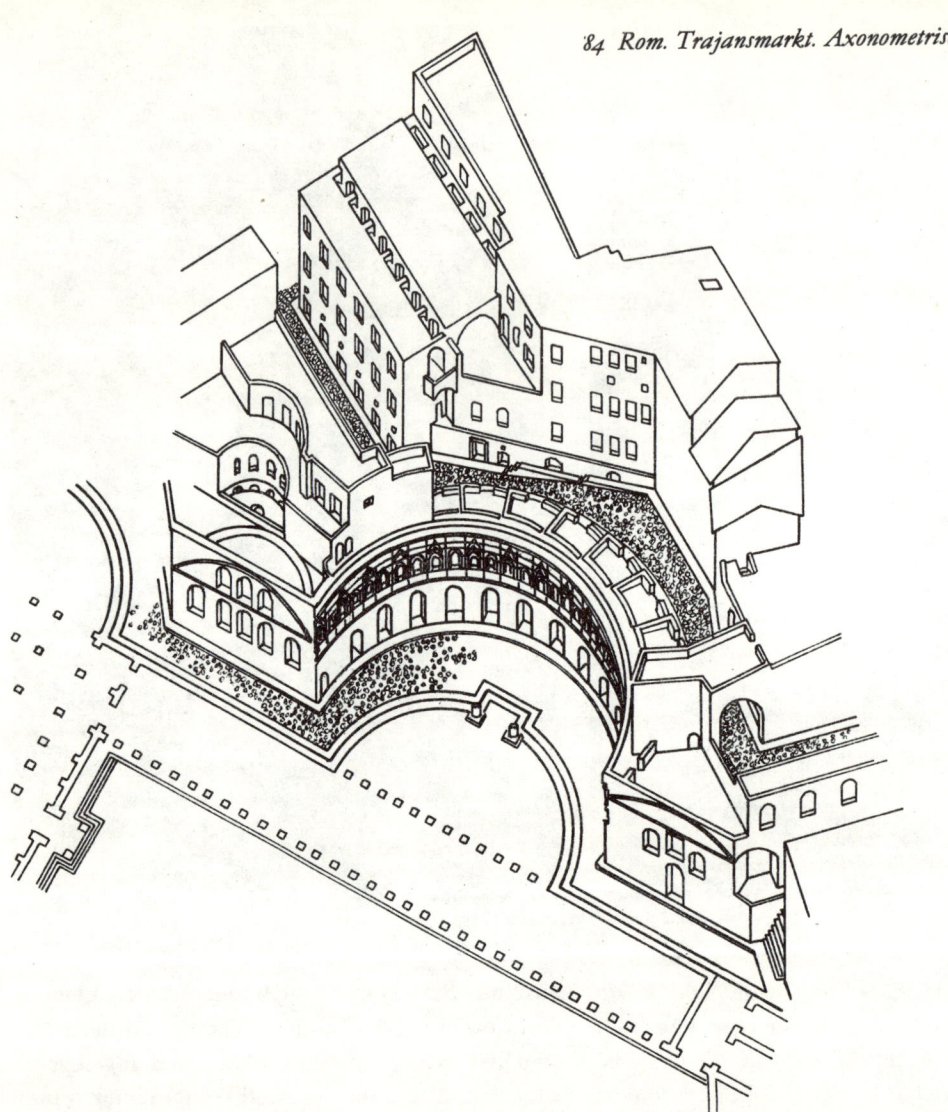

nen kassettierten Halbkreiskuppel aus Leichtbeton (Durchmesser 43,3 m) und einer Vorhalle. Das nach dem Vorbild der Kuppelsäle römischer Thermen errichtete Pantheon blieb als einziges der antiken Bauwerke Roms fast völlig erhalten. Die Wahl eines kuppelgewölbten Zentralraums für den »allen Göttern« geweihten Tempel beruhte offenbar auf einem Wandel religiöser Vorstellun-

gen. Wahrscheinlich trug die Raumkugel-Konstruktion der mächtigen Kuppel, die den Bau als ein Sinnbild des Kosmos erscheinen ließ, mit zu dem Streit zwischen Hadrian und Apollodoros bei, der um 123 n. Chr. zur Absetzung des Architekten führte. / »Ein Gebäude für Pferderennen, volle zwei Stadien lang« in Rom (Pausanias V 12,6): Von Pausanias zusammen mit anderen Wer-

85 Rom. Pantheon. Blick
in die Westhälfte des
Innenraums. Zeichnung
von Raffael. Florenz,
Uffizien

86 Rom. Pantheon.
Blick auf die Fassade.
Ältere Aufnahme

ken des Apollodoros aufgezählt, jedoch ohne Nennung des Architekten. Nach Ch. Hülsen[240] vielleicht identisch mit dem in der Nähe des Hadriansmausoleums (der späteren Engelsburg) gelegenen Circus Hadriani. Dieser wurde, nach den Überresten zu urteilen, noch in der Zeit Trajans begonnen und vermutlich auch für Naumachien (Darstellung von Seeschlachten durch Gladiatoren) benutzt. / Bei einer Reihe trajanischer Bauten und Anlagen außerhalb Roms hält die moderne Forschung Mitwirkung oder Einfluß des Apollodoros für wahrscheinlich. Es handelt sich dabei um den sogenannten Trajanshafen von Ostia (100 bis 106), den Hafen von Centumcellae (Civitavec-

chia) in Südetrurien (106/07), das Tropaeum Traiani (Siegesdenkmal Trajans) von Adamclisi in der Dobrudscha/Rumänien (108/09) sowie die Trajansbögen von Benevent (114) und Ancona (115). 88

Archias von Korinth, griechischer Schiffsarchitekt der hellenistischen Zeit, tätig in der zweiten Hälfte des 3. Jh. v. Chr. Unter ihm erreichte die in Korinth schon für das 8./7. Jh. v. Chr. mit dem Schiffsarchitekten **Ameinokles** nachweisbare Schiffsbautradition einen neuen Höhepunkt. Hieron II. (269 bis 215 v. Chr. Tyrann von Syrakus) ließ durch Archias als Bauleiter und unter Aufsicht des Archimedes den Getreidetransporter »Syrakosia« zu einem schwimmenden Palast umbauen und schenkte ihn dem König von Ägypten; das Schiff hieß nunmehr »Alexandris« (Athenaios, Deipnosophistai V 206 d – 209 b). Seine Ausstattung (siehe Seite 96 f.) muß ähnlich gewesen sein wie die der venezianischen Prunkschiffe. Für den

87 *Axonometrische Rekonstruktion des Claudius- und des Trajanshafens an der Tibermündung bei Ostia. Kupferstich von Ambrosius Brambilla nach Zeichnung von Étienne Dupérac, 1581*

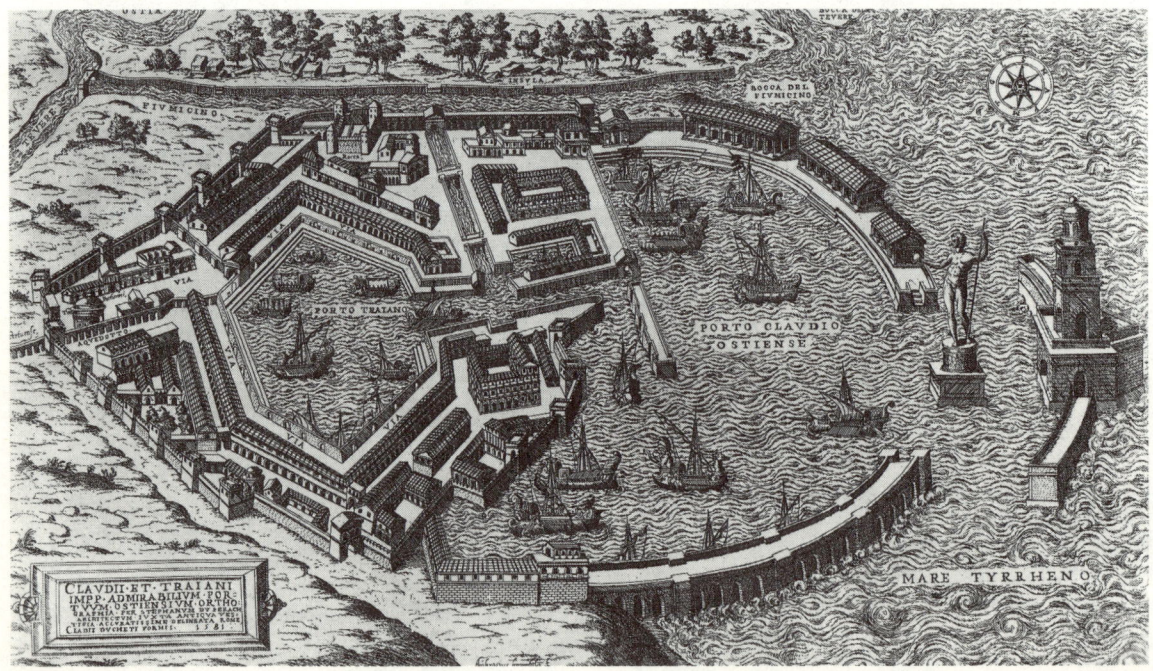

Stapellauf soll Archimedes eine Winde konstruiert haben.

Archilochos von Agryle s. unter Philokles von Acharnai

Aristainetos (Aristenetos), griechischer Architekt der Römischen Kaiserzeit, tätig zur Zeit Hadrians.
89 ⊙ Zeus-Tempel in Kyzikos (heute Balzık) an der Südküste des Marmarameeres, unter Leitung des Aristainetos um 120 n. Chr. begonnen, jedoch erst

167 n. Chr. unter Mark Aurel vollendet und Kaiser Hadrian als dem 13. der olympischen Götter geweiht (Ailios Aristeides, Reden XVI 240 f., ed. W. Dindorf 391; Cassius Dio LXX 4; Malalas, Chronographia 279; Chronikon paschale 475, 9; Iohannes Xiphilinos bei Zonaras, Weltgeschichte XII 1): Der innerhalb eines weiten Peribolos südwestlich der Stadt Kyzikos aus Marmor von der Insel Prokonnesos (der »Gazelleninsel« im Marmarameer) errichtete Dipteros mit 6:15 Säulen (Grundriß etwa 100 × 30 m) gehörte zu den monumentalsten Tempeln der Antike. Er besaß insgesamt 62 auf attischen Basen stehende korinthische Säulen, deren Höhe die der Säulen des Olympieions in Athen und des Iupiter- Heliopolitanus-Tempels in Baalbek übertraf. Im vorderen Teil des Tempels waren 5, im hinteren 3 Reihen mit je 6 Säulen angeordnet. An den Innenwänden der Cella zog sich eine von kleineren Säulen getragene Galerie hin. Den Firstakroter krönte eine Kolossalbüste Hadrians. Im Innern des Stufenunterbaues war ein System von Krypten angelegt. Mit dem Grundriß folgte Aristainetos der Tradition der großen ionischen Tempel. Das strenge Proportionsschema übernahm er jedoch aus der dorischen Architektur. 1063 wurden Teile des Tempels durch Erdbeben zerstört. 1431 und 1444 sah Cyriacus von Ancona noch den oberen Teil mit 33 Säulen.[241] Er fertigte eine Kopie der metrischen griechischen Weih-

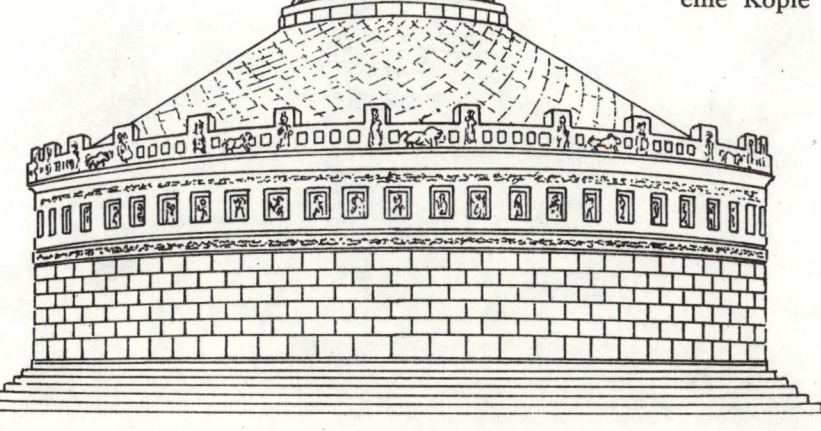

88 *Tropaeum Traiani (Siegesdenkmal Trajans) bei Adamclisi in der Dobrudscha. Zeichnung nach der Rekonstruktion von Florea Bobu Florescu, 1965*

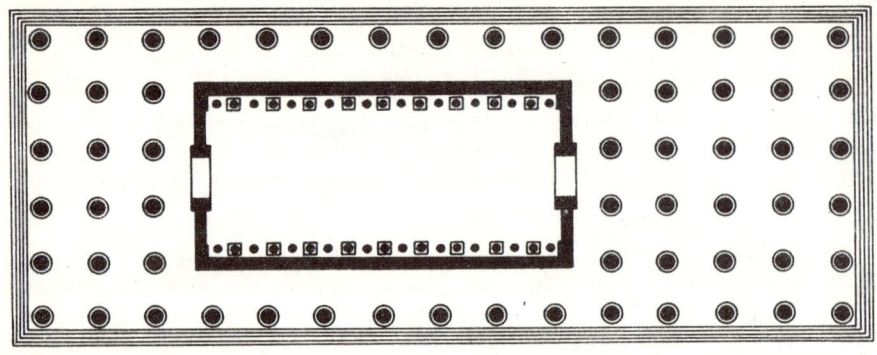

89 Kyzikos. Zeus-Tempel.
Grundriß

90 Pompeji. Großes
Theater von Westen

inschrift an, durch die der Name des Architekten überliefert ist. Dieser stellte mit seiner Signatur den eigenen Ruhm beinahe dem des Auftraggebers gleich: »Der ehrwürdige Aristainetos errichtete mich von Grund auf mit Hilfe vieler Arbeiter aus ganz Asia« (CIG II 3662; Bulletin de Correspondance Hellénique 14, 1890, 529 ff.). An Hand der Zeichnungen des Cyriacus von Ancona konnte ein Säulenfragment des Tempels, das sich heute im Erdek-Museum von Istanbul befindet, identifiziert werden. Im vorigen Jahrhundert stellten G. Perrot und E. Guillaume durch Grabungen den Grundriß des Tempels fest.[242]

Artorius Primus, Marcus, Freigelassener eines Marcus, römischer Architekt, wahrscheinlich aus Kampanien, wo der Name Artorius häufig nachgewiesen ist. Tätig in Pompeji. ☉ Umbau des Großen Theaters im Südosten des Stadtgebietes von Pompeji (Regio VIII, Insula 7) im Auftrag der Ädilen Rufus und Celer, zweier Brüder aus der Familie der Holconii, um 1 v. Chr.: Auf Artorius Primus ist die baugeschichtlich wichtigste Umgestaltungsphase dieses Theaters zurückzuführen. Mit ihr wurde der Ende des 3./Anfang des 2. Jh. v. Chr. in griechischer Traditon errichtete und hernach mehrfach veränderte Bau den Erfordernissen der römischen Bühne angepaßt. Unter anderem erbaute man eine neue, dreitürige Bühnenfront *(scaenae frons)* im vierten Stil der pompejanischen Wanddekoration und einen von einem überwölbten Umgang *(cryptoporticus)* getragenen obersten Rang *(summa cavea,* in der Bauinschrift *theatrum* genannt). Mehrere am Bau angebrachte Inschriften (CIL X 833 ff., 841) nennen den Architekten und die unter seiner Leitung erfolgten baulichen Veränderungen. Das Große Theater faßte etwa 5000 Zuschauer. Gegen Sonneneinstrahlung konnte es durch ein Zeltdach *(velum)* geschützt werden. ☉ Es erscheint nicht ausgeschlossen, daß es in Pompeji außer dem Großen Theater noch andere Bau-

ten des Artorius Primus gegeben hat. Darauf weist eine Inschrift mit seinem Namen (CIL X 807; J. Overbeck/A. Mau, Pompeji in seinen Gebäuden, Alterthümern und Kunstwerken, Leipzig 41884, 640, Anm. 70) hin, die auf einem Gebälkstück steht, das aus einem Haus nahe der Basilika von Pompeji stammt.

Asklepiades von Kyzikos, Sohn des Attalos, griechischer Architekt der hellenistischen Zeit. Im ersten Viertel des 3. Jh. v. Chr. nach Samothrake berufen (CIG 2158). Seine dortige Tätigkeit läßt sich jedoch nicht näher bestimmen. Er erhielt den höchsten Weihegrad der Mysterien von Samothrake. ○ Rundbau für den Kybele-Kult in Kyzikos./Rundbau für den Mysterienkult der Großen Götter auf Samothrake (identisch mit dem Arsinoeion oder mit dessen Vorläufer?).

Asklepiodoros s. unter Xenaios

Attalos s. unter Xenaios

Auxentius, römischer Architekt des 4. Jh. n. Chr. Nicht ganz geklärt ist, ob eine Identität mit einem gleichnamigen Architekten bestand, der von 381 bis nach 387 als *comes et mechanicus* den Bau des mit Travertin verkleideten Pons Theodosii leitete (Quintus Aurelius Symmachus, Epistulae X 25–26, IV 70, V 76), der letzten antiken Brücke Roms, die den Tiber unterhalb des Aventin überquerte. ⊗ Steinerne Bogenbrücke über den Kydnos bei der kilikischen Hauptstadt Tarsos, 4. Jh. (erwähnt in einer metrischen Inschrift aus Adana: CIG 4440 und Addenda III, S. 1171 = Epigrammata Graeca ex lapidibus conlecta, ed. G. Kaibel, Berlin 1878, Nr 1078; Néroutsos in: Bulletin de Correspondance Hellénique 2, 1878, 359–363).

Bathykles von Magnesia am Mäander, griechischer Architekt der spätarchaischen Zeit, vermut-

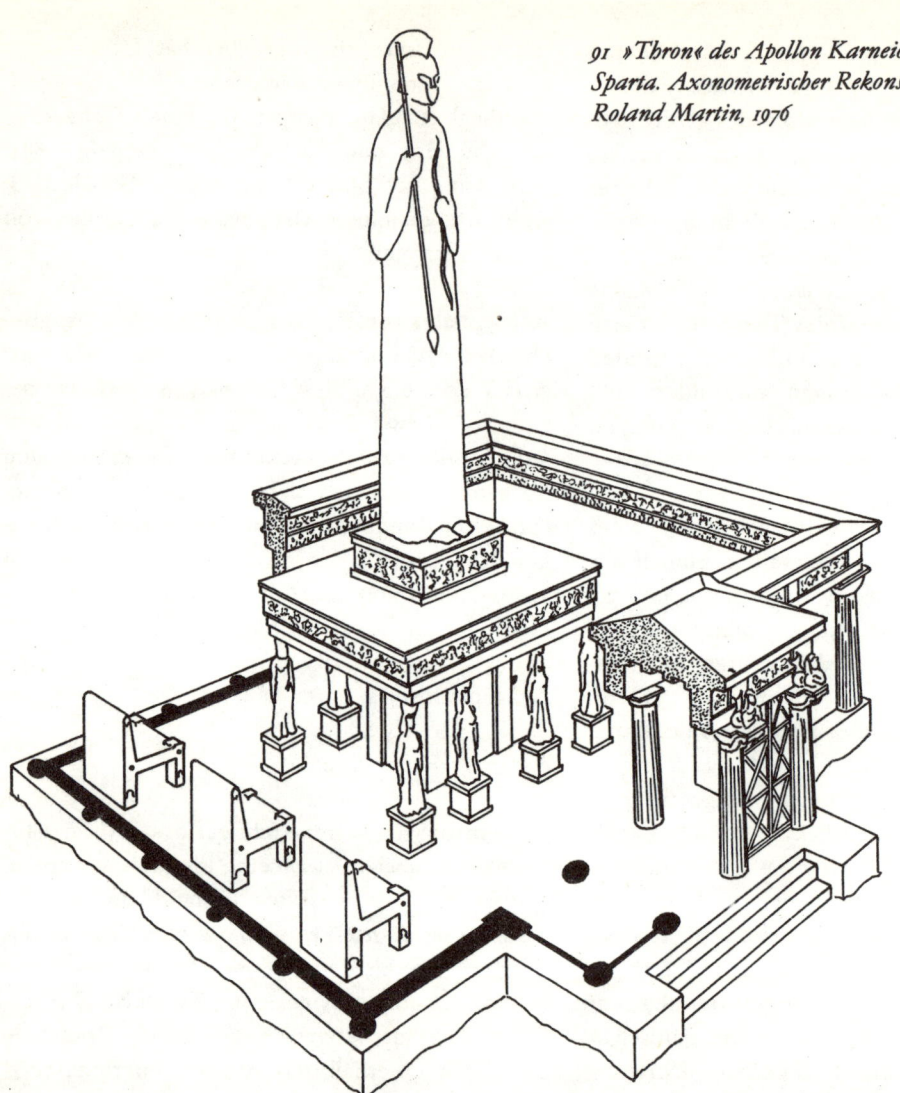

lich auch Bildhauer. ☉ »Thron« des Apollon Kar-
91 neios in Amyklai bei Sparta, ein reich dekoriertes
thronartiges Bauwerk für ein altes Kultbild des
Apollon, um 510 bis 500 v. Chr. (Pausanias III 18,
9–19,5).

Bupalos von Chios, Sohn des Archermos, griechischer Bildhauer und Architekt der archaischen
Zeit, tätig in der zweiten Hälfte des 6. Jh. v. Chr.

Stammte aus einer Bildhauer-Familie (Plinius
XXXVI 11–13). Pausanias (IV 30,6) berichtet, daß
Bupalos »ein bedeutender Baumeister von Tem-
peln und Bildner von Kunstwerken« gewesen sei.
In antiken Schriftquellen stets zusammen mit sei-
nem Bruder, dem Bildhauer Athenis, genannt.
Während von beiden verschiedene plastische
Werke literarisch überliefert sind, fehlen nähere
Angaben zur Tätigkeit des Bupalos als Architekt.

Celer s. unter Deinokrates

Chersiphron und sein Sohn **Metagenes**, griechische Architekten und Fachschriftsteller der archaischen Zeit aus Knossos. ⊙ Älteres Artemision in Ephesos (Vitruv III 2,7. VII praef. 16. X 2, 11–12; Strabon XIV 640; Plinius VII 125. XXXVI 14 und 95–97): Eines der Sieben Weltwunder. Um 560 bis 530/25 v. Chr. wurde in sumpfigem Gelände das Fundament gelegt, wobei man den Architekten **Theodoros** von Samos (s. S. 208) hinzuzog. Bis zur Aufrichtung der Säulen sollen Chersiphron und Metagenes den Bau gemeinsam geleitet haben. Beide Architekten entwickelten besondere Vorrichtungen für den Transport der Säulentrommeln und Gebälkteile, die sie in ihrem Traktat (s. Seite 66) beschrieben haben. Eine bautechnische Meisterleistung war das Versetzen der fast 9 m langen und über 200 Tonnen schweren Architravblöcke auf eine Höhe von 19 m. Nach dem Tod des Chersiphron (vor 546 v. Chr.?) Weiterführung und Vollendung unter Metagenes. Das Ältere Artemision soll größer und prächtiger gewesen sein als der durch Rhoikos in Samos errichtete Hera-Tempel. Nach dem Rekonstruktionsversuch des österreichischen Archäologen A. Bammer[243] war der Bau ein monumentaler ionischer Dipteros eustyler Form mit 20 Säulen an jeder Langseite, 8 Säulen an der Vorder- und 9 Säulen an der Rückfront sowie einem großen oben offenen Innenhof *(sēkos)*. Andere, voneinander abweichende Grundrißrekonstruktionen durch F. Krischen, W. B. Dinsmoor, H. Drerup und W. Alzinger. Gegen 460 v. Chr. war der Tempel fertiggestellt. 356 v. Chr. wurde er durch die Brandstiftung eines Herostratos zerstört. Architektur- und Skulpturenreste im Britischen Museum in London. Die Säulen des Älteren Artemisions waren fast 19 m hoch und hatten bemalte Volutenkapitelle. Die meisten stiftete der Lyderkönig Kroisos (Herodot I 92), dessen Weihinschrift am Fuß einer Säule erhalten blieb. Bei 36 Säulen waren der kubische Sockel und jeweils eine Trommel (wahrscheinlich die oberste, auf der das Kapitell ruhte) mit umlaufenden figürlichen Reliefs verkleidet. Daher bezeichnete Plinius (XXXVI 95) diese Säulen als *columnae caelatae* (»verhüllte Säulen«). In der nicht überdeckten Cella stand das berühmte hölzerne Kultbild der Artemis Ephesia.

Chryses von Alexandria s. unter Isidoros der Ältere von Milet

92 Ephesos. Älterer Artemis-Tempel mit Altar. Grundrißrekonstruktion von A. Bammer, 1972

92

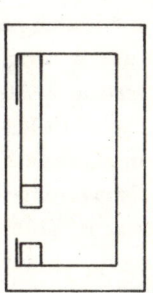

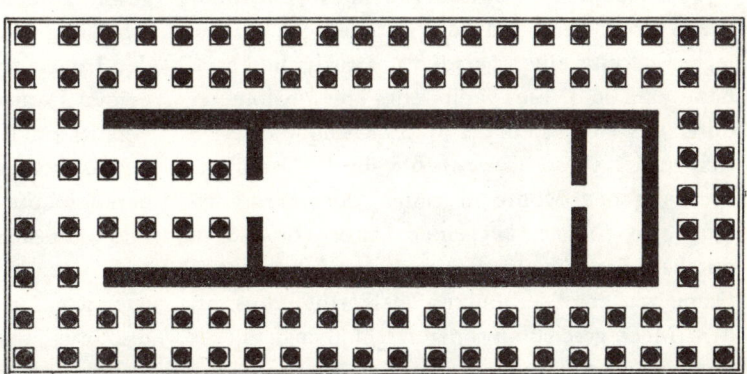

Chrysippus Vettius, römischer Architekt der spätrepublikanischen Zeit, Freigelassener und Schüler des Architekten **Kyros** (s. Seite 174). 53 v. Chr. erwähnt ihn Cicero (Epistulae ad familiares VII 14, 1–2) als einen in der Umgebung Caesars wirkenden Architekten. Vielleicht identisch mit einem von Quintilian (Institutio oratoria VI 3, 61) genannten Chrysippus. Seit 52 v. Chr. als Nachfolger des Kyros für die Bauarbeiten an den Villen Ciceros verantwortlich (Cicero, Epistulae ad Atticum XIII 29, 1–2 und XIV 9,1).

Cocceius Auctus, Lucius, Freigelassener der drei Brüder Lucius, Gaius und Postumius Cocceius (oder des Lucius Cocceius und des Architekten Gaius Postumius Pollio, der vielleicht sein Lehrer war), römischer Architekt der zweiten Hälfte des 1. Jh. v. Chr. Tätig im Gebiet der Phlegräischen Felder. Spezialist für die Anlage unterirdischer Straßentunnel. ⊗ Ausbau des Averner und des Lucriner Sees in Kampanien zu einem Flottenhafen mit Werftanlagen im Auftrag von Octavians Feldherrn und Admiral Marcus Vipsanius Agrippa, seit 37 v. Chr. (Strabon V 245; vgl. auch Vergil, Georgica II 161,4): Beide Seen wurden durch einen Kanal verbunden und so ein Flottenstützpunkt geschaffen. Diesen nannte man in Anlehnung an den Gentilnamen Caesars, den Octavian als dessen Adoptivsohn trug, Portus Iulius (»Julier-Hafen«). ⊙ Zwischen dem Nordwestufer des Averner Sees und dem Ostrand von Cumae legte Cocceius einen geraden unterirdischen Straßentunnel an. Dieser verlief etwa einen Kilometer durch das Tuffgestein des Monte Grillo und setzte sich in der *Crypta Cumana* fort, die in Ost-West-Richtung den Monte di Cuma, den Akropolis-Berg von Cumae, auf einer Länge von 180 m durchschnitt und zum Tyrrhenischen Meer führte. Damit war eine Verbindung des Portus Iulius mit dem Meer geschaffen. Später schloß man dieses System an die Flottenbasis von Kap Misenum an. /

150

Ein dem Augustus geweihter Tempel auf der Akropolis von Puteoli, später durch den Bau des Domes S. Procolo bis auf einige am Dom verbaute Reste (Oberteile von sechs Säulen, Fragmente des Architravs und Fragmente der Weihinschrift CIL X 1614) zerstört. Die Inschrift nennt als Stifter Lucius Calpurnius, einen reichen Bürger der Stadt, und den vollständigen Namen des Cocceius als eine der wenigen echten Architekten-Signaturen römischer Zeit. ⊙ Grotta di Seiano, ein Straßentunnel, der die Villa des Vedius Pollio bei Neapel mit Puteoli (Pozzuoli) verband. / *Crypta Neapolitana* (auch Grotta Vecchia oder Grotta Romana di Posillipo genannt), eine unterirdische Verbindung zwischen Neapel und Puteoli (Strabon V 245).

Cossutius, römischer Architekt der ersten Hälfte des 2. Jh. v. Chr. Aus einem Geschlecht, dem mehrere Künstler entstammten. Vitruv (VII praef. 15) bezeichnet ihn ausdrücklich als römischen Bürger und als einen Mann »von großem schöpferischem Geist und gründlichster Sachkenntnis«. An hellenistischer Tradition geschult, war er der erste römische Architekt, von dem ein Werk außerhalb Italiens überliefert ist. ⊙ Hellenistischer Neubau des Olympieions (Tempel des Zeus Olympios) südöstlich der Akropolis von Athen im Auftrag von König Antiochos IV. Epiphanes von Syrien, seit etwa 175 v. Chr. (Vitruv VII praef. 15,17): Der gewaltige Bau aus pentelischem Marmor, ein ionischer Dipteros mit korinthischen Säulen (je 29 an den Langseiten und je drei Reihen mit 8 Säulen an beiden Fronten), wurde über einem zur Zeit der Peisistratiden gelegten Fundament errichtet. Als der Bauherr 163 v. Chr. starb, waren nach den Plänen des Cossutius die Ostseite (bis zum Geison.?) und wahrscheinlich auch Cella und Epistyl fertiggestellt. Um 85 v. Chr. verbrachte Sulla acht Säulen nach Rom, um damit den Tempel des Iuppiter Capitolinus auszustatten (Plinius XXXVI 6,45). Der während der Zeit des Augustus von einigen syri-

93–95

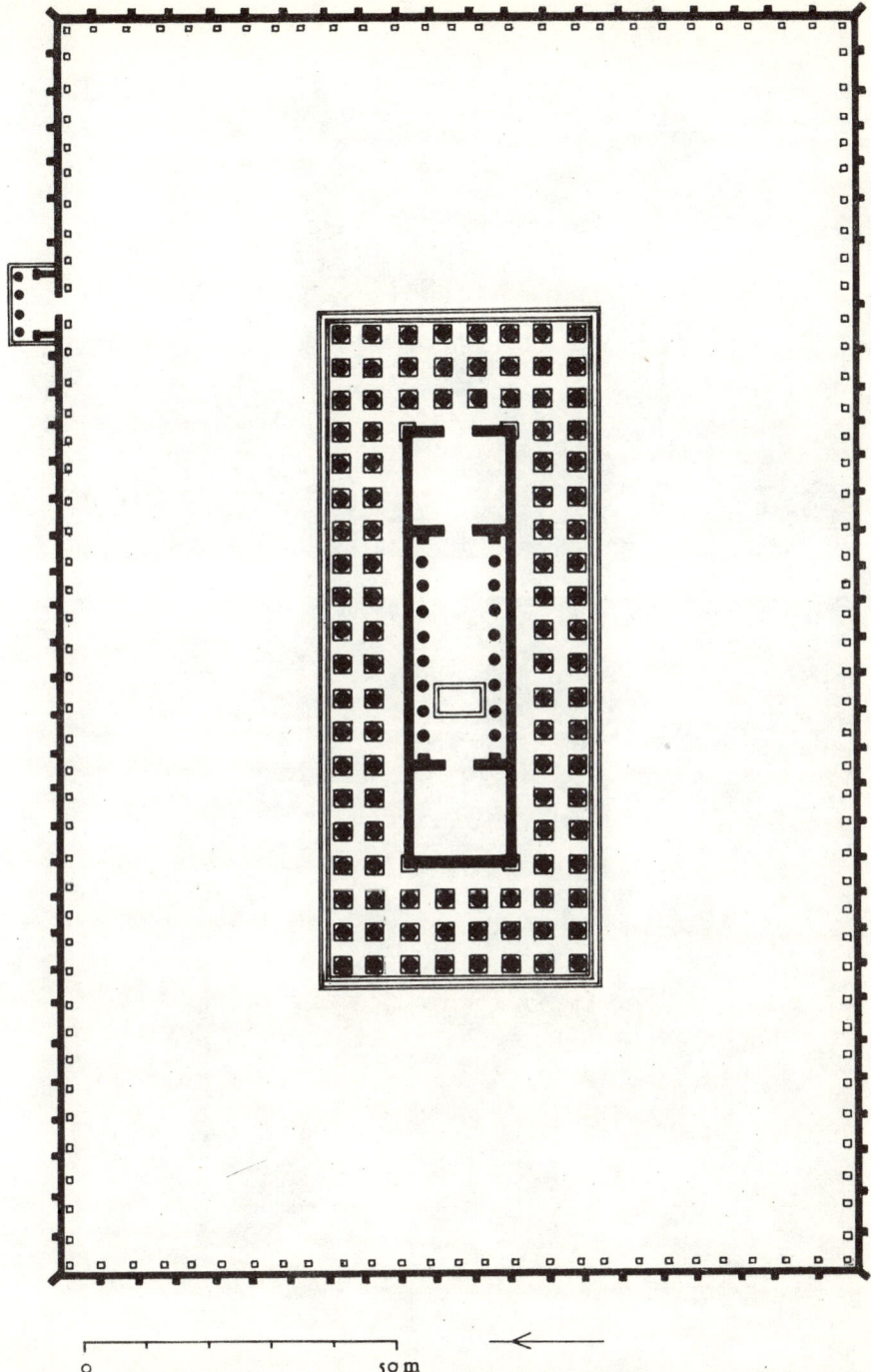

93 Athen. Olympieion
mit Umfassungsmauer.
Planrekonstruktion
von J. Travlos, 1968

0   50 m

94 Athen. Olympieion
von Südosten. Im Hinter-
grund die Akropolis.
Kupferstich von A. F.
Lemaitre nach Zeich-
nung von Abel Blouet,
1838

95 Athen. Olympieion
von Südwesten

schen Kleinfürsten geplante Weiterbau (Sueton, De vita Caesarum II 60) kam offenbar nicht voran. Vollendung nach der Konzeption des Cossutius erst 129 bis 132 unter Kaiser Hadrian (Pausanias I 18,6; Scriptores Historiae Augustae, Hadrianus 13). Mit einer Grundfläche von 107,75 × 41,10 m und insgesamt 104 Säulen von etwa 17 m Höhe war das Olympieion der größte Tempel Griechenlands. Aus der Zeit des Cossutius stammen die 13 noch im Zusammenhang stehenden Säulen der Südostecke. In der Nähe des Tempels fand man die Basis einer Ehrenstatue, deren Inschrift (IG II² 4099 = CIG 363 = CIA III 561) auf Cossutius bezogen wird.

Damokopos s. Demokopos

Daphnis von Milet s. unter Paionios von Ephesos

Decrianus, römischer Architekt der ersten Hälfte des 2. Jh. n. Chr. ⊗ Im Auftrag Kaiser Hadrians versetzte Decrianus um 120 n. Chr. in Rom die Kolossalstatue des Nero[244] von der Höhe der Velia vor die Nordwestseite des Amphitheatrum Flavium, das seit dem Mittelalter nach dem riesigen Standbild Kolosseum genannt wurde. Mit 24 Elefanten wurde die Bronzestatue vertikal schwebend bewegt (Scriptores Historiae Augustae, Hadrianus XIX 12). ○ Bauausführung von Hadrians Mausoleum *(Moles Hadriani)*, der späteren Engelsburg, in Rom.

Deinochares s. Deinokrates

Deinokrates, Hofarchitekt Alexanders des Großen und der Ptolemäer, entweder aus Makedonien (Vitruv II praef. 1) oder aus Rhodos (Pseudo-Kallisthenes I 31,6; Iulius Valerius, De rebus gestis Alexandri Macedonis I 25), gestorben um 278 v. Chr. Die Handschriften geben seine Namensform meist entstellt wieder oder verquicken die überlie-ferten Fakten mit anderen Architektennamen. Folgende Namen wurden schon in der Antike gegen den des Deinokrates ausgewechselt oder mit ihm verschmolzen: Deinochares (Dinochares), Timokrates (Timochares), Cheirokrates, Stasikrates, Hermokrates, Hippokrates und Diokles von Rhegion. Viele architektonische Projekte Alexanders des Großen sind ebenso wie seine Städtegründungen von Deinokrates angeregt und vorangetrieben worden. Daher brachte man diesen schon sehr früh mit allen Projekten in Verbindung, die das Universale und Überdimensionale im Wesen Alexanders und seiner Zeit mit baukünsterlerischen Mitteln zum Ausdruck bringen sollten. Die kostspieligen, oft ins Gigantische gesteigerten Bauvorhaben, die den König in seinen letzten Lebensjahren beschäftigten, konnten allerdings nicht mehr begonnen werden (Diodoros Sikeliotes, Bibliothēkē XVIII 4,2 ff.). Hierzu zählten zum Beispiel neue große Tempelbauten für Delphi, Delos und andere griechische Städte sowie ein Grabmal für Philipp II. von Makedonien als Gegenstück zu der größten der ägyptischen Pyramiden. Nicht ausgeführt wurde auch der phantastische Plan, den Berg Athos in eine Kolossalstatue Alexanders des Großen zu verwandeln (Vitruv II praef. 2, 1–3; Eustathios, Ad Iliadem XIV 229, hier, wohl irrtümlich, dem Architekten Diokles von Rhegion zugeschrieben). Ob Alexander 334 v. Chr. Deinokrates beauftragte, den Weiterbau des Jüngeren Artemisions in Ephesos voranzutreiben, ist nicht ausreichend belegt.[245] ⊗ 332/31 v. Chr. beauftragte Alexander der Große Deinokrates mit der Leitung der Vermessungsarbeiten und der Ausarbeitung des Planes von Alexandria in Ägypten (Vitruv II praef. 4; Valerius Maximus, Facta et dicta memorabilia I 4; Ammianus Marcellinus, Rerum gestarum libri XXII 16,7; Plinius V 62, VII 125). Die nach dem orthogonalen Stadtbausystem erfolgte Anlage Alexandrias wurde zum Vorbild für zahlreiche hellenistische Stadtgründungen im Vorderen

Orient. Einzelheiten zur Erbauung Alexandrias enthält der Alexanderroman (Pseudo-Kallisthenes I 31; Iulius Valerius, De rebus gestis Alexandri Macedonis I 21 und 23), wobei allerdings die Quellenlage nicht völlig gesichert ist. Im Plan des Deinokrates dürften außer den Umfassungsmauern und dem Netz der Hauptstraßen auch schon der Hafen, das Viertel mit den Königspalästen auf der Halbinsel Lochias sowie die wichtigsten öffentlichen und sakralen Bauten angelegt worden sein. Der Architekt und Tiefbauingenieur **Krates** von Olynthos, der beste Wasserbauspezialist der damaligen Zeit, projektierte für die neue Stadt ein hervorragendes System von Kanälen und Anlagen zur Trinkwasserversorgung. Der Ausbau von Alexandria zog weitere griechische Architekten und Bauingenieure an, so **Heron** von Libyen, **Parmenion** (s. Seite 183) und andere, die jedoch auf Grund der kargen Überlieferung eher als legendäre Figuren erscheinen. / Nach einem Entwurf des Deinokrates wurde in Babylon der »Scheiterhaufen« für Hephaistion, den 324 v. Chr. in Ekbatana gestorbenen Stellvertreter und engsten Freund Alexanders des Großen, errichtet (Plutarch, Alexandros 72; Strabon XIV 641; Diodoros Sikeliotes, Bibliothēkē XVII 114–115, Flavius Arrianus, Anabasis Alexandru VII 14,8 und 19,4; Marcus Iunianus Iustinus, Epitoma historiarum Philippicarum Pompei Trogei XII 11–12). Statt um ein Gerüst zum Verbrennen des Leichnams handelte es sich hierbei um ein Steinbauwerk, das etwa 380 m im Geviert umfaßte und, ähnlich einem babylonischen Tempelturm, mehrere Stockwerke hoch war. Die antiken Quellen geben eine Beschreibung von der prunkvollen, zum Teil aus Gold bestehenden Dekoration, die alle sechs Stockwerke des Gebäudes überzog.

Demetrios s. unter Paionios von Ephesos

Demokopos (Damokopos), westgriechischer Architekt der klassischen Zeit. ☉ Griechisches Theater in Syrakus, erbaut während der Regierung des Tyrannen Hieron I. (478 bis 466/65 v. Chr.) (Eustathius, Commentarii ad Homeri Odysseam III 68, S. 1457): Die Erbauung des Theaters steht in Verbindung mit den beiden Aufenthalten des Tragödiendichters Aischylos in Syrakus und den dortigen Aufführungen seiner Dramen. Der syrakusanische Mimenspieldichter Sophron (etwa Mitte des 5. Jh. v. Chr.) bemerkt, Demokopos habe nach Vollendung des Theaterbaues kostbare Salbe an seine Mitbürger verschenkt und daher den Beinamen Myrilla (von dem griechischen Wort *myron* = Salbe) erhalten.

Demomeles, griechischer Bauingenieur der klassischen Zeit. ⊗ Feste Trassierung der von Athen nach Eleusis führenden Heiligen Straße im Mündungsgebiet des Rheitos, dabei brückenartige Überbauung des Flusses im Bereich der Strandseen, 421/20 v. Chr. (Syll.³ Nr 86).

Dexiphanes von Knidos s. unter Sostratos von Kidos

Dinochares s. Deinokrates

Diokles von Rhegion s. unter Deinokrates

Dionysios, griechischer Architekt des 2. Jh. n. Chr. aus der Gegend am Tmolos (Sardes?) in Lydien, nicht aus Tralleis in Karien, wie H. Brunn[246] vermutete, gestorben in Patara (heute Kelemis) in Lykien. ⊗ Dach des Odeions in Patara, 2. Jh. n. Chr. Die Konstruktion wird in dem Grabepigramm des Dionysios gerühmt (CIG III 4286 = Epigrammata Graeca ex lapidibus conlecta, ed. G. Kaibel, Berlin 1878, 412). Der Bau ist noch nicht aufgefunden.

Epik[l]es s. unter Kleo[…]nes

Eupalinos von Megara, Sohn des Naustrophos, griechischer Bauingenieur der spätarchaischen Zeit. ⊙ Unterirdische Wasserleitung (»Eupalineion«) für die Stadt Samos, wahrscheinlich letztes Viertel des 6. Jh. v. Chr. unter dem Tyrannen Polykrates (Herodot III 60). Diese Wasserversorgungsanlage galt bereits in der Antike als eine hervorragende ingenieurtechnische Leistung. Kernstück der insgesamt 2,5 km langen Leitung ist ein Tunnel (Länge: 1036 m, Querschnitt: rund 1,80 auf 1,80 m), der einen Bergrücken im Norden der Stadt Samos durchschneidet. Seine Streckenführung weicht erheblich von der Waagerechten ab. Er wurde gleichzeitig von zwei Seiten vorgetrieben. Für die Wasserleitung tiefte man einen Kanal mit erforderlichem Gefälle in den Tunnel ein.

96

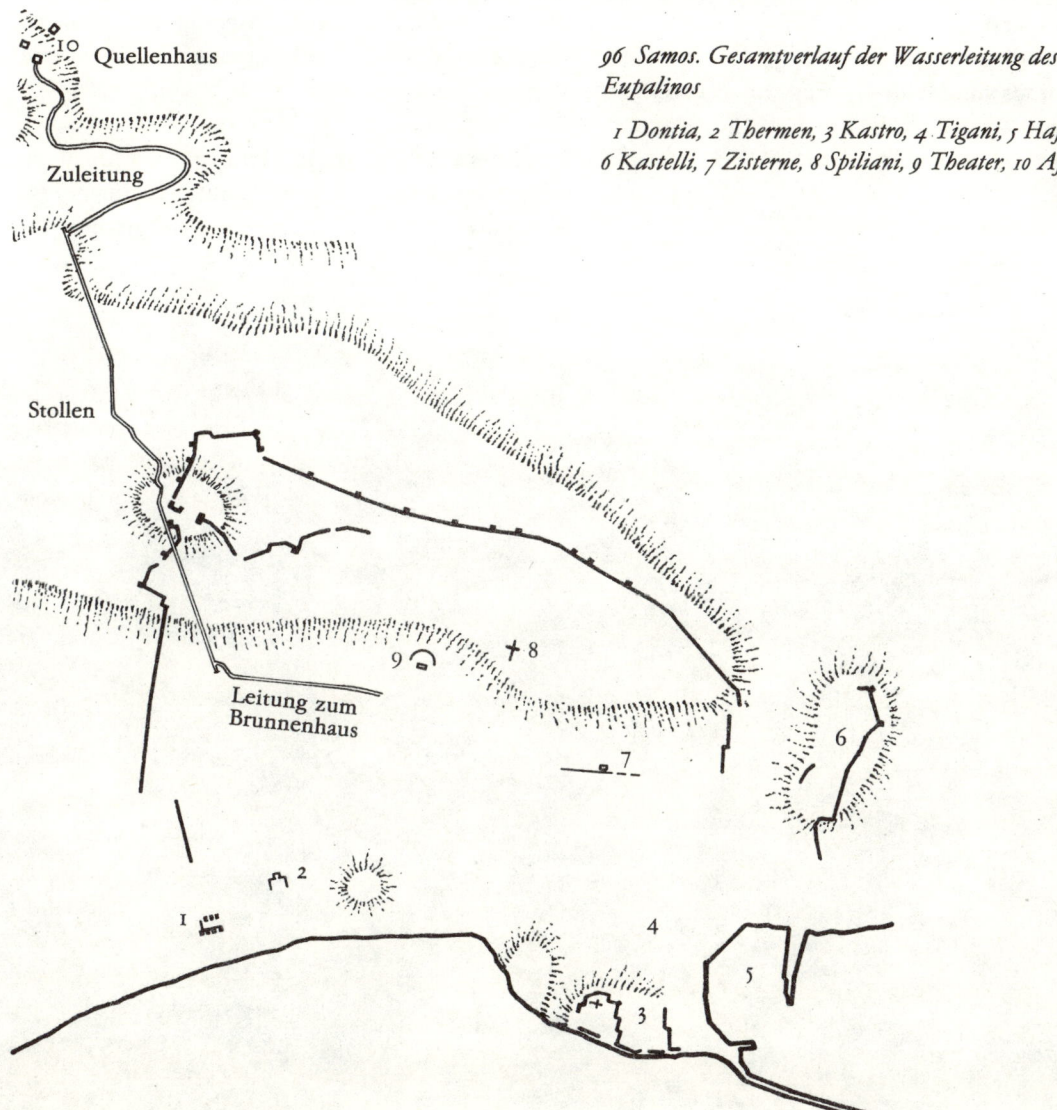

96 Samos. Gesamtverlauf der Wasserleitung des Eupalinos

1 Dontia, 2 Thermen, 3 Kastro, 4 Tigani, 5 Hafen, 6 Kastelli, 7 Zisterne, 8 Spiliani, 9 Theater, 10 Ajades

Quellenhaus

Zuleitung

Stollen

Leitung zum Brunnenhaus

Eupolemos von Argos, griechischer Architekt der klassischen Zeit. ⊙ Hera-Tempel II auf der mittleren Terrasse des Hera-Heiligtums bei Argos, dorischer Peripteros mit 6:12 Säulen, kurz nach 423 bis gegen 400 v. Chr. (Pausanias II 17,3). Erhalten sind nur noch der rostartige Unterbau und die Eingangsrampe an der Ostseite. Für diesen Tempel schuf **Polykleitos der Ältere** das kolossale Goldelfenbein-Kultbild der thronenden Hera (Pausanias II 17,4 und VI 6,2).

Euthydomos von Melite s. unter Philon von Eleusis

97 Argos. Heraion von Nordosten

Gitiadas von Sparta, griechischer Architekt und Erzgießer der archaischen Zeit. Auch als Dichter dorischer Hymnen erwähnt. ⊙ Erneuerung des Heiligtums der Athena Chalkioikos (»Athena vom Erzhaus«) auf der Akropolis von Sparta, wahrscheinlich um 550 v. Chr. (Pausanias III 17, 2–3): Der Tempel besaß eine Verkleidung aus Metallplatten, auf denen in getriebenem Relief mythologische Szenen dargestellt waren. Eine Anzahl dieser Platten fand man bei Ausgrabungen. Gitiadas schuf auch das nicht mehr erhaltene Bronze-Kultbild des Tempels.

Hephaisteion-Architekt (früher fälschlich als »Theseion-Architekt« bezeichnet). Notname für einen namentlich unbekannten griechischen Ar-

chitekten der klassischen Zeit. ☉ Hephaisteion
(Tempel für Hephaistos und Athena) auf dem Ko-
lonos Agoraios am Westrand der Agora von
Athen, dorischer Peripteros mit 6:13 Säulen, am
besten erhaltener griechischer Tempel der klassischen Zeit, um 449 bis 444 v. Chr. (Pausanias I
14,6). Für die bronzene Kultbild-Gruppe schuf Alkamenes 421/20 bis 416/15 v. Chr. die Statue des Hephaistos, vielleicht auch die der Athena. / Ares-
Tempel mit Altar im Nordwestteil der Agora von
Athen, dorischer Peripteros mit 6:13 Säulen, im
Grundriß dem Hephaisteion gleichend, um 440
bis 436 v. Chr. (Pausanias I 8,4). Zur Zeit des Augustus von seinem ursprünglichen Standort stein-
gerecht auf die Athener Agora umgesetzt. Beim
Einfall der Heruler (267 n. Chr.) zerstört. Funda-

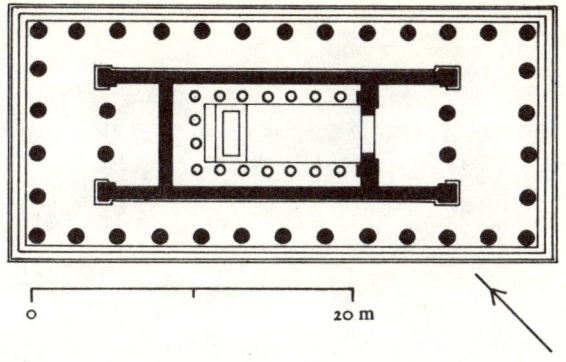

98 *Athen. Hephaisteion. Grundriß*

99 *Athen. Hephaisteion von Nordosten*

mentblöcke und Reste des Oberbaues wurden im
Zuge der amerikanischen Agora-Grabungen vor
dem Zweiten Weltkrieg ausgegraben und konser-
viert.

Hermodoros von Salamis/Cypern, griechischer
Architekt der hellenistischen Zeit, nach der Mitte
des 2. Jh. v. Chr. in Rom tätig. Mit seinem Schaffen
war dort der Bau erster Marmortempel verbunden,
deren Architekturformen die hellenistische Entwicklung der ionischen Ordnung fortsetzten, sich
aber gleichzeitig der Tradition des italischen Tempels anpaßten. Ein fest umrissenes Bild von den
Werken des Hermodoros läßt sich allerdings nicht
gewinnen, da sie durch spätere Umbauten zu-
grunde gingen. ⊗ Tempel des Iuppiter Stator »in

porticu Metelli« auf dem südlichen Marsfeld in Rom
(Region des Circus Flaminius), ionischer Peripteros aus pentelischem Marmor, nach Vitruv
ohne Hinterhalle, errichtet nach 146 (seit 143 ?)
v. Chr. aus der Beute des Sieges über Makedonien
(148 v. Chr.) (Vitruv III 2,5; Velleius Paterculus,
Historiae Romanae I 11,3 und 5). / Mars-Tempel
(aedes Martis in Circo) auf dem südlichen Marsfeld
in Rom (Region des Circus Flaminius), vermutlich
aus Marmor, errichtet seit etwa 132 v. Chr. aus der
Beute des Sieges über Lusitanien (133 v. Chr.)
(Cornelius Nepos, Fragment 13 Halm aus Priscia-
nus, Institutiones grammaticae VIII 4,17; vgl. auch
Plinius XXXVI 26). / Errichtung (Wiederaufbau ?)
zweier Schiffshäuser *(navalia)* für die römische
Kriegsflotte am Tiberufer beim Marsfeld in Rom

(Cicero, De oratore I 14, 62). Davon außer einem 1890 unter dem zerstörten Teatro Apollo entdeckten Molenrest nichts mehr erhalten. ○ Aus der literarischen Überlieferung geht nicht hervor, ob Hermodoros auch als Architekt zweier weiterer Stiftungen des Metellus angesehen werden kann, nämlich des unmittelbar parallel zum Tempel des Iuppiter Stator in Rom angelegten Neubaus des bereits 179 v. Chr. von Marcus Aemilius Lepidus

gegründeten Tempels der Iuno Regina und einer beide Bauwerke umschließenden Säulenhalle *(porticus Metelli)*. Nicht restlos bewiesen ist ferner, ob die in Rom unter der Kirche S. Salvatore in Campo festgestellten Tempelreste mit dem für Hermodoros bezeugten Mars-Tempel (siehe oben) identisch sind oder ein weiteres Werk dieses Architekten darstellen.

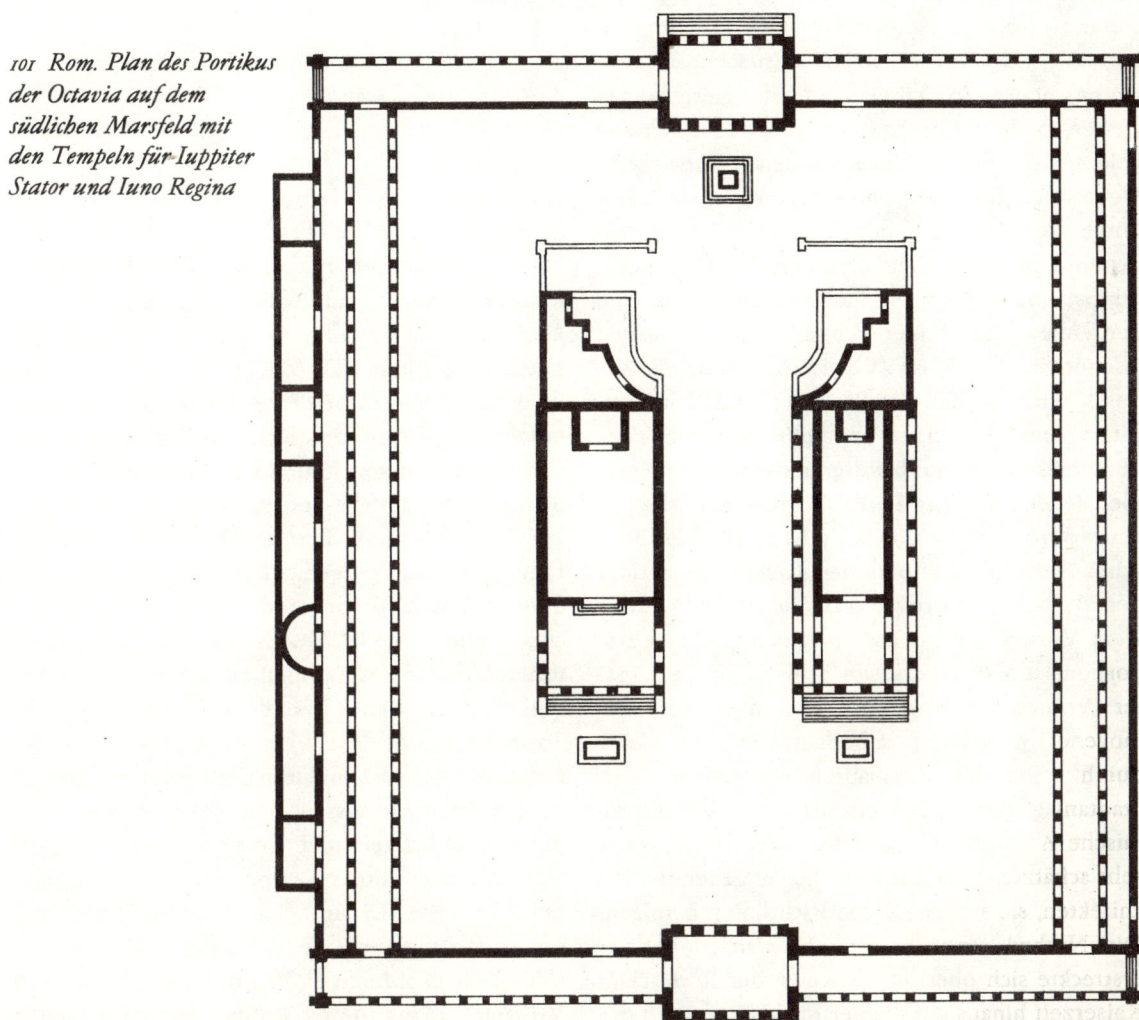

101 Rom. Plan des Portikus der Octavia auf dem südlichen Marsfeld mit den Tempeln für Iuppiter Stator und Iuno Regina

101

159

Hermogenes, Sohn des Harpalos (?), aus Alabanda oder Priene, wahrscheinlich 3./2. Jh. v. Chr. Bedeutendster griechischer Architekt der hellenistischen Zeit, ein Architekturtheoretiker mit weitreichender Ausstrahlung. Die Datierung seiner Bauten sowie Zuschreibungsfragen sind noch nicht restlos geklärt. Während man seine Schaffenszeit früher meist in die Jahre zwischen 220 und 193 v. Chr. verlegte, wird sie jetzt zunehmend in die Zeit zwischen 170 und 130 v. Chr. angesetzt. Bei den im folgenden genannten Werkdaten sind daher die höheren Zeitansätze in Klammern nachgestellt. – Die von einer klassizistischen Grundhaltung geprägten Tempelbauten des Hermogenes weisen in ihrer Konstruktion zwei sicherlich aus hellenistischem Raumempfinden entwickelte Neuerungen auf, die bewußt angewandt sind: den durch Weglassen der inneren Säulenreihe entstandenen Typ des »Weithallentempels« (Pseudodipteros) und die von Hermogenes bei der Anlage der Säulenhallen seiner Tempel benutzte eustyle (»schönsäulige«) Form (Vitruv III 3, 6–9), die dadurch entsteht, daß die Breite bei den mittleren Interkolumnien beider Tempelfronten 3 Säulendurchmesser beträgt, bei den übrigen Interkolumnien jedoch nur 2,25 Säulendurchmesser. Hermogenes vertrat, wie vor ihm **Pytheos,** die künstlerischen Vorzüge des ionischen Baustils gegenüber dem dorischen (Vitruv IV 3,1). Die im Architekturwerk Vitruvs aufgestellten Normen für eine Proportionslehre des ionischen Tempels sind aus später verlorengegangenen Abhandlungen des Hermogenes hergeleitet. Überhaupt wirkte dieser durch seine Art, Kultbauten mit umgebenden Stadtanlagen zu verbinden, nachhaltig auf die römische Architektur ein. Vitruv, der Hermogenes sehr schätzte, verlangte von allen angehenden Architekten, sie sollten dessen Richtlinien befolgen. Die Nachwirkung des Hermogenischen Kanons erstreckte sich über die Baukunst der Römischen Kaiserzeit hinaus auf die der Renaissance und des

160

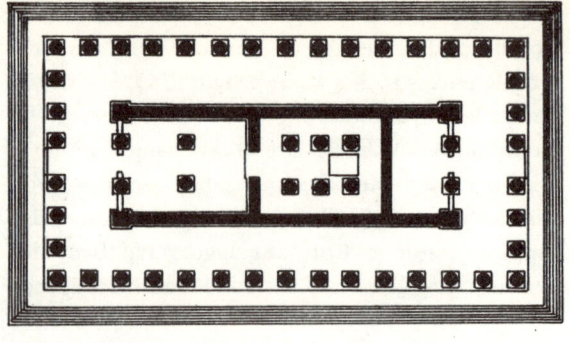

102 Magnesia am Mäander. Tempel der Artemis Leukophryene. Grundriß

Klassizismus. ⊙ Tempel der Artemis Leukophryene (»der Weißbrauigen«) in Magnesia am Mäander, ionischer Pseudodipteros mit 8:15 Säulen, 170/60 bis um 130 (zwischen 220 und 205 oder kurz nach 196) v. Chr. (Vitruv III 2,6 und VII praef. 12; Strabon XIV 647): Hauptwerk des Hermogenes. Architekturstücke, Friesplatten und ein modernes Modell des Tempels im Archäologischen Museum von Istanbul. Ein großes ionisches Säulenpaar, Kapitelle und ein Stück des Frieses im Pergamon-Museum, Berlin. Weitere Friesteile im Louvre, Paris. Der Tempel bildet zusammen mit dem großen Altar vor seiner Westseite eine bauliche Einheit. Beide Bauten scheinen zusammen mit den Hallen des Tempelbezirks und mit der anschließenden Agora (mit dem Tempel des Zeus Sosipolis und der Tyche) zu einem von Hermogenes entworfenen Gesamtplan zu gehören. Darauf deuten neben gewissen Ähnlichkeiten vor allem die Einheitlichkeit und Geschlossenheit des gesamten Areals hin. / Tempel des Dionysos Setaneios in Teos (Lydien), ionischer Peripteros mit 6:11 Säulen, vielleicht 150 bis 130 (bis 204/03) v. Chr. (identisch mit dem bei Vitruv III 3,8, IV 3,1 und VII praef. 12 erwähnten Tempel des Pater Liber):

102
103

104

105
106

*103 Magnesia am Mä-
ander. Tempel der Arte-
mis Leukophryene mit
Altar. Rekonstruktion
von Fritz Krischen und
Hugo Horn, 1938*

*104 Tempel der Artemis
Leukophryene in
Magnesia am Mäander.
Modell in Istanbul,
Archäologisches Museum*

Obwohl der Tempel zunächst in dorischem Stil geplant war, ließ Hermogenes die bereits fertiggestellten Werkstücke nach ionischem Stil umarbeiten. Die komplizierte Baugeschichte dieses Tempels ist noch nicht völlig geklärt. Der Fries mit seinen dionysischen Szenen wird nach der Mitte des 2. Jh. v. Chr. datiert. ○ Fertigstellung des um 350 v. Chr. von **Pytheos** begonnenen Tempels der Athena Polias mit Altar in Priene am Mäander.

Hermokrates s. Deinokrates

Hermokreon, griechischer Architekt hellenistischer Zeit. ⊗ Monumentalaltar für die Orakelstätte des Apollon Aktaios und der Artemis in der milesischen Kolonie Parion an der Südküste des Marmarameeres, 3. (spätes 4.?) Jh. v. Chr. (Herodot V 117; Xenophon, Anabasis VII 2,7ff. und Hellenika I 1,13; Skylax von Karyanda, Periplus tōn

ektos tōn Herakleus Stēlōn 94; Strabon X 487, XIII 588 B; Makarios VI 22): Der Altar, dessen »bemerkenswerte Größe und Schönheit« Strabon hervorhebt, war ein Stadion (= 185 m) lang. Die Orakelstätte befand sich ursprünglich in dem nahe gelegenen Adrasteia. Als sie nach Parion verlegt wurde, baute Hermokreon aus dem Material des abgerissenen Tempels den großen Altar. Mit ihm hat man Darstellungen auf Münzbildern aus Parion in Verbindung bringen wollen.

Hermon s. unter Pyrrhos

Heron von Libyen s. unter Deinokrates

Hippodamos von Milet, Sohn des Euryphon, geboren um 510 v. Chr. Wanderte nach 479 v. Chr. nach Athen und 445/44 v. Chr. nach Unteritalien aus. Im 19. Jh. sah man in Hippodamos allgemein

105 Westfront vom Tempel des Zeus Sosipolis (Markttempel) aus Magnesia am Mäander. Berlin/DDR, Staatl. Museen, Pergamon-Museum

106 Magnesia am Mäander. Tempel des Zeus Sosipolis (Markttempel). Rekonstruktion der Ostseite von Fritz Krischen und Gunnar Hurd, 1938

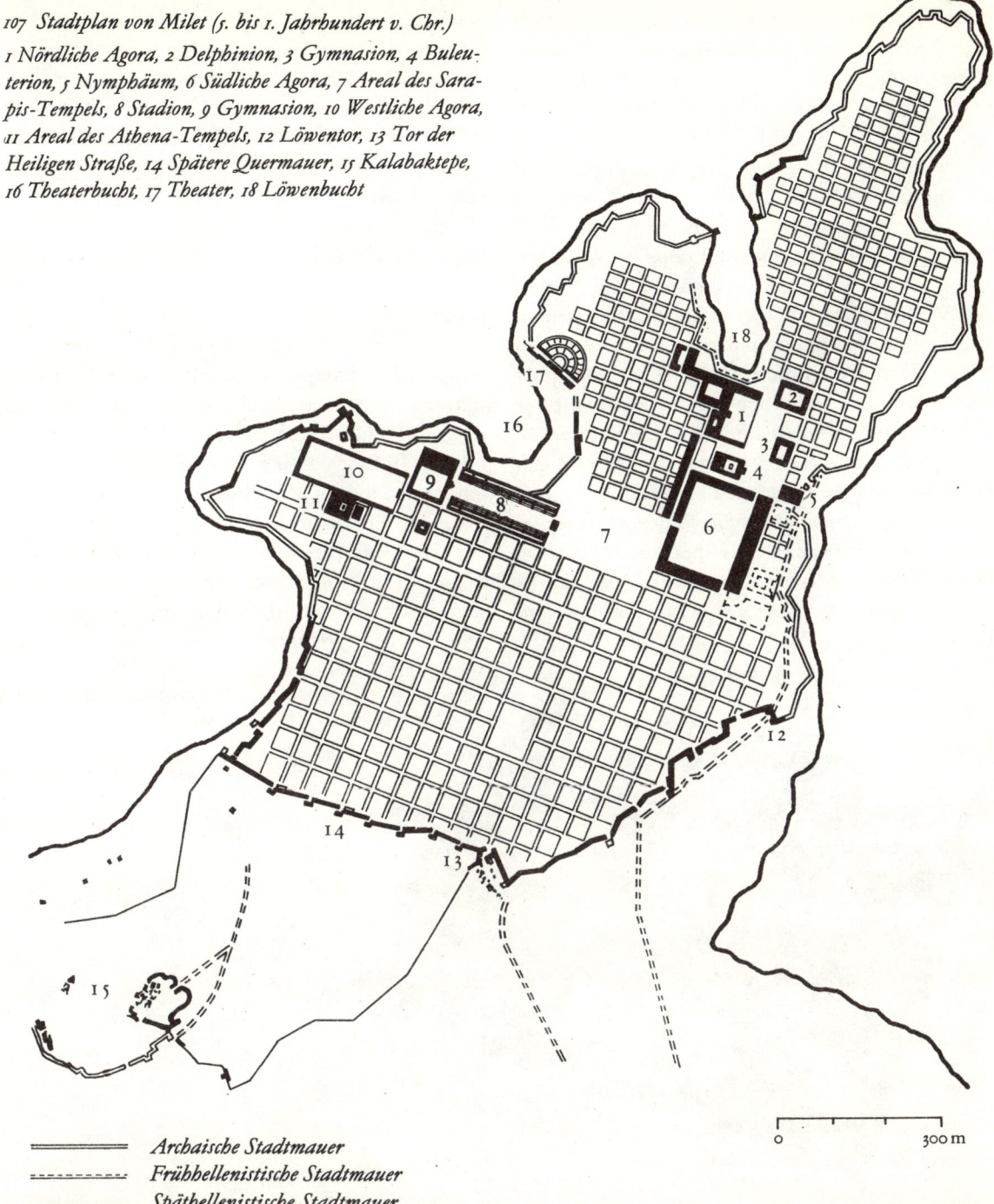

107 *Stadtplan von Milet (5. bis 1. Jahrhundert v. Chr.)*
1 *Nördliche Agora,* 2 *Delphinion,* 3 *Gymnasion,* 4 *Buleu-*
terion, 5 *Nymphäum,* 6 *Südliche Agora,* 7 *Areal des Sara-*
pis-Tempels, 8 *Stadion,* 9 *Gymnasion,* 10 *Westliche Agora,*
11 *Areal des Athena-Tempels,* 12 *Löwentor,* 13 *Tor der*
Heiligen Straße, 14 *Spätere Quermauer,* 15 *Kalabaktepe,*
16 *Theaterbucht,* 17 *Theater,* 18 *Löwenbucht*

———————— *Archaische Stadtmauer*
– – – – – – *Frühhellenistische Stadtmauer*
———————— *Späthellenistische Stadtmauer*

den großen Städteplaner der Antike. Man schrieb ihm die Einführung des orthogonalen Stadtbausystems zu. In den antiken Quellen erscheint er jedoch in erster Linie als Staatstheoretiker (Aristoteles, Politika 1267 b, 22 ff.). Sie bezeugen außerdem seine Beschäftigung mit naturphilosophischen Fragen, mit Mathematik, Geometrie und Astronomie. Als Architekt wird er nie direkt genannt. Daß er als Mathematiker und Philosoph theoretische Aufgaben bei Städteplanungen übernahm, war zu seiner Zeit nicht außergewöhnlich. Mit seinen vorwiegend aus philosophischer Sicht verfaßten Abhandlungen über die funktionelle Topographie und territoriale Aufteilung von Städten erwies er sich als bedeutender Architekturtheoretiker. Seine Darlegungen sind häufig von zahlentheoretischen Spekulationen beherrscht, die vermutlich den Lehren der pythagoräischen Philosophenschule Unteritaliens entstammten. Hippodamos übertrug das System der regelmäßigen Stadtanlage, das er bereits aus seiner ionischen Heimat kannte, auf die Städteplanungen, an denen er mitwirkte. Folgende urbanistische Projekte sind mit dem Namen des Hippodamos verbunden: die Neuanlage des von den Persern zerstörten Milet (nach 479 v. Chr.); der Entwurf für die Hafenstadt Piräus bei Athen im Auftrag des Themistokles (um 476 v. Chr.); der Entwurf für die griechische Pflanzstadt Thurioi nahe der 510 v. Chr. zerstörten griechischen Kolonie Sybaris am Golf von Tarent (wahrscheinlich um 443 v. Chr.). Die von Strabon (XIV 654) dem Hippodamos zugeschriebene Neuplanung der Stadt Rhodos (408/07 v. Chr.) fällt nicht mehr in dessen Lebenszeit. »Die Stadtplanung nach der neuen, eben hippodamischen Art« (Aristoteles, Politika H 11, 1330 b 21) trat in der Anlage des Piräus für die gesamte klassische Zeit vorbildhaft in Erscheinung. Dort entstand auf schmalen, nach Süden ausgerichteten Grundstücken von je 240 qm Fläche eine Rasterstadt mit Baublöcken aus acht Einfamilien-Reihenhäusern. Wie alte und neue Ausgrabungen im Piräus ergaben, waren diese Häuser typisierte Wohnbauten, die man für freie Bürger errichtete. Sie bestanden aus dem Wohnteil, Wirtschaftsräumen und einem Gästebereich und waren mit einer Hofanlage verbunden.

107

108

108 Die »Hippodamos-Häuser« im Piräus. Modell nach den Ausgrabungsbefunden. Deutsches Archäologisches Institut, Berlin/West

Hippokrates s. Deinokrates

Iktinos, griechischer Architekt und Fachschriftsteller der klassischen Zeit. Sein Name ist nicht in zeitgenössischen, sondern erst in späteren Quellen überliefert. ⊙ Entwurf und, zusammen mit **Kallikrates,** Ausführung des perikleischen Parthenons, des Tempels der Athena Parthenos, auf

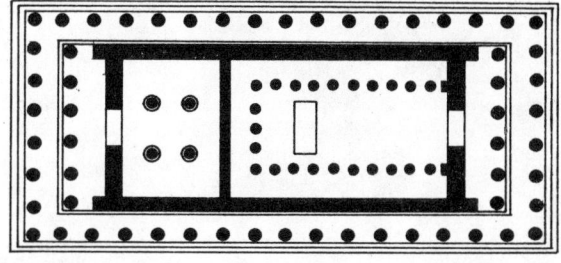

109 Athener Akropolis. Parthenon. Grundriß

110 Athener Akropolis. Parthenon von Nordwesten

111 Athener Akropolis. Parthenon. Westfront mit Durchblick zur Cella. Ältere Aufnahme

112 *Athener Akropolis.*
Parthenon. Innenansicht
gegen Nordostecke.
Ältere Aufnahme

113 *Athener Akropolis.*
Kapitell von der äußeren
Peristase des Parthenon.
Im Hintergrund das
Erechtheion

114 Eleusis. Telesterion
im Demeter-Heiligtum.
Grundrißrekonstruktionen
von J. Travlos, 1969.
1: Entwurf des Iktinos.
2: Der Bau am Ende des
4. Jahrhunderts v. Chr.

115 Eleusis. Telesterion
von Nordosten.
Ältere Aufnahme

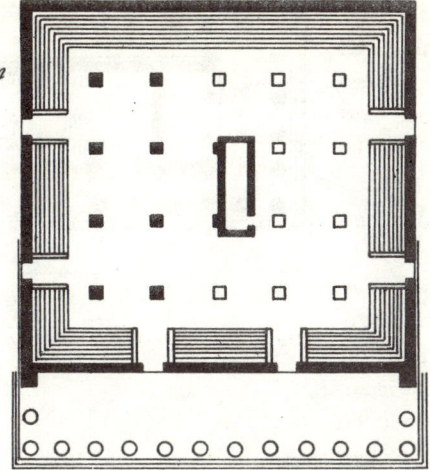

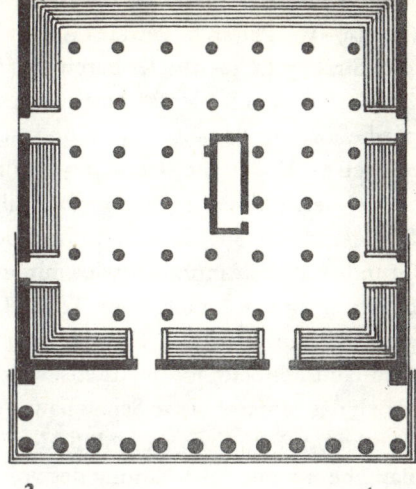

der Athener Akropolis, 447 bis 438 bzw. 432 v. Chr. (IG² 339–352; Plutarch, Perikles 13,4; Pausanias VIII 41,9; Strabon IX 395 f.): Der bereits bis zum Versetzen der zweiten Säulentrommeln ausgeführte Vorparthenon wurde abgetragen und sein Material teilweise für den perikleischen Neubau wiederverwendet. Diesen errichtete man als dorischen Peripteros mit 8:17 Säulen, wobei die Cella den Grundriß eines Amphiprostylos mit je 6 Säulen an beiden Fronten erhielt. Der Tempel, ein Höhepunkt der griechischen Klassik, diente nicht nur dem Kult der Stadtgöttin Athens, sondern war zugleich das repräsentative Schatzhaus des Attischen Bundes. 438 v. Chr. Abschluß der eigentlichen Bauarbeiten mit der Weihung des von **Phidias** geschaffenen, etwa 11 m hohen Goldelfenbein-Kultbildes der Athena Parthenos, das nur in einigen ungesicherten Kopien überliefert ist. 447 bis 442 v. Chr. entstanden die 92 skulptierten Metopen, seit 442 v. Chr. der Cella-Fries und bis 432 v. Chr. als letztes die Giebelskulpturen. Hinter dem Parthenon-Projekt stand eine kleine Gruppe von Anhängern des Perikles. Die künstlerische Gesamtverantwortung lag bei Phidias (s. Seite 86 f.). Für den Skulpturenschmuck des Tempels legte er Bildprogramm und Grundlinien der Gestaltung fest. Daß Phidias der Architekt des Tempels hätte sein können, ist, schon vom Entwurf her, wenig wahrscheinlich. – 1842 bis 1933 (mit Unterbrechungen) Wiederaufrichtung der gestürzten Teile. Seit 1986/87 umfassende Restaurierungsarbeiten unter Leitung des griechischen Architekten Manolis Korres. / Entwurf und Beginn der Neugestaltung

114
115
des Telesterions im Demeter-Heiligtum von Eleusis als erstem monumentalen Zentralbau und zugleich größtem überdachten Kultraum der griechischen Welt, um 440 v. Chr. (Vitruv VII praef. 16; Strabon IX 395,12). Bei Ausbruch des Peloponnesischen Krieges war man noch nicht über die Fundamentierung von vier Stützen des Innenraums hinausgekommen. Weitere am Bau des Teleste-

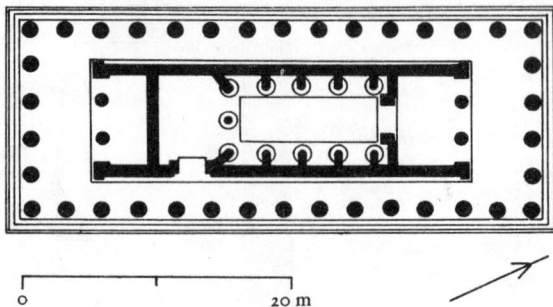

116 *Bassai. Tempel des Apollon Epikurios. Grundriß*

rions tätige Architekten waren **Koroibos**, **Metagenes** von Xyrete, **Xenokles** von Cholargos und **Philon** von Eleusis (s. diese). / Planänderung und Vollendung des Tempels des Apollon Epikurios in Bassai (in den Bergen Arkadiens südlich von Andritsena), vielleicht in Zusammenarbeit mit **Kallikrates**, um 430 (nach 421?) bis um 400 v. Chr. (Pausanias VIII 41, 7–9): Diesen dorischen Peripteros mit 6:15 Säulen kennzeichnen ein langgestreckter, ausnahmsweise nach Norden orientierter Grundriß sowie die Verbindung traditioneller architektonischer Elemente mit neuen Bauformen. Die Datierung ist umstritten. Die Nennung des Iktinos als Architekten (Pausanias VIII 41,9) wird bezweifelt.[247] ○ Sogenanntes Odeion des Perikles am Südostabhang der Athener Akropolis, zweite Hälfte der 40er Jahre des 5. Jh. v. Chr. (Pausanias I 20,4; Vitruv V 9,1; Plutarch, Perikles 13). – In letzter Zeit hat B. Wesenberg[248] mögliche Korrekturen zur Werkchronologie des Iktinos vorgeschlagen. Sie gehen von einer Heraufdatierung seines Schaffens aus und bringen dadurch für die attische Architektengeschichte des 5. Jh. v. Chr. eine Reihe neuer Probleme mit sich.

116–
119

117 Bassai. Tempel des Apollon Epikurios. Innenansicht. Kupferstich von A. F. Lemaitre nach Zeichnung von A. Ravoisié, 1833

118 Bassai. Tempel des Apollon Epikurios von Nordosten. Kupferstich von A. F. Lemaitre nach Zeichnung von Abel Blouet, 1833

119 Bassai. Tempel des Apollon Epikurios. Inneres der Cella von Norden. Rekonstruktion

tēs Hagias Sophias [Beschreibung des Tempels der Heiligen Weisheit] 552 ff.). Zunächst war Isidoros der Ältere zweiter *mēchanopoios* neben **Anthemios** von Tralleis. Nach dessen Tod (wahrscheinlich um 534 n. Chr.) führte er den Bau bis zur Vollendung weiter. / Zusammen mit Anthemios von Tralleis war Isidoros der Ältere als Berater für den Wiederaufbau der Stadt Dara in Nordmesopotamien tätig (Prokop II 3, 7–8). Die in der Nähe der persischen Grenze beiderseits eines Nebenflusses des Khabur gelegene Stadt war durch eine große Überschwemmung weitgehend zerstört worden. Justinian I. ließ sie einschließlich ihrer Befestigung unter der Oberleitung des *mēchanikos* **Chryses** von Alexandria wiederaufbauen. Um die Stadt künftig vor Hochwasser besser schützen zu können, ließ Chryses einen geschwungenen Staudamm anlegen. Er schuf außerdem ein Wasserversorgungssystem für die Stadt. Zu diesem gehörte auch ein Aquädukt, der Dara mit dem Staudamm verband.

Isidoros der Ältere von Milet, Architekt *(mēchanikos, mēchanopoios)* und Fachschriftsteller der frühbyzantinischen Zeit. Da sein Name bei den 558 n. Chr. erfolgten Beratungen über den Wiederaufbau der durch Erdbeben beschädigten Hauptkuppel der Hagia Sophia nicht mehr in dem von Justinian I. einberufenen Expertengremium erscheint (Agathias von Myrina, Peri tēs Iustinianu basileias [Über die Herrschaft Justinians] V 9), muß er vor diesem Jahr gestorben sein. Gleichbedeutend mit seiner Tätigkeit als Architekt war sein Wirken als Theoretiker (Studien zu Euklid und Archimedes). Der Mathematiker Eutokios von Askalon, der einen Kommentar zu einigen Schriften des Archimedes verfaßte, sowie der Autor des 15. Buches von Euklids »Stoicheia« (»Elemente«) sahen in ihm ihren Lehrmeister ⊙ Neubau der Hagia Sophia in Konstantinopel, 532 bis 537 n. Chr. (Prokop I 1,24.50.70; Paulos Silentiarios, Ekphrasis tu nau

Isidoros der Jüngere von Milet, Neffe von Isidoros dem Älteren (Prokop II 8,25; Agathias von Myrina, a. a. O. V 9), Architekt *(mēchanikos, mēchanopoios)* der frühbyzantinischen Zeit. Hauptschaffensperiode zwischen 550 und 563 n. Chr. Tätig in Nordsyrien und Konstantinopel. Wahrscheinlich identisch mit einem »hochmögenden und berühmten mēchanikos Isidoros«, der nach einer Bauinschrift von etwa 550 n. Chr. aus Chalkis ad Belum (Quinnesrin/Nordsyrien) dort die Westseite eines Gebäudes errichtete.[249] ⊙ Zusammen mit **Johannes** von Byzanz Leitung des Wiederaufbaues der Stadt Zenobia beim heutigen Halebiye am mittleren Euphrat, seit 536/37 n. Chr. (Prokop II 8,16 ff. und 25 ff.) / Leitung der Rekonstruktion der 558 n. Chr. teilweise eingestürzten Hauptkuppel der Hagia Sophia in Konstantinopel (Agathias von Myrina, a. a. O. V 9): Isidoros der Jüngere baute die Kuppel als eine verstärkte und über-

höhte Rippenkuppel wieder auf (die Höhenangaben in den byzantinischen Quellen variieren zwischen 15 Ellen, 25,2 Fuß und 30 Fuß, d. h. zwischen
ca. 6,6 und ca. 8,8 m). Die Reste der früheren Kuppel wurden als Pendentifs (Hängezwickel) in die
neue Konstruktion einbezogen. Von der Kuppel
Isidoros' des Jüngeren, die nach dem Einsturz des
Jahres 989 durch den armenischen Baumeister
Trdat (Tiridates) wiederhergestellt worden war,
blieben Teile des Kuppelgesimses und insgesamt
12 Rippen auf der Nord- und Südseite erhalten. ○
Butler und Strzygowski haben Johannes von Byzanz und Isidoros dem Jüngeren die Kuppelbasilika und den Palast von Qasr ibn-Wardan in Zen-
tralsyrien (564 n. Chr.) zugeschrieben (siehe Seite
122).²⁵⁰

7

Johannes von Byzanz s. unter Isidoros der Jüngere von Milet

Kallaischros s. unter Antistates

Kallikrates, griechischer Architekt der klassischen Zeit, unter Perikles als Architekt (offenbar
in leitender Funktion) für Bauarbeiten auf der
Athener Akropolis tätig (Syll.³II 63). Obwohl über
seine Beziehung zu Iktinos nichts bekannt ist,
nahm man bisher an, daß er diesem beim Bau des
perikleischen Parthenons untergeordnet war. Die
Kallikrates übertragenen Aufgaben reichten von
der Vorbereitung der Baukontrakte bis zu architektonischen Entwürfen und schlossen eine Tätigkeit als Bauunternehmer nicht aus. Seine Stellung
ist daher keinesfalls gering einzuschätzen. ⊙ Bau
der südlichen Langen Mauer (Mittelmauer zwischen der nördlichen Langen Mauer und der Pha-
lerischen Mauer) innerhalb des Befestigungssystems, das Athen mit der Hafenstadt Piräus und
der alten Reede von Phaleron verband, zwischen
449 und 446 v. Chr. (Plutarch, Perikles 13,5). / Mitwirkung beim Bau des perikleischen Parthenons

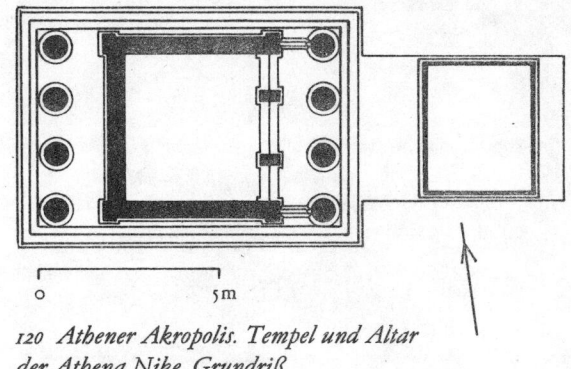

*120 Athener Akropolis. Tempel und Altar
der Athena Nike. Grundriß*

auf der Athener Akropolis (s. unter Iktinos), 447
bis 438 v. Chr. (Plutarch, Perikles 13,4). Entgegen
bisheriger Ansicht sieht B. Wesenberg neuerdings
in Kallikrates den alleinigen Urheber des perikleischen Parthenon-Neubaus (vgl. Anm. 248) / Tempel der Athena Nike (bei Pausanias I 22,4 irrtüm- 120
lich als Tempel der Nike Apteros bezeichnet) auf 121
der Athener Akropolis, 427 bis 424 v. Chr. (IG I²
24, 25, 88, 89, 111): Errichtet über älteren Altären der
Göttin auf einer Bastion der mykenischen Burgmauer als ein kleiner ionischer Amphiprostylos
mit je 4 Säulen an beiden Fronten. Der Beschluß
über den Neubau des Tempels stammt von 449/48
v. Chr. Doch Perikles scheint das von den Parteien
Athens umstrittene Projekt im Hinblick auf eigene Bauplanungen unterbunden zu haben. Es
konnte daher erst nach seinem Tod begonnen
werden. Nach Beendigung der eigentlichen Bauarbeiten mit der Weihung des Kultbildes (425/24 v.
Chr.) entstanden der Fries (um 420 v. Chr.) und
die marmorne Balustrade entlang der drei abfal-
lenden Seiten der Tempelplattform. / Ausbesse-
rungs- oder Sicherungsarbeiten an der Akropolis-
mauer in Athen (IG I² 44 = Syll.³ I 62). ○ Kleiner
Tempel am Ilissos als ionischer Amphiprostylos
mit je 4 Säulen an beiden Fronten, 20er Jahre des
5. Jh. v. Chr.: 1762 von Stuart und Revett gezeich-

121 *Athener Akropolis.*
Tempel der Athena Nike
von Osten

122 *Delos.*
Apollon-Tempel III
(»Tempel der Athener«).
Rekonstruktion
der Westseite

net. 1778 von den Türken abgebrochen (Reste des Frieses im Pergamon-Museum, Berlin). Zuweisung an Artemis Agrotera oder Demeter nicht gesichert. / Apollon-Tempel III (»Tempel der Athener«) in Delos als dorischer Amphiprostylos mit je 6 Säulen an beiden Fronten, zwischen 425 und 417 v. Chr.

Kallinos s. unter Spintharos von Korinth

Kleisthenes von Eretria, aus dem angesehenen Geschlecht der Theopropiden, griechischer Architekt der spätklassischen Zeit, geboren um 390/80 v. Chr. Vater des Menedemos, eines Philosophen der eretrisch-megarischen Schule. Auf Grund der literarischen Überlieferung (Diogenes Laertius, De clarorum philosophorum vitis II 125, 17,1) sieht man in Kleisthenes einen Theaterarchitekten, der auch als Skenograph (Bühnenmaler) tätig war. ○ Mitwirkung beim Neubau des Theaters in Eretria, 4. Jh. v. Chr.

Kleo[...]nes (= Kleomenes oder Kleosimenes oder Kleosthenes?), Sohn des Knidie[i]das, und **Epik[l]es**, griechische Architekten der archaischen Zeit. ☉ Apollon-Tempel auf der Halbinsel Ortygia bei Syrakrus, dorischer Peripteros mit 6:17 Säulen, um 570 bis 560 v. Chr. Bauinschrift an der obersten Stufe unter den drei südlichen Säulen der Ostseite: »Kleo[...]nes hat (den Tempel) dem

Apollon gemacht, (der Sohn) des Knidie[i]das, und Epik[l]es die Säulen, schöne Werke.«[251] Die Inschrift läßt offen, ob Kleo[...]nes Stifter oder Architekt des Tempels war.

Koroibos, griechischer Architekt der klassischen Zeit. ☉ Fundament, Säulen und Architrav des Untergeschosses am Telesterion, dem Weihehaus für die Großen Mysterien im Demeter-Heiligtum von Eleusis, Zeit des Perikles (Plutarch, Perikles 13,4). Die Zeitstellung des Koroibos innerhalb der ihm und Iktinos (s. Seite 168) zuzuordnenden Bauphasen des Telesterions ist noch nicht restlos geklärt. Auf Grund einer in Eleusis gefundenen Bauurkunde steht fest, daß um 453 v. Chr. mit ihm Verhandlungen geführt und die Bauabrechnungen geprüft wurden.

Krates von Olynthos s. unter Deinokrates

Kyros, griechischer Architekt aus Unteritalien (?), tätig in Rom, gestorben im Januar 52 v. Chr. (Cicero, Pro Milone XVII 46 und Epistulae ad Atticum IV 10). Vermutlich identisch mit einem Vettius, den Cicero (Epistulae ad Atticum II 4,7) 59 v. Chr. als Architekten empfahl. Kyros war ein enger Freund Ciceros. Er setzte ihn und den Volkstribunen Publius Clodius Pulcher zum Erben seines Vermögens ein. Die bautheoretischen Vorstellungen des Kyros sind aus der Philosophie Platons abgeleitet. Dies ergibt sich aus den Erörterungen bei Cicero (Epistulae ad Atticum II 3) über die Ansicht des Kyros, daß für die Beleuchtung von Innenräumen schmale Fenster günstiger seien als breitere. Die gleiche Stelle enthält außerdem Bemerkungen zum Verhältnis zwischen Park und Architektur bei Villenanlagen. Seit etwa 60 v. Chr. für Cicero, dessen Bruder Quintus und deren Freunde tätig (Cicero, Epistulae ad Atticum II 3,2, IV 10,2 und Epistulae ad Quintum fratrem II 2,2/4,2/8,2). ⊗ Leitung des Wiederaufbaus von Ci-

174

ceros Haus auf dem Palatin in Rom, seit 57 v. Chr. (Cicero, Epistulae ad Atticum IV 10). ☉ T. Frank[252] vermutete, daß Kyros an den Entwürfen für das Caesar-Forum in Rom beteiligt war, zumal sein Schüler Chrysippus Vettius (s. Seite 150) in der Umgebung Caesars arbeitete.

Lacer, Gaius Iulius, römischer Architekt, tätig zur Zeit Kaiser Trajans. ☉ Sechsbogige Steinbrücke über den Tagus (Tajo) bei Alcántara nahe der heutigen spanisch-portugiesischen Grenze, 98 bis 105/06 n. Chr.: Eine der eindrucksvollsten der erhaltenen antiken Steinbrücken. Erbaut mit Quadern aus einheimischem Granit und ohne Verwendung von Mörtel. In der Inschrift verkündete der Architekt: »Ich habe eine Brücke gebaut, die alle Zeiten überdauern soll.« Länge: 194 m; Stärke des Mittelpfeilers: 9 m; Spannweite der Strombögen: 34 und 36 m; die Brückenbahn verläuft 55 m über dem Fluß. Über dem tragenden Strompfeiler erhebt sich ein einfacher Ehrenbogen (Höhe: 14 m, Zinnenbekrönung modern). Seine Attika trägt eine Weihinschrift an Trajan (CIL II 759) mit fast gleichem Text auf beiden Seiten. An den Pylonen beiderseits des Durchgangs waren Tafeln mit kleineren Inschriften befestigt. Nur eine von diesen blieb erhalten (CIL II 760). Aus ihr geht hervor, daß die Städte der Provinz Lusitania (des heutigen Portugals) die Baukosten für die Brücke aufbrachten. Die beiden nördlichen Uferbögen wurden wiederholt zerstört und danach erneuert. 1859 riß man bei Arbeiten zur Verstärkung des mittleren Strompfeilers den Ehrenbogen ab und baute ihn hernach mit den originalen Teilen wieder auf. Die jetzt restaurierte Ädikula am Brückenkopf des Südufers, ein schlichtes, nur aus einer Cella bestehendes und mit der Rückseite gegen die Brücke gerichtetes Tempelchen toskanischer Ordnung, diente dem Kaiserkult. Über ihrem Eingang war einst ein Epigramm als Inschrift angebracht, dessen Text nur noch in Abschriften überliefert ist

(CIL II 761, S. 94 f. und Supplement S. 826). Es nennt den vollen Namen des Architekten von Brücke und Ädikula.

Lakrates s. unter Pyrrhos

Libon von Elis, griechischer Architekt der früh-
124 klassischen Zeit. ☉ Zeus-Tempel in Olympia, do-
125 rischer Peripteros mit 6:13 Säulen, um 470 (472/71?) bis 456 v. Chr. (Pausanias V 10,3): Haupttempel des Heiligtums von Olympia und bis zur Errichtung des perikleischen Parthenons größter Tempel des griechischen Festlands. Aus grauem einheimischem Muschelkalk. Die sichtbaren Oberflächen des porösen Steins waren bei den Säulen und am Gebälk mit einer dünnen Schicht feinen Marmorstucks überzogen. Auf den 10,53 m hohen Säulen der Peristase ruhte der Architrav, der ein Gesamtgewicht von 12 Tonnen (!) hatte. Das Dach

bestand aus Marmorplatten. Im hinteren Teil der dreischiffigen Cella stand das um 435 v. Chr. von **Phidias** begonnene Goldelfenbein-Kultbild des thronenden Zeus (Höhe vermutlich 12 m). Aus einem Wettstreit um den Auftrag für die Akroterien ging der Bildhauer **Paionios** aus Mende (auf der Halbinsel Chalkidike), der Meister der berühmten Nike-Statue (um 420 v. Chr., jetzt im Museum von Olympia), als Sieger hervor. Die von ihm gearbeiteten, aber nicht mehr erhaltenen Akroterien bestanden nach Pausanias (V 10,4) aus je einer vergoldeten Nike-Figur über der Mitte der beiden Giebel und aus goldenen Kesseln oder Dreifüßen an den Ecken. In den beiden Giebeln und auf den Metopen an den Fronten der Cella wurde das größte Skulpturenprogramm der frühklassischen

123 Römische Steinbrücke über den Tajo bei Alcántara

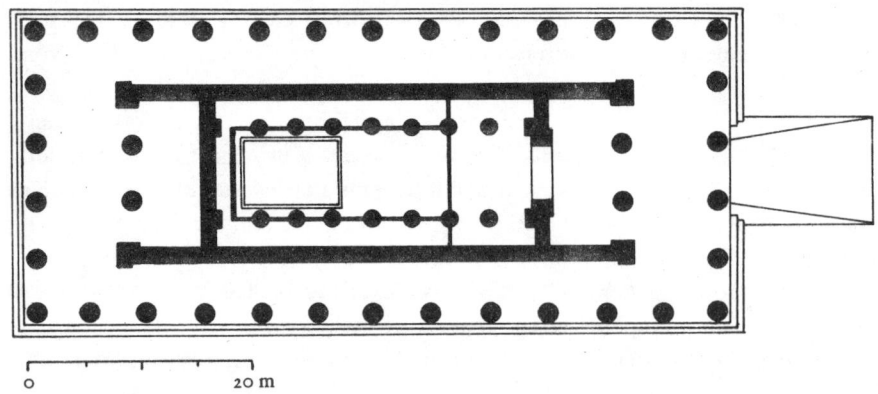

124 Olympia. Zeus-
Tempel in der Altis.
Grundriß

125 Olympia. Zeus-
Tempel von Südwesten

0   20 m

Zeit verwirklicht. Jedoch blieben die Namen der entwerfenden Meister und ihrer Mitarbeiter ungewiß, denn die Bemerkungen des Pausanias (V 10,6 und 8), Paionios habe die Skulpturen des Ostgiebels, Alkamenes die des Westgiebels entworfen, beruhen offenbar auf einem Mißverständnis. Am Ausgang der Antike stürzte der Zeus-Tempel durch ein Erdbeben ein. Die Trümmer, darunter die herabgefallenen Skulpturen, wurden später durch den Schlamm von Überschwemmungen zugedeckt. 1829 kam durch die französische Expédition de Morée ein erstes Metopenfragment ans Tageslicht. Während der deutschen Ausgrabungen von 1875 bis 1881 und der seit 1940 durchgeführten Nachgrabungen wurden die Olympia-Skulpturen wieder freigelegt (jetzt im Museum von Olympia). (Zur Bauforschung am Zeus-Tempel s. Seite 27.)

Lupus, Gaius Sevius, provinzialrömischer Architekt des 2. Jh. n. Chr. aus Aeminium (?) / Lusitanien. Sein Name steht in einer Weihinschrift an Mars Augustus (CIL II 2559, 5639), die in einen Granitblock wenige Meter südlich des Leuchtturms von La Coruña in Nordwestspanien eingemeißelt ist. Sie läßt wegen der geringen Entfernung zum Leuchtturm eine Verbindung mit diesem vermuten. ☉ Dreigeschossiger Leuchtturm (»Torre de Hércules«) auf einer Landzunge nördlich von La Coruña (Provinz Galicia) an der Atlantikküste Nordwestspaniens, aus einheimischem Granit, 2. Jh. n. Chr. (Cassius Dio XXXVII 53,4; Istrius Aethicus, Cosmographia 33 = Geographi Latini Minores, ed. A. Riese, Heilbronn 1878, 98; Paulus Orosius, Historiarum adversus paganos libri II 26 = Geographi Latini Minores, ed. A. Riese, 64). Einziger heute noch erhaltener antiker Leuchtturm. Er diente auch als Speicher, Festung und Signalturm für das rückwärtige Land und wurde für die Schiffahrt, von einigen Unterbrechungen abgesehen, bis in die Gegenwart benutzt. Jetzige Gesamthöhe: 58 m; Höhe des erhaltenen antiken Teils: 34 m; Seitenlänge des quadratischen antiken Baues: 10,55 m; jetzige Seitenlänge: 11,75 m; Stärke der Außenmauer: 1,55 m. Das obere Stockwerk war höher als die beiden unteren. Jedes Geschoß enthielt vier quadratische, tonnengewölbte Kammern (Speicherräume ?). Eine aufsteigende Rampe umzog, wie Spuren am Turm und eine

126

126 Leuchtturm bei La Coruña an der Atlantikküste Nordwestspaniens

Zeichnung von 1685 beweisen, die Außenwände vom ersten Geschoß bis zur Plattform. Das Leuchtfeuer befand sich vermutlich an der Nordseite der Plattform. Die Zuschreibung des Bauwerks an Lupus ist allerdings mit Schwierigkeiten verbunden, da aus der oben erwähnten Inschrift nicht hervorgeht, wann sie angefertigt wurde und worauf sich die Weihung des Architekten bezog. Wahrscheinlich im 15. Jh. wurde die Außenrampe durch kriegerische Ereignisse zerstört; der Turm verfiel seitdem. 1682 Wiederherstellung als Leuchtturm auf Veranlassung des Herzogs von Uceda. 1785–91 Umbau in klassizistischem Stil unter weitgehender Berücksichtigung des antiken Bauzustandes. 1956/57 führten eine archäologische Bauaufnahme und neue baugeschichtliche Forschungen zu einer Rekonstruktion des römischen Leuchtturms.

Mandrokles von Samos, griechischer Bauingenieur spätarchaischer Zeit. ⊗ Schiffsbrücke über den Bosporos für den Skythenfeldzug Dareios' I., 513 (?) v. Chr. (Herodot IV 87–88). Mandrokles ließ ein Bild der Brücke malen, auf dem der auf einem Thron sitzende, den Übergang der Truppen über die Meerenge beobachtende Perserkönig dargestellt war, und weihte es, mit einer Inschrift versehen, in das Hera-Heiligtum nach Samos.

Megakles s. unter Pothaios

Menalippos (Melanippos) s. unter Stallius

Menesthes, griechischer Architekt hellenistischer Zeit, vermutlich im Umkreis des Hermogenes tätig. ⊙ Tempel des Apollon Isotimos in Alabanda (heute Araphissar), ionischer Pseudodipteros mit 8:13 Säulen, etwa nach der Mitte des 2. Jh. v. Chr. (Vitruv III 2,6). Bautypus und -ornamentik haben eine auffallende Ähnlichkeit mit dem Hauptwerk des Hermogenes, dem Tempel der Artemis Leukophryene in Magnesia am Mäander. Im Fries waren Amazonenkämpfe dargestellt. Die 1904 bei der Ausgrabung durch Edhem Bey aufgefundenen Reste der Baudekoration und des figürlichen Schmucks sind verschollen.

127 Athener Akropolis. Propyläen von Westen. Rekonstruktion des ausgeführten Baues

Messalinos von Ephesos, Architekt der späten Römischen Kaiserzeit. ⊙ Stützbauten für den Zuschauerraum *(cavea)* des großen römischen Theaters am Westhang des Panayir-Dagh (des »Festberges«) von Ephesos. Der Name des Messalinos steht in einer metrischen Inschrift (CIG 2976 = Epigrammata Graeca ex lapidibus conlecta, ed. G. Kaibel, Berlin 1878, 1050) über einem Bogen des Theaters. Die umfangreichen Stützbauten sollten die Bausubstanz vor weiterem Verfall schützen.

Metagenes von Knossos s. unter Chersiphron

Metagenes von Xyrete und **Xenokles** von Cholargos, griechische Architekten der klassischen Zeit. ⊗ Fortsetzung und Vollendung der von Iktinos begonnenen Neugestaltung des Telesterions im Demeter-Heiligtum von Eleusis, spätes 5. Jh. v. Chr. (Plutarch, Perikles 13,4): Die Zahl der Innenstützen wurde auf 42 erhöht. Nach Plutarch legte Metagenes das Gebälk auf die unteren Säulen und errichtete auf ihnen die oberen Säulenstellungen. In das Dach des Anaktorons, des allerheiligsten Ortes der Vorführungen, fügte Xenokles die Lichtöffnung *(opaion)* ein. Darüber brachte er einen Rauchabzug an, durch den Tageslicht ins Innere gelangte.

Mnesikles, griechischer Architekt der klassischen Zeit, vielleicht Schüler des Iktinos. ⊙ Perikleische Propyläen auf der Athener Akropolis, 437 bis 431 v. Chr. (IG I²363-367; Plutarch, Perikles 13,3; Philochoros und Heliodoros bei Harpokration, unter *Propylaia tauta*): Die dreiteilige, von Westen her über eine breite Rampe zugängliche Anlage wurde als repräsentativer Haupteingang zur Akropolis in dorischen und ionischen Tempelbauformen an Stelle eines älteren Tores errichtet. Dem Bau soll-

128 Athener Akropolis. Propyläen mit dem Tempel der Athena Nike und dem Agrippa-Monument. Grundriß nach Zeichnung von J. Travlos, 1968

0   20 m

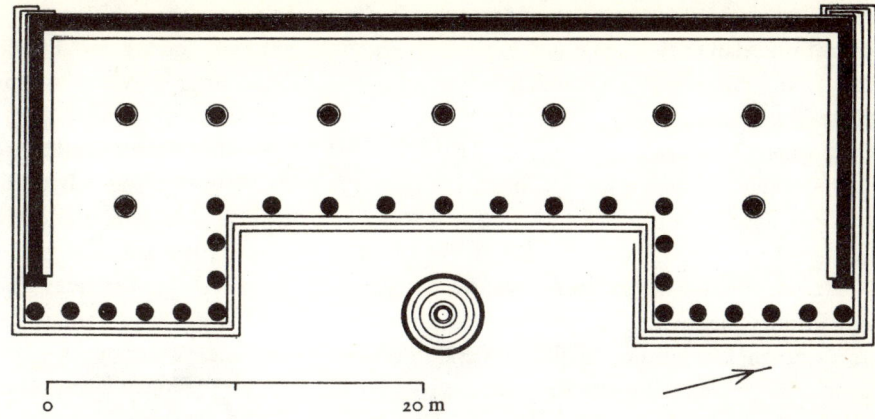

0   20 m

ten ältere Heiligtümer weichen. Dies scheiterte jedoch am Widerstand der Priesterschaft und der konservativen Partei Athens. Daher konnte der Südflügel nur verkürzt ausgeführt werden, was eine Reduzierung des ursprünglich symmetrisch angelegten Plans bedeutete. Der Nordflügel enthielt die Pinakothek, eine Sammlung von Tafelbildern berühmter griechischer Maler des 5. Jh. v. Chr. Der mittlere Teil, das eigentliche Propylon, ist als ein die Seitenflügel überragender dorischer Amphiprostylos mit je 6 Säulen an beiden Durchgangsfronten gestaltet. Die perikleischen Propyläen wurden von der gleichen Bauhütte begonnen, die zuvor am Parthenon gearbeitet hatte. Jedoch führte man den Bau seit Ausbruch des Peloponnesischen Krieges nicht mehr weiter. Die bis dahin entstandenen Kosten betrugen 2012 Talente. – 1835 erste Freilegungsarbeiten unter Ludwig Roß, Eduard Schaubert und Christian Hansen. Seit 1909 teilweiser Wiederaufbau mit Originalbauteilen unter Leitung von N. Balanos. Endgültiger Abschluß der Arbeiten erst 1963 durch A. Orlandos. ○ **Stoa des Zeus Eleutherios** in der Nordwestecke der Agora von Athen, seit etwa 430 v. Chr. (Pausanias I 3,1). Die nach den Zerstörungen durch den Heruler-Einfall (267 n. Chr.) und durch den Bau der Bahnlinie Athen-Piräus (1891) von der monumentalen Halle übriggebliebenen Reste wurden 1931

1933 und 1936 durch Ausgrabungen festgestellt. Modell des ursprünglichen Zustandes im Agora-Museum, Athen. / Zum Entwurf eines Gesamtplans für den Wiederaufbau der Athener Akropolis, der vielleicht Mnesikles zugeschrieben werden könnte, vgl. Seite 90 / Für eine Zuweisung des Erechtheions an Mnesikles gibt es keine sicheren Anhaltspunkte.

Mucius (Mutius), Gaius, römischer Architekt, tätig in der zweiten Hälfte des 2. bis ins frühe 1. Jh. v. Chr. Vielleicht ein Freigelassener der *gens Mucia* und um 120 v. Chr. dem Gefolge des Quintus Mucius Scaevola angehörend, als dieser die Provinz Asia verwaltete. Unter dieser Voraussetzung könnte Mucius architektonische Formvorstellungen von Kleinasien nach Rom (und somit an Vitruv) weitergegeben haben. ⊗ **Tempel des Honos und der Virtus** *(aedes Mariana Honoris et Virtutis)* am Fuß der *arx Capitolina* in Rom, gestiftet von dem römischen Heerführer und Staatsmann Gaius Marius aus der Beute des Krieges gegen die Kimbern (CIL I², S. 195 Nr XVIII), nach 101 v. Chr. (Vitruv III 2,5 und VII praef. 17; Festus, De significatu verborum, S. 467/468 L): Das Gebäude, ein von hellenistischen Formen beeinflußter Tempel italischen Typs aus Travertin, war für Versammlungen des Senats bestimmt. Vitruvs Angaben, die allerdings unterschiedlich interpretiert werden, weisen darauf hin, daß es sich um einen Peripteros *sine postico* (ohne Hinterhalle) gehandelt haben muß. Bei einer Wiederherstellung des Tempels im 1. Jh. n. Chr. unter Vespasian malten ihn Attius Priscus und Cornelius Pinus in klassizistischer Manier aus (Plinius XXXV 120).

Mustius, römischer Architekt, Freund des jüngeren Plinius, für den er um 100 n. Chr. auf einem von dessen Landgütern bauliche Veränderungen durchführte. Einzelheiten des Auftrages enthält ein Brief des Bauherrn an den Architekten (Epistulae IX 39).

Mutius, Gaius s. Mucius, Gaius

Numisius, Publius, römischer Architekt der ersten Hälfte des 1. Jh. n. Chr. ☉ Theater von Herculaneum, gestiftet von dem Duumvirn Lucius Annius Mammianus Rufus, Zeit des Augustus (die Baudekoration erst unter Claudius und Nero entstanden). Der Name des Numisius steht in den Bauinschriften des Theaters und in der Orchestra (CIL X 1443, 1446 = Inscriptiones Latinae selectae, ed. H. Dessau, II. 1, Berlin 1902, Nr 5637, 5637 b). Die kostbare, überladene Innenausstattung wurde bei der Entdeckung im 18. Jh. völlig ausgeraubt.

Paionios von Ephesos, griechischer Architekt der spätklassisch-frühhellenistischen Zeit. ☉ Entwurf und Leitung der Bauarbeiten für das Jüngere Artemision in Ephesos, zusammen mit **Demetrios**, dem Tempelsklaven der ephesischen Artemis, Beginn 356 v. Chr. (Vitruv VII praef. 16): Eines der Sieben Weltwunder. Nach dem Rekonstruktionsversuch des österreichischen Archäologen A. Bammer[253] war das Jüngere Artemision ein ionischer Dipteros mit 21 Säulen an den Langseiten, 3 Reihen mit je 8 Säulen an der Vorder- und 3 Reihen mit je 9 Säulen an der Rückfront. Der Neubau
182

folgte im wesentlichen dem Grundriß seines Vorgängers, jedoch mit Erweiterung an den Fronten und einer Niveauerhöhung der Tempelterrasse um 2,7 m, so daß der Unterbau 13 Stufen erhielt. Der klassischen Bautradition entsprach die Standardisierung der Bauteile. Höhe der Säulen: 17,65 m. Aus Münzbildern ist zu schließen, daß die Frontseiten von sehr großen Giebeln bekrönt wurden. Farbiger Schmuck und reiche Vergoldung betonten die Tektonik. Wie das Ältere Artemision hatte auch der Nachfolgebau 36 *columnae caelatae* (Reste davon im Britischen Museum). Eine ihrer Relieftrommeln stammt von **Skopas** (Plinius XXXVI 95). Vielleicht geht auch der vor der Westseite des Tempels auf älterem Fundament errichtete Säulenaltar *(thrinkos)* auf ihn zurück (1965 entdeckt; Werkstücke und Modell in Wien, Ephesos-Museum). 334 v. Chr. erbot sich Alexander der Große, die bereits entstandenen und die künftigen Baukosten zu tragen, wenn sein Name in der Tempelinschrift genannt würde. Aber die Ephesier lehnten das Angebot mit dem diplomatischen Hinweis ab, »es zieme sich nicht, daß ein Gott den Göttern Tempel erbaue« (Strabon XIV 640/641). Daß Alexander seinen Hofarchitekten Deinokrates zur Vollendung des Tempels einsetzte, ist nicht ausreichend nachgewiesen.[254] Die Arbeiten an dem Riesenbau und seinem Altar zogen sich bis in die zweite Hälfte des 3. Jh. v. Chr. hin, wobei einzelne Teile unausgeführt blieben. 263 n. Chr. zerstörten die Goten das Jüngere Artemision. Später wahrscheinlich teilweise wiederhergestellt. Seit dem späten 4. Jh. n. Chr. fortschreitender Verfall. Über die Reste des Baues legte sich im Laufe der Zeit eine 6 m starke Schlammschicht, die durch die Überschwemmungen des Kaystros entstanden war. / Entwurf und Leitung der Bauarbeiten für den Jüngeren Tempel des Apollon Philesios in Didyma bei Milet, zusammen mit **Daphnis** von Milet, Beginn um 300 (vor 313 ?) v. Chr. (Vitruv VII praef. 16): Die riesige Anlage, ein

131

132–
134

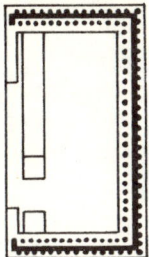

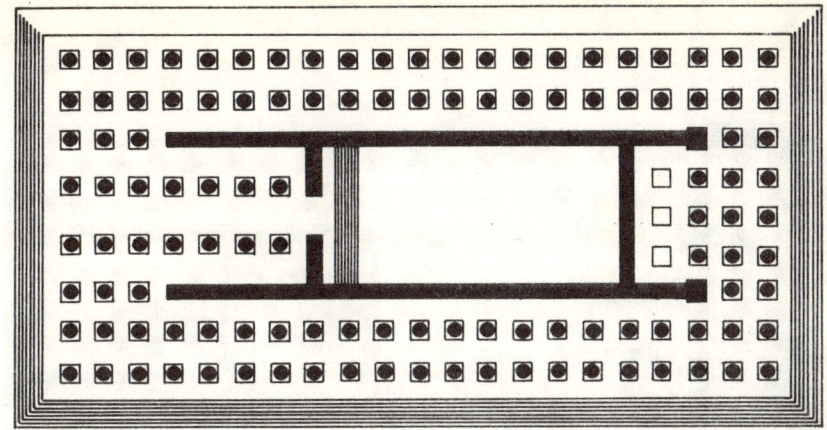

131 Ephesos. Jüngerer Artemis-Tempel mit Altar. Grund-
rißrekonstruktion von A. Bammer, 1972

ionischer Dipteros mit 10:21 Säulen, war vom Entwurf her der spätklassischen Bautradition verhaftet. Neu an ihr war der nicht überdachte Innenraum (Typ des sogenannten Hypäthraltempels). In dem von hohen Mauern umschlossenen Innenhof stand vor der Tempelrückwand der sogenannte Naiskos, ein kleiner ionischer Prostylos mit 4 Säulen vor den Anten. Er war nach der Mitte des 3. Jh. v. Chr. erbaut worden und barg das um 300 v. Chr. aus Ekbatana zurückgeführte archaische Kultbild. Auf rund 200 qm der Wandfläche des Tempels fanden sich eingeritzte Werkzeichnungen. Eine von ihnen bezieht sich auf den erwähnten Naiskos. Fast fünf Jahrhunderte lang wurde am Jüngeren Didymaion gebaut, so daß hier alle Entwicklungsphasen der hellenistischen Architektur ihren Niederschlag fanden. Der äußere Säulenring blieb unvollendet. So sah in der Mitte des 2. Jahrhunderts n. Chr. Pausanias den Tempel (Pausanias VII 5,4). Im 3. Jahrhundert n. Chr. plünderten ihn die Galater. 1453 verursachte ein Erdbeben den Einsturz des kolossalen Bauwerks.

Parmenion (Parmeniskos), griechischer Architekt frühhellenistischer Zeit. ⊗ Großer Sarapis-Tempel in Alexandria, spätes 4. / frühes 3. Jh. v. Chr.

(Pseudo-Kallisthenes I 33,5; Iulius Valerius, De rebus gestis Alexandri Macedonis I 35). In den genannten Quellen wird Parmenion auch das aus verschiedenen Metallen und Edelsteinen angefertigte Kultbild des thronenden Sarapis zugewiesen. Vermutlich schuf es jedoch um die Mitte des 4. Jh. v. Chr. der Erzbildner und Bildhauer Bryaxis für das Sarapis-Heiligtum bei Sinope am Schwarzen Meer, ehe es nach Ägypten überführt wurde.

Perittas s. unter Xenaios

Phaiax, griechischer Bauingenieur der klassischen Zeit. Leitete in der griechischen Pflanzstadt Akragas an der Südküste Siziliens als *epistatēs* unter dem Tyrannen Theron (540/30 bis 472 v. Chr.) umfangreiche Bauvorhaben. ⊙ Kanalisationssystem für Akragas, angelegt nach der Schlacht von Himera (480 v. Chr.) (Diodoros Sikeliotes, Bibliothēkē XI 25,3). Für den Bau dieser unterirdischen Kanäle, nach dem zuständigen Architekten *phaiakes* genannt, wurden wie auch für die Anlage

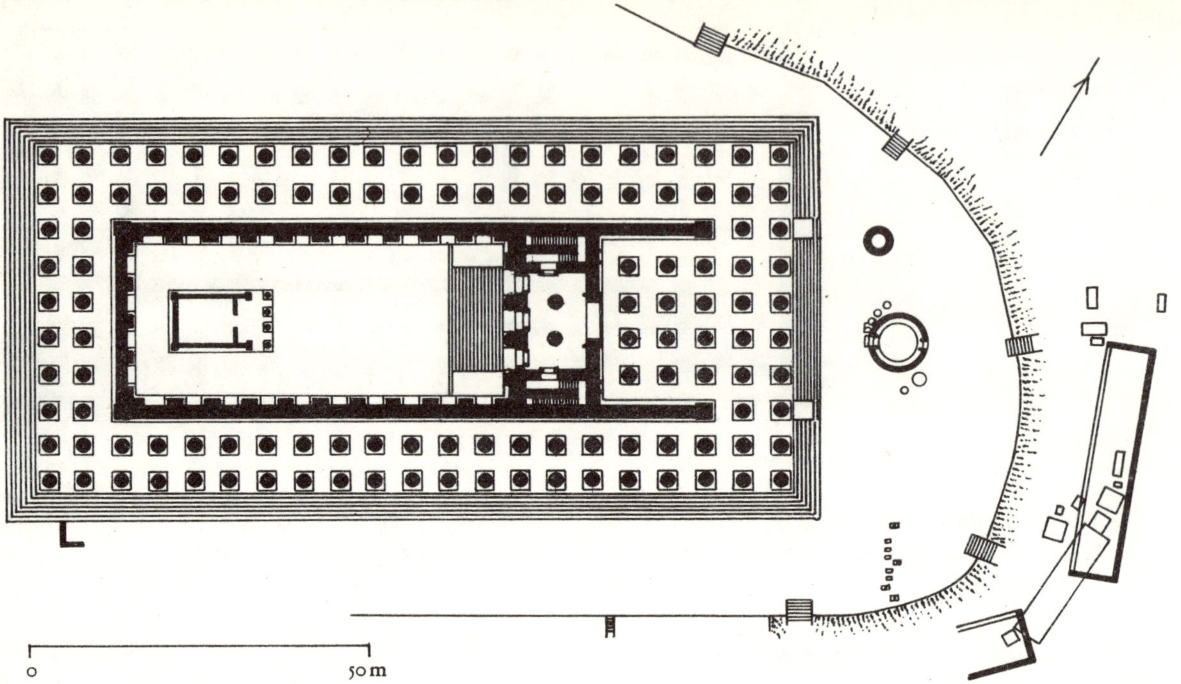
0
50 m

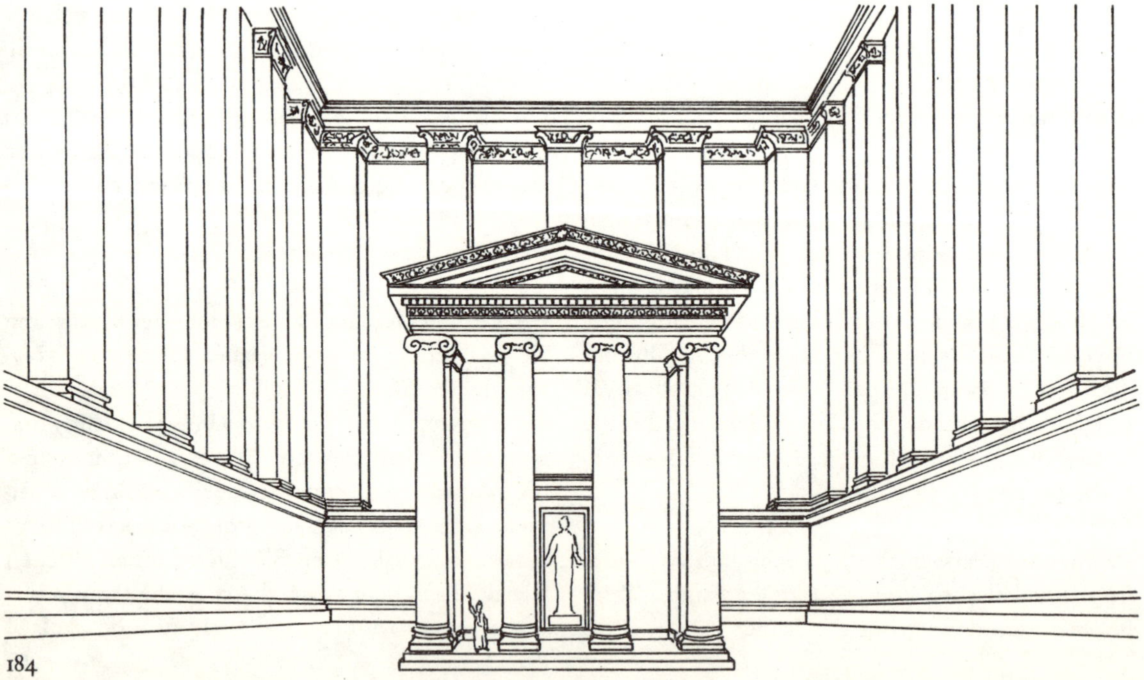

132 Didyma. Jüngerer Tempel des Apollon Philesios mit seiner näheren Umgebung. Ergänzter Übersichtsgrundriß von Fritz Krischen

133 Didyma. Jüngerer Tempel des Apollon Philesios. Der Hof mit dem Naiskos. Zeichnung nach einer Rekonstruktion von Fritz Krischen

134 Didyma. Tempel des Apollon Philesios nach der Freilegung. Ansicht von Südosten. Ältere Aufnahme

eines Sees und andere Bauarbeiten in der Stadt karthagische Kriegsgefangene eingesetzt.

Phaneas von Delos, griechischer Architekt der hellenistischen Zeit. In der ersten Hälfte des 3. Jh. v. Chr. für das Apollon-Heiligtum von Delos tätig, zuerst als Zimmermann, später als Bauunternehmer und schließlich als festbesoldeter Architekt der Baukommission (Bauabrechnungen der Hieropoioi von Delos: IG XI², Nr 161 A 42, 43, 45; Nr 165, 13.20.24; Nr 199 C 41; Nr 203 A 60; Nr 287 A 53). Auch seine Brüder und sein Vater waren Bauun-

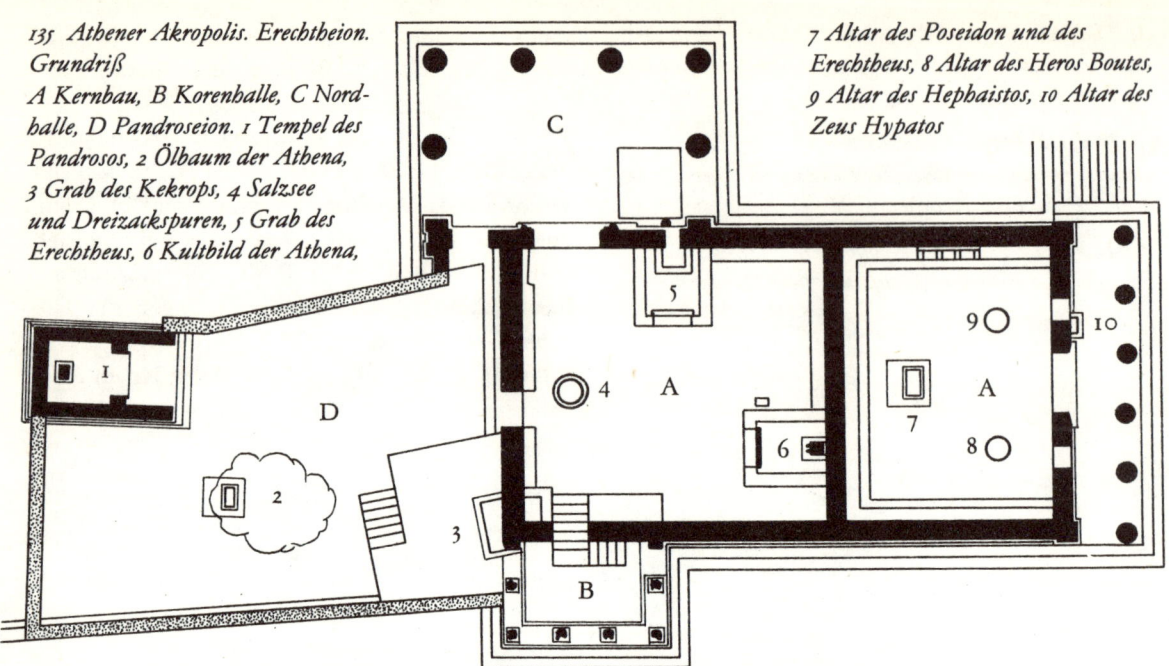

135 Athener Akropolis. Erechtheion.
Grundriß
A Kernbau, B Korenhalle, C Nord-
halle, D Pandroseion. 1 Tempel des
Pandrosos, 2 Ölbaum der Athena,
3 Grab des Kekrops, 4 Salzsee
und Dreizackspuren, 5 Grab des
Erechtheus, 6 Kultbild der Athena,
7 Altar des Poseidon und des
Erechtheus, 8 Altar des Heros Boutes,
9 Altar des Hephaistos, 10 Altar des
Zeus Hypatos

ternehmer (IG XI², Nr. 142, 43). ⊗ Für das Apollon-Heiligtum von Delos urkundlich nachgewiesene Arbeiten (279 v. Chr.): Modell aus Palmen-
holz für die Tür der Propyläen; zusammen mit
dem Holzarbeiter **Peisibulos** von Paros 15 Decken-
kassetten für die Holzverkleidung in der vorderen
Ringhalle des südlichen und größten der drei ne-
beneinanderliegenden Apollon-Tempel (Apollon-
Tempel II); zusammen mit seinem Bruder **Antigonos** Türflügel mit den darüberliegenden Gitter-
fenstern für den gleichen Tempel; Deckenrepar-
atur in der Vorhalle des nördlichen der drei Apollon-Tempel (Apollon-Tempel I, in den Inschriften
»Poros-Tempel« genannt).

Philagros s. unter Philon von Eleusis

136 Athener Akropolis. Eckkapitell von der Nordhalle
des Erechtheion

137 *Athener Akropolis.*
Teil des Anthemion-
Frieses vom Erechtheion

138 *Athener Akropolis.*
Erechtheion von Südwe-
sten mit Korenhalle.
Ältere Aufnahme

Philiskos, Sohn des Dionysios, griechischer Architekt (Bauunternehmer ?) der hellenistischen Zeit. ⊙ Leitung der Bauarbeiten am Jüngeren Tempel des Apollon Philesios in Didyma bei Milet, Ende 2. / Anfang 1. Jh. v. Chr. (A. Rehm, Didyma II: Die Inschriften, Berlin 1958, 64 f., Nr 45, 46).

Philokles von Acharnai und **Archilochos** von Agryle, griechische Architekten der klasssischen Zeit. Sie gehörten der Baukommission für das Erechtheion auf der Athener Akropolis an (CIG I 322 und IG I² 372 a; D. Caskey in: The Erechtheum, *wie Anm. 123,* S. 286 Z. 2 f., 378 XV/XVI Z. 1–4, 382 Z. 56 f., 394 Z. 8–10; P. H. Davies in: American Journal of Archaeology 52, 1948, 485 ff.). Den Namen des Philokles überliefern die Bauabrechnungen von 409/08 v. Chr. Archilochos, anscheinend sein Nachfolger, wird erstmals 408/07 v. Chr. genannt, wenig später wird dessen Gehalt mit 352 bzw. 351 Drachmen angegeben. Der Name des entwerfenden Architekten ist unbekannt. ⊙ Erechtheion auf der Athener Akropolis, vielleicht noch unter Perikles geplant, aber erst 421 bis 406 v. Chr. in attisch-ionischer Ordnung mit verfeinerten, zierlich-eleganten Einzelformen errichtet (IG I² 372; Pausanias I 26,5 und 27,1; Pseudo-Plutarch, Decem oratorum vitae 843 E; Strabon IX 396): Jüngstes Bauwerk klassischer Zeit auf der Athener Akropolis. Durch den Krieg mit Sparta wurde die Ausführung zeitweise unterbrochen. Der von anderen klassischen Tempeln abweichende Grundriß war durch das nach Nordwesten abfallende Gelände bedingt, vor allem aber dadurch, daß man hier zusammen mit der Kultstätte der Athena Polias verschiedene Kultmale chthonischer Gottheiten der vorgriechischen Zeit in einem Tempel vereinte. Der Kernbau mit 6 Säulen vor der Ostseite entstand an der Stelle eines alten mykenischen Herrschersitzes. Zwischen 421 und 413 v. Chr. Korenhalle an der Südseite. 409/08 v. Chr.

135–138

188

Bestandsaufnahme durch die Baukommission. 409 bis 407 v. Chr. Fries des Kernbaues (Reste im Akropolis-Museum). Nach früheren Sicherungs- und Wiederherstellungsarbeiten (1902–09, 1918) wurde das Erechtheion 1980–87 umfassend restauriert. Sämtliche Figuren der Korenhalle sind nunmehr durch Repliken ersetzt, während die Originale ins Akropolis-Museum gelangten.

Philon von Eleusis, Sohn des Exekestides, griechischer Architekt und Fachschriftsteller der spätklassisch-frühhellenistischen Zeit, wohl auch Bauunternehmer (Syll.³ 249–253). Offenbar identisch mit einem 342/41 v. Chr. im Schiffskatalog erwähnten Trierarchen (IG II² 1622, 694) und vielleicht auch mit dem nach 338 v. Chr. genannten Stifter eines Weihgeschenks für das Asklepieion in Athen (IG II² 1533,95). Diese inschriftlichen Angaben, zusammen mit Erwähnungen bei mehreren antiken Autoren, lassen Philon als wohlhabenden und anerkannten Architekten erscheinen. ⊗ Skeuothek (Takelagenhalle) für die athenische Marine im Piräus, Bauzeit nach den epigraphischen Quellen 347/46 bis spätestens 330/29 v. Chr. (IG II² 1668 [= Syll.³ III 969] + IG II² 1627, 287; Plinius VII 125; Strabon IX 1,15; Cicero, De oratore I 14,62; Philodemos, Peri rhētorikēs XII 192; Vitruv VII praef. 12; Plutarch, Lykurgos 841 D; Valerius Maximus, Facta et dicta memorabilia VIII 12,2). Das Bauwerk wurde bei der Eroberung Athens durch Sulla (86 v. Chr.) zerstört (Plutarch, Sulla XIV 7). Es stand vermutlich im Nordosten des kreisrunden einstigen Kriegshafens Zea (heute Paschalimani oder Zitronenhafen genannt) in einer der drei Hafenbuchten des Piräus. Dort fand man nämlich 1882 eine Marmortafel mit einer 97zeiligen Inschrift (IG II² 1668 = Syll.³ III 969). Diese enthält die öffentliche Ausschreibung für den Bau sowie genaue Anweisungen mit technischen Daten, die für den namentlich nicht genannten ausführenden Architekten bestimmt waren. Der Name des Philon steht neben dem des **Euthydomos** von Melite, Sohnes eines Demetrios, am Anfang der Inschrift. Jedoch ist bei beiden weder der Beruf noch ihre Funktion im Rahmen des Projekts genannt. Auf Grund dessen, was sonst noch über Philon überliefert ist, darf angenommen werden, daß er den Entwurf herstellte. Der ausführliche Text der Skeuothek-Inschrift ermöglichte mehrere Rekonstruktionsversuche[255] des bereits im Altertum als bedeutend geltenden Bauwerks. Hierbei blieben jedoch Anordnung und Maße der Bauteile bis heute umstritten, da sich aus der Bauurkunde der Skeuothek ein für den Entwurf gültiges Zahlensystem nicht ableiten läßt. Auch über den künstlerischen Charakter des Bauwerks läßt sich nichts Sicheres ermitteln. Das große dreischiffige Gebäude verband den Zea-Hafen mit dem nordöstlich davon sich erstreckenden Marktbereich. Der Grundriß betrug 129 × 17 m. In den beiden Stockwerken der mit Fenstern versehenen Seitenschiffe war die Ausrüstung für etwa 150 Kriegsschiffe untergebracht, und zwar unten die Truhen für die Segel, oben die Regale für das Tauwerk. In späterer Zeit diente der Bau als Waffenarsenal. ⊙ Prostoion (Vorhalle) vor der Südostseite des Telesterions im Demeter-Heiligtum von Eleusis (IG II² 1666 und die Fragmente IG II² 204, 1670, 1671, 1673, 1675, 1680; vgl. auch H. Lattermann, *wie Anm. 114*, 1ff.): Nachdem während der Amtszeit des Architekten **Philagros** (356/55 bis 353/52 v. Chr.) das Fundament für eine pseudodipterale Vorhalle mit 2:16 Säulen gelegt worden war, unterbrach man die Arbeiten. Vitruv (VII praef. 17) berichtet, daß Philon in der Zeit des Demetrios von Phaleron (317 bis 307 v. Chr.) vor der Stirnseite des Telesterions Säulen errichtete. Gemeint ist damit der in der Art einer Tempelfassade gestaltete Oberbau der über 54 m breiten Vorhalle aus pentelischem Marmor. Die Säulenzahl hatte man nunmehr auf 2:12 Säulen geändert. Ein sehr großer Giebel (Tympanonhöhe über 5 m) bekrönte die Vorderseite der Halle. Die hier angewandte dorische Ordnung ist an Einzelformen des 5. Jh. v. Chr. orientiert. Wenn auch in den Bauurkunden für den Entwurf kein Architektenname genannt wird, kommt hierfür am ehesten Philon in Betracht. Es scheint nicht ausgeschlossen, daß er schon um 330 v. Chr. die Leitung des Baues übernahm. Wie die weitgehend unkanneliert gebliebenen Säulen beweisen, blieb Philons Vorhalle unvollendet. Nach teilweiser Zerstörung durch die Kostoboken (um 170 n. Chr.) wurden die oberen Teile sorgfältig wiederhergestellt. ⊗ Die Abrechnungen der delphischen Schatzmeister erwähnen für das Jahr 338 v. Chr. eine Hoplothek (Waffenarsenal) und eine Stoa für das Gymnasium in Delphi, erbaut durch eine Gruppe von fünf Meistern unter der Leitung Philons. In Delphi soll er auch einen silbernen Krater und einen goldenen Weihwasserkessel, alte kostbare Weihgaben des Kroisos, restauriert haben.

Polykleitos, griechischer Architekt der spätklassischen Zeit. Er war vermutlich zugleich Bildhauer. Es erscheint möglich, daß er als solcher von der Tradition der Polykleitos-Schule beeinflußt war. Von Pausanias (II 27,5) irrtümlich mit dem berühmten Erzgießer und Bildhauer Polykleitos dem Älteren von Argos (tätig zwischen 460 und 420 v. Chr.) gleichgesetzt. ⊙ Tholos (Rundbau mit reichster Bauornamentik) im Asklepios-Heiligtum von Epidauros, zwischen 360 und 320 v. Chr. (IG IV 1485, IV² 103 und 162, jedoch ohne Erwähnung des Architektennamens; Pausanias II 27,5)[256]: Das Bauwerk war mit großer Wahrscheinlichkeit ein Heroon des Asklepios. Es hatte 26 dorische Außensäulen aus stuckiertem Kalkstein und 14 freistehende korinthische Innensäulen. Die Innenwände waren mit verschiedenfarbigem Marmor verkleidet und mit Gemälden berühmter griechischer Meister (zum Beispiel des Malers Pausias) geschmückt. Die Tholos stand noch im 17. und 18. Jh. Teilweiser Wiederaufbau im Museum von

139
140

139 *Epidauros. Tholos im Asklepios-Heiligtum. Rekonstruktion und Grundriß*

140 *Epidauros. Tholos im Asklepios-Heiligtum. Detail der Kassettendecke. Epidauros, Museum*

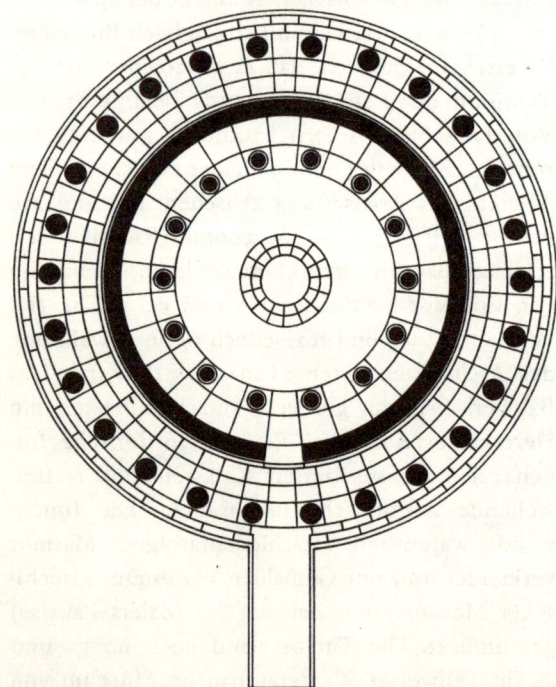

Epidauros. Neben dem Rundbau war ein unbeschädigtes, sorgfältig gearbeitetes korinthisches Kapitell vergraben (heute im Museum von Epidauros). Es gilt als ein Modell für die Kapitelle der Innensäulen, das Polykleitos für die Steinmetzen selbst hergestellt haben dürfte. – In der oben erwähnten Pausanias-Stelle ist als ein weiteres Werk des Polykleitos das Theater von Epidauros genannt. Diese Zuweisung wird aber durch den archäologischen Befund widerlegt, nach dem das Bauwerk erst um 300 v. Chr. entstanden sein kann.[257]

Porinos s. unter Antistates

Postumius Pollio, Gaius, römischer Architekt, tätig in Latium, wahrscheinlich Zeit des Augustus. Vielleicht Lehrer des Architekten Lucius Cocceius Auctus. ⊗ Stadttor von Formiae (heute Formia) und kleiner Tempel in Terracina. Beide Bauten jeweils nur durch eine Inschrift mit der Signatur des Architekten bekannt (CIL X 6126, 6339).

Pothaios; Antiphilos; Megakles; griechische Architekten (?) der spätarchaisch-frühklassischen Zeit. ☉ Schatzhaus der Syrakusaner auf der Schatzhausterrasse in Olympia, nach A. Mallwitz um 480 v. Chr. Davon nur noch die Fundamente aus Poros sowie Reste von Baugliedern erhalten. Die Erwähnung bei Pausanias VI 19,7 (dort irrtümlich »Schatzhaus der Karthager« genannt) läßt offen, ob es sich um die Stifter oder die Architekten des Schatzhauses handelt.

Pyrrhos und seine Söhne **Lakrates** und **Hermon,** griechische Architekten (?) der archaischen Zeit. ☉ Schatzhaus der Epidamnier auf der Schatzhausterrasse in Olympia, zweite Hälfte des 6. Jh. (um 525 ?) v. Chr. Die Erwähnung bei Pausanias (VI

19,8) läßt offen, ob es sich um die Stifter oder die Architekten des Schatzhauses handelt.

Pytheos von Priene (?), griechischer Architekt, Bildhauer und Fachschriftsteller der spätklassischen Zeit. ☉ Maussolleion in Halikarnassos, zusammen mit dem Bildhauer und Architekten **Satyros** von Paros, nach 367 bis 350 v. Chr. (Vitruv VII praef. 12–13; Plinius XXXVI 30–31): Grabbau für den persischen Satrapen Maussollos von Karien (gestorben 353 v. Chr.) und Artemisia, seine Gemahlin und Schwester (gestorben 351 v. Chr.). Dem ikonographischen Programm nach als ein Denkmal für das Hekatomniden-Geschlecht aufzufassen. Seit dem 3. Jh. v. Chr. unter die Sie-

4

13–15

141 Olympia. Schatzhaus-Terrasse von Nordosten. Im Hintergrund der Zeus-Tempel. Ältere Aufnahme

ben Weltwunder gerechnet. Bestimmte Quellen lassen darauf schließen, daß Pytheos die alleinige Leitung hatte. Jedoch ist auch Satyros als maßgeblicher Architekt angesehen worden. Die Gesamthöhe des Bauwerks betrug nach Plinius 140 Fuß (etwa 42 m). Mit der plastischen Ausgestaltung waren die namhaftesten Bildhauer der damaligen griechischen Welt beauftragt worden: Skopas, Timotheos, Leochares und Bryaxis. Jedem wurde eine Seite des Baues zugewiesen (Vitruv VII praef. 13; Plinius XXXVI 30–31). Offenbar waren auch die beiden Architekten an den Bildhauerarbeiten beteiligt, wenn dies auch nicht ausdrücklich überliefert ist. Von Pytheos wissen wir, daß er die Quadriga schuf, welche die Dachpyramide bekrönte (Plinius XXXVI 31). Der plastische Schmuck umfaßte auch freiplastische Werke: kolossale Sitz- und Reiterfiguren, außerdem einige Dutzend Standfiguren und Grablöwen. Etwa ein Zehntel des ursprünglichen plastischen Schmukkes blieb erhalten. Teile davon, darunter die Bildnisstatuen eines karischen Dynastenpaares (wohl

Maussollos und Artemisia), sowie Architekturglieder gelangten ins Britische Museum. E. Buschor vertrat die Ansicht, die Bildhauerarbeiten am Maussolleion seien zeitweilig unterbrochen und vielleicht erst 333 v. Chr. auf Betreiben Alexanders des Großen abgeschlossen worden. Die Forschungen über den architektonischen Aufbau sowie über die Plazierung und Zuschreibung der Friese und Skulpturen dauern an (s. Seite 22). / Tempel des Zeus Labraundenos (Zeus Stratios) in Labra(u)nda in Karien, ionischer Peripteros mit 6:8 Säulen, 351 bis 344 v. Chr. (Datierung nach der Weihinschrift des Hekatomniden Idrieus, eines Bruders des Maussollos). Der Tempel wurde durch die schwedischen Ausgrabungen 1948–50 in seinen Baugliedern festgestellt. / Tempel der Athena Polias in Priene am Mäander, ionischer Peripteros mit 6:11 Säulen, um 350 bis 330 v. Chr. (Vitruv I 1,12 und VII praef. 12): Kennzeichnend für den Entwurf sind eine dichtere Komposition und schwere Formen. Aus der Weihinschrift von 334 v. Chr. auf der südlichen Ante (CIG 2902) geht

144

142 Stadtanlage von Priene am Südhang des Berges Mykale. Modell von H. Schleif. Berlin/DDR, Staatl. Museen, Pergamon-Museum

hervor, daß Alexander der Große die Summe für die Vollendung des Tempels stiftete. Jedoch wurde der Bau erst um die Mitte des 2. Jh. v. Chr., vielleicht von dem Architekten **Hermogenes,** mit der Westhalle und einem dem Großen Zeus-Altar von Pergamon nachgebildeten Altar vor der Ostseite fertiggestellt. Die Kultstatue der Athena Polias, die eine verkleinerte Kopie der Athena Parthenos des Phidias war, stiftete der Fürst Orophernes von Kappadokien. Ein Säulenpaar mit

143 Gebälkteilen und Reste des Altares im Pergamon-Museum, Berlin. Am Tempel fanden sich eingeritzte Werkzeichnungen.

143 Gebälkteile vom Tempel der Athena Polias aus Priene. Berlin/DDR, Staatl. Museen, Pergamon-Museum

Rabirius, römischer Architekt der zweiten Hälfte des 1. Jh. n. Chr., tätig für Kaiser Domitian. Über Herkunft und sozialen Stand ist nichts bekannt. Aus einem Epigramm des römischen Dichters Martial (Epigrammata X 71) über den Tod der Eltern des Rabirius geht nicht unbedingt hervor, daß dieser mit Martial befreundet war. Kennzeichnend für das architektonische Schaffen dieses genialen Architekten sind Tonnengewölbe von großer Spannweite, Durchblicke durch lange Zimmerfluchten, Apsidenräume, Nischenreihen und gekurvte Kolonnaden – Wesenszüge, welche die barocke Richtung in der Baukunst der Flavierzeit prägten. ☉ Entwurf und Leitung der Bauarbeiten für den Kaiserpalast Domitians (Flavierpalast) auf 145 dem Palatin in Rom, 81 bis 92 (96) n. Chr. (Martial, 149 Epigrammata VII 56, VIII 36 und 39): Nachdem ein großer Brand im Jahre 80 die früheren Kaiserpaläste auf dem Palatin zerstört hatte, ließ Domitian auf dem mittleren und südöstlichen Teil des Hügels über abgerissenen Anlagen aus der Zeit Neros seinen weiträumigen und prunkvollen Palast errichten, den Martial »eine Wohnung für Götter« nennt und dessen kühne Gewölbekonstruktionen er offensichtlich meint, wenn er bemerkt, Rabirius habe sich die Sterne und das Himmelsgewölbe zum Vorbild genommen. Als ein neuer Typ des römischen Kaiserpalastes vereinte Domitians Palast Regierungszentrum und Wohnbezirk in einer Gesamtanlage. Von den späteren römischen Kaisern und ihren Nachfolgern bis in die Zeit der Völkerwanderung hinein als Residenz benutzt, bildete Domitians Palast ein monumentales Symbol politischer Macht. Er wurde Vorbild für den Kaiserpalast in Konstantinopel. Die seit dem 18. Jh. auf dem Areal des Domitianspalastes durchgeführten Raubgrabungen sind die Ursache für seinen schlechten Erhaltungszustand. Außer Resten von Marmorfußböden, Friesen und Wandgemälden blieb nichts mehr von der kostbaren, an vielen Stellen reich vergoldeten Innenausstattung

144 *Priene. Tempel der Athena Polias. Nordostecke*
mit Altar. Rekonstruktion von Fritz Krischen und Hugo
Horn, 1938

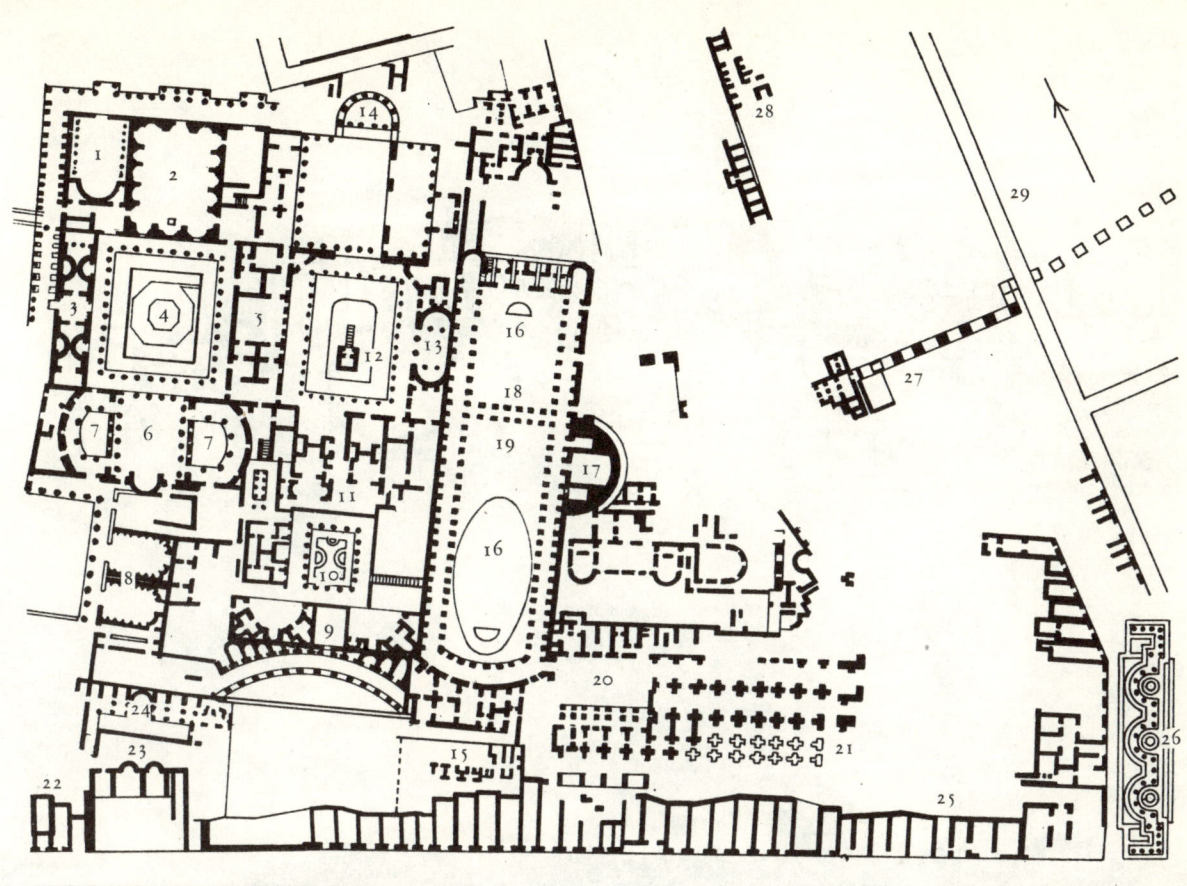

145 *Rom. Palatin. Plan des Domitianspalastes*

1–8 Domus Flavia: 1 Basilica, 2 Aula Regia, 3 Nymphäum und Bäder, 4 Peristyl, 5 Tablinum, 6 Triclinium (»cenatio Iovis«), 7 Springbrunnen, 8 Bibliotheken.
9–14 Domus Augustiana: 9 Haupteingang, 10 Unteres Peristyl, 11 Tablinum, 12 Oberes Peristyl mit Impluvium und Aedicula als Zentrum, 13 Nymphäum, 14 Exedra.
15 Kaiserloge oberhalb des Circus Maximus. 16–19: Portikusgarten (Hippodromus Palatii): 17 Exedra, 18 querge-
stellter Portikus mit Wageneinfahrt, 19 Zwölfgötter-Altar. 20 Reste einer Fassade aus der Zeit Domitians. 21 Fundamente von Bauten des Septimius Severus. 22 Antike Fundamente unter S. Anastasia. 23 Schola Praeconum.
24 Paedagogium. 25 Tabernae. 26 Septizonium. 27 Aqua Claudia. 28 Reste kaiserzeitlicher Häuser. 29 Via triumphalis

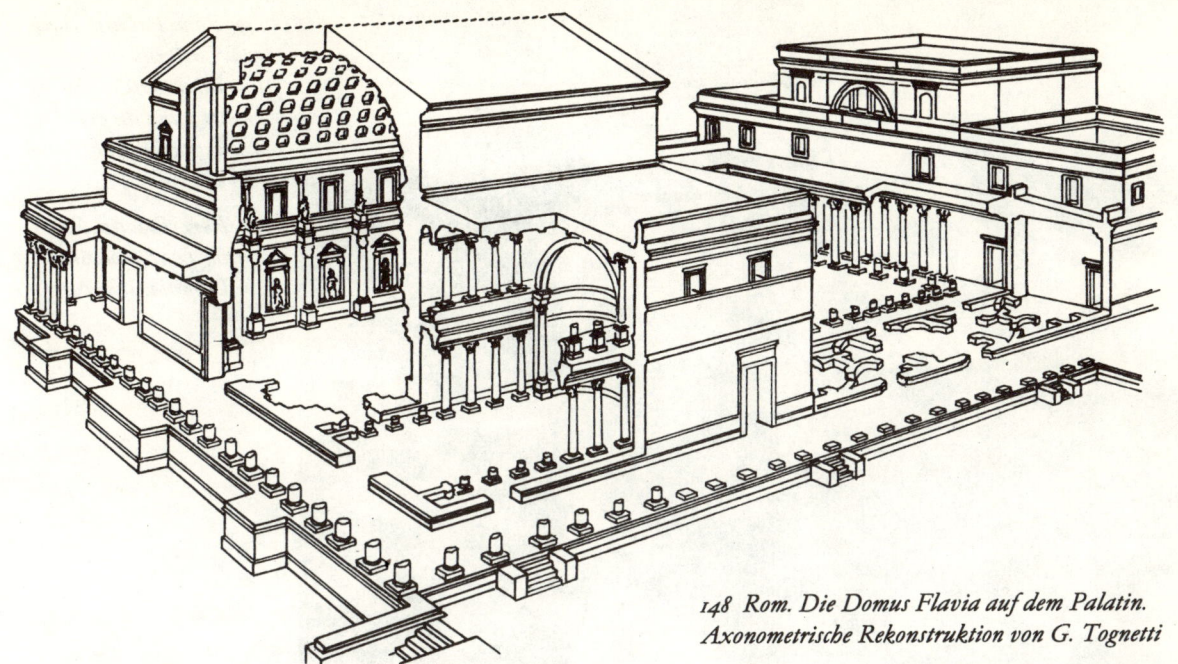

148 Rom. Die Domus Flavia auf dem Palatin.
Axonometrische Rekonstruktion von G. Tognetti

erhalten. Zu dieser gehörten unter anderem Plastiken von Polyklet, Skopas und weiteren griechischen Bildhauern. Die Palastanlage bestand aus zwei axial von Nordost nach Südwest orientierten und miteinander verbundenen Trakten: dem Regierungs- und Repräsentationstrakt *(Domus Flavia)* in der nordwestlichen und dem etwas später entstandenen Wohntrakt *(Domus Augustiana)* in der südöstlichen Hälfte. Für zwei Räume an der Nordostseite der *Domus Flavia*, der *Aula Regia* (Audienzsaal des Kaisers) und der sogenannten *Basilica* (Versammlungsort des kaiserlichen Ra-

148

150

146 Rom. Palatin, vom Circus Maximus aus gesehen.
Zeichnung, zwischen 1475 und 1485 (dem Florentiner
Architekten Simone del Pollaiuolo zugeschrieben).
Florenz, Uffizien

147 Rom. Ruinen kaiserzeitlicher Bauten auf dem
Palatin. Ältere Aufnahme

tes), gibt es Rekonstruktionsvorschläge, wobei allerdings die Art der Bedachung unterschiedlich beurteilt wird.[258] Im Südwestteil der *Domus Flavia* befand sich das von Martial (Epigrammata VIII 39) als *cenatio Iovis* (»Speisesaal des Iuppiter«) bezeichnete *Triclinium*. Unmittelbar an die hohen Stützmauern im Südosten schloß sich das sogenannte *Stadium* an, eine langgestreckte, von einer zweigeschossigen Säulenhalle umgebene und mit Kunstwerken geschmückte Gartenanlage. Sie wurde erst gegen Ende der Regierungszeit Domitians fertiggestellt. Wegen der Ähnlichkeit ihres Grundrisses mit einer Rennbahn erhielt sie in topographischen Werken seit dem 18. Jh. die Bezeichnung *Hippodromus Palatii*. Ob Rabirius den gesamten Domitianspalast oder nur die *Domus Flavia* entworfen hat, läßt sich nicht mehr nachweisen. Die in der Anlage der *Domus Augustiana* häufig vorkommenden geschwungenen Grundrißelemente könnten auf einen Architekten hindeu-

151–

152

197

149 *Rom. Palatin. Blick vom Casinetto auf den Domitianspalast. Im Hintergrund die Kirchen S. Anastasia (links) und S. Teodoro*

150 *Rom. Palatin. Sog. Basilica auf dem Areal des Domitianspalastes*

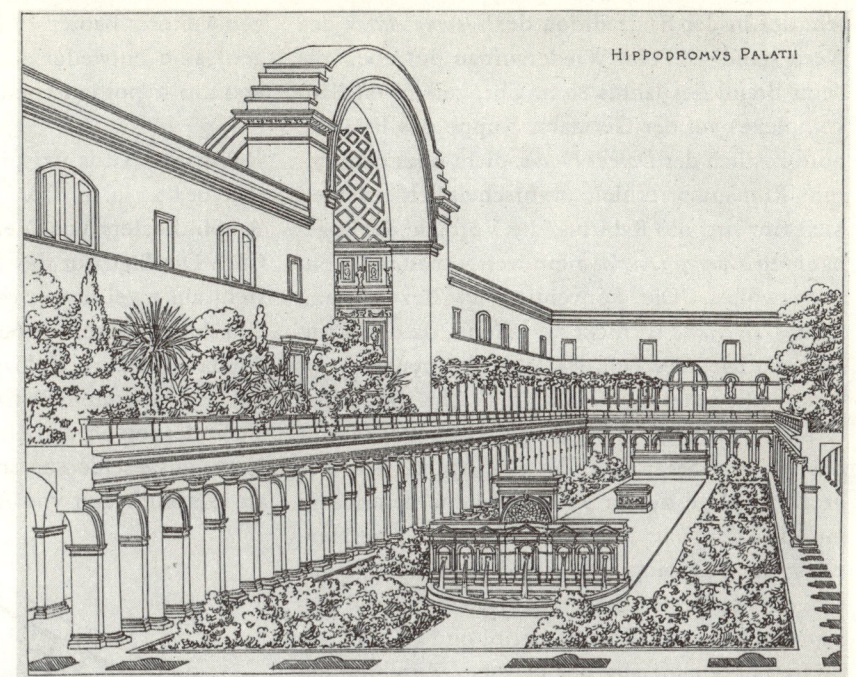

151 *Rom. Palatin.
Rekonstruktion des
Portikusgartens (Hippo-
dromus Palatii) an der
Südostfront des
Domitianspalastes*

152 *Rom. Palatin. Porti-
kusgarten an der Südost-
front des Domitianspala-
stes, Blick von Nordosten*

HIPPODROMVS PALATII

ten, der in der Bautradition der *Domus Aurea* des Nero stand. ○ Beim Wiederaufbau des ebenfalls beim Brand des Jahres 80 n. Chr. zerstörten Baukomplexes auf der Germalus-Kuppe des Palatins, nordwestlich der *Domus Flavia*, dicht über dem Forum Romanum, erhielt, wahrscheinlich nach einem Entwurf des Rabirius, die Vorhalle der sogenannten *Domus Tiberiana* ein weitgespanntes Tonnengewölbe. (Die konventionelle Bezeichnung *Domus Tiberiana* ist nicht zutreffend, da diese Anlage erst nach der Zeit des Tiberius entstand.) An ihrer Stelle stand seit dem 6. Jh. n. Chr. die Kirche S. Maria Antica.) / Villa Domitians am Westufer des Albaner Sees, nahe der Via Appia: Von der großen Anlage, zu der unter anderem Nymphäen, ein Theater mit Stuckdekorationen, Thermen, ein großer Kryptoportikus und Zisternen gehörten, blieben Reste erhalten. Auf diesem Areal entstanden später die Villa Barberini und Castel Gandolfo, der Sommersitz der Päpste. / Zuschreibun-

gen weiterer Bauten in Rom (Kolosseum, Titusbogen) sind entweder abzulehnen oder haben vorerst nur hypothetischen Charakter.

Reburrus, Titus Crispius, gallo-römischer Architekt des 2. Jh. n. Chr. ○ Tätig für den Bau des Amphitheaters von Nemausus (Nîmes), 2. Jh. n. Chr.: Die Signatur des Architekten (CIL XII 3315) steht auf zwei fast symmetrisch gegenüberliegenden Steinblöcken (1866 unter dem Niveau der Arena entdeckt). Unklar ist, ob sich die Signatur auf den gesamten Bau oder nur auf eine spätere Veränderung an den Untergeschossen bezieht. ○ Nicht ausgeschlossen scheint, daß Reburrus auch am Amphitheater von Arelate (Arles) tätig war.

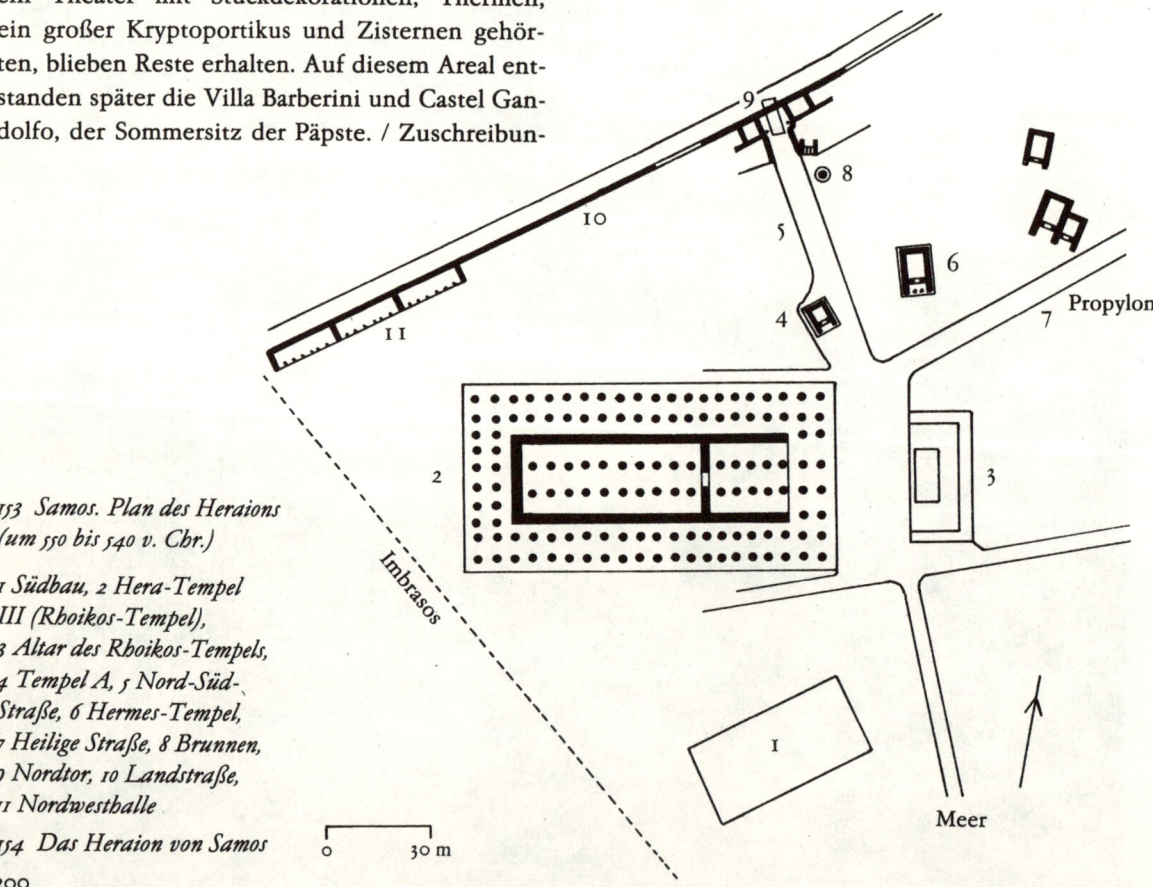

153 Samos. Plan des Heraions (um 550 bis 540 v. Chr.)

1 Südbau, 2 Hera-Tempel III (Rhoikos-Tempel), 3 Altar des Rhoikos-Tempels, 4 Tempel A, 5 Nord-Süd-Straße, 6 Hermes-Tempel, 7 Heilige Straße, 8 Brunnen, 9 Nordtor, 10 Landstraße, 11 Nordwesthalle

154 Das Heraion von Samos

Rhoikos, Sohn des Philes, und **Theodoros**, Sohn des Telekles, griechische Architekten der archaischen Zeit, beide aus Samos (Herodot III 60; Pausanias VIII 14,8). ⊙ Neugestaltung des Hera-Heiligtums in der Mündungsebene des Imbrasos südwestlich der Stadt Samos, zwischen 570 und 540 v. Chr. (Herodot III 60; Plinius XXXVI 90, der hier offensichtlich das samische Heraion mit dem sogenannten Labyrinth von Lemnos verwechselt hat): Aus der sehr verworrenen literarischen Überlieferung scheinen die Angaben Herodots, der während des 5. Jh. v. Chr. selbst auf Samos weilte, die zuverlässigsten zu sein. Die bisherige Forschung sah in Rhoikos den führenden der beiden Architekten und somit den Urheber der Entwürfe für den Hera-Tempel III, den ersten großen ionischen Dipteros (mit 21 Säulen an jeder Langseite, 8 Säulen an der Vorder- und 10 Säulen an der Rückfront, zerstört um 538 v. Chr.). Im Gegensatz hierzu hat jetzt A. E. Furtwängler [259] die Hypothese aufgestellt, Rhoikos habe statt des dritten den vierten der samischen Hera-Tempel entworfen, einen ionischen Dipteros eustyler Form mit 24 Säulen an jeder Langseite, drei Reihen zu je 8 Säulen an der Vorder- und drei Reihen zu je 9 Säulen an der Rückfront (begonnen unter der Herrschaft des Polykrates um 530 v. Chr.). ⊗ Rhoikos und Theodoros sollen das Drechseln profilierter Säulenbasen eingeführt haben (Plinius VII 198). Die antike Überlieferung nennt beide auch als Erzgießer und schreibt ihnen, was fraglich erscheint, die Erfindung des Hohlgusses für Großplastiken zu (Diodoros Sikeliotes, Bibliothēkē I 98; Plinius XXXV 152; Pausanias III 12,10. VIII 14,8. IX 41,1. X 38,5).

Satyros s. unter Pytheos

Severus und **Celer**, römische Architekten, nach der Mitte des 1. Jh. n. Chr. gemeinsam für Kaiser Nero tätig. Ihre Herkunft ist unbekannt. Tacitus

(Annales XV 42) erwähnt sie im Zusammenhang mit der Errichtung der *Domus Aurea* des Nero als *magistri et machinatores* (»Leiter und technische Erfinder«) sowie als »geschickte und rücksichtslose Leute, die das, was die Natur nicht hergab, künstlich schufen und so die Reichtümer des Prinzeps vergeudeten«. Diese Äußerung bezieht sich offenbar auf ihre Tätigkeit als Landschaftsarchitekten. Sie besaßen vermutlich eine leitende Funktion beim Wiederaufbau Roms nach dem großen Brand von 64 n. Chr. In diesem Zusammenhang dürften sie an der Konzipierung der durch Nero veranlaßten neuen Bauvorschriften (s. Seite 113 f.) beteiligt gewesen sein. ⊙ Luxusviertel für Nero innerhalb des Stadtgebietes von Rom, Entwurf und Leitung der Bauarbeiten, 64 bis 68 n. Chr. (Tacitus, wie oben; Sueton, De vita Caesarum, Nero 31, 1–2): Auf einem etwa 50 Hektar umfassenden und sich zwischen dem Palatin und den Hängen des Mons Oppius (eines Teils des Esquilins) und des Caelius erstreckenden Gelände, das 64 n. Chr. beim Brand der Stadt eingeäschert worden war, errichteten beide Architekten einen ausgedehnten Komplex. Dessen Zentrum war der von Gärten und Parks umgebene neue Palast Neros, genannt *Domus Aurea* (Goldenes Haus). Er stellte einen Typ der römischen Kaiserresidenz dar, der über das bisherige Schema der Peristylvillen hinausging: eine »Landschaftsvilla« im Herzen der Hauptstadt. Drei aneinandergereihte Trakte enthielten eine Folge tonnengewölbter und indirekt beleuchteter Säle, Korridore und Zimmer. Ihnen standen zahlreiche monoton aufeinander folgende Räume und Gänge gegenüber. Bautechnisch bemerkenswert ist der als Ruine erhaltene, von einer Kuppel überwölbte oktogonale Gartensaal im Zentrum des Osttrakts. Die Vorhalle der *Domus Aurea* war so hoch, daß eine Kolossalstatue Neros von 120 Fuß Höhe (= 35,50 m) darin Platz hatte. Der noch nicht ganz fertiggestellte Bau wurde gegen Ende der Regierungszeit Vespasians und un-

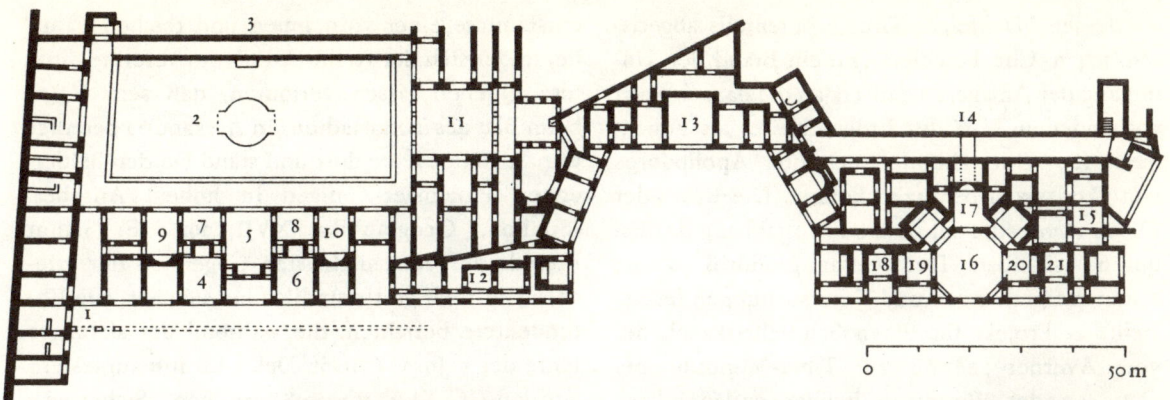

155 Rom. Domus Aurea
des Nero. Grundriß

Westtrakt: 1 Aussichts-
portikus am Talrand,
2 Gartenperistyl mit
Springbrunnen, 3 Kryp-
toportikus, 4–10 und
12 Räume an der Südfront,
meist mit eingeschobenen Alkoven oder Apsidenwänden,
11 Nymphäum. Mitteltrakt:
13 Hauptsaal nördlich des
polygonalen Hofes. Osttrakt:
14 Kryptoportikus an der
Hügelseite, 15 und 18–21 Säle
und Zimmer, 16 Großer ok-
togonaler Kuppelsaal,
17 Nymphäum, 20 Troja-
Zimmer

156 Rom. Domus Aurea
des Nero. Blick in den
oktogonalen Kuppelsaal

ter dessen Nachfolger Titus größtenteils abgerissen. 104 n. Chr. beschleunigte ein Brand den Untergang der Anlage, so daß Trajan die danach noch vorhandenen Teile des Erdgeschosses als Fundament für seine Thermen (s. unter Apollodoros von Damaskos) benutzen konnte. Die Reste der *Domus Aurea* sind auf dem Südwestabhang des Esquilins sichtbar. Der Gesamtgrundriß wurde durch Ausgrabungen und Untersuchungen festgestellt. ⊗ Projekt für einen Schiffahrtskanal, der vom Averner See bis zur Tiber-Mündung bei Ostia an der Westküste Italiens entlangführen sollte, begonnen vor 68 n. Chr. (Tacitus, Annales XV 42; Sueton, De vita Caesarum, Nero 31,3). Die Arbeiten hierfür blieben nach Neros Tod liegen.

Skopas von Paros, wahrscheinlich Sohn des Bildhauers Aristandros, einer der Hauptmeister der griechischen Plastik der spätklassischen Zeit, zugleich Architekt. ⊙ Bildhauerische Arbeiten für die Ostseite des Maussolleions in Halikarnassos, vor 350 v. Chr. (s. unter Pytheos). / Leitung beim Neubau des Tempels der Athena Alea in Tegea, eines dorischen Perípteros mit 6:14 Säulen, zwischen 350 und 340 v. Chr. (Pausanias VIII 45,5): Erster ganz aus Marmor errichteter Tempel der Peloponnes. Erhalten blieben von ihm nur das Fundament sowie Reste der Bauglieder und des plastischen Schmuckes. Der Baustil stellt eine Kombination traditioneller Formen mit neuen Elementen der spätklassischen Zeit dar. Von Skopas und seiner Werkstatt stammen vermutlich auch die Bauplastik (gegen 340 v. Chr.; Teile davon heute in Alea und im Nationalmuseum Athen) und der Altar vor der Ostseite. / Tätigkeit für das Jüngere Artemision in Ephesos, nach 340 v. Chr. (s. unter Paionios von Ephesos).

Sostratos von Knidos / Karien, Sohn des Dexiphanes, griechischer Architekt der hellenistischen Zeit. Tätig in der ersten Hälfte des 3. Jh. v. Chr. Er

entstammte einer vornehmen und reichen Familie, in der sich der Architektenberuf vererbte. Spätere Quellen lassen vermuten, daß sein Vater beim Bau des Tetrastadions in Alexandria beteiligt war. Sostratos lebte dort und stand bei den beiden ersten Ptolemäer-Königen in hohem Ansehen (Strabon, Geographika XVII 791). Er nahm Fremde aus verschiedensten Gegenden der griechischen Welt gastfreundlich bei sich auf, wie Ehrendekrete berichten, die während der siebziger Jahre des 3. Jh. v. Chr. in Delos für ihn aufgestellt wurden (IG XI 4, 563, 1038, 1130, 1190). Sicher vermittelte er dabei auch Verbindungen zum ptolemäischen Königshof. Ob Sostratos gegen Ende seines Lebens als Unterhändler für Ptolemaios II. Philadelphos bei dem siegreichen Antigonos Gonatas von Makedonien günstige Friedensbedingungen erwirkte, ist nach der Überlieferung unsicher, wenn auch nicht unmöglich (Sextus Empiricus, Adversus grammaticos 276). Insgesamt gesehen, vermitteln die literarischen Zeugnisse das Bild eines weithin bekannten Architekten, dessen Bauleistungen über die hellenistische Zeit hinaus weiterwirkten und der zugleich als Stifter auftrat. Die für ihn bezeugten Ehrungen geben Grund zu der Annahme, daß er auch mit diplomatischen Aufgaben betraut wurde. ⊗ Leuchtturm auf einem Felsenriff vor der Ostspitze der kleinen, jetzt mit

157 Tegea. Tempel der Athena Alea. Grundriß

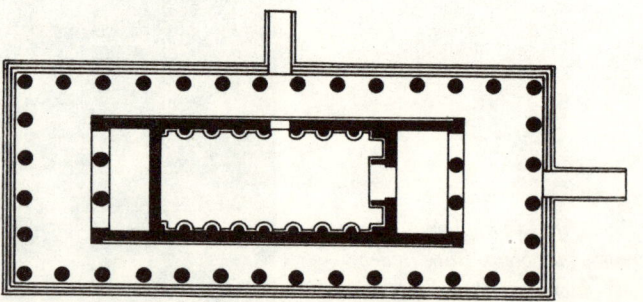

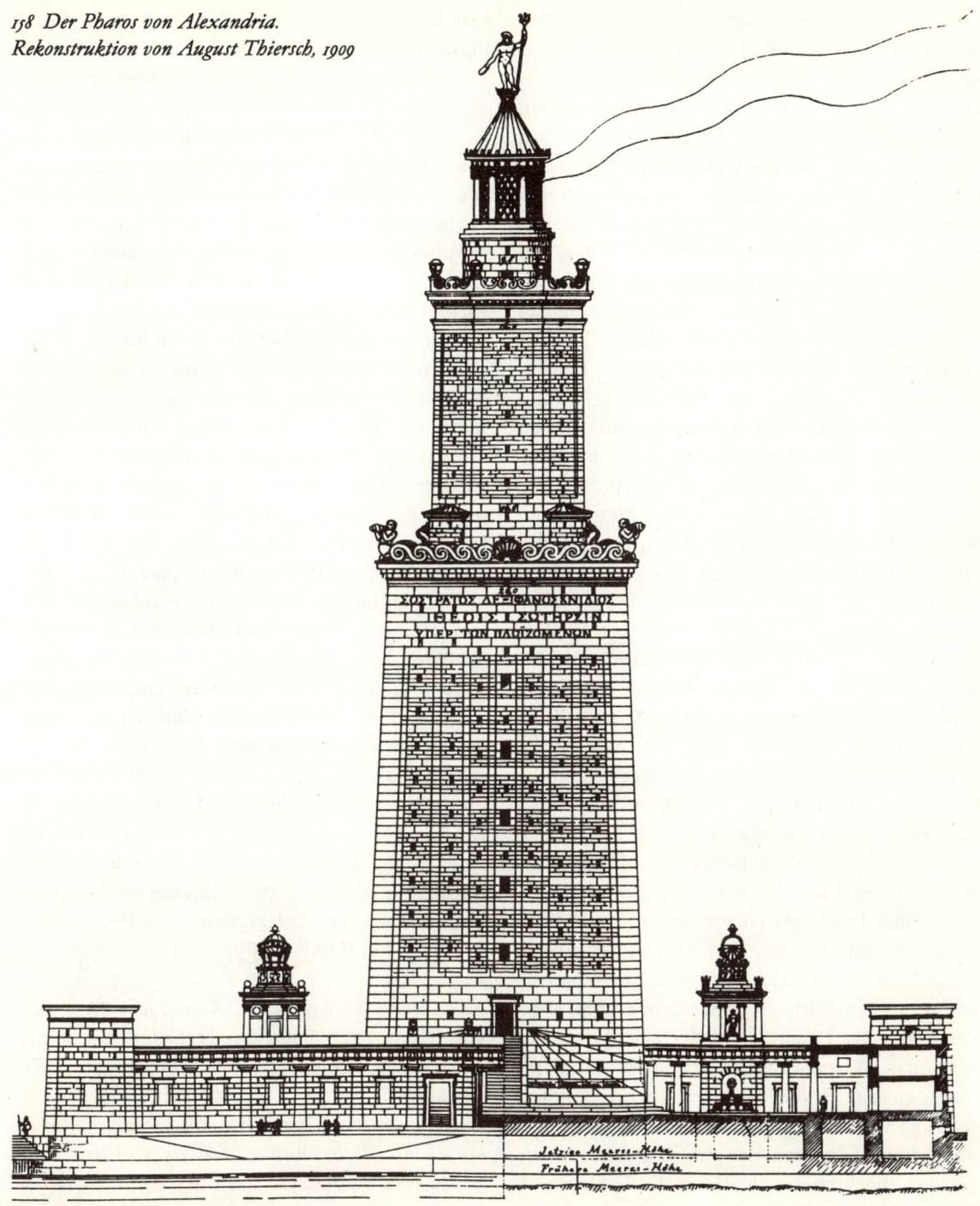

158 *Der Pharos von Alexandria.*
Rekonstruktion von August Thiersch, 1909

dem Festland zusammengewachsenen Insel Pharos am Eingang des Osthafens von Alexandria, aus weißem Marmor, zwischen 300/299 und 280/79 v. Chr. (wichtigste Belegstellen[260]: Strabon XVII 791; Plinius XXXVI 83; Caesar, De bello civili III 112; Flavius Iosephus, Bellum Iudaicum IV 10,5 und V 4,3; Lukian, Pōs dei historian syngraphein [Quomodo historia conscribenda sit] 62; Ammianus Marcellinus, Rerum gestarum libri XXII 16,9; ferner unter dem Stichwort Pharos bei Stephanos von Byzanz und in der Suda): Eines der Sieben Weltwunder der Antike. Nach seinem Standort Pharos genannt. Vorbild für alle späteren Leuchtturmbauten des Altertums. Ptolemaios I. Soter (305 bis 282 v. Chr.) hatte die enorme Summe von 800 Talenten (das entsprach 20 800 Kilogramm Silber) für den Bau zur Verfügung gestellt. Mit der Ausführung konnte jedoch erst unter seinem Nachfolger, Ptolemaios II. Philadelphos (282 bis 246 v. Chr.) begonnen werden (zur Weihinschrift s. Seite 96). Der Leuchtturm stand auf einer 340 m langen rechteckigen Terrasse mit starken Wellenbrechern an den Luvseiten und vermutlich mit Wehrtürmen an den Ecken. Auf ein sich nach oben leicht verjüngendes unterstes Geschoß von quadratischem Grundriß folgte ein oktogonaler und über diesem ein zylindrischer Bauteil, der die Blink- und Leuchtanlagen enthielt und von einer Laterne in Form eines von Säulen umgebenen Schmuckbaus mit Kegeldach abgeschlossen wurde. Über der Laterne ragte eine Kolossalstatue (Zeus oder Poseidon) empor. In den archäologischen Rekonstruktionen[261] schwanken die für den Turm errechneten Höhenangaben zwischen 50 und 133 m. Damit scheint dieser Leuchtturm, abgesehen von der Cheops- und der Chephren-Pyramide, das höchste Bauwerk der antiken Welt gewesen zu sein. Er diente zunächst wahrscheinlich als Tagzeichen für die Schiffahrt (Signale durch Rauchfeuer). Erst seit der Römerherrschaft kam mit der Zunahme der Schiffahrt die Funktion als

158

Leuchtturm hinzu. Literarische Quellen erwähnen Reflektoren (Parabolspiegel aus Metall ?), die den Lichtschein der Leuchtanlage verstärkten. Etwa um 500 n. Chr. nahm der Architekt **Ammonios** Ausbesserungsarbeiten, vermutlich an dem rampenförmigen Unterbau und den Wellenbrechern, vor. Im Mittelalter Zerstörung des Leuchtturms durch wiederholte Erdbeben (796, um 1100 und 1326). 1165/66 vermaß der maurische Gelehrte Jusuf ibn asch Schaich aus Andalusien die damals noch vorhandenen Reste und fertigte darüber Aufzeichnungen mit Maßangaben an. Diese bilden die genaueste Beschreibung des Pharos. Um 1480 ließ der Mamelukensultan Kait Bey auf der Trümmerstätte ein Fort erbauen, wobei man die Fundamentreste des Leuchtturms einbezog. Das während der ersten Hälfte des 19. Jh. erneuerte Fort wurde 1882 durch die Engländer zerstört. / Als ein weiteres Werk des Sostratos wird eine *pensilis ambulatio* in Knidos / Karien genannt (Plinius XXXVI 83; Lukian, Amores 11), offenbar eine Hallenanlage mit begehbarem Dach, die in ihrer architektonischen Gestaltung dem Typ der »Hängenden Gärten« glich. / Um 285 und 272 v. Chr. stellte man in Delphi Ehreninschriften für Sostratos auf (Fouilles de Delphes III, 1, Paris 1929, Nr 298, 299) als Anerkennung für verschiedene von ihm errichtete Gebäude (darunter vielleicht die Lesche der Knidier an der Nordmauer der Stadt ?). Bei Memphis in Ägypten soll Sostratos Kanäle zur Ableitung des Nils angelegt haben, so daß die Stadt ohne Belagerung in die Hände Ptolemaios' II. fiel (Lukian, Hippias 2).

Spintharos von Korinth; **Xenodoros**; Agathon von Thurioi (?), Sohn des Neoteles, mit seinen Brüdern; **Kallinos**; griechische Architekten der spätklassischen Zeit. ⊙ Apollon-Tempel VI in Delphi, dorischer Peripteros mit 6:15 Säulen (renovierender Wiederaufbau des 373 v. Chr. durch Brand oder Erdbeben zerstörten spätarchaischen

Vorgängerbaues), um 366 bis um 320 v. Chr. Den Bau leiteten: seit etwa 366 Spintharos (Pausanias X 5,13), 353 bis 343/42 Xenodoros (Syll.³ Nr 241 A); seit 342 Agathon mit seinen namentlich nicht genannten Brüdern (Syll.³ I, S. 322, 370, 405, 414, 419). Als Unterarchitekt für die Jahre 343 bis 340 ist Kallinos nachgewiesen. Agathon, sein Sohn **Agasikrates** und sein Enkel **Agathokles** bildeten eine spätklassisch-hellenistische Dynastie offizieller Tempelarchitekten in Delphi.

Stallius, Gaius und Marcus, Söhne des Gaius Stallius, und **Menalippos** (Melanippos), Architekten der späthellenistischen Zeit. ⊗ Im Auftrag von König Ariobarzanes II. Philopator von Kappadokien Wiederherstellung des 86 v. Chr. durch Brand zerstörten sogenannten Odeions des Peri-

kles am Südostabhang der Athener Akropolis, zwischen 65 und 52 v. Chr. Vgl. die griechisch-lateinische Ehreninschrift von der Basis einer Statue des Bauherrn, welche die drei Architekten – vielleicht in dem erneuerten Odeion – ihrem Wohltäter errichteten (IG II² 3426 = IG III 541 = CIG 357; C. Promis, *wie Anm. 3*, 164). Die Inschrift bezeichnet alle drei als Leute, die Ariobarzanes II. »über den Bau (d. h. die Wiederherstellung) des Odeions gesetzt« hatte. Ihre genauere Funktion ist unbekannt. Daß Menalippos der entwerfende Architekt war, ist eine Mutmaßung von E. Fabricius. Kunstgeschichtlich bedeutsam ist, daß an dem Bau zwei Römer beteiligt waren und diese in der

159 Sunion. Poseidon-Tempel von Südosten

Inschrift vor dem Griechen Menalippos genannt sind. Das späthellenistische Odeion wird ohne größere Veränderungen die Form des vielleicht von dem attischen Architekten Iktinos entworfenen Vorgängerbaues (s. unter Iktinos) beibehalten haben. Vermutlich wurde es 267 n. Chr. bei der Invasion der Heruler durch Brand zerstört.

»Sunion-Architekt«, Notname für einen namentlich unbekannten griechischen Architekten der klassischen Zeit. ⊙ Poseidon-Tempel auf dem steilen Kap Sunion an der Südspitze Attikas, dorischer Peripteros mit 6:13 Säulen über einem unvollendeten spätarchaischen Fundament, kurz nach 449 (444?) bis 440 v. Chr. ⊙ Nemesis-Tempel in Rhamnus, dorischer Peripteros mit 6:12 Säulen, zweite Hälfte des 5. Jh. v. Chr. (Pausanias I 33,2): Der vielleicht 436 v. Chr. begonnene Bau konnte wegen des Peloponnesischen Krieges erst um 420 v. Chr. vollendet werden. Das Kultbild (Fragmente erhalten) schuf **Agorakritos**.

Theodoros von Phokaia (Phokis?), griechischer Architekt der spätklassischen Zeit. ⊙ Tholos im Heiligtum der Athena Pronaia (»Athena vor dem Tempel«) auf der Marmaria-Terrasse von Delphi, um 390 bis 380 v. Chr. (Vitruv VII praef. 12): Den mit einem Zeltdach gedeckten Rundbau umgaben außen 20 dorische, innen 10 korinthische Säulen. Er war vermutlich eine Verehrungsstätte für den Heros Phylakos.

Theodoros von Samos, nach Herodot (III 41) und Pausanias (VIII 14, 8 und X 38, 6) Sohn des Telekles, nach Diogenes Laertios (De clarorum philosophorum vitis II 103) und Diodoros Sikeliotes (Bibliothēkē I 98) Sohn des Rhoikos von Samos, griechischer Architekt und Fachschriftsteller der archaischen Zeit, auch als Erzbildner, Gemmenschneider, Toreut, Gold- und Silberschmied erwähnt. Schon im Altertum als Künstler und

erfindungsreicher Techniker gerühmt (s. unter Rhoikos von Samos). Als Architekt und Techniker nennt ihn erst die spätere Überlieferung. Die literarischen Quellen über Theodoros von Samos sind fehlerhaft und durch Kontamination der Angaben zu Mitgliedern zweier Generationen seiner Familie oft widersprüchlich. Diodoros Sikeliotes (Bibliothēkē I 98) berichtet von einer Zusammenarbeit mit Telekles. ⊙ Neugestaltung des Hera-Heiligtums von Samos, zusammen mit **Rhoikos**, zwischen 570 und 540 v. Chr. (s. unter Rhoikos von Samos). / Beratende Tätigkeit bei der Fundamentierung des Älteren Artemisions in Ephesos, um 560 v. Chr.: Sanierung des sumpfigen Baugeländes mit Rosten und einer Isolierungsschicht aus zerkleinerter Holzkohle (nach den Ausgrabungsbefunden war es gestampfter Kalksteingrus), über die Schaffelle ausgelegt wurden (Plinius XXXVI 95; Diogenes Laertios, De Clarorum philosophorum vitis II 103; Hesychios Milesios, Onomatologos ē pinax tōn en paideia onomastōn [De viris illustribus], unter Theodoros allos). ⊗ Skias in Sparta, Mitte oder zweite Hälfte des 6. Jh. v. Chr. (Pausanias III 12,10): Die griechische Bezeichnung *skias* (= Schattendach) weist auf ein gedecktes Versammlungs(?)gebäude hin. Hierfür ist statt eines runden eher ein rechteckiges oder quadratisches Bauwerk anzunehmen.

Theodotos, griechischer Architekt und Bildhauer der spätklassischen Zeit. ⊙ Asklepios-Tempel bei der Hafenstadt Epidauros an der Ostküste der Peloponnes, dorischer Peripteros mit 6:11 Säulen, begonnen etwa 390 v. Chr. (IG IV² 102, 104, 111, 112, 297). Theodotos arbeitete außerdem zusammen mit den Bildhauern **Timotheos** und **Hektoridas** an den Skulpturen des Tempels (Fragmente der Bauplastik im Athener Nationalmuseum). Das Kultbild und die Innengestaltung der Cella schuf **Thrasymedes** von Paros.

Thrasymedes von Paros, Sohn des Arignotos, Bildhauer der spätklassischen Zeit, wahrscheinlich auch Architekt und Goldschmied. ⊗ Um 380 v. Chr. für den Asklepios-Tempel bei Epidauros tätig: kolossale Goldelfenbein-Sitzstatue des Asklepios (Pausanias II 27,2; auf das Kultbild bezieht sich höchstwahrscheinlich auch die Inschrift SEG XV 208) und die darauf abgestimmte Innengestaltung der Cella (IG IV² 102, Zeile 43 ff.: Decke; Eingangstür aus Holz und Elfenbein, verziert mit goldenen Nägeln; Schranken zwischen den Säulen). Für die Ausführung erhielt Thrasymedes 9800 Drachmen, die höchste der für den Tempel ausgehandelten Vertragssummen; für Elfenbein und goldene Nägel wurden 3070 Drachmen angewiesen. Offensichtlich hatte Thrasymedes, ähnlich wie Phidias am Parthenon, die künstlerische Oberleitung bei der Ausführung des Baues.²⁶²

Timokrates (Timochares) s. Deinokrates

Valerius von Ostia, römischer Architekt der spätrepublikanischen Zeit. ⊗ Holz(?)dach für einen Theaterbau in Rom, der anläßlich der von Pompeius, Cicero und Varro veranstalteten Spiele errichtet wurde, um 50 v. Chr. (Plinius XXXVI 102): Dieses Gebäude ist das erste durch die literarische Überlieferung nachgewiesene überdachte Theater in Rom.

Vitruvius Cerdo, Lucius, Freigelassener des Lucius Vitruvius, römischer Architekt der frühen Kaiserzeit. ⊙ Grabmonument in Form eines Triumphbogens in Verona für vier Mitglieder des angesehenen Geschlechts der Gavier, um die Mitte (oder in der zweiten Hälfte) des 1. Jh. v. Chr.: Der Name des Architekten ist in den beiden am Triumphbogen angebrachten gleichlautenden Inschriften (CIL V 3464) vermerkt. Die Einzelformen verweisen auf einen nach der Zeit des Augustus entwickelten Stil. Das Monument wurde 1810 abgebrochen und 1932 aus den alten Blöcken und teilweise ergänzt östlich des Castelvecchio, nahe dem einstigen Standort, wieder aufgebaut.

Vitruvius (die Namensform Marcus Vitruvius Pollio erst seit Anfang des 15. Jh. nachweisbar), römischer Architekt, Heeres- und Wasserbauingenieur, Fachschriftsteller (siehe Seite 60 ff.). Gèboren um 84 v. Chr., gestorben um 10 v. Chr. Hauptsächlich bekannt durch sein für Fachleute und Laien bestimmtes Lehrbuch »De architectura libri decem« (»Zehn Bücher über Architektur«). Er begann es wahrscheinlich schon vor 33 v. Chr. und widmete es zwischen 22 und 14 v. Chr. dem Kaiser Augustus. Unter Caesar und Augustus war Vitruv Heeresingenieur. Zusammen mit Marcus Aurelius, Publius Minidius und Gaius Cornelius konstruierte und erneuerte er Kriegsmaschinen verschiedenster Art. Ausgehend von der Annahme, daß er mit dem römischen Ritter Lucius Vitruvius Mamurra aus Formiae in Latium identisch war, erscheint es nicht ausgeschlossen, daß er als Zeugmeister mit Caesar in Gallien weilte und sich 55 v. Chr. am Bau der beiden Pfahljochbrücken *(pontes sublicii)* über den Rhein beteiligte (genaue Beschreibung: Caesar, De bello Gallico IV 17, 1–18,2). Seit 33 v. Chr. war Vitruv im Stab des Marcus Vipsanius Agrippa als *architectus* für den Bau einer öffentlichen Wasserleitung in Rom tätig. ⊗ Entwurf und Bauleitung für die Basilica von Fanum Fortunae (heute Fano/Marken), drittes Viertel des 1. Jh. v. Chr.: einziger von Vitruv ausgeführter Bau, jedoch nicht mehr nachweisbar. Rekonstruktionsversuche auf Grund der eingehenden Beschreibung bei Vitruv V 1,6-10 (s. Seite 64).

Xenaios, griechischer Architekt der frühhellenistischen Zeit. ⊙ Leitung des Mauerbaus bei der durch König Seleukos I. Nikator von Syrien veranlaßten Gründung der Stadt Antiochia am Unterlauf des Orontes, um 300 v. Chr. (Johannes Mala-

209

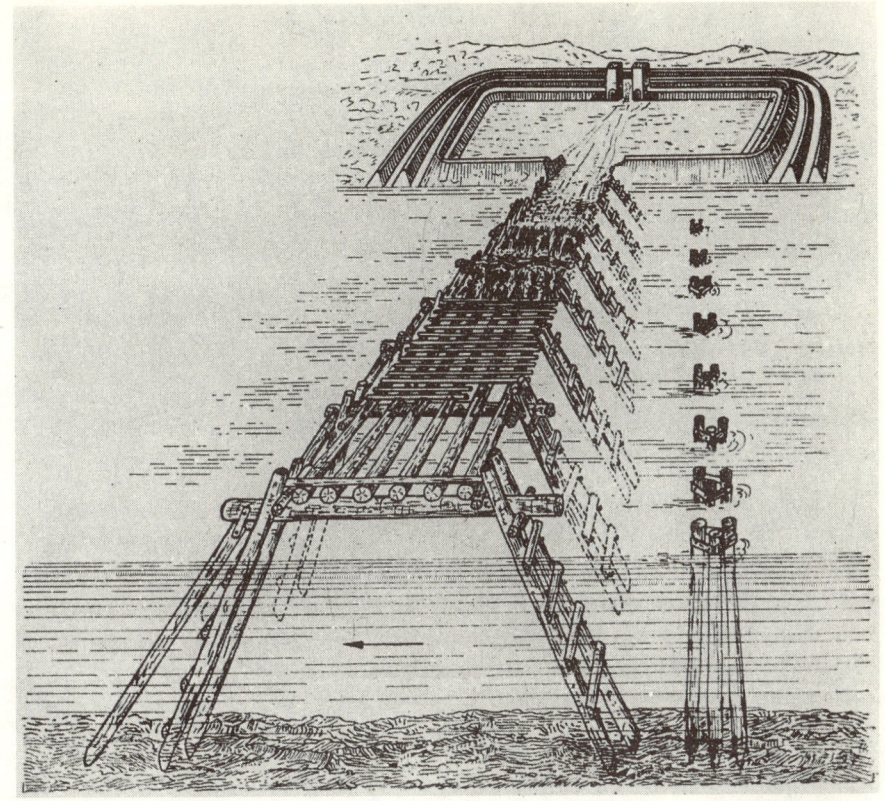

las, Chronographia S. 200). Als weitere hierfür verantwortliche Bauvorsteher *(ktismatōn epistateis)* werden **Attaios**, **Perittas**, **Anaxikrates** und **Asklepiodoros** genannt (Johannes Tzetzes, Historiarum variarum chiliades VII 117). Von ihnen war sicher der eine oder andere Architekt.

Xenodoros s. unter Spintharos von Korinth

Xenokles von Cholargos s. unter Metagenes von Xyrete

Zenon, Sohn des Theodoros, griechischer Architekt des 2. Jh. n. Chr. ⊙ Römisches Theater am Osthang der Akropolis von Aspendos/Pamphylien, bei dem heutigen Dorf Belkis, um 140 bis 170 n. Chr. (CIL III 231 a-b, mit Signatur des Architekten): Eines der besterhaltenen römischen Theater. Erbaut aus lokalem Flintkonglomerat und Marmor. Auf 40 stufenförmig angeordneten Sitzreihen konnten bis zu 7000 Zuschauer Platz nehmen. Architektonischer Mittelpunkt der gesamten Anlage war die Prunkfassade *(scaenae frons)* an der Stirnseite des Bühnengebäudes. Dieses und den unmittelbar davor liegenden Bühnenraum überspannte ein schräges Holzdach, das gleichzeitig als Schalldeckel wirkte. Es war durch Seile an Masten befestigt, die an der Rückwand des Bühnengebäudes in durchbohrten Konsolen steckten. Das Theater oder einen Teil davon stifteten zwei reiche Bürger von Aspendos (CIG 4342 d = IGRom III 803, mit Erwähnung der Namen).

ANHANG

Erklärung von Namen, Sachen und Fachbegriffen

Ädikula (lat.): in der römischen Baukunst Tempelchen, Grabkammer, Pavillon; auch architektonisch gegliederte Nische

Ädilen (lat.): altrömische Beamte (Polizei, Bauaufsicht)

Agora (griech.): Marktplatz

Akroter(ion) (griech.): ornamentale oder figürliche Bekrönung über den Ecken (Eckakroter) und der Giebelspitze (Firstakroter) des griechischen Tempels; auch Giebelverzierung bei Grabreliefs und anderen kleineren Denkmälern

Alkmene: Tochter des Königs Elektryon von Mykene (oder Tiryns), Frau des Königs Amphitryon von Tiryns

Amarna-Zeit: im alten Ägypten die Regierungszeit des Pharaos Echnaton und seiner unmittelbaren Nachfolger, 1365 bis 1337/36 v. Chr.

Amphiprostylos (griech.): Typ des griechischen Tempels mit je einer Säulenhalle an der Vorder- und Rückfront

Amphitheater: römischer Theaterbau mit ovalem Platz (Arena) in der Mitte

Amun: ägyptischer Schöpfergott, Herr von Theben, Staatsgott

Anten (lat.): vorspringende pfeilartige Wandzungen der Cella eines Tempels

Anthemion (griech.: Blüte, Blume): Ornamentfries aus abwechselnd aneinandergereihten, senkrecht angeordneten Palmetten und Lotosblüten über Rankenketten

Anubis: ägyptischer Totengott, dargestellt als kauernder Hund oder menschengestaltig mit dem Kopf eines Schakals

Apollon: griechischer Lichtgott, Sohn des Zeus und der Leto

Apsis (griech./lat.): Krümmung, Wölbung: halbkreisförmiger Gebäudeabschluß, in der Innenarchitektur jede konkave Vertiefung; vgl. auch Exedra

Archimedes (um 287 bis 212 v. Chr.): bedeutendster Mathematiker und Physiker der Antike, lebte in Syrakus

Architrav (griech./lat.) oder **Epistyl** (griech.): Horizontalbalken, als unterer Teil des Gebälks über die Säulen gelegt, anfangs aus Holz, dann nur noch aus Stein hergestellt

Artemis: griechische Göttin der Jagd und des Naturlebens, Tochter des Zeus und der Leto, Schwester des Apollon

Astragal (griech.): aus einem perlschnurartigen Stab oder Reifen bestehende Schmuckform, in der ionischen Architektur zur Trennung der Bauglieder angewandt

Atrium (lat.): zentraler Innenhof des italischen und römischen Wohnhauses; Vorhof der frühchristlichen Basilika

Attika (griech./lat.): durch Säulen oder Pilaster vertikal gegliederte niedrige geschlossene Wand über dem Kranzgesims eines Bauwerks; bei den römischen Triumphbogen der bekrönende Abschluß

Attischer Seebund: Bezeichnung für die unter Athens

Führung stehenden Bündnisse der ägäischen Insel- und Küstenstädte im 5./4. Jh. v. Chr.

Auguren (lat.): römische Priester, ursprünglich wohl für Fruchtbarkeitsriten, später für Voraussagen zuständig, die sie aus der Beobachtung des Vogelflugs gewannen

Basilika (griech./lat.): langgestreckte Markt- oder Gerichtshalle; seit frühchristlicher Zeit Typ des Kirchenbaus mit einem über die Seitenschiffe erhöhten Mittelschiff

Bastet: ägyptische Göttin, als Katze oder katzenköpfig dargestellt

Cella (lat.): innerster Raum antiker Kultbauten, Standort des Kultbildes

Chons: ägyptischer Mondgott, Sohn des Amun und der Mut, besonders in Karnak verehrt

Cyriacus von Ancona (1392 bis 1452): Kaufmann, Altertumsforscher, Humanist; bereiste zwischen 1412 und 1447 mehrmals Mittelgriechenland, die Peloponnes und die ägäische Inselwelt, sammelte Inschriften und zeichnete antike Ruinen (z. B. den Parthenon in Athen)

Demeter: griechische Muttergöttin, Getreidegöttin, Tochter des Kronos und der Rhea

Demetrios von Phaleron (um 350 bis 283 v. Chr.): athenischer Staatsmann, Philosoph, Schriftsteller

Demetrios Poliorketes (»Städtebelagerer«): 293 bis 287 v. Chr. König von Makedonien und Thessalien

Dionysos (auch Bakchos): griechischer Gott der Fruchtbarkeit und des Weins, Sohn des Zeus und der Semele

Dipteros (griech.): Tempel, der von zwei Säulenreihen rings umgeben ist und mindestens acht Säulen an den Frontseiten hat

Duumviri, inschriftlich: **Duoviri** (lat.): bei den Römern die beiden höchsten Beamten in den städtischen Gemeinden und den Kolonien, oberste Richter

enkaustischer Anstrich: Anstrich mit durch Erhitzen verflüssigten Wachsfarben

epigraphisch: inschriftlich

Epistyl: vgl. Architrav

Euklid (um 365 bis um 300 v. Chr.): griechischer Mathematiker in Alexandria

eustyle (»schönsäulige«) **Form des Tempelbaus:** entsteht dadurch, daß die Breite bei den mittleren Säulenabständen beider Frontseiten drei Säulendurchmesser beträgt, bei den übrigen Säulenabständen jedoch nur 2 1/4 Säulendurchmesser

Exedra (griech./lat.): halbkreisförmige, mitunter auch rechteckige Erweiterung eines Säulenganges oder eines Raumes; in der Architektur des Mittelalters gleichbedeutend mit Apsis

Exonarthex: vgl. Narthex

Firstakroter: vgl. Akroter

Frontseiten des antiken Tempels: in der Regel befindet sich die Vorderfront an der West-, die Rückfront an der Ostseite

Futtermauern: zur Abstützung des Erdreichs bei der Anlage von Terrassen errichtete Mauern; auch die vor Verwitterung schützende Verkleidung von Felskörpern

Galater: keltische Völkerschaft, drang 278 v. Chr. über den Balkan in Kleinasien ein

Gebälk: in der antiken Architektur das System von horizontalen Baugliedern, das von der Außenwand zur Dachkonstruktion überleitet und aus Architrav, Fries und Kranzgesims besteht

Geison (griech.): Abschlußgesims (Kranzgesims) eines Bauwerkes

gens (lat.): Geschlecht, Stamm, Volk; bei den Römern Bezeichnung für die Sippe als erweiterten Familienverband, dessen Mitglieder gleicher Abstammung waren und den gleichen Namen führten

Gymnasion (griech.): bei den Griechen Stätte der körperlichen Erziehung (Gymnastik), später auch der geistigen Bildung

Hathor: ägyptische Himmelsgöttin, ursprünglich in Kuhgestalt dargestellt

Hau- oder Werksteintechnik: Bauweise mit Naturstein, der zu versetzbaren Werkstücken von regelmäßiger Form (meist Quader) zugehauen ist

Hekatomniden: Fürstengeschlecht in Karien (Südwestkleinasien)

Helling: Anlage für Zusammenbau und Ausrüstung von Schiffen

Hemicyclien (griech./lat.): halbkreisförmige Räume, durch den bogenförmigen Verlauf umliegender Bauten bedingt; auch halbkreisförmige Alkoven mit Sitzgelegenheit für mehrere Personen

Hephaistos: griechischer Gott des Erdfeuers und der Schmiedekunst, Sohn des Zeus und der Hera

Herakles: sagenhafter griechischer Held, Sohn des Zeus und der Alkmene

Heroon (griech.): Kultstätte am Grab von Heroen (Halbgöttern)

Heruler: germanischer Stamm aus Nordeuropa, von dem ein Teil zusammen mit den Goten im 3. Jh. n. Chr. die Grenzen des Römerreiches bedrohte und später im Gebiet von Donau und March ein Reich gründete

Hopliten (griech.): schwerbewaffnete Fußtruppen

Horus: ägyptischer Gott in Gestalt eines Falken

in situ (lat.): an der ursprünglichen Stelle befindlich

Ionier: einer der altgriechischen Hauptstämme, siedelte besonders an der Westküste Kleinasiens

Isis: ägyptische Göttin, Gattin des Osiris, Mutter des Horus, stets menschengestaltig dargestellt

Kanneluren (griech./lat.): vertikale konkave Furchen des Säulenschafts

Kapitell (lat.): bekrönender Teil bei Säulen und Pfeilern, Bindeglied zwischen tragender Stütze und Last

Karer: indoeuropäisches Volk des Altertums in Südwestkleinasien

Kimbern: germanischer Stamm aus Jütland, zog mit den Teutonen nach Süden und bedrohte als erste germanische Völkerschaft das Römische Reich

Kleobis und Biton: Söhne der Herapriesterin von Argos; im Heraion bei Argos und in Delphi wurden ihre Statuen errichtet

Konsuln (lat.): seit 449 v. Chr. Bezeichnung für die beiden obersten gleichgestellten Staatsbeamten der römischen Republik

Kore (griech.): Mädchen, Jungfrau, Tochter; Bezeichnung der griechischen Unterweltsgöttin Persephone, der Tochter der Demeter

Kostoboken: thrakischer Volksstamm, dessen Siedlungsgebiet nordöstlich der römischen Provinz Dacia lag

Kranzgesims: vgl. Geison

Kroisos (regierte 560 bis 547 v. Chr.): letzter König von Lydien, berühmt wegen seines sagenhaften Reichtums

Krypta (griech./lat.): in der antiken Architektur überwölbter Raum im Untergeschoß von Kultbauten; gedeckter unterirdischer Gang; auch ein langer, schmaler Gang zu ebener Erde mit Fensteröffnungen in einer der beiden Seitenwände

Kryptoportikus (griech./lat.): überwölbter Gang mit Fensteröffnungen an einer Seite, meist unter einer Portikus, eine der Krypta ähnliche Anlage

Kuratoren (lat.): bei den Römern außerordentliche Beamte zur Wahrnehmung von Verwaltungsaufgaben

Kybele: kleinasiatische Berggöttin

Kyma(tion) (griech.): schmale horizontale architektonische Zierleiste von geschwungenem Querschnitt, diente zur Gliederung und Akzentuierung von Bauteilen

mantischer Lorbeer: Bezeichnung für den Lorbeer, welcher der Pythia in Delphi die Kraft der Weissagung verlieh

Metöken (griech.): in Athen ständig ansässige Fremde griechischer oder nichtgriechischer Herkunft, die keine politischen Rechte besaßen

Metopen (griech.): rechteckige bzw. annähernd quadratische Platten zwischen den Triglyphen am Fries dorischer Tempel, meist mit Reliefs geschmückt

Minerva: römische Göttin der Künste und des Handwerks

Modul(us) (lat.): Maß, das man wählte, um das Proportionssystem eines Gebäudes festzulegen

Mut: ägyptische Göttin, ursprünglich in Geiergestalt dargestellt

Naiskos (griech.): kleiner Tempel, meist in Form eines Antentempels oder eines Prostylos

Naos (griech.): beim griechischen Peripteraltempel der Kernbau innerhalb der Säulenhalle, gegliedert in Vorhalle (Pronaos), Hauptraum (Cella) und Rückhalle (Opisthodom); auch andere Bezeichnung für die Cella; im byzantinischen Kirchenbau Bezeichnung für das Kirchenschiff

Narthex (griech.): im frühchristlich-byzantinischen Kirchenbau ein schmaler, quer gelagerter Vorraum von derselben Breite wie das Kirchenschiff, mit diesem durch Türen oder Bogenstellungen verbunden. Vor dem Narthex kann noch ein weiterer Vorraum liegen, der **Exonarthex**

Nike: griechische Siegesgöttin, häufig mit anderen Göttern verbunden (z. B. Athena Nike)

Nymphäen (lat.): Heiligtümer der Nymphen; in der Römischen Kaiserzeit städtische oder private Prachtbauten im Zusammenhang mit der öffentlichen Wasserversorgung, z. B. künstlich angelegte Grotten

Odeion (griech.): überdachter Theaterbau für musikalische Aufführungen, seit hellenistischer Zeit mit halbkreisförmigem Auditorium

orthogonales Stadtbausystem: Anlagesystem auf schachbrettartigem Grundriß bei Stadtgründungen des Altertums; es beruhte auf dem antiken Fußmaß, wobei seine kleinste architektonische Einheit das Einzelhaus bildete

Orthostaten (griech.): hochgestellte rechteckige Steinplatten, die einen Sockel zwischen Fundament und aufgehendem Mauerwerk bilden

Palästra (griech.): Sportstätte für leichtathletische Übungen; ursprünglich nur der von Säulenhallen umgebene Platz für die Ringer

Peisistratiden: Angehörige eines athenischen Adelsgeschlechts aus Brauron; historisch faßbar sind Peisistratos (um 600 bis 528/27 v. Chr.) und seine Söhne Hippias, Hipparchos und Thessalos

Peloponnesischer Krieg: Kampf um die Vorherrschaft in Griechenland zwischen Athen und Sparta, 431 bis 404 v. Chr.

Peribolos (griech.): Umhegung eines Heiligtums

Peripteros (griech.): rings von Säulenhallen umgebener Tempel (Peripteraltempel)

Peristase (griech.): Ringhalle des Peripteros

Peristyl (griech.): Innenhof mit umlaufenden Säulenhallen

Phoibos (griech.: lichtstrahlend, glänzend): Beiname des Apollon

Polygonalmauern: Mauerwerk aus rohen Steinen, die an den Seiten so behauen sind, daß sich in der Ansichtsfläche ungleichmäßige Vielecke ergeben

Polykrates: Tyrann von Samos, regierte 538 bis 522 v. Chr.

Poseidon Hippios: griechischer Meeresgott; der Beiname Hippios (»zum Pferd gehörig«) bezieht sich auf einen Mythos, wonach sich Poseidon in Pferdegestalt mit der in eine Stute verwandelten Demeter paarte

Prätoren (lat.): in der römischen Republik zuerst Titel der beiden Staatsoberhäupter, der späteren Konsuln; seit 367 v. Chr. Bezeichnung einer selbständigen Magistratur für das Gerichtswesen

Prätorianer-Kohorten (lat.): Leibgarde der römischen Kaiser

Propylon (griech.): Torbau

Prozessionsbarke: im alten Ägypten eine schiffsförmige Sänfte, in der die Götterfiguren bei Prozessionen umhergetragen wurden

Prytanie (griech.): Zeitraum von 35 oder 36 Tagen, in dem jeder der 10 Phylen (Abteilungen, Bezirke) der Stadt Athen einmal jährlich die Geschäfte des Rates leitete

Pseudodipteros (griech.): Tempel mit gleichem Grundriß und gleicher Frontansicht wie der Dipteros, jedoch ohne die innere Säulenreihe (»Weithallentempel«)

Ptah: ägyptischer Schöpfergott in Memphis, menschengestaltig dargestellt

Pylone (griech.): Tortürme vor ägyptischen Tempeln

Re-Atum: im alten Ägypten seltene religiöse Kombination von Sonnengott und Schöpfergott

Rhampsenit: ägyptischer König, von dessen Schatzhaus Herodot (II 121) das Märchen vom klugen Baumeister und seinen diebischen Söhnen erzählt

Sarapis: ägyptisch-griechischer Unterwelts-, Himmels- und Heilgott

Selenit: Gips von parallelfasriger Struktur

Semiramis (Sammu-ramat): Frau des assyrischen Königs Schamschi-Adad V. (regierte 823 bis 810 v. Chr.)

Sima (griech.): Traufleiste, ein zur Ableitung des Regenwassers aufgebogener Rand aus Ton oder Marmor über dem Geison

Skeuothek (griech.): Flottenarsenal, Takelagenhalle

Skythen: Sammelbezeichnung für Nomadenvölker, die vom 7. Jh. v. Chr. bis zum 3. Jh. n. Chr. nördlich und östlich des Schwarzen Meeres lebten, vermutlich indoeuropäischer Herkunft

Stylobat (griech.): Standfläche für die Säulen

Sulla, Lucius Cornelius: römischer Feldherr und Staatsmann, 138 bis 78 v. Chr.

Thalamos (griech.): jeder im Innern eines Hauses befindliche Raum, besonders das Schlafgemach; in den hellenistisch-römischen Tempeln Syriens eine Kammer in der Cella

toskanische Säulenordnung: römische Säulenordnung, die aus einer Verbindung der dorischen und der etruskischen Säule hervorgegangen ist; später besonders in der Renaissance angewandt

Tribunal (lat.): erhöhter Richtersitz auf dem römischen Forum, später ins Innere der Basiliken und ähnlicher öffentlicher Bauten verlegt

Trierarch (griech.): Bürger Athens, der für ein Jahr mit der Ausrüstung und dem Kommando eines Kriegsschiffes beauftragt wurde

Triglyphe (griech.: »Dreischlitz«): am dorischen Tempel ein Block mit drei durch Stege voneinander getrennten vertikalen Rinnen. Die Triglyphen bilden zusammen mit den Metopen den über dem Architrav liegenden **Triglyphenfries.**

Vierung: in der frühchristlichen und mittelalterlichen Basilika die Stelle, wo Langhaus und Querhaus sich durchdringen, so daß ein quadratischer Raumteil entsteht

Volkstribunen: im alten Rom Beamte, die in der Volksversammlung von den Plebejern zum Schutz vor Übergriffen der Patrizier gewählt wurden

Wab-Priester: ägyptische Priesterbezeichnung

Weihgeschenk: einer Gottheit dargebrachte einmalige und außerordentliche Gabe, eine der ältesten Formen kultischer Handlung

Werksteinbauweise: vgl. Hau- oder Werksteintechnik

Zensoren (lat.: »Schätzer«): zwei hohe römische Staatsbeamte

Anmerkungen

In den Anmerkungen ist vorwiegend die auf Quellenbelege und Spezialthemen orientierende Literatur angegeben. Außerdem wurden kurze erläuternde Hinweise aufgenommen, die das Verständnis des jeweiligen Sachverhalts vertiefen sollen.

Zur Zitierung antiker Literaturstellen und Inschriften siehe die Hinweise auf Seite 129.

Folgende Sigel wurden in den Anmerkungen benutzt:

AM	=	Mitteilungen des Deutschen Archäologischen Instituts, Athenische Abteilung
BCH	=	Bulletin de Correspondance Hellénique
BJb	=	Bonner Jahrbücher des Rheinischen Landesmuseums in Bonn und des Vereins von Altertumsfreunden im Rheinlande
CIG	=	Corpus Inscriptionum Graecarum
CIL	=	Corpus Inscriptionum Latinarum
DiskAB	=	Diskussionen zur archäologischen Bauforschung, hrsg. vom Deutschen Archäologischen Institut
EAA	=	Enciclopedia dell'arte antica classica e orientale
IG	=	Inscriptiones Graecae
JdI	=	Jahrbuch des Deutschen Archäologischen Instituts
MDIK	=	Mitteilungen des Deutschen Archäologischen Instituts, Abteilung Kairo
RE	=	Paulys Realencyclopädie der classischen Altertumswissenschaft. Neue Bearbeitung
RM	=	Mitteilungen des Deutschen Archäologischen Instituts, Römische Abteilung
Syll.³	=	W. Dittenberger, Sylloge Inscriptionum Graecarum, I–IV, Leipzig ³1915–24, Reprint: Hildesheim 1960

1 In den Inschriften an öffentlichen Bauten durfte außer dem Namen des Kaisers nur dann ein weiterer Name erscheinen, wenn es sich um einen Geldgeber handelte. Vgl. hierzu Digesta Iustiniani 10,3.

2 H. Brunn, Geschichte der griechischen Künstler, Teil II, Stuttgart 1859, ²1889.

3 ebenda, ²1889, 216f.

4 C. Promis, Gli architetti e l'architettura presso i Romani, in: Memorie della Reale Accademia della Scienze di Torino, Serie II, 27, 1873, Scienze morali, storiche e filologiche, 1–187.

5 C. Promis, Vocaboli latini d'architettura, posteriori a Vitruvio oppure sconosciuti, Torino 1875.

6 Herausgegeben von G. Wissowa u. a. als neue Bearbeitung von »Paulys Real-Encyclopädie der classischen Alterthumswissenschaft in alphabetischer Ordnung« (begründet 1839 durch A. F. v. Pauly). Die neue Bearbeitung umfaßt 34 Bände und 15 Supplementbände (Stuttgart 1894–1978) sowie einen Registerband der Nachträge und Supplemente (München 1980).

7 Begründet von U. Thieme und F. Becker. Umfaßt 37 Bände (Leipzig 1907–50). Sein Nachfolger ist das seit 1983 in Leipzig erscheinende »Allgemeine Künstlerlexikon«.

8 Ein Beispiel dieser Methode bietet: P. Benvenuti Falciai, Ippodamo di Mileto, architetto e filosofo. Una ricostruzione filologica della personalità, Firenze 1982 (Studi e testi, 2).

9 B. Wesenberg, Beiträge zur Rekonstruktion griechischer Architektur nach literarischen Quellen, Berlin/West 1983 (AM, Beiheft 9).

10 W. Voigtländer/L. Haselberger, Antike aktuell. Didyma und Milet im Modell, Frankfurt/Main 1986 (Ausstellungskatalog Deutsches Architekturmuseum).

11 J. B. Fischer von Erlach, Entwurff einer Historischen Architectur …, Wien 1721 (erweiterte Ausgabe: Leipzig 1725), Taf. VII.

12 F. Krischen, Die griechische Stadt. Wiederherstellungen, Berlin 1938, Taf. 33–36.

13 F. Krischen in: Zeitschrift für Bauwesen (Hochbauteil) 77, 1927, 75–90. Ders. in: RM 59, 1944, 173–181. Ders., Weltwunder der Baukunst in Babylonien und Jonien, Tübingen 1956, 72–86, 96–101. A. von Gerkan in: RM 72, 1965, 217ff. Kr. Jeppesen in: Istanbuler Mitteilungen 26, 1976, 47–99 und 27/28, 1977/78, 169–211. The Maussolleion at Halikarnassos (Report of the Danish Archaeological Expedition to Bodrum), I Kopenhagen 1981, II Hojbjerg 1985 (Jutland Archaeol. Soc. Publ. XV, 1 und 2).

14 W. Davydov, Putevyja zapiski, vedennyja vo vremja prebyvanija na ioničeskich' ostorovach', v' Grecii, Maloj Azii i Turcii v' 1835 godu (Reiseaufzeichnungen, geführt zur Zeit des Aufenthalts auf den Ionischen Inseln, in Griechenland, Kleinasien und der Türkei im Jahre 1835), St. Petersburg 1839/40, Großer Atlasband (1840) Taf. 8. M. Kühn, Schinkels Darstel-

218

lung des Heiligen Hains von Olympia, für Wladimir Davydovs griechisches Reisewerk componiert, in: Festschrift für Otto von Simson zum 65. Geburtstag, Frankfurt/Main – Berlin/West – Wien 1977, 464–484 mit 4 Abb. Berlin und die Antike, Ausstellungskatalog, hrsg. von W. Arenhövel, Berlin/West 1979, 457 Nr 1185.

15 Die Rekonstruktion von Friedrich Adler, heute im Besitz des Archäologischen Instituts der Freien Universität in Berlin/West, erschien als Jahresgabe zum Schinkel-Fest 1877. E. Curtius/F. Adler, Olympia. Die Ergebnisse der von dem Deutschen Reich veranstalteten Ausgrabungen, II: Die Baudenkmäler von Olympia, Berlin 1892, 4 ff. Berlin und die Antike *(wie Anm. 14)*, 457 Nr 1186.

16 P. Grunauer, Der Zeustempel in Olympia – Neue Aspekte, in: BJb 171, 1971, 114–131.

17 L. Canina, Gli edifici di Roma e sua campagna, I–VI, Roma 1848–56. Über Caninas Bedeutung als Erforscher antiker Monumente wie als Architekt vgl. G. Lugli in: Atti dell'Accademia Nazionale di S. Luca 3, 1957/58, 21–25.

18 F. Krauss, Von der Stillehre zur Bauforschung und Baugeschichte, in: Technische Hochschule München 1868–1968. Festschrift zum hundertsten Jahrestag, München 1968, 238 ff.

19 Abbildungen des Modells: J. M. Wiesel, Das Alte Rom zur konstantinischen Zeit und heute, Mainz – Berlin/West (1964).

20 D. Wildung, Die Rolle ägyptischer Könige im Bewußtsein ihrer Nachwelt, I, Berlin/West 1969 (Münchner Ägyptologische Studien, 17), 189 f.

21 M. È. Mat'e, Rol' ličnosti chudožnika v iskusstve drevnego Egipta (Die Rolle der Künstlerpersönlichkeit in der Kunst des alten Ägypten), in: Trudy Otdela Vostoka Gosudarstvennogo Ėrmitaža 4, 1947, 54–95. Von den dort verzeichneten 136 Namen aus der handwerklich-künstlerischen Produktion entfallen 38 auf die Baukunst.

22 D. Wildung, Imhotep und Amenhotep. Gottwerdung im alten Ägypten, München – Berlin/West 1977 (Münchner Ägyptologische Studien, 36), 298 ff. J. Karkowski/J. K. Winnicki, Amenhotep, Son of Hapu, and Imhotep at Deir El-Bahari. Some Reconsiderations with an Appendix by E. Brecciani, in: MDIK 39, 1983, 93–105.

23 Beispiele aus dem Mittleren Reich: E. Blumenthal, Untersuchungen zum ägyptischen Königtum des Mittleren Reiches, I: Die Phraseologie, Berlin 1970

(Abhandlungen der Sächsischen Akademie der Wissenschaften zu Leipzig, Band 61, Heft 1), 12–120.

24 Übersetzung: K. Michałowski, Karnak, Leipzig 1970, 16.

25 F. Steinmann, Untersuchungen zu den in der handwerklich-künstlerischen Produktion beschäftigten Personen und Berufsgruppen des Neuen Reichs, in: Zeitschrift für ägyptische Sprache und Altertumskunde 107, 1980, 137–157; 109, 1982, 66–72 und 149–156; 111, 1984, 30–40.

26 Urkunden des ägyptischen Altertums IV 1444 (Übersetzung: W. Helck).

27 München, Staatliche Sammlung Ägyptischer Kunst, Inv.-Nr Gl. WAF 38. Die 1983 an der leicht überlebensgroßen Würfelstatue aus Kalkstein durchgeführte Untersuchung ergab, daß es sich um eine nicht fertiggestellte Statue des Amenophis, Sohnes des Hapu, handelt, die in die unmittelbare Voramarna-Zeit zu datieren ist. Am Ende der Regierungszeit Ramses' II. wurde sie von Bekenchons wiederverwendet, indem er seine eigenen Inschriften darauf anbringen ließ und so bewußt einen Bezug zu einer historischen Persönlichkeit herstellte. Katalog der Staatlichen Sammlung Ägyptischer Kunst, München ²1976, 8–10 (Nr 10) mit 2 Abb. Inschrift: M. Plantikow-Münster in: Zeitschrift für ägyptische Sprache und Altertumskunde 95, 1969, 117–135 mit Abb. 1 a–b und 2. Neudatierung: S. Schoske, Historisches Bewußtsein in der ägyptischen Kunst. Beobachtungen an der Münchner Statue des Bekenchons, in: Münchner Jahrbuch für bildende Kunst 38, 1987, 7–26.

28 Diese Bemerkung erklärt sich aus der Verehrung für den Dienstherrn, von dem die Wohlfahrt der Untergebenen abhing.

29 Wahrsch. identisch mit dem Tempel Ramses' II. in Karnak, der zwischen der Ostseite des Festtempels Thutmosis' II. und dem Osttor Nektanebos' II. lag.

30 Übersetzung aus: M. Plantikow-Münster *(wie Anm. 27)*, 118, 120.

31 K. Sethe, Urkunden des Alten Reichs, I, Leipzig 1933, 216, Zeilen 9–14. D. Dunham, The Biographical Inscriptions of Nekhebu in Boston and Cairo, in: The Journal of Egyptian Archaeology 24, 1938, 1–8, pl. I. 1, II.

32 Urkunden des ägyptischen Altertums IV 53 ff.

33 Die folgenden Angaben nach F. W. von Bissing in:

Forschungen und Fortschritte 21–23, 1947, Heft 13–15, S. 134.

34 Gemeint sind der 4. und 5. Pylon.

35 Übersetzung: J.-L. de Cenival, Ägypten. Das Zeitalter der Pharaonen, München 1966 (Weltkulturen und Baukunst), 98. Vgl. auch F. W. von Bissing *(wie Anm. 33)*, 135.

36 Die folgenden Angaben nach F. W. von Bissing *(wie Anm. 33)*, 134.

37 J. H. Breasted, Ancient Records of Egypt, II, Chicago 1906/07, § 353. Vgl. auch F. W. von Bissing *(wie Anm. 33)*, 136.

38 Inschrift auf der Würfelstatue Kairo 583: Urkunden des ägyptischen Altertums IV, Heft 21 (Berlin 1958), 1817 (Übersetzung: W. Helck).

39 Urkunden des ägyptischen Altertums IV 1822/23 (Übersetzung: W. Helck). – Zu Amenophis, Sohn des Hapu: D. Wildung *(wie Anm. 22)*; A. Varille, Inscriptions concernant l'architecte Amenhotep, Fils de Hapou, Le Caire 1968.

40 M. Kaiser, Herodots Begegnung mit Ägypten, in: S. Morenz, Die Begegnung Europas mit Ägyten (Sitzungsberichte der Sächsischen Akademie der Wissenschaften zu Leipzig, Philologisch-historische Klasse, Band 113, Heft 5), Berlin 1968, 201–246.

41 Herodot II 154.

42 Fassungen des Alexanderromans: Pseudo-Kallisthenes I 335; Iulius Valerius, De rebus gestis Alexandri Macedonis I 35.

43 Plinius XXXVI 67f.

44 Gemeint ist hier entweder Nektanebos I. (380 bis 362 v. Chr.) oder Nektanebos II. (360 bis 342 v. Chr.).

45 Kallixeinos von Rhodos (Mitte des 2. Jh. v. Chr.), Verfasser eines Werkes über Alexandria.

46 Arsinoeion: pyramidenförmiges Mausoleum der Königin Arsinoe, von dem keine Spuren mehr vorhanden sind. Es lag in der Nähe der Schiffshäuser, auf dem Ufersaum zwischen dem Emporion und dem Heptastadion. Vor dem Arsinoeion standen zwei Obelisken. Einer davon war derjenige, über den Plinius berichtet.

47 J. P. Mahaffy, The Flinders Petrie Papyri, II, Dublin 1893, S. IV ff. und 6–15.

48 J. P. Mahaffy *(wie Anm. 47)*, I (1891) Nr 30; II (1893) Nr 4, 6, 11, 13, 15, 16, 42, 138 b; III (1905) Nr 42, 43, 119, 128. B. Mertens, A Letter to the Architecton Kleon (Papyrus Petrie II 4,1 und 4,9), in: Zeitschrift für Papyrologie und Epigraphik 59, 1985, 61–66.

49 Mons Claudianus (heute Gebel Fatireh): Granitbrü-che in der ägyptischen Ostwüste zwischen Nil und Rotem Meer. Berichte über neuere archäologische Untersuchungen: MDIK 17, 1961, 1ff. und 54ff.; 18, 1962, 80ff.; 22, 1967, 108ff.

50 CIG III 4713 c.

51 CIL III 24.

52 Homer, Ilias XVII 590ff.

53 Pausanias II 15,1.

54 J. Overbeck, Die antiken Schriftquellen zur Geschichte der bildenden Künste bei den Griechen, Leipzig 1868 (Nachdruck: Hildesheim 1959), Nr 74–142. B. Schweitzer, Daidalos und die Daidaliden in der Überlieferung, in: Schriften der Königsberger Gelehrten Gesellschaft, Geisteswissenschaftliche Klasse, 9, 1932, Heft 1, Anhang 1.

55 Pausanias I 27,1.

56 Diodoros Sikeliotes, Bibliothēkē IV 30.

57 Pausanias I 28,3.

58 Plinius VII 194.

59 Scholien zu Hesiod, Theogonia 139.

60 Scholien zu Euripides, Orestes 965, wo sie irrtümlich Encheirogastores genannt werden.

61 Strabon VIII 372, wo ihr Name Gasterocheires heißt. Die Zusammensetzung aus den Substantiven Bauch (griechisch: *gastēr*) und Hand (griechisch: *cheir*) ist nach Strabon ein Hinweis auf ihre Gier und Schnelligkeit beim Essen.

62 Die Fragmente der griechischen Historiker, hrsg. von F. Jacoby, Berlin 1923 ff., Nr 1.

63 ebenda, Nr 4.

64 Philostratos, Vita Apollonii Tyanei VI 10.

65 Pausanias X 5,10 (Übersetzung: E. Meyer). Den Tempel verwies schon Strabon ins Reich der Sage.

66 J. Overbeck *(wie Anm. 54)*, Nr 57–66. W. Müller in: Allgemeines Künstlerlexikon I, 1983, 490f.

67 Hymnus an den Pythischen Apollon, Verse 116ff. Vgl. auch Pausanias IX 37,5 und X 5,13.

68 Fouilles de Delphes II: F. Courby, Le Sanctuaire d'Apollon. La Terrasse du temple, I–III, Paris 1915–27; G. Algreen-Ussing/A. Bramsnaes, Sanctuaire d'Apollon, Atlas, Paris 1976. Vgl. auch C. Weickert, Typen der archaischen Architektur in Griechenland und Kleinasien, Augsburg 1929, 44 f.

69 Hymnus an den Pythischen Apollon, Verse 112–121, Übersetzung: Th. von Scheffer. Vgl. auch Homer, Ilias IX 404 f.

70 Pausanias X 5, 13.

71 Pausanias VIII 10,2 f. Einer der ältesten dorischen Tempel der Peloponnes, südlich von Mantineia, an

der Straße nach Tega. Er soll aus Eichenholzbalken bestanden haben. Das Heiligtum wurde später in Stein erneuert. Reste bei dem Dorf Kalywia.

72 Pausanias IX 39,3; Lukian, Dialogi mortuorum 22. Der heilige Bezirk des Trophonios lag am Fuß des Kastellberges von Livadia. Die bei Pausanias erwähnten topographischen Einzelheiten sind mit Ausnahme des Tempels des Zeus Basileus nicht mehr zu lokalisieren.

73 Pausanias IX 37,5.

74 Scholien zu Aristophanes, Nubes (Wolken) 508.

75 Pausanias IX 11,1 (nach einem Epigramm). Pausanias sah dort die Trümmer eines mykenischen Palastes.

76 R. Heidenreich, Agamedes in Delphi oder Mythos und Baukunst, in: Wissenschaftliche Zeitschrift der Friedrich-Schiller-Universität Jena 4, 1954/55, Gesellschafts- und sprachwissenschaftliche Reihe, Heft 1/2, S. 49–57 mit 11 Abb.

77 Hyginus, Fabulae 223. Vgl. dazu auch Xenophon, Kyrupaideia (Erziehung des Kyros) VIII.

78 M. Dawid, Weltwunder der Antike. Baukunst und Plastik, Frankfurt/Main (Umschau-Verlag) und Innsbruck (Pinguin-Verlag) 1968 (fundierte wissenschaftliche Darstellung mit Einzelbelegen). W. Ekschmitt, Die Sieben Weltwunder. Ihre Erbauung, Zerstörung und Wiederentdeckung, Mainz 1984 (Kulturgeschichte der antiken Welt, Sonderband). Vgl. außerdem: J. Łanowski in: RE Suppl. X, 1965, 1020–1030; Le meraviglie del mondo, in: Psicon. Rivista internazionale di architettura 2–3, 1975, Heft 7; A. Vahlen, Weltwunder der Antike, Leipzig–Jena–Berlin 1983.

79 Strabon XIV 652, 656; XVI 738; XVII 808.

80 Plinius XXXVI 30.

81 H. Schott, De septem orbis spectaculis quaestiones, Diss. München 1891.

82 Philons Schrift ist, ohne den Schluß, in der Heidelberger Paradoxographen-Handschrift 398 aus dem 10. Jh. erhalten. Erstausgabe von L. Allati, Rom 1640. Spätere Ausgaben von J. C. Orelli, Leipzig 1816, und R. Hercher, Paris 1858.

83 Erstausgabe von Claudius Salmasius (Claude de Saumaise), Leiden 1638. Kritische Ausgabe von E. Wölfflin, Leipzig 1854 (1873).

84 M. Greenhalgh, Fantasy in archaeology. Reconstruction of the seven wonders of the ancient world, in: Architectural Review 145, 1969, 339–344 mit 13 Abb.

85 Schinkels Entwürfe zu den Sieben Weltwundern fielen bis auf die Zeichnung zu den Hängenden Gärten (Berlin, Staatliche Museen, Sammlung der Zeichnungen, Inv.-Nr SM 22 e 72) dem Zweiten Weltkrieg zum Opfer. Die Entwürfe zum Maussolleion von Halikarnassos und zum Zeus-Tempel von Olympia (Innenansicht) sind abgebildet bei C. v. Lorck, Karl Friedrich Schinkel, Berlin 1939, 17 f.

86 J. A. Kane, The Ancient Building Science, Ann Arbor 1939.

87 Vitruv-Kolloquium des Deutschen Archäologen-Verbandes (Darmstadt 1982), hrsg. von H. Knell/B. Wesenberg, Darmstadt 1984 (Technische Hochschule Darmstadt, Schriftenreihe Wissenschaft und Technik, 22. Schriften des Deutschen Archäologen-Verbandes, VIII). Vgl. außerdem: P. Gros, Vitruve: l'architecture et sa théorie à la lumière des études récentes, in: Aufstieg und Niedergang der römischen Welt, hrsg. von H. Temporini/W. Haase, II. 30. 1, Berlin/West – New York 1982, 659–695. – Für das vorliegende Buch wurde die mit Anmerkungen versehene lateinisch-deutsche Vitruv-Ausgabe von C. Fensterbusch (Darmstadt 1964, ³1981; Lizenzausgabe: Berlin 1964) benutzt.

88 Aus Vitruv IX praef. 5 und 8 geht hervor, daß er seinem Werk Zeichnungen beigegeben haben muß oder daß sie zumindest geplant waren.

89 C. Fensterbusch *(wie Anm. 87)*, 6–8. C. Watzinger, Vitruvstudien, in: Rheinisches Museum für Philologie N. F. 64, 1909, 202–223. R. Carpenter in: American Journal of Archaeology 30, 1926, 259 ff.

90 F. W. Schlikker, Hellenistische Vorstellungen von der Schönheit des Bauwerks nach Vitruv, Berlin 1940 (Diss. Münster 1940). P. v. Naredi-Rainer, Architektur und Harmonie. Zahl, Maß und Proportion in der abendländischen Baukunst, Köln ²1984 (Du Mont Dokumente: Reihe Kunstgeschichte/Wissenschaft), 17 f. H. Knell, Vitruvs Architekturtheorie. Versuch einer Interpretation, Darmstadt 1985.

91 Vitruv II praef. 4 (Übersetzung: C. Fensterbusch).

92 Vitruv V 1,6–10. Zur Rekonstruktion: J. Prestel, Des Marcus Vitruvius Pollio Basilika zu Fanum Fortunae, Straßburg 1900 (Zur Kunstgeschichte des Abendlandes, IV); K. Ohr, Die Form der Basilika bei Vitruv, in: BJb 175, 1975, 113–127; S. Weyrauch, Die Basilika des Vitruv. Studien zu illustrierten Vitruvausgaben seit der Renaissance mit besonderer Berücksichtigung der Basilika von Fano, Diss. Tübingen 1976. F. Battistelli, Immagine di Fano romana, Fano 1983.

93 P. Thielscher in: RE IX A. 1, 1961, 427–489.

94 Ausgabe von Fr. Krohn, Leipzig 1912.

95 H. Koch, Vom Nachleben Vitruvs, Baden-Baden 1951 (Deutsche Beiträge zur Altertumswissenschaft, 1). H. Plommer, Vitruvius and Later Roman Building Manuals, Cambridge 1973 (Cambridge Classical Studies). C. Herselle Krinsky, Seventy-eight Vitruvius Manuscripts, in: Journal of the Warburg and Courtauld Institutes 30, 1967, 36–70 (Vitruv im Mittelalter). K. J. Conant, The After-live of Vitruvius in the Middle-Ages, in: Journal of the Society of Architectural Historians 27.1, 1968, 33–38. L. Vagnetti u. a., 2000 anni di Vitruvio, Firenze 1978 (Studi e documenti di architettura, 8). Auf weitere bibliograph. Hinweise, besonders zur nachmittelalterlichen Vitruv-Rezeption, muß hier verzichtet werden.

96 Vitruv VII praef. 12.

97 Aristoteles, Politika II 8 (vgl. auch VII 11).

98 Vitruv I 1, 12 und VII praef. 12.

99 R. Schneider, Griechische Poliorketiker I–III, in: Abhandlungen der Königlichen Gesellschaft der Wissenschaften zu Göttingen, phil.-hist. Klasse, N. F. 10, 1908, Nr 1; 11, 1908, Nr 1; 12, 1912, Nr 5. F. Lammert in: RE XXI. 2, 1952, 1381–1390 (mit Literaturverzeichnis).

100 Vitruv X 10–16. Vgl. hierzu: W. Sackur, Vitruv und die Poliorketiker, Berlin 1925.

101 Auf die Existenz dieser nicht mehr erhaltenen Schrift kann nur indirekt aus einer Stelle bei Prokop IV 6 geschlossen werden: »Wie er (Apollodoros) nun diese Brücke anlegte, dürfte nicht mich weiter beschäftigen; das soll nur Apollodoros aus Damaskus, der auch das ganze Werk geschaffen hat, des näheren angeben!« (Übersetzung: O. Veh).

102 Französische Übersetzung: E. Lacoste, Les Poliorcétiques d'Apollodore de Damas…, in: Revue des Études Grecques 3, 1890, 230–261 (mit Umzeichnungen nach dem Pariser Mynas-Codex). Vgl. auch: C. Wescher, Poliorcétique des Grecs, Paris 1867, 135–193; R. Schneider, Griechische Poliorketiker I (wie Anm. 99).

103 Johannes Tzetzes, Allegoriae Iliadis V 17 f.

104 Rom, Biblioteca Apostolica Vaticana, Codice Vaticano greco 218. Ein weiteres Fragment dieser Schrift fand man 1777 in Paris (vgl. L. Dupuy, Fragment d'un ouvrage grec d'Anthemios sur des paradoxes de mécanique, 1777; A. Westermann in: Scriptores rerum mirabilium Graeci, Braunschweig 1839, 149–158). Die Palimpsest-Fragmente aus der Abtei S. Colombano in Bobbio bei Pavia, die in Mailand (Biblioteca Ambrosiana L. 99 part. sup.) aufbewahrt werden, stammen entgegen früheren Vermutungen nicht von Anthemios (vgl. G. J. Toomer, Diocles on Burning Mirrors, Berlin/West 1976, 19 f.).

105 Vitruv VII praef. 14.

106 Angaben daraus übernahm im 4. Jh. n. Chr. der römische Schriftsteller Ausonius in sein Gedicht »Mosella« (Verse 303–317).

107 Vitruv VII praef. 14.

108 Vitruv (wie Anm. 107).

109 Textausgabe von C. Kunderewicz, Leipzig 1973 (Bibliotheca Scriptorum Graecorum et Romanorum Teubneriana). Übersetzungen: G. Bendz, Berlin 1963 (Schriften und Quellen der Alten Welt); M. Hainzmann, Zürich – München 1979 (Lebendige Antike); G. Kühne in: Wasserversorgung im antiken Rom, hrsg. von der Frontinus-Gesellschaft e. V., München 1984. Vgl. auch die in Anm. 182 angegebene Literatur!

110 M. Cantor, Die römischen Agrimensoren und ihre Stellung in der Geschichte der Feldmeßkunst, Leipzig 1875 (Nachdruck: Wiesbaden 1968). O. A. W. Dilke, The Roman Land Surveyors, Newton Abbot 1971. Vgl. auch: U. Heimberg, Römische Landvermessung. Limitatio, Aalen 1977 (Kleine Schriften zur Kenntnis der römischen Besatzungsgeschichte Südwestdeutschlands, 17).

111 Die Schriften der römischen Feldmesser, hrsg. und erl. von F. Blume u. a., 2 Bde, Berlin 1848, 1852. C. Thulin, Corpus agrimensorum Romanorum, I. 1: Opuscula agrimensorum veterum, Leipzig 1913. G. Martines, »Gromatici Veteres« tra antichità e medioevo, in: Biblioteca di storia dell' arte 3, 1976, 3–23 mit 18 Abb.

112 Digesta Iustiniani L 10,3.

113 Beispiele hierfür in: EAA I, 1958, 574 f.

114 H. Lattermann, Griechische Bauinschriften, Straßburg 1908. R. L. Scranton, Greek Architectural Inscriptions as Documents, in: Harvard Library Bulletin 14, 1960, 159–182. Literaturübersicht jetzt bei: A. Wittenburg, Griechische Baukommissionen des 5. und 4. Jahrhunderts, Diss. München 1978, 110 ff.

115 IG I² 111, 372–374; II/III 1654. Hesperia 2, 1933, 377–379; 4, 1935, 161; 7, 1938, 268; 9, 1940, 102–104. G. Ph. Stevens u. a., The Erechtheum, Text und Atlas, Cambridge, Mass. 1927. R. H. Randall in: American Journal of Archaeology 57, 1953, 199–210 (Auswertung hinsichtlich der am Erechtheion beschäftigten Arbeiter und ihrer sozialen Stellung).

116 IG I² 374, 194 ff.

117 IG II² 1668 (= Syll.³ III 969) + IG II² 1627.

118 E. Fabricius, Die Skeuothek des Philon, in: Hermes 17, 1882, 551–594. W. Dörpfeld, Die Skeuothek des Philon, in: AM 8, 1883, 147–164. A. Choisy, L'Arsenal du Piree: Etudes Epigraphiques sur l'Architecture Grecque, Paris 1884. V. Marstrand, Arsenalet i Piraeus og oldtidens byggeregler, København 1922. Kr. Jeppesen, Paradeigmata: Three midfourth century mainworks of Hellenic architecture reconsidered, Århus 1958 (Jutland Archaeol. Soc. Publ., IV), 69 ff., dazu Nachträge in: Acta archaeologica (København) 32, 1960, 218 ff. E. Lorenzen, The Arsenal at Piraeus. Designed by Philo and Reconstructed after his Description, København 1964. H. Eiteljorg, The Greek Architect of the Fourth Century B. C., Diss. University of Pennsylvania 1973, 5 ff. A. Linfert u. a., Die Skeuothek des Philon im Piräus. Zusammenfassung der Ergebnisse einer Übung über die Skeuothek-Inschrift, Köln 1981. W. Meyer-Christian, Das Arsenal des Architekten Philon in Zea / Piräus. Rekonstruktion, Diss. Universität Karlsruhe, Fakultät für Architektur, 1983 (S. 7–10: Originaltext der Ausschreibung mit deutscher Übersetzung). M. Untermann, Neues zur Skeuothek des Philon, in: DiskAB 4 (1984), 81–86.

119 Übersetzung: R. Martin, Griechische Welt, München 1967 (Weltkulturen und Baukunst), 42.

120 A. Burford, The Greek Temple Builders at Epidauros, (Liverpool) 1969 (Liverpool Monographs in Archaeology and Oriental Studies). Asklepios-Tempel: Abrechnungen über einen Zeitraum von fünf Jahren = IG IV² 102 (Übers. von L. Semmlinger in: H. Lauter, *wie Anm. 145,* Anhang). Tholos: Rechenschaftsbericht über die Verwendung von Buß- und Spendengeldern = IG IV² 103 (Übers. von L. Semmlinger, wie oben); B. Keil, Die Rechnungen über den epidaurischen Tholosbau, in: AM 20, 1895, 20–115.

121 A. Rehm, Die großen Bauberichte von Didyma (Bayerische Akademie der Wissenschaften, Philosophisch-historische Klasse, Abhandlungen N.F. 22, 1944). Didyma, II: Die Inschriften, bearb. von A. Rehm, Berlin 1958, 13 ff., 321 ff. Vgl. ferner W. Günther in: Istanbuler Mitteilungen 19/20, 1969/70, 237 ff.

122 Neapel, Museo Archeologico Nazionale, Inv. 3231. Vgl. Th. Wiegand, Die puteolanische Bauinschrift sachlich erläutert, in: Jahrbücher für classische Philologie Suppl. 20, 1894, 657–778 (= Diss. Freiburg i. Br. 1894).

123 F. G. Maier, Griechische Mauerbauinschriften, I: Texte und Kommentare, II: Untersuchungen, Heidelberg 1959, 1961 (Vestigia, 1.2).

124 B. D. Filov in: Izvestija istoričeskoto družestvo v Sofija 4, 1915, 9 ff.

125 S. Lambrino in: Revista Istorica Română 5/6, 1935/36, 321 f. T. Sauciuc-Săveanu in: Année épigraphique 1937, 246. Ders., Un nou fragment al inscripției murale din Callatis și alte fragmente arheologice, Cernauți 1937, 7.

126 Scriptores Historiae Augustae, Gallienus 13,6.

127 Wohnungsbau im Altertum, Berlin/West 1979 (DiskAB, 3). W. Hoepfner / E.-L. Schwandner, Haus und Stadt im klassischen Griechenland, München 1986 (Wohnen in der klassischen Polis, I).

128 W. H. Gross in: Hellas ewig unsre Liebe. Freundesgabe für W. Zschietzschmann, Gießen 1975, 44 f.

129 J. S. Boërsma, Athenian Building Policy from 561/0 to 404/3 B.C., Groningen 1970 (Scripta archaeologica Groningana, 4).

130 Baukommissionen: A. Wittenburg *(wie Anm. 114).*

131 Aristoteles, Oikonomika II 2,4. Polyainos, Stratēgēmata (Kriegslisten) III, 9,30. Vgl. auch R. Martin, L'urbanisme dans la Grèce antique, Paris 1956, 48 ff.

132 In Athen saßen die Epistaten der öffentlichen Bauten einem Gerichtshof vor. Einzelbelege hierzu bei A. Wittenburg *(wie Anm. 114),* 108 f. (Anm. 1).

133 Die Bauurkunden gebrauchen für die Ausschreibung wie auch für die Baubeschreibung die Begriffe *syngraphē* oder *syngraphai.* Diese konnten stillschweigend den Entwurf mit einschließen. Vgl. P. Kußmaul, Synthekai, Diss. Basel 1969, 21 ff.

134 Vgl. den Beschluß über die Bestellung der Priesterin und die Einrichtung des Heiligtums der Athena Nike: IG I² 24 = Syll.³ I 63, Zeile 15 f. (Kommission und Vorlagepflicht), Übersetzung von L. Semmlinger in: H. Lauter *(wie Anm. 145),* Anhang.

135 J. A. Bundgaard (Mnesicles, an architect at work, Gyldendal – København 1957) versuchte nachzuweisen, daß die Architekten der klassischen Zeit statt eines Entwurfs oder Modells für das ganze Gebäude nur detaillierte Beschreibungen oder Bauanweisungen benutzten, wie sie die Bauurkunden enthielten. Zu griechischen Bauzeichnungen: A. Petronotis, Zum Problem der Bauzeichnungen bei den Griechen, Athen 1972; W. Hoepfner in: AM 88, 1973, 145 ff., Abb. 7–8; J. J. Coulton, Ancient Greek Architects at Work. Problems of Structure and Design, Ithaca, N.Y. – London 1977; L. Haselberger, Werk-

zeichnungen am Jüngeren Didymeion, in: Istanbuler Mitteilungen 30, 1980, 191–215; ders., Die Bauzeichnungen des Apollontempels von Didyma, in: Architectura (München) 13, 1983, 13–26; ders., Die Werkzeichnungen des Naiskos im Apollontempel von Didyma, in: DiskAB 4 (1984), 111–119.

136 Wachsmodell einer Kassettenblüte: G. Ph. Stevens u. a. *(wie Anm. 115)*, I, 394, Zeilen 1–8.

137 Aischines, Kata Ktesiphontos (Gegen Ktesiphon) 17 (330 v. Chr.)

138 C. Weickert, Studien zur Kunstgeschichte des 5. Jahrhunderts. II: Erga Perikleus, in: Abhandlungen der Deutschen Akademie der Wissenschaften zu Berlin 1950, I, 3–22. Zu Fragen der baulichen Gestaltung der Athener Akropolis unter Perikles: H. Büsing, Vermutungen über die Akropolis von Athen, in: Marburger Winckelmann-Programm 1969, 5 (mit Anm. 17), 23.

139 Vgl. IG I² 91–92 einschließlich der durch E. Preuner (in: F. Noack, Eleusis, Berlin 1927, 309) vorgeschlagenen Ergänzung zu Zeile 39/40 der Inschrift.

140 Die Namen bedeutender griechischer Mechaniker verzeichnet ein Papyrus aus der Ptolemäerzeit: H. Diels in: Abhandlungen der Preußischen Akademie der Wissenschaften zu Berlin 1904, II, 1–16; ders., Antike Technik, Leipzig-Berlin³ 1924, 29 ff., Taf. IV. Vgl. auch L. Sprague de Camp, Ingenieure der Antike, Berlin/West – Darmstadt – Wien 1971.

141 Vitruv I 1,3 (Übersetzung: C. Fensterbusch). Vgl. hierzu: J.-P. Vernant, Remarques sur les formes et limites de la pensée technique chez les Grecs, in: Revue de l'histoire des sciences et de leurs applications 4, 1951, 207 f.

142 Vitruv I 1,12 (Übersetzung: C. Fensterbusch).

143 Daß es freiberuflich tätige Architekten gab, geht aus dem Baubeschluß von 337/36 v. Chr. für die Befestigung des Piräus und für die sogenannten Langen Mauern hervor. Darin ist nämlich hinsichtlich der Architekten auch von »jedem anderen, der will« die Rede: F. G. Maier *(wie Anm. 123)*, I, 36 ff., Nr 10, Zeile 7 + 41.

144 Dies geht z. B. aus der Mauerbauinschrift von Kolophon (zwischen 311 und 306 v. Chr.) hervor: F. G. Maier *(wie Anm. 123)*, I, 224ff. (Nr 69, Zeilen 23–25).

145 Zu den folgenden Beispielen: H. Philipp, Tektonon Daidala. Der bildende Künstler und sein Werk im vorplatonischen Schrifttum, Berlin/West 1968 (Quellen und Schriften zur bildenden Kunst, 2); H. Lauter, Zur gesellschaftlichen Stellung des bildenden Künstlers in der Griechischen Klassik, Erlangen 1974 (Erlanger Forschungen, Reihe A: Geisteswissenschaften, Bd 23); H.-D. Zimmermann in: Hellenische Poleis, hrsg. von E. Ch. Welskopf, Berlin 1974, I, 99 f.; W. H. Gross *(wie Anm. 128)*, 37 ff.; R. Martin *(wie Anm. 119)*, 44 f.; N. Himmelmann, Zur Entlohnung künstlerischer Tätigkeit in klassischen Bauinschriften, in: JdI 94, 1979, 127–142. – Athen, Erechtheion: G. Ph. Stevens u. a. *(wie Anm. 115)*. Delphi: E. Bourguet, Les comptes du IVᵉ siècle, Paris 1932 (Fouilles de Delphes, III.5). Delos: F. Durrbach u. a., Inscriptions de Délos, 5 Bde., Paris 1926–37; P. H. Davis, The Delian Building Contracts, in: BCH 61, 1937, 109–135, Fig. 1–6. Epidauros: A. Burford *(wie Anm. 120)*.

146 IG I² 373, 374. Vgl. dazu R. H. Randall *(wie Anm. 115)*. Bei der Entlohnung differenzieren die Erechtheion-Inschriften, mit einer Ausnahme, nicht zwischen den einzelnen Handwerksgattungen.

147 IG II/III² 1672, 1673.

148 H. Lauter *(wie Anm. 145)*, 17 f.

149 R. Martin *(wie Anm. 119)*, 45.

150 Athenaios, Deipnosophistai (Gastmahl der Gelehrten) VI 246 f.

151 Xenophon, Apomnemoneumata (Memorabilia) IV 2,10.

152 Vitruv VII praef. 16.

153 In mehreren Versionen überliefert. Vgl. H. Brunn *(wie Anm. 2)*, ²1889, 255 f.; G. Reincke in: RE XIX.2, 1938, 1867. Die Inschrift wurde bei den meisten Handschriften nachträglich eingefügt, in einer fehlt sie.

154 Plinius XXXIV 148. Der hier genannte Architekt Timochares (Timokrates) ist von Ausonius (Mosella I 311 ff.) zu Unrecht mit Dinochares (Deinokrates), dem Hofarchitekten Alexanders des Großen, gleichgesetzt worden, dessen Hauptschaffenszeit vorwiegend noch dem 4. Jh. v. Chr. angehörte.

155 Athenaios, Deipnosophistai V 206 d–209 b. Vgl. hierzu die deutsche Ausgabe von U. und K. Treu, Leipzig 1985 (Slg. Dieterich, Bd. 329), 130–135.

156 Vitruv II praef. 1–3. Eustathios (Ad Iliadem XIV 229, S. 980 R) schrieb das Athos-Projekt dem Diokles von Rhegion, einem sonst unbekannten westgriechischen Architekten, zu – vermutlich eine Namensverwechslung. Es hat noch Michelangelo und den Barockarchitekten Johann Bernhard Fischer von Erlach beeindruckt. Vgl. u. a.: B. R. Brown in: Art the Ape of Nature. Studies in Honour of H. W. Janson, New York 1981, 1–13; J. Pieper, Der Berg Athos in

Riesengestalt. Bedeutungen des Anthropomorphen im Werben des Baumeisters Dinokrates um die Gunst Alexanders, in: Aus dem Osten des Alexanderreiches, Köln 1984, 57–65.

157 Plutarch, Alexandros 72.

158 Quellenbelege hierfür bei: G. Busolt, Griechische Staatskunde I, München 1920 627 (Anm. 2). Für die hellenistische Zeit ist die feste Anstellung auch bei Ärzten und Lehrern nachgewiesen.

159 Vitruv X 16,3–8 (Übersetzung: C. Fensterbusch). Die hier vorkommenden Architektennamen sind in den antiken Quellen verschieden überliefert. Statt Diognetos wird auch Epikrates von Herakleia, statt Kallias auch Polyeidos genannt.

160 Athenaios Mechanikos, Peri mēchanēmatōn (Über Kriegsmaschinen), ed. C. Wescher *(wie Anm. 102)*, 10,5.

161 IG XII 8,640 = Syll.³ II 587.

162 Cicero, De officiis I 42.

163 Strabon V 236.

164 Quintilian, Institutio oratoria II 21,8.

165 Vergil, Aeneis VI 847–853 (Übersetzung nach: D. Ebener, Vergil. Werke in einem Band, Berlin–Weimar 1983, 371).

166 Nachwirkung auf das 17. und 18. Jahrhundert: L. Schudt, Italienreisen im 17. und 18. Jahrhundert, Wien–München 1959 (Veröffentlichung der Bibliotheca Hertziana [Max-Planck-Institut] in Rom), 272–278.

167 Monumentum Ancyranum IV 17. Wie Augustus so ließen später auch Vespasian, Trajan, Hadrian und Antoninus Pius verfallene Sakralbauten wiederherstellen.

168 H.-O. Lamprecht, Opus caementitium: Bautechnik der Römer, Düsseldorf 1984.

169 Vgl. z. B. Hieronymus, Epistulae LIII 6. Die Bezeichnung war noch im Mittelalter gebräuchlich.

170 A. Tschira in: JdI 72, 1957, 59.

171 Vitruv II 6,1 ff.

172 H. Drerup, Zum Ausstattungsluxus in der römischen Architektur. Ein formgeschichtlicher Versuch, Münster/Westf. 1957, ²1981 (Orbis Antiquus, Heft 12).

173 P. Gros, Les premières générations d'architectes hellénistiques à Rome, in: Mélanges offerts à J. Heurgon, I, Rom 1976, 387–410.

174 In dem Bankettsaal sehen einige Forscher eine Art Planetarium, indem sie auf ähnliche Anlagen etwa derselben Zeit im Mittleren Orient verweisen.

175 Der Albula-Bach mündet zwischen Rom und Tivoli in den Anio. Das Wasser der Albula-Quelle wurde über eine Entfernung von 25 km herangeführt.

176 Sueton, De vita Caesarum, Nero 31, 1–2 (Übersetzung: M. Giebel).

177 Plutarch, Poplicola 15.

178 H. Dessau/A. v. Domaszewski, Römische Staatsverwaltung II (Handbuch der römischen Alterthümer V), Leipzig ²1884, 87–92. I. Calabi Limentani in: EAA I, 1958, 574–576. W. H. Groß in: Der Kleine Pauly I, 1964, 849 f.

179 Vitruv VII 3,10 bezüglich der *tectones* (Verputzarbeiter).

180 Belegt ist dies für die Planung und Ausführung der Wehrmauern von Veteranensiedlungen in Norditalien und Südgallien.

181 Ph. C. Ertman, Curatores Viarum. A Study of the Superintendents of Highways in Ancient Rome, Ann Arbor – London 1981 (Xerox Dissertations, University of New York at Buffalo, 1976). Die Aufsicht über Bau und Instandhaltung von Straßen und Brücken lag zunächst bei den Zensoren, seit der Zeit des Augustus bei den Kaisern, die sie den *curatores viarum* übertrugen. 20 v. Chr. erhielt Augustus die *cura viarum* und wurde damit oberster Chef des Straßenbauwesens. Sein Name erschien seitdem auf den Meilensteinen. Für jede Staatsstraße war in der Kaiserzeit ein Prokurator zuständig.

182 Frontinus, De aquaeductu urbis Romae 100, 119. Vgl. außerdem: M. Hainzmann, Untersuchungen zur Geschichte und Verwaltung der stadtrömischen Wasserleitungen, Wien 1975 (Diss. Universität Graz); O. Robinson, The Water Supply of Rome, in: Studia et documenta historiae et iuris 46, 1980, 44–46; P. Pace, Gli acquedotti di Roma e il De aquaeductu di Frontino, Roma 1983; G. Panimolle, Gli acquedotti di Roma, 2 Bde, Roma (1984); Wasserversorgung im antiken Rom *(wie Anm. 109)*; K. Grewe, Planung und Trassierung römischer Wasserleitungen, Wiesbaden 1985 (Schriftenreihe der Frontinus-Gesellschaft, Suppl. I); D. Werner, Wasser für das antike Rom, Berlin 1986.

183 Vitruv V 1,6.

184 W. Seyfarth, Römische Geschichte. Kaiserzeit 1, Berlin ²1975, 29, 82.

185 Aurelius Victor, Libellus de vita et moribus imperatorum (Epitome) XIV 5. H. Gummerus in: RE IX.2, 1916, 1461.

186 Valentinian I. gründete 369 n. Chr. das Kastell Alta ripa (heute Altrip, Kr. Ludwigshafen / Rhein). Pla-

nung und Leitung des Projekts werden auf ihn zurückgeführt (Ammianus Marcellinus, Res gestae XXVIII 2, 1 und 2; Symmachus, Orationes II ff.).

187 A. Rumpf in: Allgemeines Lexikon der bildenden Künstler von der Antike bis zur Gegenwart XV, 1922, 421. F. E. Brown, Hadrianic architecture, in: Essays in Memory of Karl Lehmann (Studies in the History of Art, Suppl. I), New York 1964, 55–58. H. Stierlin, Hadrien et l'architecture romaine, Fribourg 1984. – Auf eigene Entwürfe Hadrians scheint die Entstehung des Gewölbetyps der Schirmkuppel (auch als Kürbis- oder Melonenkuppel bezeichnet) zurückzugehen. Die Zeichnungen von *cucurbitae*, die Hadrian anfertigte, waren höchstwahrscheinlich keine Stilleben von Kürbissen, wie Cassius Dio (LXIX 4,2) meint, sondern Entwürfe zu Schirmkuppeln. Dieser besondere Gewölbetyp fand, sicher auf Grund der Entwürfe Hadrians, Eingang in die Bauten der Villa Hadriana bei Tivoli.

188 Cassius Dio LXIX 4,3 ff. Daraus geht jedoch nicht klar hervor, wer die Entwürfe anfertigte. Vgl. G. A. S. Snijder, Kaiser Hadrian und der Tempel der Venus und Roma, in: JdI 55, 1940, 1–11; A. Barattolo, Il tempio di Venere e di Roma: un tempio 'greco' nell'Urbe, in: RM 85, 1978, 397–410.

189 Zu den Grundzügen der Baupolitik Hadrians in Rom: D. Kienast in: Chiron 10, 1980, 391–412. Zur Absetzung des Apollodoros von Damaskos: H. Kähler, Hadrian und seine Villa bei Tivoli, Berlin/West 1950, 157; F. E. Brown *(wie Anm. 187)*, 55 ff.; W.-D. Heilmeyer in: JdI 90, 1975, 330.

190 Zum Beispiel in Bologna und Cremona für den Bau eines Amphitheaters (Tacitus, Historiae II 67). Auch die Statthalter der Provinzen konnten, wenn es ihre Verpflichtungen für das öffentliche Bauwesen erforderten, die Hilfe des Militärs *(ministeria militaria)* in Anspruch nehmen (Digesta Iustiniani L 6,7).

191 Wasserableitungstunnel am Albaner See, um 395 v. Chr. – Straßentunnel bei Rimini, Neapel, Cumae, kaiserzeitlich. – Tunnel bei der Küstenstadt Saldae (heute Bougie/Algerien), falsch vermessen und durch Querschlag korrigiert.

192 Einzelbelege: EAA I, 1958, 575. T. Bechert in: BJb 171, 1971, 208 (Anm. 21).

193 Militärbeamte (Garnisonsbaumeister?) waren z. B. Athenaios und Kleodamos, zwei Griechen aus Byzanz, die im 3. Jh. im Auftrag des Kaisers Gallienus die vom Ansturm der Goten bedrohten Städte der Donau-Provinzen befestigten *(vgl. Anm. 126)*.

194 Digesta Iustiniani I 16,7.

195 CIL VIII 2728.

196 Das Wort *faber* ist im allgemeinen mit der griechischen Bezeichnung *tektōn* gleichzusetzen und bedeutet Handwerker, Künstler. Im Unterschied zum *tektōn* arbeitete der *faber* ausschließlich mit hartem Material (Metall).

197 Die Bauarbeiten für die Wasserleitung von Aquincum in Pannonien leitete Ulpius Nundinus als *discens regulatorum* (Führer einer technischen Spezialtruppe); vgl. K. Póczy, Städte in Pannonien, Budapest 1976, 48.

198 Plinius der Jüngere, Epistulae X 39 (Übersetzung: H. Kasten). Zu den hier und in Anm. 199–201 angegebenen Briefstellen vgl. jetzt auch die Übersetzung von W. Krenkel in: Plinius der Jüngere. Briefe in einem Band, Berlin–Weimar 1984.

199 ebenda X 40,3 (Übersetzung: H. Kasten).

200 ebenda X 41 (Übersetzung: H. Kasten).

201 ebenda X 42 (Übersetzung: H. Kasten). An diesen Briefwechsel schloß sich noch ein weiterer wegen des Sees an (X 61/62).

202 Publius Calpurnius Macer Caulius Rufus: Statthalter der Provinz Moesia inferior.

203 Vermutliche Herkunft des Hochhausbaues aus dem Osten: H. Schaal, Ostia. Der Welthafen Roms, Bremen 1957, 126–128.

204 Juvenal, Saturae III 224 f.

205 Hierzu vgl. Strabon V 235; Tacitus, Annales XV 38 und 43; Sueton, De vita Caesarum, Nero 38.

206 Juvenal, Saturae III 193–196.

207 M. Voigt, Die römischen Baugesetze, in: Berichte der Gesellschaft der Wissenschaften zu Leipzig, Phil.-hist. Klasse LV, 1903, 175 ff. – Ephesos: H. Vetters, Zu römerzeitlichen Bauvorschriften, in: Forschungen und Funde. Festschrift für B. Neutsch, Innsbruck 1980 (Innsbrucker Beiträge zur Kulturwissenschaft, 21), 477–485. – Nero: L. J. A. van der Harst in: Hermeneus 15, 1942/43, 126–128; Th. W. J. Nicolaas, ebenda, 144; E. J. Phillips in: Rivista di filologia e d'istruzione classica 106, 1978, 300–307.

208 Tacitus, Annales XV 42.

209 Cicero, De oratore I 14. Schiffskonstrukteur: CIL X 5371; XIII 723. *Architectus* und *faber navalis:* CIL VI 33833.

210 Scriptores Historiae Augustae, Severus Alexander XLIV 4.

211 Codex Theodosianus XIII 4,1.

212 ebenda XIII 4,2; Codex Iustiniani X 66,1.

213 Codex Theodosianus XIII 4,3 (vom 6. Juli 344); Codex Iustiniani X 66,2.

214 Cicero, Epistulae ad Quintum fratrem III 1,1–2 und 7,7. C. Promis *(wie Anm. 4)*, 171–173.

215 C. Promis *(wie Anm. 4)*, 173. – Über Ciceros Villen: O. E. Schmidt, Ciceros Villen, Leipzig 1899; M. Rostovtzeff in: JdI 19, 1904, 112 ff.

216 Cicero, Epistulae ad Atticum XII 18,1. C. Promis *(wie Anm. 4)*, 174.

217 Architekt als Bauunternehmer: z. B. CIL X 1614.

218 Vitruv I 1,10.

219 F. K. Yegül, The Small City Bath in Classical Antiquity and a Reconstruction Study of Lucian's »Bath of Hippias«, in: Archeologia classica 31, 1979, 108–131.

220 Vitruv I 2,2 (Übersetzung: C. Fensterbusch).

221 Edictum Diocletiani de pretiis rerum venalium VII 74 = Diokletians Preisedikt, hrsg. von S. Lauffer, Berlin/West 1971 (Texte und Kommentare, 5), 124. Man vergleiche hiermit die ebenfalls im Preisedikt aufgeführten Tagessätze für Maurer und Zimmerleute (50 Denare), Mosaikarbeiter (60 Denare), Wandbemaler (75 Denare) und Figurenmaler (150 Denare und Verpflegung).

222 Vitruv VI praef. 5 f. (Übersetzung: C. Fensterbusch); vgl. hierzu auch X praef. 2.

223 Martial, Epigrammata V 56,11.

224 Gellius, Noctes Atticae XIX 10; vgl. hierzu die dt. Ausgabe von H. Berthold, Leipzig 1987, 167.

225 Vitruv I 1.

226 Systematische Auswertung allerdings noch nicht in Angriff genommen. Eine begrenzte Namenauswahl aus römischen Inschriften enthält die Liste der Architekten in EAA I, 1958, 576.

227 Architekten aus dem Sklavenstand: C. Promis *(wie Anm. 4)*, 113 mit Anm. 28.

228 U. Süssenbach, Christuskult und kaiserliche Baupolitik bei Konstantin, Diss. Bonn 1977 (Abhandlungen zu Kunst-, Musik- und Literaturwissenschaft, 241). Ders., Konstantin und die Anfänge kirchlicher Monumentalkunst, in: Städel-Jahrbuch N. F. 10, 1985, 55–76.

229 Aus: Georgios Kedrenos, Sinopsis historiōn (Weltchronik), P. 304 a (Übersetzung nach: G. Gruben, Die Tempel der Griechen, München ³1980, 80).

230 Augustinus, Brief Nr. 127. – Auflösung der antiken Welt: A. Pabst, Divisio Regni. Der Zerfall des Imperium Romanum in der Sicht der Zeitgenossen, Bonn 1986 (Habelts Dissertationsdrucke, Reihe Alte Geschichte, 23).

231 Übersetzung nach: J. Fischer, Die Völkerwanderung im Urteil der zeitgenössischen Schriftsteller Galliens unter Einbeziehung des hl. Augustinus, Heidelberg 1948, 112, 115.

232 Cassiodorus, Variae IV 51,2 (geschrieben zwischen 507 und 511).

233 ebenda, VII 5 = Monumenta Germaniae historica, Auctores antiquissimi XII, Berlin 1894, 204 f.

234 ebenda, VII 5

235 G. Downey, Byzantine Architects. Their Training and Methods, in: Byzantion 18, 1946–48, 99–118. A. H. M. Jones, The Later Roman Empire, Oxford 1964, II, 1013. C. Mango, Byzantinische Architektur, Stuttgart 1975, 24.

236 Schriftliche Überlieferung: Quellen der byzantinischen Kunstgeschichte, II: Ausgewählte Texte über die Kirchen, Klöster, Paläste, Staatsgebäude und andere Bauten von Konstantinopel, hrsg. von J. P. Richter, Wien 1897, 12–101; Beschreibungen von Prokop und Paulos Silentiarios in der griechisch-deutschen Ausgabe von O. Veh, München 1977 (Tusculum-Bücherei). W. Müller-Wiener, Bildlexikon zur Topographie Istanbuls. Byzantion – Konstantinupolis – Istanbul bis zum Beginn des 17. Jahrhunderts, Tübingen 1977, 84–96 (S. 94–96: ausführliche Bibliographie bis 1973/74). P. Sanpaolesi, La chiesa di S. Sofia a Costantinopoli, Roma 1978 (Officina, 16). H. G. Thümmel, Hagia Sophia, in: Besonderheiten der byzantinischen Feudalentwicklung, hrsg. von H. Köpstein, Berlin 1983. S. Eyice, The History of the Building of the Hagia Sofia, Istanbul 1984 (Ayasofya, 1).

237 Inv.-Nr 203. Arndt-Bruckmann, Griechische und Römische Porträts, Nr 46–47. A. Hekler, Die Bildniskunst der Griechen und Römer, Stuttgart 1912, Taf. 276.

238 E. Cichorius, Die Reliefs der Trajanssäule, Berlin 1896–1900, Bd III, 141. K. Lehmann-Hartleben, Die Trajanssäule, Berlin – Leipzig 1926, Taf. 45, XCIX. EAA I, 1958, 477 Abb. 646.

239 W.-D. Heilmeyer, Apollodorus von Damaskus, der Architekt des Pantheon, in: JdI 90, 1975, 316–347. Durch Stempel datierte Ziegel im aufgehenden Mauerwerk stützen die von Heilmeyer vorgeschlagene Korrektur der Bauzeit.

240 Ch. Hülsen in: Dissertazioni della Pontificia Accademia Romana di Archeologia 2. Ser. 8, 1903, 360 ff.

241 B. Ashmole, Cyriac of Ancona and the Temple of Hadrian at Cyzicus, in: Journal of the Warburg and Courtauld Institutes 19, 1956, 76–91.

242 G. Perrot/E. Guillaume/J. Delbet, Exploration archéologique de la Galatie et de la Bithynie ..., Paris 1872, I 76 ff. und 110 f. Vgl. ferner: G. Perrot in: Revue archéologique 32, 1876, 264–272; Th. Reinach in: BCH 14, 1890, 517 ff.

243 Vgl. jetzt: A. Bammer, Das Heiligtum der Artemis von Ephesos, Graz 1984.

244 Bronzekoloß des Nero (Plinius XXXIV 45; Sueton, De vita Caesarum, Nero 31,1): Um 58 v. Chr. durch den griechischen Erzgießer und Toreuten Zenodoros geschaffen. Die Kaiser Vespasian, Hadrian und Commodus ließen die riesige Statue (die Höhe betrug nach Plinius 119 ¹/₂ Fuß) jeweils nach ihren Vorstellungen verändern. Unter Vespasian stand sie auf der Via Sacra, unter Hadrian vor der Nordwestseite des Amphitheatrum Flavium. Von dem Werk blieb nichts erhalten. Die quadratische Basis, die sich noch in situ beim Amphitheatrum Flavium befand, wurde 1936 beseitigt. P. Howell, The Colossus of Nero, in: Athenaeum 46, 1968, 292 ff.

245 Artemidoros von Ephesos hatte das Jüngere Artemision als das Werk eines Cheirokrates bezeichnet, der dann von Strabon (XIV 641) irrtümlich mit Deinokrates gleichgesetzt wurde. Eine Verbindung des Deinokrates mit dem ephesischen Artemision ist sonst nur bei Gaius Iulius Solinus (Collectanea rerum memorabilium 183, 23) festzustellen.

246 H. Brunn *(wie Anm. 2)*, ²1889, 239.

247 F. Eckstein in: Theoria. Festschrift für W.-H. Schuchhardt, Baden-Baden 1960, 55–62.

248 B. Wesenberg, Wer erbaute den Parthenon? in: AM 97, 1982, 99–125. Eine andere Verteilung der Anteile von Iktinos, Kallikrates und Karpion am Parthenon hat K. Th. Syriopoulos (O stereobates tu Parthenonu, Athen 1951, 50 ff.) vorgeschlagen.

249 Publications of an American Archaeological Expedition to Syria in 1899–1900, Princeton 1903–30, III, 305 f. H. C. Butler, Early Churches in Syria ..., Princeton 1929, 256 f.

250 J. Strzygowski, Kleinasien. Ein Neuland der Kunstgeschichte, Leipzig 1903, 130. H. Klengel, Syrien zwischen Alexander und Mohammed. Denkmale aus Antike und frühem Christentum, Leipzig 1986, 200, 202 f.

251 M. Guarducci, L' iscrizione dell'Apollonion di Siracusa, in: Archeologia classica 1, 1949, 4–10.

252 T. Frank, Roman Buildings of the Republic, Rom 1924, 3 (Anm. 2).

253 A. Bammer, Die Architektur des jüngeren Artemision von Ephesos, Wiesbaden 1972.

254 Vgl. Anm. 245.

255 Vgl. Anm. 118.

256 A. Burford *(wie Anm. 120)*, 143 ff.

257 A. v. Gerkan/W. Müller-Wiener, Das Theater von Epidauros, Stuttgart 1961.

258 H. Finsen, La résidence de Domitien sur le Palatin, Kopenhagen 1969 (Analecta Romana Instituti Danici V, Supplementum). C. F. Giuliani, Domus Flavia: una nuova lettura, in: RM 84, 1977, 91–106, Fig. 1–11.

259 A. E. Furtwängler, Wer entwarf den größten Tempel Griechenlands? in: AM 99, 1984, 97–103.

260 Zusammenstellung der Quellenbelege einschließlich der von arabischen Autoren während des Mittelalters verfaßten Beschreibungen: RE XIX.2, 1938, 1867–1869.

261 Vgl. besonders H. Thiersch, Pharos. Antike, Islam und Occident. Ein Beitrag zur Architekturgeschichte, Leipzig–Berlin 1909.

262 A. Burford *(wie Anm. 120)*, 143 f. Vgl. auch N. Himmelmann *(wie Anm. 145)*, 141 f.

Eine alle einschlägigen Sachverhalte dokumentierende Bibliographie hätte den Rahmen dieses Buches bei weitem überschritten. Daher kam nur eine unter Berücksichtigung des behandelten Stoffes getroffene Auswahl in Frage. Sie soll vor allem den Anforderungen eines breiten Leserkreises entsprechen. Weiterführendes Material (Ausgrabungsberichte u. a.) enthält die vom Deutschen Archäologischen Institut laufend herausgegebene »Archäologische Bibliographie«.

Zu einzelnen Architekten und ihren Werken ist Literatur nur in solchen Fällen angegeben, wo durch den individuellen Beitrag Baukunst oder Bautechnik einer Epoche oder Region maßgeblich geprägt wurden.

Literaturzusammenstellungen zu den antiken Bauten Athens, Roms und Istanbuls sind zu finden in: J. Travlos, Bildlexikon zur Topographie des antiken Athen, Tübingen 1971; E. Nash, Bildlexikon zur Topographie des antiken Rom, I–II, Tübingen 1961–62; W. Müller-Wiener, Bildlexikon zur Topographie Istanbuls. Byzantion – Konstantinupolis – Istanbul bis zum Beginn des 17. Jahrhunderts, Tübingen 1977.

Zu den benutzten Sigeln vgl. Seite 218.

1. Allgemeines

Briggs, M. S.: The Architect in History, Oxford 1927. Reprint: New York 1974

Burford, A.: Craftsmen in Greek and Roman Society, London 1972. Dt. Ausgabe: Künstler und Handwerker in Griechenland und Rom, Mainz 1985 (Kulturgeschichte der antiken Welt, 24)

Clarke, M. L.: The Architects of Greece and Rome. In: Architectural History 6, 1963, 9–22

Kostof, S. (Hrsg.): The Architect. Chapters in the History of the Profession, New York 1977

Macmillan Encyclopedia of Architects, hrsg. von A. K. Placzek, I–IV, New York 1982

Ricken, H.: Der Architekt. Geschichte eines Berufs, Berlin 1977 (Bauakademie der DDR, Schriften des Instituts für Städtebau und Architektur)

Sprague de Camp, L.: Ingenieure der Antike, Berlin/West – Darmstadt – Wien ²1971

Straub, H.: Die Geschichte der Bauingenieurkunst, Basel – Stuttgart ³1975

Vagnetti, L.: L'Architetto nella storia di occidente, Firenze 1973

2. Spezielle Themen

The Acropolis of Athens: conservation, restoration and research, 1975–1983 (Texte von *M. Casanaki* und *F. Mallouchou*), Athen 1985 (Ausstellungskatalog)

Bauplanung und Bautheorie der Antike, hrsg. vom Deutschen Archäologischen Institut, Berlin/West 1984 (DiskAB, 4)

Bissing, F. W. von: Ägyptische Baumeister als künstlerische Persönlichkeiten. In: Forschung und Fortschritte 21–23, 1947, 134–136

Buschor, E.: Maussollos und Alexander, München 1950

Cohin, J.: Cyriaque d'Ancona (1392–1452). Le voyageur, le marchand, l'humaniste, Paris 1981

Coulton, J. J.: Ancient Greek Architects at Work. Problems of Structure and Design, Ithaca, N. Y. – London 1977

Dawid, M.: Weltwunder der Antike. Baukunst und Plastik, Frankfurt/Main – Innsbruck 1968

Downey, G.: Byzantine Architects. Their Training and Methods. In: Byzantion 18, 1946–48, 99–118

Eiteljorg, H.: The Greek Architect of the Fourth Century B. C.: Master Craftsman or Master Planner, Ann Arbor, Mich. (Xerox Dissertations, Pennsylvania University, 1973)

Ekschmitt, W.: Die Sieben Weltwunder. Ihre Erbauung, Zerstörung und Wiederentdeckung, Mainz 1984 (Kulturgeschichte der antiken Welt, Sonderband)

Gros, P.: Aurea Templa: recherches sur l'architecture religieuse de Rome à l'époque d'Auguste, Rome – Paris 1976 (Bibliothèques des Écoles Françaises d'Athènes et de Rome, 231)

Ders.: Les premières générations d'architectes hellénistiques à Rome. In: Mélanges offerts à J. Heurgon, Rome 1976, Bd I, 387–410

Ders.: Architecture et société à Rome et en Italie centro-méridionale aux deux derniers siècles de la République, Bruxelles 1978 (Collection Latomus, 156)

Gross, W. H.: Zur Stellung des Architekten in klassischer Zeit. In: Hellas ewig unsre Liebe. Freundesgabe W. Zschietzschmann, Gießen 1975, 33–50

Gruben, G.: Die Tempel der Griechen, München ³1980 (Reise und Studium)

Hahland, W.: Meisterfragen in der griechischen Architektur. Eine Skizze. In: Jahreshefte des Österreichischen Archäologischen Instituts in Wien 39, 1952, 35–42

Hellenismus in Mittelitalien (Kolloquium in Göttingen

vom 5. bis 9. Juni 1974), hrsg. von *P. Zanker,* Göttingen 1976 (Abhandlungen der Akademie der Wissenschaften in Göttingen, Philolog.-Histor. Klasse, Folge 3, Nr 97, Teil 1 und 2)

Hoepfner, W./Schwandner, E.-L.: Haus und Stadt im klassischen Griechenland, München 1986 (Wohnen in der klassischen Polis, I)

International Meeting for the Restoration of the Acropolis Monuments, 2: Parthenon (Athens 1983), Athens 1985

Jeppesen, Kr.: Paradeigmata: Three mid-fourth century mainworks of Hellenic architecture, reconsidered, Århus 1958 (Jutland Archaeol. Soc. Publ., IV). Nachträge in: Acta archaeologica (København) 32, 1960, 218ff.

Knell, H.: Vier attische Tempel klassischer Zeit. In: Archäologischer Anzeiger 1973, 94–114

Mat'e, M. É.: Rol' ličnosti chudožnika v iskusstve drevnego Egipta (Die Rolle der Künstlerpersönlichkeit in der Kunst des alten Ägypten). In: Trudy Otdela Vostoka Gosudarstvennogo Ėrmitaža 4, 1947, 54–95

Neue Forschungen in griechischen Heiligtümern (Symposion in Olympia, 10. bis 12. Oktober 1974), hrsg. von *U. Jantzen,* Tübingen 1976

Paris, Rome Athènes: Le voyage en Grèce des architectes français aux XIXe et XXe siècles. Ausstellungskatalog, bearb. von *M.-L. Cazalas,* Paris ³1986

Parthenon-Kongreß Basel. Referate und Berichte (4. bis 8. April 1982), I–II, Mainz 1984

Plommer, W. H.: Three Attic Temples. In: The Annual of the British School at Athens 45, 1950, 66–112

Von antiker Architektur und Topographie. Gesammelte Aufsätze von Armin von Gerkan, hrsg. von *E. Boehringer,* Stuttgart 1959

Weickert, C.: Studien zur Kunstgeschichte des 5. Jahrhunderts, II: Erga Perikleous. In: Abhandlungen der Deutschen Akademie der Wissenschaften zu Berlin, Klasse für Sprachen, Literatur und Kunst 1950, Nr 1, S. 3–22

Wesenberg, B.: Rekonstruktion griechischer Architektur nach literarischen Quellen, Berlin/West 1983 (AM, 9. Beiheft).

Ders.: Zu den Schriften der griechischen Architekten. In: DiskAB 4 (1984), 39–48

3. Einzelne Architekten und ihre Werke

ANDRONIKOS VON KYRRHOS. *Freeden, J. von:* Oikia Kyrrhēstu. Studien zum sogenannten Turm der Winde in Athen, Rom 1983

ANTHEMIOS VON TRALLEIS. *Huxley, G.:* Anthemius of Tralles: a Study in Later Greek Geometry, Cambridge, Mass. 1959. – *Restle, M.:* Anthemios von Tralles. In: Reallexikon zur byzantinischen Kunst I, 1966, 177f.

APOLLODOROS VON DAMASKOS. *Fine Licht, K. de:* Untersuchungen an den Trajansthermen zu Rom, Kopenhagen 1974. – *Florescu, F. B.:* Die Trajanssäule. Grundfragen und Tafeln, Bukarest – Bonn 1969. – *Gauer, W.:* Untersuchungen zur Trajanssäule, Teil 1: Das Herstellungsprogramm und künstlerischer Entwurf, Berlin/West 1977. – *Gullini, G.:* Apollodoro e Adriano: ellenismo e classicismo nell'architettura romana. In: Bollettino d'Arte 5. Ser. 53, 1968, 63–80. – *Heilmeyer, W.-D.:* Apollodorus von Damaskus, der Architekt des Pantheon. In: JdI 90, 1975, 316–347. – *Leon, Ch. F.:* Apollodorus von Damaskos und die Trajanische Architektur, Phil. Diss. Innsbruck 1961 (Maschinenschrift)

ARCHITEKTEN DES ASKLEPIOS-HEILIGTUMS BEI EPIDAUROS. *Burford, A.:* The Greek Temple Builders at Epidauros, Liverpool 1969

ARCHITEKTEN DES TELESTERIONS VON ELEUSIS. *Corso, A.:* Gli architetti del telesterion di Eleusi nell'età di Pericle. In: Atti del Istituto Veneto di Scienze, Lettere ed Arti 140, 1981/82, 199–215. – *Rubensohn, O.:* Das Weihehaus von Eleusis und sein Allerheiligstes. In: JdI 70, 1955, 1–49. – *Spuler, Chr.:* Opaion und Laterne, Diss. Universität Hamburg 1973, 13–16. – *Travlos, J.:* L'Anactoron d'Eleusis. In: Archaiologike Ephemeris 88/89, 1950/51, 1–16

BATHYKLES VON MAGNESIA AM MÄANDER. *Martin, R.:* Bathyclès de Magnésie et le »trone« d'Apollon à Amyklae. In: Revue archéologique 1976, 205–218

CHERSIPHRON VON KNOSSOS / METAGENES VON KNOSSOS. *Bammer, A.:* Das Heiligtum der Artemis von Ephesos, Graz 1984. – *Schaber, W.:* Die archaischen Tempel der Artemis von Ephesos: Entwurfsprinzipien und Rekonstruktion, Waldsassen/Bayern 1982

COCCEIUS AUCTUS, LUCIUS. *Benario, H.,* in: Classical Bulletin 35, 1959, 40f. – *Johannowsky, W.,* in: Rendiconti della Accademia di Archeologia, Lettere e Belle Arti di Napoli N.S. 27, 1952, 83–146. – *Maiuri, A.:* Die Altertümer der phlegräischen Felder, Rom ³1958, 14ff., 158ff.

COSSUTIUS. *Abramson, H.:* The Olympieion in Athens and Its Connections with Rome. In: California Studies in Classical Antiquity 7, 1974, 1–25. *Rawson, E.:* Architecture and Sculpture. The Activities of the Cossutii. In: Papers of the British School at Rome 43, 1975, 36–47

DEINOKRATES. *Berve, H.:* Das Alexanderreich auf prosopographischer Grundlage, Berlin – Leipzig 1926, Bd II,

Nr 249. – *Brown, B. R.,* in: Art the Ape of Nature. Studies in Honour of H. W. Janson, New York 1981, 1–13. – *Pieper, J.,* in: Aus dem Osten des Alexanderreiches, Köln 1984, 57–65. – *Stafford, B. M.,* in: Gazette des Beaux-Arts 118, 1976, 113–124. – *Tarn, W. W.:* Alexander the Great, Cambridge 1948, Bd I, 12, 41; II, 39, 385

EUPALINOS VON MEGARA. *Jantzen, U., u. a.*: Die Wasserleitung des Eupalinos. In: Archäologischer Anzeiger 1973, 72–89 und 401 ff. – *Kastenbein, W.:* Untersuchungen am Stollen des Eupalinos auf Samos. In: Archäologischer Anzeiger 1960, 178–198. – *Kienast, H. J.:* Planung und Ausführung des Tunnels des Eupalinos. In: DiskAB 4 (1984), 104–110. –
Ders.: Der Tunnel des Eupalinos auf Samos – Ingenieurkunst im 6. Jh. v. Chr. In: Mannheimer Forum 1986/87, 179–241. – *Tölle-Kastenbein, R.:* Herodot und Samos, Bochum 1976, Teil II, 2

HEPHAISTEION-ARCHITEKT. *Dinsmoor, W. B.:* The Temple of Ares at Athens. In: Hesperia 9, 1940, 1–52. – Ders.: The Temple of Ares and the Roman Agora. In: American Journal of Archaeology 47, 1943, 383 f. – *Dinsmoor Jr., W. B.:* The Roof of the Hephaisteion. In: American Journal of Archaeology 80, 1976, 223–246. – *Knell, H.:* Vier attische Tempel klassischer Zeit. In: Archäologischer Anzeiger 1973, 94 ff. – *Koch, H.:* Studien zum Theseus-Tempel in Athen, Berlin 1955. – *Plommer, W. H.:* Three Attic Temples. In: The Annual of the British School at Athens 45, 1950, 67 ff.

HERMODOROS VON SALAMIS. *Gros, P.:* Hermodoros et Vitruve. In: Mélanges de l'Ecole Française de Rome, Antiquité 85, 1973, 137–161. – Ders.: Les premières générations d'architectes hellénistiques à Rome. In: Mélanges offerts à J. Heurgon I, Rome 1976, 387–410

HERMOGENES. *Drerup, H.:* Zum Artemistempel in Magnesia. In: Marburger Winckelmann-Programm 1964 (Marburg/Lahn 1965), 13–22. – *Gerkan, A. von*: Der Altar des Artemis-Tempels in Magnesia am Mäander, Berlin 1929. – *Gros, P.:* Le dossier vitruvien d'Hermogenes. In: Mélanges de l'Ecole Française de Rome, Antiquité 90, 1978, 687–703. – *Hahland, W.:* Datierung der Hermogenesbauten. In: Bericht über den VI. Internationalen Kongreß für Archäologie, Berlin 1940, 423–426. – Ders.: Der Fries des Dionysostempels in Teos. In: Jahreshefte des Österreichischen Archäologischen Instituts in Wien 38, 1950, 66–109. – *Hoepfner, W.:* Zum ionischen Kapitell bei Hermogenes und Vitruv. In: AM 83, 1968, 213–234. – *Knell, H.:* Die Hermogenes-Anekdote und das Ende des dorischen Ringhallentempels. In: Vitruv-Kolloquium des Deutschen Archäologen-

Verbandes, Darmstadt 1984, 41–64. – *Theuer, M.:* Der Altar des Artemisions zu Magnesia am Mäander – eine Hermogenesstudie, Wien 1943

HIPPODAMOS VON MILET. Benvenuti *Falciai, P.:* Ippodamo di Mileto, architetto e filosofo. Una ricostruzione filologica della personalità, Firenze 1982. – *Burns, A.:* Hippodamos and the Planned City. In: Historia. Zeitschrift für Alte Geschichte 25, 1976, 414–428. – *Szidat, J.:* Hippodamos von Milet. Seine Rolle in Theorie und Praxis der griechischen Stadtplanung. In: BJb 180, 1980, 31–44. – *Triebel – Schubert, C./Muss, U.:* Hippodamos von Milet. Staatstheoretiker oder Stadtplaner? In: Hephaistos 5/6, 1983/84, 37–44

IKTINOS/KALLIKRATES. *Carpenter, R.:* The Architects of the Parthenon, London 1970. Dt. Ausgabe: Die Erbauer des Parthenon, München 1970. – *Drerup, H.:* Parthenon und Vorparthenon – Zum Stand der Kontroverse. In: Antike Kunst 24, 1981, 21–38. – *Eckstein, F.:* Iktinos, der Baumeister des Apollontempels von Phigalia-Bassai. In: Theoria. Festschrift W.-H. Schuchhardt, Baden-Baden 1960, 55–62. – *Hahland, W.:* Der iktinische Entwurf des Apollontempels in Bassae. In: JdI 63/64, 1948/49, 14–39. – *Knell, H.:* Iktinos: Baumeister des Parthenon und des Apollontempels von Phigalia-Bassae? In: JdI 83, 1968, 115 ff. – *McCredie, J. R.:* The Architects of the Parthenon. In: Studies in Classical Art and Archaeology. Festschrift P. H. v. Blanckenhagen, Locust Valley 1979, 69–73. – *Orlandos, A. K.:* He architektonike tu Parthenonos (Die Architektur des Parthenon), Tafelband, Textband 1 und 2, Athen 1976–78. – *Picon, C. A.:* The Ilissos Temple Reconsidered. In: American Journal of Archaeology 82, 1978, 47–81. – *Riemann, H.:* Iktinos und der Tempel von Bassai. In: Festschrift F. Zucker, Berlin 1954, 299–339. – *Robkin, A. L.:* The Odeion of Perikles: Some Observations on its History, Form, and Functions, Ann Arbor, Mich. – London 1979. – *Shear, J. M.:* Kallikrates. In: Hesperia 32, 1963, 375–424. – *Wesenberg, B.:* Wer erbaute den Parthenon? In: AM 97, 1982, 99–125. – *Winter, F. E.:* Tradition and Innovation in Doric Design, 3: The Work of Iktinos. In: American Journal of Archaeology 84, 1980, 399–416

ISIDOROS DER ÄLTERE UND DER JÜNGERE VON MILET. *Restle, M.,* in: Reallexikon zur byzantinischen Kunst III, 1978, 505–510

LACER, GAIUS IULIUS. *Blanco Freijeiro, A.:* El puente de Alcántara en su contexto histórico, Madrid 1977. – *Mélida, J. R.:* Catálogo monumental de España. Provincia de Cáceres 1 (1924), 118–138 (mit Bibliographie)

LIBON VON ELIS. *Grunauer, P.:* Der Zeustempel in Olympia – Neue Aspekte. In: BJb 171, 1971, 114–131

LUPUS, GAIUS SEVIUS. *Hauschild, T.:* Der römische Leuchtturm von La Coruña. Probleme seiner Rekonstruktion. In: Madrider Mitteilungen 17, 1976, 238–257. – *Hutter, S.:* Der römische Leuchtturm von La Coruña, Mainz 1973

MNESIKLES. *Bohn, R.:* Die Propyläen der Akropolis zu Athen, Berlin – Stuttgart 1882. – *Bundgaard, J. A.:* Mnesicles. A Greek Architect at Work, Gyldendal – København 1957. – *Dinsmoor Jr., W. B.:* Preliminary Planning of the Propylaia by Mnesicles. In: Le dessin d'architecture dans les sociétés antiques, o. O. 1985, 135–147. – *Hodge, A. T.:* The Woodwork of Greek Roofs, New York 1960. – *Schweitzer, B.:* Mnesikles und die Perikleische Planung des Westaufganges zur Akropolis. In: Aus Antike und Orient. Festschrift W. Schubart, Leipzig 1950, 116–125. – *Tiberi, C.:* Mnesicle l'architetto dei Propilei, Roma 1964

PAIONIOS VON EPHESOS / DAPHNIS VON MILET. *Haselberger, L.:* Bericht über die Arbeiten am Jüngeren Apollontempel von Didyma. In: Istanbuler Mitteilungen 33, 1983, 90–123. – *Voigtländer, W.:* Der jüngste Apollontempel von Didyma. Geschichte seines Baudekors, Tübingen 1975. (Istanbuler Mitt., 14. Beiheft). – *Wiegand, Th.:* Didyma. Erster Teil: H. Knackfuß, Die Baubeschreibung, Bd. 1 (Zeichnungen), Berlin 1941. Zweiter Teil: A. Rehm, Die Inschriften, Berlin/West 1958

PAIONIOS VON EPHESOS / DEMETRIOS. *Bammer, A.:* Die Architektur des jüngeren Artemision von Ephesos, Wiesbaden 1972. – Ders.: Das Heiligtum der Artemis von Ephesos, Graz 1984. – *Rügler, A.:* Die Columnae Caelatae des jüngeren Artemisions von Ephesos, Tübingen 1987 (Istanbuler Mitteilungen, 34. Beiheft)

PHILOKLES VON ACHARNAI / ARCHILOCHOS VON AGRYLE. *Boyadjief, S.:* L'Erechtheion à la lumière de nouvelles données. In: Atti del 16. Congreso di storia dell'Architettura (Athen 1969), Roma 1977, 265–280. – *Dörpfeld, W. / Schleif, H.:* Erechtheion, Berlin 1942, Nachdruck: Osnabrück 1968. – *Koch, H.:* Von ionischer Baukunst, Köln – Graz 1956. – *Kontoleon, N. M.:* To Erechtheion hos oikodomema chthonias latreias (Das Erechtheion als Gebäude chthonischer Kulte), Athen 1949. – *Lauter, H.:* Die Koren des Erechtheion, Berlin/West 1976. – *Stevens, G. Ph. u. a.:* The Erechtheum, Text und Tafeln, Cambridge, Mass. 1927

PHILON VON ELEUSIS. *Linfert, A. u. a.:* Die Skeuothek des Philon im Piräus, Köln 1981. – *Meyer-Christian, W.:* Das Arsenal des Architekten Philon in Zea / Piräus. Rekonstruktion, Diss. Universität Karlsruhe, Fakultät für Architektur, 1983. *Untermann, M.:* Neues zur Skeuothek des Philon. In: DiskAB 4 (1984), 81–86

PYTHEOS. *Jeppesen, Kr.:* Labraunda. Swedish Excavations and Researches, Lund – Stockholm 1955-72, I. 3: Temple of Zeus. – *Koenigs, W.:* Der Athenatempel von Priene. Bericht über die 1977–82 durchgeführten Untersuchungen. In: Istanbuler Mitteilungen 33, 1983, 134–175. – Ders.: Pytheos, eine mythische Figur in der antiken Baugeschichte. In: DiskAB 4 (1984), 89–94

PYTHEOS / SATYROS. *Drerup, H.:* Pytheos und Satyros. Die Kapitele des Athenatempels von Priene und des Maussoleums von Halikarnassos. In: JdI 69, 1954, 1–31. – The Maussolleion at Halikarnassos (Reports of the Danish Archaeological Expedition to Bodrum), I Kopenhagen 1981, II Hojbjerg 1985

RABIRIUS. *Finsen, H.:* La résidence de Domitien sur l'Palatin, Kopenhagen 1969. – *Giuliani, F.:* Domus Flavia: una nuova lettura. In: RM 84, 1977, 91–106. – *Isler, H. P.:* Die Residenz der römischen Kaiser auf dem Palatin. Zur Entstehung eines Bautyps. In: Antike Welt. Zeitschrift für Archäologie und Kulturgeschichte 9, 1978, Heft 2, S. 12–16. – *Wataghin Cantino, G.:* La Domus Augustana. Personalità e Storia dell'architettura flavia, Torino 1966

RHOIKOS VON SAMOS / THEODOROS VON SAMOS. *Furtwängler, A. E.:* Wer entwarf den größten Tempel Griechenlands? In: AM 99, 1984, 97–103. – *Reuther, O.:* Der Heratempel von Samos. Der Bau seit der Zeit des Polykrates, Berlin/West 1957. – *Tölle-Kastenbein, R.:* Herodot und Samos, Bochum 1976, Teil II, 1. – *Walter, H.:* Das Heraion von Samos: Ursprung und Wandel eines griechischen Heiligtums, München – Zürich 1976

SEVERUS / CELER. *Aiardi, A.:* Per un interpretazione della Domus Aurea. In: La Parola del Passato 33, 1978, 90–103. – *Boëthius, A.:* The Golden House of Nero. Some Aspects of Roman Architecture, Ann Arbor, Mich. 1960. – *Prückner, H. / Storz, S.:* Beobachtungen im Oktogon der Domus Aurea. In: RM 81, 1974, 323–339

SOSTRATOS VON KNIDOS. *Heichelheim, F.,* in: RE VII, 1940, 1221 f. – *Perdrizet, P.:* Sostrate de Cnide, architecte du Phare. In: Revue des Etudes Anciennes 1, 1889, 261–272. – *Reincke, G.,* in: RE XIX.2, 1938, 1867. – *Roussel, P.,* in: BCH 31, 1907, 340–345. – *Thiersch, H.:* Pharos. Antike, Islam und Occident. Ein Beitrag zur Architekturgeschichte, Leipzig – Berlin 1909

SUNION-ARCHITEKT. *Dinsmoor, W. B.:* Rhamnountine Fantasies. In: Hesperia 30, 1961, 179–204. – Ders.: The Temple of Poseidon (Kap Sounion): a missing Sima and other matters. In: American Journal of Archaeology 78, 1974, 211–238. – *Knell, H.,* in: Archäologischer Anzeiger 1973, 103 ff. – *Miles, M. M.:* The Temple of Nemesis at Rhamnous, Ann Arbor, Mich. – London 1982. – *Plommer, W. H.,* in: The Annual of the British School at Athens 45, 1950, 78 ff., 94 ff.; 55, 1960, 218 ff. – *Revor Hodge, A. / Tomlinson, R. A.:* Notes on the Temple of Nemesis at Rhamnous. In: American Journal of Archaeology 73, 1969, 185–192. – *Tataki, A. B.:* Sounion. The Temple of Poseidon, Athens 1978

THEODOROS VON PHOKAIA. *Charbonneaux, J. / Gottlob, K.:* Fouilles de Delphes, II.2: La Tholos, Paris 1925. Dazu: BCH 64/65, 1940/41, 121–127; 76, 1952, 141–196. – *Picard, C. / Replat, J.:* Sur la Tholos du Hieron d' Athéna Pronaia. In: BCH 48, 1924, 209–263. – *Robert, F.:* Thymélé, Paris 1939. – *Roux, G.:* Delphes. Son oracle et ses dieux, Paris 1976

VITRUV. *Sackur, W.:* Vitruv und die Poliorketiker. Vitruv und die christliche Antike. Bautechnisches aus der Literatur des Altertums, Berlin 1925. – *Sontheimer, L.:* Vitruvius und seine Zeit. Eine literarhistorische Untersuchung, Diss. Tübingen 1908. – *Wistrand, E.:* Vitruviusstudier, Göteborg 1933 (=Diss. Göteborg 1926). – Neueste Ergebnisse der Vitruv-Forschung:Vitruv-Kolloquium des Deutschen Archäologen-Verbandes (Darmstadt, 17.–18. Juni 1982), hrsg. von *H. Knell* und *B. Wesenberg,* Darmstadt 1984. – Vitruve: De architectura. Concordance. Documentation bibliographique, lexicale et grammaticale, hrsg. von *L. Callebat u. a.,* 2 Bde, Hildesheim–Zürich – New York 1984. – Vitruv: Baukunst, 2 Bde, Zürich – München 1987 (Neuausgabe der Übersetzung von *August Rode* [1796], hrsg. von *B. Wyss*)

In den Bildnachweisen benutzte Abkürzungen:

DAI = Deutsches Archäologisches Institut

HU = Humboldt-Universität zu Berlin, Sektion Ästhetik und Kunstwissenschaften, Bereich Klassische Archäologie (ehem. Winckelmann-Institut)

KMU, Ägypt. = Karl-Marx-Universität Leipzig, Sektion Afrika- und Nahostwissenschaften, Fachbereich Ägyptologie/Ägyptisches Museum

KMU, Archäol. = Karl-Marx-Universität Leipzig, Sektion Kultur- und Kunstwissenschaften, Fachbereich Archäologie

MLU = Martin-Luther-Universität Halle-Wittenberg, Sektion Orient- und Altertumswissenschaften, Archäologischer Fachbereich

StM = Staatliche Museen zu Berlin/DDR

1 Saqqāra. Stufenpyramide des Königs Djoser. Altes Reich, 3. Dynastie. Foto: Dr. S. Grunert, Berlin/DDR

2 Flußniederung am Alpheios mit dem Heiligtum von Olympia. Foto: Hirmer Fotoarchiv, München

3 Syrakus. Griechisches Theater. Foto: G. Barone/ Bildagentur Bavaria, Gauting bei München

4 Halikarnassos (Bodrum). Ausgrabungen auf dem Areal des Maussoleions. Foto: Dr. W. Ekschmitt, Staufen

5 Athener Akropolis. Propyläen von Südwesten. Foto: Photomedia/Bildagentur Bavaria, Gauting bei München

6 Rom. Trajansforum mit Basilica Ulpia und Trajanssäule. Foto: T. Schneiders, Lindau

7 Qasr ibn-Wardan. Frühbyzantinische Kuppelbasilika. Foto: K. Balke, Berlin/DDR

8 Istanbul. Hagia Sophia. Gesamtansicht. Foto: A. Mahuzier/Editions Mazenod, Paris

9 Artemis-Tempel von Ephesos. Kupferstich von Philipp Galle nach Zeichnung von Maarten van Heemskerck, 1572. Dresden, Staatl. Kunstsammlungen, Kupferstichkabinett. Foto: Sächsische Landesbibliothek, Abt. Deutsche Fotothek, Dresden

10 Artemis-Tempel von Ephesos. Kupferstich nach Zeichnung von Johann Bernhard Fischer von Erlach, 1721. Nach: J. B. Fischer von Erlach, Entwurff einer Historischen Architectur, 1721, Taf. VII. Reproduktion: Sächsische Landesbibliothek, Abt. Deutsche Fotothek, Dresden

11 Jüngerer Artemis-Tempel von Ephesos. Nordwestecke. Rekonstruktion von Fritz Krischen und Hugo Horn, 1938. Nach: F. Krischen, Die griechische Stadt. Wiederherstellungen, 1938, Taf. 35. Reproduktion: F. Schindler, Leipzig

12 Älterer Artemis-Tempel von Ephesos. Einblick von der Langseite. Rekonstruktion von Fritz Krischen und Walter Karnapp, 1938. Nach: F. Krischen, Die griechische Stadt, 1938, Taf. 33. Reproduktion: F. Schindler, Leipzig

13 Maussolleion von Halikarnassos. Schema des Aufbaus nach Kr. Jeppesen. Nach: W. Ekschmitt, Die Sieben Weltwunder. Ihre Erbauung, Zerstörung und Wiederentdeckung, 1984, Abb. 48

14 Maussolleion von Halikarnassos. Ostseite. Rekonstruktion von Fritz Krischen, 1927. Nach: F. Krischen, Weltwunder der Baukunst in Babylonien und Jonien, 1956, Abb. 31. Reproduktion: Th. Jütte, Leipzig

15 Maussolleion von Halikarnassos. Ansicht von Nordosten. Rekonstruktionsvorschlag von H. W. Law, 1939. Nach: W. Ekschmitt, a. a. O., Abb. 46. Reproduktion: Th. Jütte, Leipzig

16 Heiliger Hain von Olympia. Farblithographie von Piotr Iwanowitsch Rasumichin nach Rekonstruktionszeichnung von Karl Friedrich Schinkel, 1840. Berlin/DDR, Staatl. Museen, Kupferstichkabinett. Foto: StM

17 Die Ebene von Olympia. Kupferstich von A. F. Lemaitre nach Zeichnung von Abel Blouet, 1831. Nach: A. Blouet, Expédition scientifique de Morée, Vol. I (1831), Taf. 57

18 Heiliger Bezirk von Olympia mit dem Zeus-Tempel. Rekonstruktion von Friedrich Adler, 1894. Foto: DAI Athen

19 Heiliger Bezirk von Olympia. Modell nach Entwurf von Alfred Mallwitz. Olympia, Museum. Foto: DAI Athen

20 Rom. Gebiet zwischen dem Mausoleum des Hadrian und dem Kolosseum. Ausschnitt aus dem Karl IX. von Frankreich gewidmeten Stadtplan des antiken Rom, 1574. Gezeichnet von Étienne Dupérac, gestochen von Francesco Villamena. Nach: É. Dupérac, Urbis Romae sciographia ex antiquis monumentis accuratissime delineata, 1574. Reproduktion: F. Schindler, Leipzig

21 Rom. Bauten des Marsfeldes. Kupferstich, 1695. Nach: A. Donati, Roma vetus ac recens, 1695, vor S. 251. Reproduktion: F. Schindler, Leipzig

22 Rom. Teilansicht des Kolosseums mit Blick in die tonnenüberwölbten Korridore hinter der Fassade. Zeichnung (Domenico Ghirlandaio zugeschrieben). Florenz,

Uffizien. Nach: A. Bartoli, I monumenti antichi di Roma nei disegni degli Uffizi di Firenze, Vol. 1 (1914), Tav. V, Fig. 12

23 Rom. Baurest des sog. Septizoniums vor der Südostecke des Palatin. Zeichnung von Giovanni Antonio Dosio, um 1560. Florenz, Uffizien. Nach: A. Bartoli, a. a. O., Vol. 5, Tav. CDXXXI, Fig. 786

24 Rom. Titusbogen auf dem Forum Romanum. Ostseite mit Dedikationsinschrift. Kupferstich von Antoine Lafréry, 1548. Nach: A. Lafréry, Speculum Romanae magnificentiae..., 1548. Reproduktion: F. Schindler, Leipzig

25 Rom. Tempel der Venus und Roma von Südosten. Lithographie nach Rekonstruktionszeichnung von Luigi Canina, 1841. Nach: L. Canina, Indicazione topografica di Roma antica, ³1841, Taf. nach S. 72

26 Rom. Mausoleum des Hadrian mit dem Pons Aelius von Südosten. Lithographie nach Rekonstruktionszeichnung von Luigi Canina, 1841. Nach: L. Canina, a. a. O., Taf. nach S. 308.

27 Rom zur Zeit Aurelians. Schaubild von Josef Bühlmann, 1879. München, Technische Universität, Architektursammlung. Foto: Technische Universität München, Architektursammlung

28 Rom zur Zeit Konstantins I. Modell nach Entwurf von Italo Gismondi. Ausschnitt mit den Kaiserfora. Rom, Museo della Civiltà Romana. Foto: DAI Rom

29 Bronzestatuette des Imhotep. Spätzeit. Berlin/DDR, Staatl. Museen, Ägyptisches Museum. Foto: StM

30 Theben-West. Memnonskolosse (Sitzstatuen vom Totentempel Amenophis' III.). Neues Reich, 18. Dynastie. Foto: M. Zemina, Praha

31 Der Architekt Hesire. Detail eines Holzreliefs von der Wandverkleidung seines Grabes bei Saqqāra. Altes Reich, 3. Dynastie. Kairo, Ägyptisches Museum. Foto: Sächsische Landesbibliothek, Abt. Deutsche Fotothek, Dresden

32 Würfelstatute des Bekenchons. Kalkstein. Neues Reich, 18./19. Dynastie. München, Staatl. Sammlung Ägyptischer Kunst. Foto: Staatl. Sammlung Ägyptischer Kunst, München

33 Karnak. Amun-Tempel. 2. Pylon von Nordwesten. Foto: KMU, Ägypt.

34 Deir el-Bahari. Totentempel der Hatschepsut. Neues Reich, 18. Dynastie. Foto: KMU, Ägypt.

35 Delphi. Apollon-Heiligtum von Nordwesten. Blick vom Theater über den Apollon-Tempel und das Schatzhaus der Athener. Ältere Aufnahme. Foto: MLU

36 Delphi. Teil des Gymnasions von Südosten. Ältere Aufnahme. Foto: MLU

37 Die »Hängenden Gärten der Semiramis« in Babylon. Entwurf von Karl Friedrich Schinkel. Berlin/DDR, Staatl. Museen, Sammlung der Zeichnungen in der Nationalgalerie. Foto: StM

38 Der Pharos von Alexandria. Kupferstich nach Zeichnung von Johann Bernhard Fischer von Erlach, 1721. Nach: J. B. Fischer von Erlach, a. a. O., Taf. IX. Reproduktion: Sächsische Landesbibliothek, Abt. Deutsche Fotothek, Dresden

39 Basilika des Vitruv in Fanum Fortunae. Grundriß. Rekonstruktionsversuch von Jakob Prestel, 1900. Nach: J. Prestel, Des Marcus Vitruvius Pollio Basilika zu Fanum Fortunae, 1900, Taf. II

40 Zirkel, Richtscheit und andere Instrumente. Holzschnitt aus der deutschen Vitruv-Übersetzung von Gualtherus Rivius (Walther Ryff), Nürnberg 1548. Nach: Vitruvius Teutsch, 1548, fol. XI r.

41 Hebezeug. Holzschnitt aus der italienischen Vitruv-Übersetzung von Cesare Cesariano, Como 1521. Nach: Como-Vitruv, 1521, fol. CLXV r.

42 Titelblatt der italienischen Vitruv-Übersetzung von Giovan Battista Caporali, Perugia 1536. Foto: Zentralinstitut für Kunstgeschichte, München

43 Transport von Bauteilen. 1, 2, 5: Transportvorrichtungen für Quader (Sizilien; Ephesos). 3: Kastengestell für Säulen (Ephesos). 4: Karren für Türstürze und Architrave (Eleusis). Nach: R. Martin/H. Stierlin, Griechische Welt (Weltkulturen und Baukunst), 1967, S. 47

44 Poliorketik. Fahrbarer Belagerungsturm (nach Heron von Alexandria) und fahrbares Sturmdach (nach Apollodoros von Damaskos). Nach: Revue des Études Grecques 3, 1890, S. 260 und 243

45 Groma aus Pompeji. Nach: O. A. W. Dilke, The Roman Land Surveyors, 1971, S. 50

46 Chorobates. Nach: Lexikon der Antike, ⁹1987, S. 618

47 Takelagenhalle (Skeuothek) des Philon im Piräus. Rekonstruktion nach dem antiken Bauanschlag. V. Marstrand, 1922. Nach R. Martin/H. Stierlin, a. a. O., S. 41

48 Takelagenhalle des Philon im Piräus. Rekonstruktion einer Giebelseite. W. Meyer-Christian, 1983. Nach: W. Meyer-Christian, Das Arsenal des Architekten Philon in Zea/Piräus. Rekonstruktion, Diss. Universität Karlsruhe, Fak. für Architektur, 1983, Taf. IX

49 Epidauros. Zentraler Teil des Asklepios-Heiligtums von Südosten. Ältere Aufnahme. Foto: KMU, Archäol.

50 Die Säulenordnungen der antiken Baukunst. Nach: Vorlagen des Verfassers

51 Versetzen von Steinblöcken. 1: Flaschenzug (nach einer Ausgabe der »Mechanik« des Aristoteles von 1594).

2: Hebeklaue (Rekonstruktion nach Heron von Alexandria). 3: Befestigung der zu versetzenden Blöcke. 4: Vierfüßiges Hebegestell (Tetrakoloß) mit Flaschenzug. 5: Einpassen der Blöcke mit der Brechstange. Nach: Lexikon der Antike, ⁹1987, S. 231; R. Martin/H. Stierlin, a. a. O., S. 48, 50

52 Athener Akropolis von Westen. Kupferstich von A. F. Lemaitre nach Zeichnung von Abel Blouet, 1838. Nach: A. Blouet, a. a. O., Vol. III (1838), Taf. 99.

53 Athener Akropolis. Baulicher Zustand am Ende des 1. Jahrhunderts v. Chr. Axonometrische Rekonstruktion von G. P. Stevens, 1946. Nach: Hesperia 15, 1946, S. 74

54 Athener Akropolis von Südwesten. Luftaufnahme. Foto: HU. Reproduktion: V. Herre

55 Der Berg Athos als Denkmal Alexanders des Großen. Kupferstich nach Zeichnung von Johann Bernhard Fischer von Erlach, 1721. Nach: J. B. Fischer von Erlach, a. a. O., Taf. XVIII. Reproduktion: Sächsische Landesbibliothek, Abt. Deutsche Fotothek, Dresden

56 Porträtbüste des Architekten Apollodoros von Damaskos. München, Glyptothek. Foto: Staatl. Antikensammlungen und Glyptothek, München (H. Koppermann)

57 Schwenkbarer Einbaumkran mit Tretrad und Flaschenzug auf einem Marmorrelief vom Grabmal der Haterier in Rom. 1./2. Jahrhundert n. Chr. Vatikan, Museo Profano Gregoriano ex-Lateranense. Foto: Collezione Alinari, Firenze

58 Rekonstruktion des Krans Abb. 57. Nach: Lexikon der Antike, ²1977, S. 222

59 Arbeiten an einem mehrstöckigen Ziegelbau. Wandgemälde in der Katakombe des Trebius Iustus in Rom, um 300 n. Chr. Nach: Kulturgeschichte der Antike, 2: Rom, 1978, S. 508, Fig. 88

60 Rom. Ruine des Tempels der Venus und Roma von Südwesten. Florenz, Uffizien. Nach: A. Bartoli, a. a. O., Vol. 5, Tav. CDXXI, Fig. 767

61 Rom. Tempel der Venus und Roma. Gesamtansicht der Ruine. Foto: Fototeca Unione, Roma

62 Rom. Tempel der Venus und Roma. Rekonstruierter Längsschnitt. Nach: Meyers Reiseführer Rom, 1912, nach Sp. 358

63 Rom. Großer sechsgeschossiger Wohnblock (*insula*) am Abhang des Kapitols. Rekonstruktion der Baureste. Nach: H. A. Stützer, Das alte Rom, 1971, Taf. 44a

64 Istanbul. Hagia Sophia. Kapitelle der Empore. Foto: Dr. H. Hell, Reutlingen

65 Istanbul. Hagia Sophia. Blick durch die Kaisertür in den Innenraum. Foto: DAI Istanbul (W. Schiele)

66 Istanbul. Hagia Sophia. Teilansicht des Innenraums gegen Nordosten. Foto: Dr. H. Hell, Reutlingen

67 Athen. Horologion des Andronikos. Kupferstich von A. F. Lemaitre nach Zeichnung von A. Ravoisié, 1838. Nach: A. Blouet, a. a. O., Vol. III (1938), Taf. 95

68 Athen. Horologion des Andronikos. Grundriß. Nach: J. Travlos, Bildlexikon zur Topographie des antiken Athen, 1971, Abb. 365

69 Athen. Horologion des Andronikos. Außenansicht. Foto: DAI Athen

70 Athen. Horologion des Andronikos. Innenansicht. Ältere Aufnahme. Foto: MLU

71 Istanbul. Hagia Sophia. Grundriß. Nach: W. Müller-Wiener, Bildlexikon zur Topographie Istanbuls, 1977, Abb. 75

72 Istanbul. Hagia Sophia. Längsschnitt. Nach: H. Kähler, Die Hagia Sophia, 1967, Abb. 97

73 Delos vor den Ausgrabungen. Ansicht von Nordwesten. Kupferstich von A. F. Lemaitre nach Zeichnung von A. Poirot, 1838. Nach: A. Blouet, a. a. O., Vol. III (1838), Taf. 2

74 Donaubrücke des Apollodoros von Damaskos bei Drobeta (Turnu Severin). Rekonstruktion nach Reliefs der Trajanssäule und dem archäologischen Befund. Nach: Lexikon der Antike, ⁹1987, S. 47

75 Rom. Trajanssäule. Relief mit dem Stieropfer Kaiser Trajans. Foto: MLU

76 Rom. Trajansthermen. Grundriß. Nach: H. A. Stützer, Das alte Rom, 1971, Abb. 21

77 Rom. Plan des Trajansforums mit seiner näheren Umgebung. Nach: L. Curtius/A. Nawrath, Das antike Rom, ⁴1963, Faltplan

78 Rom. Nordöstl. Exedra des Trajansforums. Zeichnung von Giovanni Antonio Dosio. Florenz, Uffizien. Nach: A. Bartoli, a. a. O., Vol. 5, Tav. CDXIX, Fig. 763

79 Rom. Blick in die nordöstliche Exedra des Trajansforums. Aufnahme von 1931. Foto: MLU

80 Rom. Trajanssäule. Kupferstich von Ambrosius Brambilla, zwischen 1582 und 1586. Nach: A. Lafréry, a. a. O., 1548 ff., Reproduktion: F. Schindler, Leipzig

81 Rom. Trajanssäule. Kupferstich von Giovanni Battista Piranesi, 1758. Berlin/DDR, Staatl. Museen, Kupferstichkabinett. Foto: StM

82 Rom. Rückwärtiger Teil des Trajansforums von Nordosten. Lithographie nach Rekonstruktionszeichnung von Luigi Canina, 1841. Nach: L. Canina, a. a. O., ³1841, Taf. nach S. 174

83 Rom. Trajanssäule. Ausschnitt aus dem Reliefband. Foto: HU

84 Rom. Trajansmarkt. Axonometrische Rekonstruktion. Nach: F. Coarelli, Roma (Guide archeologiche Laterza), 1980, S. 118

85 Rom. Pantheon. Blick in die Westhälfte des Innenraums. Zeichnung von Raffael. Florenz, Uffizien. Nach: A. Bartoli, a. a. O., Vol. 1 (1914), Tav. LXIV, Fig. 99

86 Rom. Pantheon. Blick auf die Fassade. Ältere Aufnahme. Foto: KMU, Archäol.

87 Axonometrische Rekonstruktion des Claudius- und des Trajanshafens an der Tibermündung bei Ostia. Kupferstich von Ambrosius Brambilla nach Zeichnung von Étienne Dupérac, 1581. Nach: A. Lafréry, a. a. O., 1548 ff. Reproduktion: F. Schindler, Leipzig

88 Tropaeum Traiani (Siegesdenkmal Trajans) bei Adamclisi in der Dobrudscha. Zeichnung nach der Rekonstruktion von Florea Bobu Florescu, 1965. Nach: F. B. Florescu, Das Siegesdenkmal von Adamklissi, Tropaeum Traiani, 1965, Taf. XIII

89 Kyzikos. Zeus-Tempel. Grundriß. Nach: EAA I, 1958, Abb. 825

90 Pompeji. Großes Theater von Westen. Foto: VEB E. A. Seemann Verlag, Leipzig (J. Adamiak)

91 »Thron« des Apollon Karneios in Amyklai bei Sparta. Axonometrischer Rekonstruktionsvorschlag von Roland Martin, 1976. Nach: Revue archéologique 1976, S. 205 ff., Abb. 6

92 Ephesos. Älterer Artemis-Tempel mit Altar. Grundrißrekonstruktion von A. Bammer, 1972. Nach: A. Bammer. Die Architektur des jüngeren Artemision von Ephesos, 1972, S. 8, Abb. 5 (oben)

93 Athen. Olympieion mit Umfassungsmauer. Planrekonstruktion von J. Travlos, 1968. Nach: J. Travlos, a. a. O., 1971, Abb. 524

94 Athen. Olympieion von Südosten. Kupferstich von A. F. Lemaitre nach Zeichnung von Abel Blouet, 1838. Nach: A. Blouet, a. a. O., Vol. III (1838), Taf. 97

95 Athen. Olympieion von Südwesten. Foto: DAI Athen (W. Hege)

96 Samos. Gesamtverlauf der Wasserleitung des Eupalinos. Nach: Archäologischer Anzeiger 1973, S. 73, Abb. 1

97 Argos. Heraion von Nordosten. Foto: Hirmer Fotoarchiv, München

98 Athen. Hephaisteion. Grundriß. Nach: JdI 83, 1968, S. 104, Abb. 1

99 Athen. Hephaisteion von Nordosten. Foto: DAI Athen (W. Hege)

100 Athen. Hephaisteion. Westfront. Ältere Aufnahme. Foto: MLU

101 Rom. Plan des Portikus der Octavia auf dem südlichen Marsfeld mit den Tempeln für Iuppiter Stator und Iuno Regina. Nach: F. Coarelli, a. a. O., 1980, S. 276

102 Magnesia am Mäander. Tempel der Artemis Leukophryene. Grundriß. Nach: EAA IV, 1961, Abb. 941

103 Magnesia am Mäander. Tempel der Artemis Leukophryene mit Altar. Rekonstruktion von Fritz Krischen und Hugo Horn, 1938. Nach: F. Krischen, Die griechische Stadt, 1938, Taf. 39. Reproduktion: F. Schindler, Leipzig

104 Tempel der Artemis Leukophryene in Magnesia am Mäander. Modell. Istanbul, Archäologisches Museum. Foto: DAI Istanbul (P. Steyer)

105 Westfront vom Tempel des Zeus Sosipolis (Markttempel) aus Magnesia am Mäander. Berlin/DDR, Staatl. Museen, Pergamon-Museum. Foto: StM

106 Magnesia am Mäander. Tempel des Zeus Sosipolis (Markttempel). Rekonstruktion der Ostseite von Fritz Krischen und Gunnar Hurd, 1938. Nach: F. Krischen, Die griechische Stadt, 1938, Taf. 24. Reproduktion: F. Schindler, Leipzig

107 Stadtplan von Milet (5. bis 1. Jahrhundert v. Chr.). Nach: A. Whittick (Hrsg.), Encyclopedia of Urban Planning, 1974. S. 56

108 Die »Hippodamos-Häuser« im Piräus. Modell nach den Ausgrabungsbefunden. Deutsches Archäologisches Institut, Berlin/West. Foto: DAI Berlin/West (P. Grunwald)

109 Athener Akropolis. Parthenon. Grundriß. Nach: JdI 83, 1968, S. 109, Abb. 4

110 Athener Akropolis. Parthenon von Nordwesten. Foto: DAI Athen

111 Athener Akropolis. Parthenon. Westfront mit Durchblick zur Cella. Ältere Aufnahme. Foto: MLU

112 Athener Akropolis. Parthenon. Innenansicht gegen Nordostecke. Ältere Aufnahme. Foto: KMU, Archäol.

113 Athener Akropolis. Kapitell von der äußeren Peristase des Parthenon. Foto: DAI Athen (W. Hege)

114 Eleusis. Telesterion im Demeter-Heiligtum. Grundrißrekonstruktionen von J. Travlos, 1969. 1: Entwurf des Iktinos. 2: Der Bau am Ende des 4. Jahrhunderts v. Chr. Nach: EAA Suppl. 1970, S. 295, Abb. 309

115 Eleusis. Telesterion von Nordosten. Ältere Aufnahme. Foto: MLU

116 Bassai. Tempel des Apollon Epikurios. Grundriß. Nach: JdI 83, 1968, S. 113, Abb. 5

117 Bassai. Tempel des Apollon Epikurios. Innenansicht. Kupferstich von A. F. Lemaitre nach Zeichnung von A. Ravoisié, 1833. Nach: A. Blouet, a. a. O., Vol. II (1833), Taf. 8

118 Bassai. Tempel des Apollon Epikurios von Nordosten. Kupferstich von A. F. Lemaitre nach Zeichnung von Abel Blouet, 1833. Nach: A. Blouet, a. a. O., Vol. II (1833), Taf. 4

119 Bassai. Tempel des Apollon Epikurios. Inneres der Cella von Norden. Rekonstruktion. Nach: JdI 83, 1968, S. 167, Abb. 2

120 Athener Akropolis. Tempel und Altar der Athena Nike. Grundriß. Nach: J. Travlos, a. a. O., 1971, Abb. 205

121 Athener Akropolis. Tempel der Athena Nike von Osten. Foto: DAI Athen

122 Delos. Apollon-Tempel III (»Tempel der Athener«). Rekonstruktion der Westseite. Nach: Exploration archéologique de Délos XII, 1931, Taf. XIV

123 Römische Steinbrücke über den Tajo bei Alcántara. Foto: DAI Madrid (F. Witte)

124 Olympia. Zeus-Tempel in der Altis. Grundriß. Nach: Abhandlungen der Deutschen Akademie der Wissenschaften zu Berlin, Klasse für Sprachen, Literatur und Kunst, 1950, Nr 1, S. 5, Abb. 2

125 Olympia. Zeus-Tempel von Südwesten. Foto: Hirmer Fotoarchiv, München

126 Leuchtturm bei La Coruña an der Atlantikküste Nordwestspaniens. Foto: DAI Madrid (D. M. Noack)

127 Athener Akropolis. Propyläen von Westen. Rekonstruktion des ausgeführten Baues. Nach: H. Luckenbach, Die Akropolis von Athen, 1905, Abb. 37

128 Athener Akropolis. Propyläen mit dem Tempel der Athena Nike und dem Agrippa-Monument. Grundriß nach Zeichnung von J. Travlos, 1968. Nach: J. Travlos, a. a. O., 1971, Abb. 614

129 Athener Akropolis. Ionische Säule vom Mittelgang der Propyläen. Foto: HU. Reproduktion: V. Herre

130 Athen. Stoa des Zeus Eleutherios. Grundrißrekonstruktion von J. Travlos, 1966. Nach: J. Travlos, a. a. O., 1971, Abb. 666

131 Ephesos. Jüngerer Artemis-Tempel mit Altar. Grundrißrekonstruktion von A. Bammer, 1972. Nach: A. Bammer, a. a. O., 1972, S. 8, Abb. 5 (unten)

132 Didyma. Jüngerer Tempel des Apollon Philesios mit seiner näheren Umgebung. Ergänzter Übersichtsgrundriß von Fritz Krischen. Nach: Didyma I, Zeichnungen, 1941, Taf. 79

133 Didyma. Jüngerer Tempel des Apollon Philesios. Der Hof mit dem Naiskos. Zeichnung nach Rekonstruktion von Fritz Krischen. Nach: F. Krischen, Weltwunder der Baukunst in Babylonien und Jonien, 1956, Taf. 33

134 Didyma. Tempel des Apollon Philesios nach der Freilegung. Ansicht von Südosten. Ältere Aufnahme.

Foto: Staatl. Museen Preußischer Kulturbesitz, Berlin/West, Antikenmuseum

135 Athener Akropolis. Erechtheion. Grundriß. Nach: J. Travlos, a. a. O., 1971, Abb. 281

136 Athener Akropolis. Eckkapitell von der Nordhalle des Erechtheions. Foto: KMU, Archäol.

137 Athener Akropolis. Teil des Anthemion-Frieses vom Erechtheion. Foto: DAI Athen (W. Hege)

138 Athener Akropolis. Erechtheion von Südwesten mit Korenhalle. Ältere Aufnahme. Foto: MLU

139 Epidauros. Tholos im Asklepios-Heiligtum. Rekonstruktion. (nach: G. Gruben, Die Tempel der Griechen, ³1980, S. 139, Abb. 128) und Grundriß (nach: A. W. Lawrence, Greek Architecture, ²1962, S. 186, Fig. 102)

140 Epidauros. Tholos im Asklepios-Heiligtum. Detail der Kassettendecke. Epidauros, Museum. Foto: DAI Athen

141 Olympia. Schatzhaus-Terrasse von Nordosten. Ältere Aufnahme. Foto: MLU

142 Stadtanlage von Priene am Südhang des Berges Mykale. Modell von H. Schleif. Berlin/DDR, Staatl. Museen, Pergamon-Museum. Foto: KMU, Archäol.

143 Gebälkteile vom Tempel der Athena Polias aus Priene. Berlin/DDR, Staatl. Museen, Pergamon-Museum. Foto: StM

144 Priene. Tempel der Athena Polias. Nordostecke mit Altar. Rekonstruktion von Fritz Krischen und Hugo Horn, 1938. Nach: F. Krischen, Die griechische Stadt, 1938, Taf. 38. Reproduktion: F. Schindler, Leipzig

145 Rom. Palatin. Plan des Domitianspalastes. Nach: Dizionario Enciclopedio di Architettura e Urbanistica, hrsg. von P. Portoghesi, Vol. V, 1969, S. 265

146 Rom. Der Palatin, vom Circus Maximus aus gesehen. Zeichnung, zwischen 1475 und 1485 (dem Florentiner Architekten Simone del Pollaiuolo zugeschrieben). Florenz, Uffizien. Nach: A. Bartoli, a. a. O., Vol. 1 (1914), Tav. XI, Fig. 24

147 Rom. Ruinen kaiserzeitlicher Bauten auf dem Palatin. Ältere Aufnahme. Foto: MLU

148 Rom. Die Domus Flavia auf dem Palatin. Axonometrische Rekonstruktion von G. Tognetti. Nach: H. A. Stützer, a. a. O., 1971, Abb. 14

149 Rom. Palatin. Blick vom Casinetto auf den Domitianspalast. Foto: KMU, Archäol.

150 Rom. Palatin. Sog. Basilica auf dem Areal des Domitianspalastes. Foto: KMU, Archäol.

151 Rom. Palatin. Rekonstruktion des Portikusgartens (Hippodromus Palatii) an der Südostfront des Domitianspalastes. Foto: KMU, Archäol.

152 Rom. Palatin. Portikusgarten an der Südostfront des Domitianspalastes, Blick von Nordosten, Foto: MLU

153 Samos. Plan des Heraions (um 550 bis 540 v. Chr.). Nach: Neue Forschungen in griechischen Heiligtümern, hrsg. von U. Jantzen, 1976, S. 262, Abb. 1

154 Das Heraion von Samos. Foto: DAI Athen

155 Rom. Domus Aurea des Nero. Grundriß. Nach: F. Coarelli, a. a. O., 1980, S. 197

156 Rom. Domus Aurea des Nero. Blick in den oktogonalen Kuppelsaal. Foto: DAI Rom

157 Tegea. Tempel der Athena Alea. Grundriß. Nach: R. Martin/H. Stierlin, a. a. O., 1967, S. 175

158 Der Pharos von Alexandria. Rekonstruktion von August Thiersch, 1909. Nach: H. Thiersch, Pharos, 1909, Taf. VIII

159 Sunion. Poseidon-Tempel von Südosten. Foto: DAI Athen

160 Verona. Grabmonument in Form eines Triumphbogens für das Geschlecht der Gavier. Foto: DAI Rom

161 Rheinbrücke, (55 v. Chr.). Rekonstruktion nach der Beschreibung Caesars. Nach: Kulturgeschichte der Antike, 2: Rom, 1978, S. 168, Fig. 24

Schlußvignette auf Seite 128 nach der Vitruv-Ausgabe von Johann de Laet (Elzevir-Ausgabe), Amsterdam 1649

Ausschlagtafel:
Übersichtskarten mit den im Text erwähnten antiken Orten. Nach Angaben des Verfassers

Einband: *Vorderseite* – Jüngerer Artemis-Tempel von Ephesos, Rekonstruktion der Westfront (nach: F. Krischen, Die griechische Stadt, 1938, Taf. 36).
Rückseite – Idealrekonstruktion zur Basilika des Vitruv in Fanum Fortunae (Holzschnitt aus der italienischen Vitruv-Übersetzung von Cesare Cesariano, Como 1521, fol. LXXIIII r.)

Neuzeichnungen zu den Abbildungen 15, 39, 43–46, 50, 53, 62, 63, 70–72, 74, 76, 77, 84, 88, 89, 91–93, 96, 98, 101, 102, 107, 109, 114, 116, 120, 122, 124, 127, 128, 130–133, 135, 139, 145, 148, 153, 155, 157 und zur Ausschlagtafel von Hans-Ulrich Herold, Halle

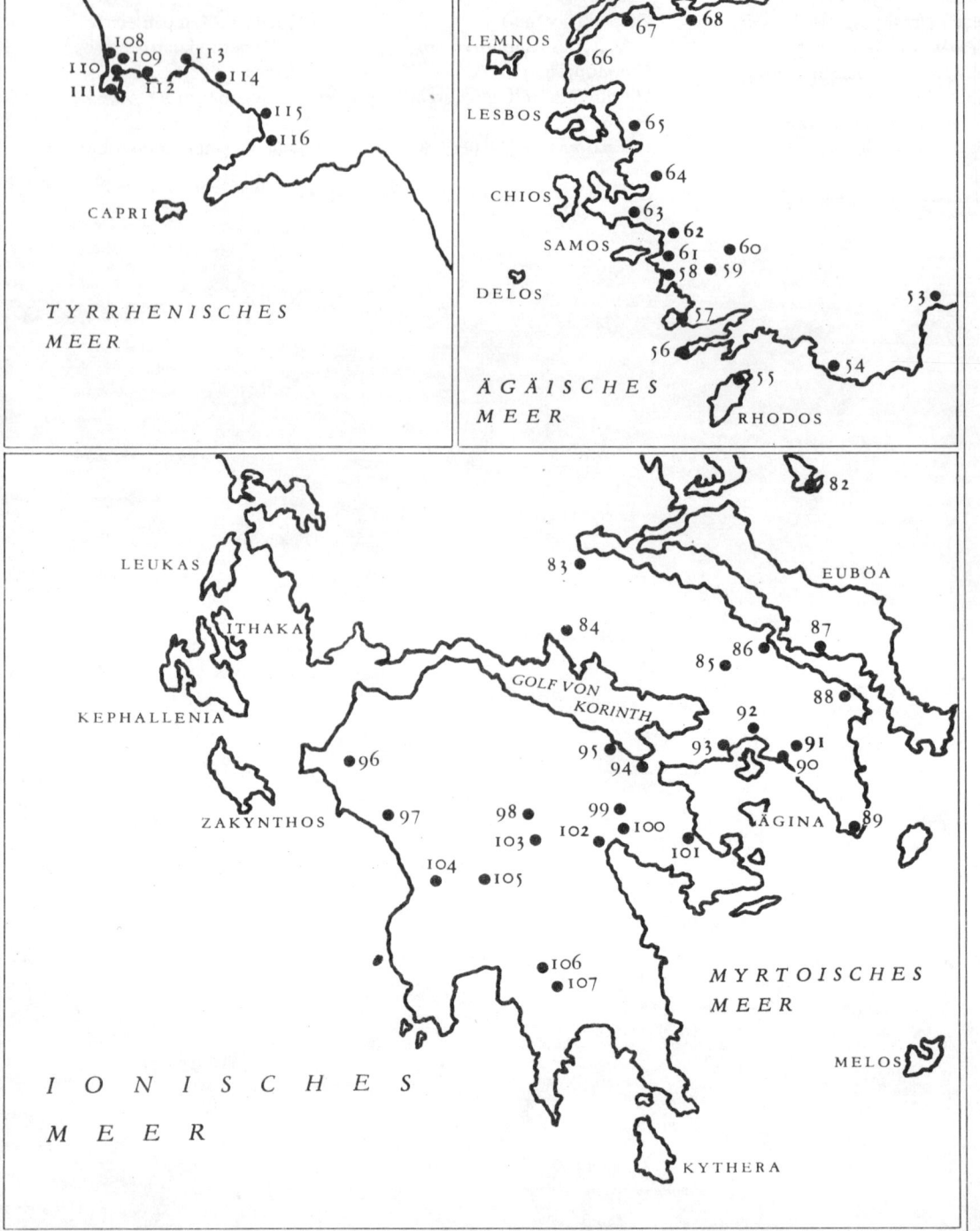

Nebenkarten:
Kampanien.
Westliches
Kleinasien.
Peloponnes
und Mittel-
griechenland

TYRRHENISCHES
MEER

108
110 109
111 112
113
114
115
116

CAPRI

LEMNOS
66
67
68

LESBOS
65

CHIOS
64
63
62
SAMOS
61 60
58 59
57
53
DELOS
56
54
55
ÄGÄISCHES
MEER
RHODOS

82

LEUKAS
83

ITHAKA
84
EUBÖA
87

KEPHALLENIA
GOLF VON
KORINTH
85 86
88
92
95
91
94 93 90
96
99
98 100
ÄGINA 89
ZAKYNTHOS
97
102
101
103
104
105
106
107
MYRTOISCHES
MEER

MELOS

I O N I S C H E S
M E E R

KYTHERA